주제별
그림책
수업
330

주제별 그림책 수업 330

초판 1쇄 발행 2024년 7월 29일
초판 3쇄 발행 2025년 6월 13일

지은이 / 그림책사랑교사모임

발행 / 케렌시아
인쇄 / (주)다해씨앤피
일원화 구입처 / 031-407-6368 (주)태양서적
등록 / 2021년 11월 18일 (제386-2021-000096호)
이메일 / niceheo76@gmail.com

ISBN 979-11-985243-2-4 (03370)

값은 표지에 있습니다.
저작권법에 따라 한국 내에서 보호를 받는 제작물이므로 무단 전재 및 복제를 금합니다.

주제별
그림책
수업
330

그림책사랑교사모임
지음

케렌시아

활동지 내려받기

주제별 그림책 수업 330
네이버 밴드

들어가며

　그림책 수업은 아이에게 생각하는 힘을 길러주고, 아이들의 마음을 위로해 줍니다. 앎과 삶이 일치하는 수업이 가능하고 재미있기까지 합니다. 그래서 아이들 기억에 오래 남습니다. 선생님이 읽어 주었던 그림책, 그림책 읽으면서 나눈 이야기가 아이들 성장에 자양분이 됩니다. 불과 몇 년 전까지만 해도 일부 초등 선생님이 그림책 수업을 했습니다. 중학교나 고등학교에서 그림책 수업을 하는 것은 상상도 하기 힘들었습니다. 하지만 최근 들어 그림책 수업의 가치를 알고 그림책으로 아이들 만나는 선생님이 정말 많아지고 있습니다.

　그림책으로 수업을 해 보려고 시작하는 선생님들이 가장 먼저 겪는 어려움은 '어떤 그림책으로 해야 하는가' 하는 것입니다. 그림책 수업은 그림책을 선정하는 것에서부터 시작됩니다. 아이들 눈높이에 맞으면서, 재미도 있으면서, 의미 있는 그림책을 고르는 게 생각보다 쉽지 않습니다.
　그림책방, 그림책 서점 등을 다니며 차차 그림책을 접하면서 내게 맞는, 내가 생각하는 그림책을 고르면 물론 좋습니다. 하지만 매일 바쁜 하루를 보내는 선생님들이 꾸준히 그림책을 접하는 게 쉽지는 않습니다. 인터넷 사이트에서 검색을 통해 그림책을 살펴볼 수도 있습니다. 하지만 불특정 다수가 올린 수많은 그림책과 관련된 글에서 수업에 적합한 그림책을 선택하는 것도 쉽지 않습니다. 도움을 요청할 동료 선생님이 있다면 좋겠지만, 그림책 수업을 하는 동료 선생님을 만나는 경우도 많지 않습니다.

그림책사랑교사모임 채팅방에는 전국 2,000여 명의 선생님이 함께하고 있습니다. 그림책과 관련한 다양한 정보를 주고받는데, 선생님들이 가장 많이 하는 질문은 그림책 추천과 관련된 것입니다. 그중에서도 주제 수업 관련 질문이 가장 많습니다. 자존감, 학교폭력예방, 인성교육 등 주제별로 그림책을 추천받기를 원합니다. 채팅방에 질문을 올리면 많은 선생님이 각자 추천하는 그림책을 알려줍니다. 이렇게 여러 선생님이 추천하는 그림책 덕분에 그림책 수업을 시작할 수 있게 됩니다.

『주제별 그림책 수업 330』은 이런 경험을 토대로 출간하게 되었습니다. 그림책 수업을 시작하려는, 좀 더 다양한 그림책을 접하고 싶은 선생님들에게 주제별 그림책을 추천하고자 하는 마음으로 시작했습니다. 이 책에는 그림책사랑교사모임에서 추천하는 주제별 그림책 수업이 담겨 있습니다. 2022 개정 교육과정을 반영해서 아이들이 필수적으로 배워야 하는 33개의 교육 주제를 선정하고 주제별로 10권의 그림책을 엄선했습니다.

수없이 많은 그림책 중에서 주제별로 10권씩 선정하는 작업이 쉽지는 않았습니다. 그림책은 각자 경험과 입장에 따라서 달리 보이고 달리 느껴지기 때문입니다. 주제별로 10권의 그림책을 선정할 때 가장 우선시한 기준은 아이들의 흥미도입니다. 교육적으로 의미가 있더라도 아이들이 좋아하지 않는 책은 우선순위에서 배제했습니다. 그림책 수업은 아이들이 그림책을 재밌게 읽고, 이야기 나누고 싶어야 가능하기 때문입니다.

『주제별 그림책 수업 330』은 주제별 그림책 추천에 그치지 않고 그림책별로 아이들과 나누기 좋은 질문과 활동을 소개했습니다. 특히, QR 코드(4쪽)를 통해 활동지까지 다운받아 활용할 수 있도록 했습니다. 그림책을 읽고 어떻게 수업해야 할지 고민하는 선생님들에게 330개의 수업 아이디어를 제시했습니다. 이 책을 잘 활용하신다면 선생님의 그림책 수업에 큰 도움이 될 것입니다.

"선생님, 오늘은 무슨 그림책 읽어 주실 거예요?"
"다음 시간에도 그림책 읽어 주세요."
"그림책 읽는 시간이 제일 좋아요."

  그림책으로 아이들 만날 때 가장 많이 듣는 말들입니다. 선생님의 교실에서도 그림책으로 행복한 아이들의 목소리가 들리면 좋겠습니다. 더 많은 선생님이 그림책으로 아이들과 만나기를 바랍니다.

그림책을 사랑하는 마음을 담아
그림책사랑교사모임

차례

들어가며 ··· 005

1장

자존감 ··· 012
마음 ··· 022
친구 ··· 032
가족 ··· 042
인성 ··· 052

2장

민주시민 ··· 064
생태환경 ··· 074
생명존중 ··· 084
죽음 ··· 094
건강 ··· 104

3장

인권 ··· 116
학교폭력예방 ··· 126
장애이해 ··· 136
다문화 ··· 146
성 ··· 156
진로 ··· 166

4장

평화통일	⋯ 178
미디어 리터러시	⋯ 188
경제금융	⋯ 198
창의성	⋯ 208
독서	⋯ 218
세계문화	⋯ 228

5장

계절	⋯ 240
세시풍속	⋯ 250
우리나라	⋯ 260
우리나라 지역	⋯ 270
우리나라 역사	⋯ 280

6장

한글	⋯ 292
국어	⋯ 302
수학	⋯ 312
과학	⋯ 322
음악	⋯ 332
미술	⋯ 342

도서목록 ⋯ 352

1장

자존감
마음
친구
가족
인성

자존감

나, 꽃으로 태어났어

엠마 줄리아니 글·그림, 이세진 옮김 ‖ 비룡소

우리는 누구나 꽃으로 태어난다

우리는 누구나 꽃이다. 한 송이 꽃처럼 화사하고 아름답게 빛나는 삶을 살지만, 때때로 우리가 세상에서 가장 찬란한 꽃이라는 사실을 잊고 산다. 이 그림책은 우리도 꽃과 같이 서로 따스한 햇살을 받고 따뜻한 기운을 더불어 나누며 살아가는 존재라는 사실을 일깨운다. 꽃들이 다른 꽃들과 더불어 사는 삶을 아름답게 표현한다. 꽃들은 우리가 살면서 찾아오는 시련을 어떻게 이겨내고 더불어 성장해 나갈 것인지 깊이 생각해 보고 성찰할 기회를 준다. 사람들도 꽃처럼 가녀리고 연약하지만, 서로 도우며 아름답게 세상을 이겨 나가는 존재임을 확인해 준다. 다양한 색감의 여러 종류의 꽃을 보여주며 꽃처럼 우리도 한 사람 한 사람이 개성 있고 소중한 존재임을 강조한다. 여린 꽃 한 송이가 세상에 피어나 인내와 헌신으로 서로 돕고 나누며 기쁨과 감사로 사는 모습이 아름답다. 사람들 역시 반짝반짝 빛나는 꽃임을 노래하며 꽃이 사람에게 주는 용기와 위로의 메시지를 담고 있다.

생각을 나누는 질문
1. 나도 꽃이고 너도 꽃일 수 있는 이유는 무엇일까?
2. 나를 아끼고 소중하게 생각하기 위해서 무엇을 실천할 수 있을까?
3. 내가 좋아하는 꽃은 무엇이고, 그 이유는 무엇일까?

배움이 깊어지는 활동

1. **나를 표현하는 꽃 찾기** ⋯▶ 나를 꽃으로 표현한다면 어떤 꽃이고 그 이유는 무엇인지 생각해 보며 나의 특징, 내가 잘하는 것, 내가 좋아하는 것을 생각해 본다.
2. **나의 성장 그래프 그리기** ⋯▶ 지금까지 내 삶을 담은 성장 그래프를 그려보고, 살아오면서 의미 있고 행복했던 순간을 떠올리며 삶의 아름다움과 기쁨을 표현한다.
3. **나를 표현하는 색으로 꽃 그리기** ⋯▶ 나를 상징할 수 있는 색을 떠올리고 나만의 꽃을 다양한 색감으로 표현하여 내 삶의 다채로움을 시각화한다.

이게 정말 나일까?

요시타케 신스케 글 · 그림, 김소연 옮김 ∥ 주니어김영사

자존감

세상에 단 한 명뿐인 '나'

 숙제나 심부름을 싫어하던 지후는 심부름 로봇을 구입해 자신을 대신하게 하려 한다. 로봇이 가짜 역할을 완벽하게 하도록 하기 위해 로봇에게 자기에 대한 소개와 설명을 한다. 외모, 좋아하는 것과 싫어하는 것, 할 수 있는 일과 할 수 없는 일 등을 다양한 방법으로 알려주며 '나'에 대한 정체성을 찾아가게 된다. 지후는 자신을 로봇에게 설명하고 소개하는 과정에서 '나'를 여러 모습으로 세밀하게 관찰하고 생각한다. 특히, 다른 사람들과 관계에서 '나'의 역할과 태도가 달라진다는 것까지 알아낸다. '이게 정말 나일까?' 하는 의문에서부터 시작한 나를 찾아가는 여정이 참신하다.

 자기가 어떤 존재인지를 알아간다는 것은 스스로 자신을 사랑하면서 멋지게 성장하는 데 꼭 필요하다. 자기 자신을 아는 일은 자존감 형성을 위해서도 중요하다. 단순하고 재미있는 그림과 이야기들이 생각할거리를 더하며 아이들에게 삶을 깊이 생각해 보게 하는 질문을 던진다.

> **생각을 나누는 질문**
> 1. 나는 어떤 사람인지를 다섯 글자로 소개한다면?
> 2. 어렸을 때 좋아한 것 중에서 지금도 좋아하는 것은 무엇인가?
> 3. 나만이 가지고 있는 특징과 장점은 무엇인가?

> **배움이 깊어지는 활동**
>
> 1. **좋아하는 것과 싫어하는 것** ⋯▶ 내가 좋아하는 물건이나 향기 등 기분 좋았던 경험을 생각해 보고, 내가 먹기 싫은 음식이나 힘들어했거나 어려워했던 것 등을 찾아본다.
> 2. **할 수 있는 일과 할 수 없는 일** ⋯▶ 내가 어렵지 않게 해낼 수 있는 활동과 자주 하는 행동을 성찰해 보고, 어려워하거나 실패했던 경험도 떠올려 적어 본다.
> 3. **자아 선언하기** ⋯▶ 내가 어려워하는 것은 무엇인지 내가 할 수 있는 것은 무엇인지 생각해 보고, 그럼에도 내가 좋은 이유를 찾아 자아 선언문을 작성 후 친구들 앞에서 큰 소리로 낭독한다.

자존감

나는 나의 주인

채인선 글, 안은진 그림 ‖ 토토북

나는 나의 주인임을 선언합니다

내가 나의 주인이 되려면 스스로를 책임감 있게 이끌어 가야 한다. 내 몸과 마음의 주인이 되려면 어떻게 해야 할까? 이 그림책은 자기 몸과 마음이 내는 소리를 귀담아듣고 보살피기, 화가 나거나 슬플 때 마음을 다독이며 풀어주기, 겁이 나거나 기분이 좋을 때 자신의 감정을 숨기지 않고 솔직하게 표현하기, 서툴고 잘 못하는 일에 속상해하거나 짜증 내지 않고 다시 배우며 차근차근히 해 보기를 권한다. 소소한 시작이 나를 알아가는 가장 좋은 방법이기 때문이다. 나는 나의 주인이기에 무엇을 좋아하고 싫어하는지 나의 감정을 이해하고 내 몸을 잘 돌보고 내 몸을 지킬 줄 안다.

자신을 알고 사랑하며 존중하는 마음에서부터 아이는 세상과 마주하는 힘을 얻는다. 자존감이 높은 아이일수록 자기 몸과 마음을 소중히 하고 지킨다. 자신의 장단점을 긍정적으로 바라보며 실패에도 좌절하지 않고 일어설 힘을 갖는다. 자신을 사랑하는 마음에서부터 다른 사람을 배려하고 존중하는 힘이 생긴다. 나는 나의 주인이다.

생각을 나누는 질문
1. 자신을 존중하고 사랑하는 힘은 어디서 나올까?
2. 내가 잘하는 것은 무엇이고 잘하지 못하는 것은 무엇일까?
3. 나를 기쁘게 하고 행복하게 하는 것은 무엇인가?

배움이 깊어지는 활동

1. **나에게 힘을 주는 말** ⋯▸ 나는 내 가족과 주변 친구들로부터 어떤 긍정적인 말을 들었을 때 에너지를 얻고 기분이 좋아지는지 생각해 본다.
2. **나의 꿈 목록** ⋯▸ 내가 하고 싶은 것, 배우고 싶은 것, 갖고 싶은 것, 가고 싶은 곳은 어디인지 자신이 원하는 것을 기록하고 발표한다.
3. **꿈을 이룬 나의 모습** ⋯▸ 나는 미래에 어떤 사람으로 성장했을지 20년 후 원하는 꿈을 이룬 모습을 구체적으로 상상하여 일기를 작성한다.

자존감

나에겐 비밀이 있어

이동연 글 · 그림 ‖ 올리

지금 내 모습이 제일 좋아

누구에게나 비밀이 있다. 비밀은 때때로 우리를 불안하게 하기도 하고 때로는 콤플렉스로 작용하기도 한다. 콤플렉스는 나를 알아가는 첫걸음이 되기도 하고 자신의 진정한 모습을 찾는 데 도움이 될 수 있다. 그리고 비밀은 새로운 깨달음을 얻게 하기도 한다. 말 못 할 비밀을 안고 살아가는 아보카도. 울퉁불퉁 못생긴 외모가 싫어 망고로 살고자 했던 아보카도가 스스로의 외모를 받아들이고 사랑하며 자존감을 찾아간다.

누구나 살다 보면 자기가 싫은 순간이 있고 남을 속이게 되는 일도 있다. 자존감을 갖고 스스로 소중히 여기게 되면 살아가는 데 어려움이 닥치더라도 중요한 순간에는 스스로 결정하는 능력을 갖게 된다. 능력이나 외모 콤플렉스에 빠지지 않고 진정한 자신의 모습과 가치를 이해하고 사랑할 수 있을 때 자아존중감은 싹튼다. 상대방을 있는 그대로 인정해 주는 친구가 진정한 친구라는 것도 알게 된다. 다른 사람의 가치를 제대로 인정하며 서로 존중하는 관계에서 모두가 조화롭고 행복하게 살 수 있다.

생각을 나누는 질문
1. 자신의 외모가 싫어 망고로 살고자 했던 아보카도는 어떤 마음이었을까?
2. 아보카도처럼 친구들에게 감추고 싶은 비밀이 있다면 무엇인가?
3. 자신의 만족을 위해 타인을 속여도 될까?

배움이 깊어지는 활동

1. **아보카도에게 해 주고 싶은 말** ⋯▶ 비밀을 가지고 친구를 만나는 아보카도가 느꼈을 감정을 생각해 보고 내가 만약 아보카도의 친구라면 아보카도에게 해 주고 싶은 말을 적어 본다.
2. **나의 단점을 장점으로 바꾸기** ⋯▶ 자신의 신체, 성격, 행동이나 습관을 떠올려 스스로 단점이라고 생각한 것을 긍정적인 입장에서 생각해 보고 장점으로 바꾸어 작성해 본다.
3. **그래도 내가 참 좋아** ⋯▶ 비록 남들과 비교해서 외모나 능력이 마음에 들지 않는 부분이 있더라도 나만이 가진 장점을 찾아 '내'가 좋은 이유를 찾아본다.

자존감

치킨 마스크

우쓰기 미호 글·그림, 장지현 옮김 ‖ 책읽는곰

'나'라서 할 수 있는 일

 부러움은 다른 사람과 비교에서 생기는 감정이다. 우리는 수없이 남들과 자신을 비교하고 자책하며 살아간다. 이 그림책은 남보다 뛰어나게 무엇을 잘해서 소중한 존재인 것이 아니라 세상에 존재하는 자체로 소중한 '나'임을 깨닫게 한다. 남의 재능을 부러워하고 스스로 하찮게 여기기보다는 자기가 잘할 수 있는 일을 찾고 자신만의 개성과 재능에 눈뜨기를 바라는 따뜻한 격려가 훈훈하다.

 내 안의 소중함을 깨우치게 하는 선물 같은 이 그림책은 열등감에 사로잡혀 자신감과 자존감이 낮아진 주인공 치킨 마스크가 '나라서, 나이기' 때문에 할 수 있는 일도 있다는 것을 알고 스스로 사랑하며 자신감을 찾아가는 과정을 멋지게 그리고 있다. 아무도 몰라주는 작은 꽃과 나무들을 돌봐온 다정한 마음도 빛나는 개성이고 장점이며 재능이라는 내용은 저마다의 개성과 장점이 소중하다는 것을 말한다. 다른 친구들과 비교하며 심리적으로 위축되어 있는 학생들이 자기 소질을 찾고 소중함을 발견할 것이다.

생각을 나누는 질문
1. 치킨 마스크처럼 다른 친구보다 잘하는 것이 없다고 생각해서 속상했던 경험이 있는가?
2. 내가 가장 자신 있는 것이나 자랑스러운 점은 무엇인가?
3. 내가 만약 치킨 마스크라면 갖고 싶은 마스크는 무엇이고, 그 이유는 무엇일까?

배움이 깊어지는 활동

1. **치킨 마스크가 느꼈을 감정 찾기** ⋯▶ 치킨 마스크는 어떤 기분이 들었을지 치킨 마스크가 느꼈을 감정을 감정 카드를 활용하여 찾아보고, 인물의 마음을 이해한다.
2. **나의 장점 그릇 채우기** ⋯▶ 내가 가장 자신 있는 것이나 자랑스러운 점과 나의 좋은 점, 잘하는 점을 찾아 장점 그릇에 기록하고, 친구들이 찾아준 장점은 숟가락에 기록한다.
3. **나만의 마스크 꾸미기** ⋯▶ '내'가 좋은 이유와 나의 장점을 생각하여 '나'만의 재능과 개성이 담긴 나만의 마스크를 꾸민 후 친구들과 함께 감상하며 잘된 점은 칭찬해 준다.

자존감

노스애르사애

이범재 글·그림 ‖ 계수나무

내 모습 이대로를 사랑해

노스애르사애는 마법의 주문이다. '내 모습 이대로를 사랑하라'는 뜻과 '네 모습 그대로를 사랑한다'는 의미를 담고 있다. 남과 다르게 나만의 삶을 살아도 문제없다는 행복의 원리를 제시한다. 남과 달라도 괜찮다는 위안의 말이 따뜻하다. 어떻게 세상 모든 이의 꿈이 똑같을 수 있겠는가. 삶의 진정한 행복은 누구를 따라서 똑같은 모습으로 살아가는 데 있지 않다. 나답게 사는 것이 무엇인지에 대한 진지한 물음을 던지고 있다.

그림책 속 작은 애벌레는 초록 애벌레들과 다르게 꽃만 먹으며 초록색이 아닌 빨간색으로 변해 간다. 나비가 된 초록 애벌레들과 달리 여전히 나비가 되지 못했지만, 자신을 사랑하고 예뻐하는 멋진 애벌레. 같은 색깔로 비슷비슷하게 살아가는 친구들 속에서 진정한 자신만의 정체성을 찾아가는 빨간 애벌레의 모습이 열정적이다. 초록 애벌레 친구들이 "나비가 못 돼도 괜찮니?" 하고 묻자 "응, 내 모습 이대로를 사랑해"라고 답하는 빨간 애벌레의 자존감이 돋보인다.

생각을 나누는 질문
1. 세상이 요구하는 대로 똑같은 삶을 살지 않아도 행복할까?
2. 나를 사랑하며 산다는 것은 어떤 의미일까?
3. 나를 색으로 표현한다면 어떤 색일까? 그 색을 선택한 이유는 무엇인가?

배움이 깊어지는 활동

1. **나를 격려하기** ⋯▶ 나는 진정한 나로 살고 있는지 현재 생활을 되돌아보고, 나는 어떤 말을 들었을 때 힘이 나는지 자기 자신을 칭찬하고 격려하는 말을 써 본다.
2. **나를 소개하기** ⋯▶ 나의 꿈, 내가 좋아하는 것, 잘하는 것, 내가 자랑스러운 점, 나를 행복하게 하는 것 등을 찾아 나를 소개한다.
3. **미래의 모습 상상하기** ⋯▶ 나는 어떤 꿈을 가지고 있는지 생각해 보고, 원하는 꿈을 이룬 미래의 내 모습을 상상하여 그림으로 그려 본다.

자존감

민들레는 민들레

김장성 글, 오현경 그림 ‖ 이야기꽃

변하지 않는 사실 하나

봄이면 곳곳에 강인한 생명력으로 움트는 민들레는 희망과 소망의 상징이다. 아름다운 황금빛 꽃은 희망을 상징하고 바람에 실려 날아가는 씨앗은 꿈이나 소망을 담은 모습으로 많은 사랑을 받는다. 민들레 홀씨가 날아가는 곳이라면 어디라도 놀라운 생명력으로 싹을 틔운다. 길가 가로수 아래, 차들이 지나는 도로 틈새, 기와지붕 위, 돌계단의 사이 공간, 민들레는 민들레이기에 어디에 놓여 있어도 아름답다. 어디에 어떤 모습이어도 민들레는 민들레다.

내가 가장 빛날 때는 내가 나로 서 있을 때다. 어디에 있든 어떻게 어떤 모습으로 있든 무엇을 하든 민들레는 민들레인 것처럼 사람 역시 마찬가지다. 민들레처럼 사람도 누구나 참다운 제 모습을 지키고 가꾸며 자기답게 사는 세상을 바라고 꿈꾼다. 받아들이기 힘든 상황과 조건에서도 끈질긴 생명력으로 자기만의 노란 생명의 꽃을 피우는 민들레는 우리 사람들의 존재감과 소중함을 증명하고 일깨운다.

생각을 나누는 질문
1. 자신감을 가지고 나답게 산다는 것은 무엇일까?
2. 힘든 상황에 놓인 나를 어떻게 변화시킬까?
3. 내가 가장 나다울 때는 언제일까?

배움이 깊어지는 활동

1. **나를 응원하는 말** ⋯› 매일 매일 하루를 시작하는 아침에 스스로 자신을 격려하며 응원하는 긍정적인 말들을 생각해 보고 기록한다.
2. **나의 롤모델** ⋯› 내 꿈을 이루기 위해 본받고 싶은 사람을 찾아 본받고 싶은 점과 이유를 생각해 보고 내가 실천하고 싶은 일을 써 본다.
3. **나에게 편지 쓰기** ⋯› 20년 후 꿈을 이룬 내 모습을 떠올려 보고 미래의 내가 현재의 나에게 전하고 싶은 말을 편지로 쓴다.

브로콜리지만 사랑받고 싶어

자존감

별다름·달다름 글, 서영 그림 ‖ 키다리

그래, 따라 할 필요가 없는 거야

브로콜리이지만 사랑받고 싶다는 소망이 가득하다. 아이들이 유독 싫어하는 채소 1위 브로콜리의 사랑받기 위한 유쾌 발랄한 여정이 상큼하다. 사랑받는 친구들을 모두 따라 해보기로 한 브로콜리는 소시지를 따라 화장도 해보고, 라면처럼 파마도 해보고, 오이를 따라 인터넷 방송도 시도한다. 그러나 결국 브로콜리의 사랑받기 대작전은 시행착오를 거쳐 '나다움'에 눈을 뜨게 된다. 남을 따라 하는 것만으로 사랑받을 수 있을까? 하는 물음에 브로콜리는 답을 찾는다. 스스로의 장점을 찾아 인정하고 나를 아끼며 사랑해 주어야 한다는 진리를 깨닫는다. 결국, 브로콜리는 자기만의 매력을 발견해 여러 친구들에게서 인기를 얻게 된다. "나도 사랑받을 수 있을까?"라는 고민을 자신의 매력으로 극복해 가는 브로콜리의 자존감 회복 능력이 돋보인다. 브로콜리의 자존감을 찾아가는 노력과 매력을 보며 참으로 자존감이야말로 삶을 풍요롭게 하는 자양분이라는 것을 깨닫게 한다.

생각을 나누는 질문
1. 나를 바로 알고 소중히 여기는 방법은 무엇일까?
2. 나만의 매력과 장점은 무엇인가?
3. 나다움을 찾아가는 길은 무엇일까?

배움이 깊어지는 활동

1. **나를 칭찬하기** … 가정과 학교에서 내 행동을 되돌아보고 나의 좋은 점, 자랑할 점 등을 찾아 나를 칭찬하고, 친구가 칭찬해 준 내용도 기록한다.
2. **브로콜리에게 편지 쓰기** … 다른 사람으로부터 사랑받는 친구들을 모두 따라 해 보기로 한 브로콜리에게 해 주고 싶은 말을 담아 편지를 쓴다.
3. **나의 꿈 레시피** … 나의 잘하는 점, 좋아하는 점을 생각해 보고 나의 꿈을 이루기 위해 노력해야 할 점 3가지를 찾아 써 본다.

자존감

슈퍼 거북

유설화 글·그림 ‖ 책읽는곰

방향이 속도보다 중요하다

거북이 꾸물이는 경주에서 토끼를 이긴 뒤 '슈퍼 거북'이라는 별명을 얻으며 영웅이 된다. '빠르게 살자'는 머리띠를 두르고 슈퍼 거북은 주변의 시선과 평판에 맞춰가기 위해 열심히 노력한다. 그 결과 비행기보다 빨라지지만, 점점 늙고 지쳐 간다. 나를 잃고 남의 시선에 따라 사는 슬픔을 슈퍼 거북은 말하고 있다. 나의 소질과 성향을 인정하고 나답게 산다는 것은 어떤 의미인가? 사는 일은 속도보다 방향이 중요하다고 한다. 남의 시선에 흔들리지 않고 자기 모습을 있는 그대로 사랑하고 느리더라도 올바른 방향으로 나아갈 때 '나다운' 것이다.

모든 사람은 자기만의 특징을 가지고 있다. 다른 것으로 바꿀 수 없는 특징이 나를 '나답게' 만들며 나를 소중하게 해 준다. 부단히 노력하여 마침내 슈퍼 거북이가 된 꾸물이가 자신과 어울리지 않는 삶에 버거워하고 힘들어하는 모습을 보며 나답게 사는 것의 중요성을 깨닫는다. 나를 나답게 하는 것이 무엇인지 생각해 보고 자신만의 소중한 것을 자랑스럽게 여길 수 있을 것이다.

생각을 나누는 질문
1. 자신을 버리고 남의 시선과 평판에 맞춰 사는 삶이 왜 피곤할까?
2. 자기의 소질이나 성향에 맞게 자신의 속도로 살아간다는 것은 무엇일까?
3. 꾸물이처럼 남을 의식해서 후회했던 경험이 있다면?

배움이 깊어지는 활동

1. **질문 만들기** ⋯ 그림책을 읽고 떠오른 단어를 기록한다. 떠오른 단어를 활용하여 자존감과 관련된 질문을 만들고, 친구들과 묻고 답하는 활동을 한다.
2. **'나다움' 찾기** ⋯ 내가 만약 꾸물이라면 어떤 선택을 할 수 있을지 다양한 가능성을 살펴본다. 나답다는 것은 무엇인지 친구들과 질문하고 상상하고 토론한다.
3. **내 성격 유형 알아보기** ⋯ 간단한 MBTI 성격 유형 체크리스트를 이용하여 나의 성격 유형을 에너지, 인식, 판단, 생활 유형으로 알아보고 내 성격의 장점을 알아본다.

할 수 있어, 클로버!

홀리 휴즈 글, 닐라 아예 그림, 그림책사랑교사모임 옮김 ‖ 교육과실천

자존감

변화는 참 멋진 거야

　사랑스런 애벌레 클로버가 두려움을 이겨내고 변화를 받아들여 화려한 날개를 가진 나비가 되는 과정을 예쁘게 그려낸 그림책이다. 주인공 클로버는 기쁘고 재미있는 일들로 걱정이 없는 건강하고 행복한 애벌레다. 그러나 모든 애벌레는 깊은 잠을 자야 하고 깨어나면 완전히 다른 세상을 만나게 된다는 사실을 알게 된다. 클로버는 나비가 되는 변화가 무섭고 두려워서 피하고 싶었지만, 친구 바실의 도움으로 변화가 끝이 아니라 새로운 시작이라는 것을 알게 된다. 결국, 클로버는 나비가 되기 위해 용기를 내서 변화를 받아들이고 긴 잠을 잔 후 아름다운 날개를 가진 멋진 나비가 된다.

　두려움을 이겨내고 새롭게 시작한다는 것은 내 안에 있는 용기를 끌어내고 새로운 세계를 향해 나아가는 멋진 도전정신을 갖게 한다. 이 과정에서 만나는 자신감과 자존감은 앞으로의 세상을 살아가는 자산이 된다. 경험해 보지 못한 변화 앞에서 누구나 망설이고 두려워하지만, 클로버는 고난을 이겨내고 멋진 주인공이 된다. 변화, 용기 도전이 주는 감동이 있다.

생각을 나누는 질문
1. 변화한다는 것은 무섭고 두렵기만 할까?
2. 내 안의 새로운 나를 만나게 하는 변화를 어떻게 받아들여야 할까?
3. 변화가 두려운 친구에게 어떤 말을 해 줄 수 있을까?

배움이 깊어지는 활동

1. **내가 좋아하는 일** ⋯ 나를 설레게 하고 즐겁게 했던 경험을 생각해 보고, 무엇을 할 때 행복한 감정을 느끼는지 찾아본다.
2. **변화를 주제로 한 문장 이어 글쓰기** ⋯ 변화의 내용을 담거나 변화를 키워드로 한 문장을 생각한 후 모둠원끼리 문장을 말하고 이어서 내용을 상상하여 글을 쓴다.
3. **새롭게 도전하고 싶은 일** ⋯ 살면서 꼭 해 보고 싶은 일을 4가지 작성한 후 자신의 버킷리스트를 기록하고 친구들과 공유한다.

마음

마음을 담은 병

데버라 마르세로 글·그림, 김세실 옮김 ‖ 나는별

마음은 인정하고 흘려보내면 편안해지는 것

마음은 두려움, 슬픔, 흥분, 화, 기쁨, 실망, 걱정, 창피함 등 다양한 감정들을 가지고 있다. 토끼 르웰린은 두려움을 느끼는 것이 너무나 싫은 나머지 두려움을 병에 담아 숨긴다. 곤란한 상황이 될 때마다 마음을 병에 넣어둔 덕에 감정을 느끼지 않게 되었다. 그러다 쌓아둔 감정의 병들이 깨지면서 한꺼번에 다양한 감정을 느끼게 된다. 이후 마음을 표현하고 이야기 나누면서 행복하게 살게 된다.

사람들은 즐겁고 행복한 마음은 표현하고 자랑한다. 하지만, 슬픔과 괴로움과 두려움 같은 마음은 당황스러워하거나 부끄럽게 여기고 잘못된 것처럼 여겨 자기 마음을 드러내지 않고 아무도 모르게 꼭꼭 감추어두려고 한다. 그래서 자기 마음을 표현하지 못해 외로움과 우울감을 느낀다. 내 마음을 느끼고 알아차리고 표현하게 되면 편안하게 그 마음을 훌훌 털어버릴 수 있다. 마음이 비워지면 그곳에 새로운 에너지와 새로운 마음을 받아들일 수 있게 된다. 그러면 나를 알아봐 주는 주변 사람과 더 잘 공감하며 행복한 삶을 살 수 있다.

생각을 나누는 질문
1. 많은 마음 중에서 가장 좋아하는 마음은 무엇이고 그 이유는 무엇인가?
2. 많은 마음 중에서 가장 싫어하는 마음은 무엇이고 그 이유는 무엇인가?
3. 마음을 병에 감춘 것처럼 마음이 들키는 것을 피하려고 해 본 일이 있는가?

배움이 깊어지는 활동

1. **내 마음 지층 그려 보기** ⋯▸ 마음을 병에 감추고 싶은 순서대로 아래에 쓰고 가로줄을 긋고 각기 다른 색으로 칠한다. 색칠한 병을 보고 짝과 이야기를 나눈다.
2. **현재 마음을 만다라로 표현하기** ⋯▸ 현재 마음 상태를 만다라 그리는 방식으로 원, 삼각형, 사각형, 타원 등을 이용하여 색연필, 사인펜으로 표현한다. 완성한 마음 만다라를 보고 제목을 붙인다.
3. **친구들의 마음 만다라를 보고 알게 된 점** ⋯▸ 친구들이 표현한 마음 만다라를 감상하고 그렇게 제목을 붙인 이유를 물어보고 마음에 드는 작품 3개를 고른다. 이 활동에서 생각과 느낌을 정리하여 알게 된 점을 발표한다.

마음

이게 정말 마음일까?

요시타케 신스케 글·그림, 양지연 옮김 ‖ 주니어김영사

물잔의 수면처럼 계속 변화하고 움직이는 마음

 싫은 사람들 때문에 생긴 불편한 마음을 해결하기 위해서 '나'는 집에 오는 동안 머릿속으로 다른 사람을 싫어하는 마음을 어떻게 할까 생각한다. 싫은 마음 탓에 기분 나쁜 일이 떠오르고 결국은 이런 자신마저 싫어진다. 나름의 방법을 생각하던 '나'는 아무리 노력해도 싫은 사람이 존재하는 것은 괴물의 조정 때문이라는 결론을 내린다. 그리고 괴물의 조정에서 벗어나 기분 좋은 마음을 유지해 에너지를 긍정적인 곳에 쓰자고 말한다.

 마음은 잠시도 가만히 있지 않는다. 마음은 탁자에 담긴 물처럼 잔잔한 물결이 외부적인 원인으로 출렁거리다가도 다시 잔잔해진다. 마음은 개인의 노력으로 상황에 따라 전환할 수 있다. 그런데도 관계가 나아지지 않는 사람들과의 감정은 속상함으로 발전한다. 이 불편한 마음을 해소하기 위해 자기 마음이 원하는 것이 무엇인지 살펴보고 그 상황을 피할 것인지 맞설 것인지 어떻게 할지 생각해 보고 행동을 정한다. 이렇게 하면 계속 변화하고 움직이는 내 마음을 스스로 잘 조절할 수 있다.

생각을 나누는 질문
1. 내 마음이 행복할 때와 속상할 때 나는 상대방에게 어떻게 말하고 행동할까?
2. 속상할 때 마음의 기분 전환을 위해 내가 사용하는 방법은 무엇인가?
3. 내가 싫어하는 사람이 있다면, 그 사람과 잘 지내는 방법에는 어떤 것이 있을까?

배움이 깊어지는 활동

1. **내 마음지도 그리기** ⋯ 요즘 내 마음속에 어떤 것이 있는지 생각지도를 작성한다. 내 마음에 크게 차지하고 있는 것은 크게 그리고 작게 차지하고 있는 것은 작게 표현한다. 작은 그림과 글을 함께 써서 표현해도 된다.
2. **내 마음을 조정하는 또 다른 나 그리기** ⋯ 내 마음을 조정하는 또 다른 나를 떠올려 그 구조도를 그려 본다. 얼굴, 몸통 등을 그리고 각 부위의 특징 및 소지품에 관한 설명을 쓴다.
3. **내 마음을 전환하는 방법 익히기** ⋯ 싫어하는 사람 때문에 마음이 속상해지는 상황과 내 마음이 원하는 것을 찾아 쓰고, 내 마음을 전환하는 행동을 찾아 정리한다. 찾은 방법들을 생활에서 실천한다.

마음

미움

조원희 글 · 그림 ‖ 만만한책방

미움은 멈출 때 비로소 끝난다

"너 같은 거 꼴도 보기 싫어!"라는 상대의 말 한마디로 속상해진 주인공은 말한 사람을 미워하기로 결심하고 하루종일 미움을 점점 키운다. 자기가 시작한 미움으로 인해 괴로운 주인공은 미움을 멈추기로 결심한다. 이 그림책은 사람 마음속에서 미움이 어떻게 변화해 가는지 시각적으로 생생하게 전달하고 있다. 결국, 미움의 고통에서 벗어나기 위해서는 미워하는 마음을 멈출 수 있어야 한다.

미움이란 감정은 말 한마디나 행동 하나에서 시작이 된다. 그 말과 행동을 받아들이는 내 마음의 상태에 따라 불안한 상태가 지속된다. 결국, 미움이란 나 스스로 상대의 말에 휘둘려 그 상대를 계속 생각하게 만들고 그 생각에 내 삶이 질질 끌려다니도록 내버려 두는 것이다. 미움이 마음속에 가득 차면 일상생활이 되지 않는다. 다른 사람이 무심코 한 말이나 행동으로 인해 그 사람이나 그 상황을 끊임없이 생각하며 스스로 자신을 괴롭히는 마음을 미움이라고 한다. 이 미움을 멈추고 그 에너지를 자신이 행복해지고 좋아하고 하고 싶은 것에 사용하는 것이 더 현명하다.

생각을 나누는 질문
1. "너 같은 거 꼴도 보기 싫어!"라는 말을 들은 주인공은 어떤 마음이었을까?
2. '너'를 미워하기로 결심한 주인공을 보면서 어떤 생각이나 느낌이 드는가?
3. 미움이 내 마음을 가득 채울 때 멈추기 위한 나만의 방법에는 어떤 것이 있을까?

배움이 깊어지는 활동

1. **상대방이 미웠던 상황 찾기** ⋯▶ 친구나 가족이 미웠던 상황에는 어떤 경우들이 있었는지 생각나는 대로 써 본다. 최대한 많은 상황을 찾아서 쓴다.
2. **친구가 미웠던 상황에서 내가 한 반응** ⋯▶ 친구가 미웠던 상황에서 내가 보인 말이나 반응을 짝과 이야기 나누면서 정리한다. 같은 것끼리 분류해 보고 나의 반응을 점검한다.
3. **친구에게 미운 마음이 들었을 때 내 마음을 표현하는 말** ⋯▶ 미움을 멈추기 위해서 미움이 생긴 상황과 내가 바라는 것을 찾아 '나 전달법'으로 작성한다. 작성한 것을 생활에서 사용하도록 연습한다.

오늘도 화났어!

나카가와 히로타카 글, 하세가와 요시후미 그림, 유문조 옮김 ∥ 내인생의책

마음

화가 나는 데는 이유가 있어

이 책을 보면 주인공의 행동 때문에 주변 사람들이 화를 내는 상황이 반복된다. 그래서 자신이 사라지면 된다고 결정하지만, 혼자서는 외로워 다시 돌아온다. 그러다가 주변 사람을 돌아보게 되고 자신도 다른 사람의 행동으로 인해 화를 내고 있다는 것을 알아차리게 된다. 그래서 주인공은 화는 참다가 폭발하는 것임을 알고 화를 내고 싶지 않은 자신을 발견하게 된다.

어떤 상황이나 대상으로 인해 마음이 불편한 상황이 되면 화가 나게 된다. 화는 짜증보다 더 심한 분노의 상태를 말한다. 화를 내고 나면 마음이 찝찝하다. 마음이 불편해지는 상황에서 화를 내면 후회하게 된다. 그렇다고 화를 참으면 병이 된다. 그래서 '화를 알아차리면 지나간다'라는 말처럼 화는 스스로 내는 것이기에 조절할 수 있다. 화를 내는 데는 이유가 있다. 화가 나는 이유를 알아차린다면 화가 나는 불편한 상황에서 좀 더 지혜롭게 대처할 수 있을 것이다.

생각을 나누는 질문
1. 주인공은 무엇을 보고 사람들이 화가 났음을 알았을까?
2. 주인공이 주변 사람을 화나게 하는 상황과 주인공이 화가 나는 상황의 공통점은 무엇일까?
3. 현명하게 화를 내는 방법은 무엇일까?

배움이 깊어지는 활동

1. **화가 났을 때 내 모습** ⋯▶ 화가 날 때 내 모습을 시각화해 본다. 화가 시작되는 부분을 찾아보고 거기서부터 색칠한다. 몸의 어느 부분에서 뜨겁고 차가워지는지 그리고 화가 어떻게 뻗어나가는지를 색 볼펜이나 사인펜으로 표현해 본다.
2. **화가 났을 때 화를 해결하는 방법** ⋯▶ 평소에 화가 났을 때 어떤 상황에서 화가 났고 그 화를 어떻게 내고 어떻게 해소했는지 생각해 보고 글로 표현한다.
3. **화를 내는 현명한 방법 카드 만들기** ⋯▶ 화를 현명하게 표현하기 위해서 화를 다스릴 수 있는 방법을 초 단위, 분 단위, 시간 단위로 찾아보고 카드에 글과 그림으로 나타낸다.

마음

아 진짜

권준성 글, 이장미 그림 ‖ 어린이아현

"아 진짜" 말고 내 마음을 전달하는 방법

어린 동생과 형은 애증의 관계이다. 동생은 어려서 아직 "아 진짜"라는 말 밖에 할 줄 모른다. 힘도 세고 능력도 많은 형을 보면서 동생은 짜증, 분노, 슬픔, 무력감, 행복 등 다양한 감정을 느끼지만, "아 진짜"라는 단 한마디로 모든 마음을 표현한다. 장난으로 동생의 소중한 것을 망가뜨린 형이 동생을 기쁘게 해 주는 것으로 화해하는 내용의 그림책이다.

눈빛만 보면 안다는 말이 있다. 감정은 말이 아닌 몸의 언어로도 표현이 된다. 사람은 말로 전달되는 언어보다 비언어적 표현으로 상대방의 마음을 본능적으로 알아차린다고 한다. 가족이라면 별다른 말이 없어도 마음의 표현이 가능하다. 그렇지만 자신의 마음을 좀 더 분명하게 잘 표현할 수 있다면 불편한 상황에 참고 견디지 않아도 된다. "아 진짜"라는 한마디로 그 사람의 마음을 온전히 이해할 순 없기 때문이다. 또한, 의도하지 않아도 자신이 한 잘못에 대해서는 책임을 지고 잘못에 대한 인정과 사과를 하는 것이 서로의 마음을 잘 전달할 수 있는 사회적 기술이다.

> **생각을 나누는 질문**
> 1. 동생이 아끼는 로봇의 팔을 부러뜨리고 그림에 물을 엎지른 형에게 어떤 말을 하고 싶은가?
> 2. 동생이 눈물 콧물 다 쏟는 장면에서 내가 형이라면 어떻게 문제를 해결할 수 있을까?
> 3. "아, 진짜!"라고 외치는 비슷한 상황이 있다면 언제, 어떤 경우인가?

배움이 깊어지는 활동

1. **상황에 따른 마음 표현 문장** ⋯› 그림책의 각 상황 중 마음에 드는 2개의 장면을 고르고 그 장면을 고른 이유와 그 장면에 어울리는 마음 표현 문장을 만들어 본다.
2. **잘못을 사과하는 방법** ⋯› 의도치 않게 상대방에게 피해를 입힌 경우를 떠올려 본다. 자기 잘못을 인정하고 진정한 사과를 하는 방법을 형식에 맞게 문장으로 써 본다.
3. **형에게 하고 싶은 말 편지 쓰기** ⋯› 동생의 입장이 되어서 형에게 "아,진짜!"라는 말 대신에 하고 싶은 말을 상황, 느낌, 부탁이 들어가도록 상상해서 편지로 써 본다.

마음

걱정 상자

조미자 글 · 그림 ‖ 봄개울

걱정거리를 늘리는 것도 줄이는 것도 내 맘대로

누구나 마음속에 걱정거리 하나 정도는 가지고 있다. 도마뱀 주주는 걱정이 많아 걱정이고 이런 걱정을 하다 보니 걱정이 끝도 없다. 그런 주주에게 호랑이 호는 걱정 상자에 걱정을 담으라고 제안을 한다. 산만큼 쌓인 걱정 상자를 멀리 던져 버리기도 하고 꾸며 보기도 하는 등 다양한 방법으로 없애보려고 하지만, 사라지지 않는 걱정이 있다.

아무리 해도 없어지지 않는 하나의 걱정 상자는 친구들과 같이 고민하다 보니 작아져 더 이상 관심이 가지 않게 되었다. 이렇게 걱정거리가 사라지게 되는 것은 주변 사람들과 이야기 나누고 공유했기에 가능하다. 걱정은 내 마음에서 벌어지는 일이고 나 스스로 마음먹기에 따라서 조절할 수 있다. 혼자서 고민하고 있으면 주변 사람들도 나를 걱정하게 된다. 걱정이 걱정을 낳기 전에 소중한 가족이나 친구에게 이야기해 보자. 그러면 걱정으로 인한 불안이 낮아져 삶의 문제 상황에서 도전해 볼 수 있는 용기가 생기게 될 것이다.

생각을 나누는 질문
1. 산만큼 쌓인 도마뱀 주주의 걱정 상자를 보면서 어떤 생각과 느낌이 드는가?
2. 도마뱀 주주의 친구처럼 내 걱정을 해결하기 위해 애써 주는 사람이 있다면 누구인가?
3. 다른 사람의 걱정을 해결해 주기 위해 노력해 본 경험이 있다면?

배움이 깊어지는 활동

1. **내 걱정 상자 만들기** ⋯▸ 자기 걱정들을 상자 그림에 쓰고 그 이유를 간단하게 기록한다. 짝과 학습지를 바꿔서 어떤 걱정이 있는지 살펴보고 궁금한 것을 서로 질문하며 이야기 나눈다.
2. **친구의 걱정을 해결하는 제안서** ⋯▸ 친구의 걱정 상자를 보고 자신이 해결해 줄 수 있을 것 같은 것을 하나 골라 해결 방법을 제안하는 제안서를 작성한다.
3. **친구의 제안서를 보고 감사 편지 쓰기** ⋯▸ 친구의 제안서를 읽어보고 든 생각을 정리해서 제안해 준 친구에게 감사 편지를 쓴다. 제안서의 어떤 부분이 고마운지 구체적으로 쓴다.

마음

눈물바다

서현 글 · 그림 ‖ 사계절

속상할 때 울고 나면 새로 시작할 수 있어

　시험을 쳤는데 아는 게 없다. 친구가 놀리고 급식은 맛이 없고 비 맞고 집에 와보니 부모님은 싸우고 밥 남겼다고 혼났다. 당황스러움, 억울함, 우울함, 서러움 등 다양한 감정이 한꺼번에 쏟아지니 눈물이 자꾸만 난다. 흘린 눈물에 온 동네가 눈물바다가 된다. 주인공은 속상하고 섭섭했던 마음에 실컷 울고 나자 후련함을 느끼고 새롭게 다음 날을 시작한다.

　살다 보면 눈물이 날 때가 있다. 속상함, 슬픔, 기쁨 등을 느낄 수 있는 다양한 상황이 삶의 도처에 깔려 있기 때문이다. 우리 사회는 우는 것을 불편하고 좋지 않은 것으로 보는 경향이 있어 울고 싶을 때 참는 경우가 많다. 그러다 결국은 참고 참았던 감정이 폭발하게 된다. 이때 눈물은 감정을 청소하고 움츠러들었던 감정을 이완시켜서 새롭게 시작할 기회를 제공한다. 눈물이 날 때 '울어도 괜찮다' '내가 많이 힘들었구나' 하고 주인공처럼 스스로 토닥이고 격려해 줄 수 있다면 마음껏 울고 새롭게 시작할 힘을 얻게 될 것이다.

생각을 나누는 질문
1. 주인공의 하루를 보면서 어떤 생각, 느낌이 들었나? 주인공과 같은 경험이 있는가?
2. 우는 사람을 보면 어떤 생각이 드는가? 그래서 어떤 결심을 하고 행동해 봤는가?
3. 주로 언제 울게 되는가? 기쁘고 행복해서 울어본 적은 있는가?

배움이 깊어지는 활동

1. **눈물이 나는 상황 마인드맵으로 찾기** ⋯▶ 언제 어떤 상황에서 울게 되는지 그 상황을 찾아 마인드맵으로 표현해 본다. 생각이 잘 나지 않으면 짝이나 모둠의 이야기를 듣고 마인드맵을 완성해 본다.
2. **눈물의 부정적, 긍정적 나비효과 알아보기** ⋯▶ 눈물이 나는 상황의 부정적 연쇄 작용을 생각해서 정리하고, 긍정적 연쇄 작용을 정리해 본다. 이를 통해 알게 된 점을 정리해서 써 본다.
3. **울고 싶을 때 나를 격려하고 힘이 되어 주는 말** ⋯▶ 자신을 격려하고 새롭게 시작할 수 있도록 어떤 말을 들었을 때 힘이 나는지 내가 듣고 싶은 말을 쓰고 발표한다. 친구들은 그 말을 큰소리로 3번 말해준다.

마음

떨어질까 봐 무서워

댄 샌댓 글·그림, 김영선 옮김 ǁ 위즈덤하우스

용기는 전화위복이 돼

둥근 알인 험프티 덤프티는 사고로 몸통이 깨진다. 그래서 자신이 좋아하는 높은 담에 올라가는 것을 포기한다. 대신 자신이 만든 비행기가 하늘을 나는 모습을 보고 만족하며 살지만, 그것 마저 사고로 잃어버린다. 결국, 그는 트라우마를 극복하고 다시 담 위로 올라가기를 결심하자 전과 다른 행복한 삶을 살게 된다.

삶은 종종 우리에게 시련을 안겨 준다. 이러한 위기는 생각에 따라 기회가 될 수도 있다. 사고는 피한다고 피할 수 있는 것이 아니기에 사고에 대해 어떤 생각과 자세로 대처하느냐에 따라 삶은 달라진다. 그대로 포기할 것인지 아니면 위기를 기회로 보고 용기를 내서 극복하고 원하는 새로운 삶을 살아갈 것인지는 자신의 선택에 달렸다. 다시 말해, 삶의 위기 상황에서 자신을 믿고 도전하는 마음을 가지고 성공하는 경험이 많아지면 커다란 위기 상황이 되어도 전화위복을 만들어 낼 수 있다. 이때 용기는 삶에서 마주하는 수많은 위기를 좌절이 아니라, 전화위복의 기회로 만들어 주는 돌파구가 된다.

생각을 나누는 질문
1. 정말 좋아하는 담장에 올라가는 것을 포기한 험프티 덤프티의 마음은 어떨까?
2. 담장 오르기 대신 고생해서 만든 비행기를 잃어버렸을 때의 험프티 덤프티의 마음은 어떠할까?
3. 험프티 덤프티처럼 두렵지만 꾸준히 노력해서 원하는 것을 얻은 경험이 있는가?

배움이 깊어지는 활동

1. **버킷리스트 쓰기** ⋯▶ 정말 하고 싶고 원했지만, 사고나 두려움 때문에 망설이다가 포기한 일을 버킷리스트로 작성한다.
2. **어렵지만 도전해 본 경험 그리기** ⋯▶ 두렵고 떨려서 포기하고 싶었지만, 용기를 내서 도전한 결과 성공한 장면을 하나 생각한다. 그 장면을 한 장의 사진처럼 그림으로 그린다.
3. **두려워 포기한 일이 성공했을 때 상장 만들기** ⋯▶ 두려워 포기한 일 중에서 성공했을 때 받을 수 있는 상장을 상상해서 만들어 본다. 상장을 친구들과 서로 수여해 주고 소감을 나눈다.

마음

청소기에 갇힌 파리 한 마리

멜라니 와트 글·그림, 김선희 옮김 ‖ 여유당

슬픔은 시간이 필요해

파리 한 마리가 청소기에 빨려 들어간다. 이 일로 강아지 나폴레옹과 파리 한 마리의 인생이 하루아침에 180도 달라진다. 이 그림책은 자기 노력으로 바뀌지 않는 환경에 처한 파리가 5단계에 거쳐 자신의 마음을 변화시켜 적응하는 과정을 생생하게 보여준다. 파리의 마음이 변화하는 과정을 지켜보던 강아지 나폴레옹도 그 변화에 공감하며 동참한다. 이 모습은 마치 사람이 다른 사람의 위기 상황에 공감하는 모습을 표현한 듯하다.

사람들은 가족을 잃거나 정리해고와 같은 삶의 커다란 문제에 마주하게 되면 그 감정을 처음에는 부정하고 타협하다가 해소되지 않으면 분노하고 절망하고 맨 마지막에 수용한다. 이처럼 삶의 큰 문제를 접했을 때 받아들이는 데는 시간이 필요하다. 사람마다 이 단계를 거치는 양상은 다르지만, 대부분의 사람이 시간이 지나면 받아들인다. 살면서 닥치는 불가항력적인 문제에서 자기 감정에 푹 빠져 표현하는 시간이 필요하다. 이 과정을 거쳐야 비로소 있는 그대로의 현실을 받아들이는 순간을 맞이한다. 그리고 그때가 되면 마음이 가볍고 편안해져서 다시 새로운 삶을 살 힘이 생긴다.

> 생각을 나누는 질문
> 1. 시간의 변화에 따라 파리의 마음은 어떻게 변화하는가?
> 2. 청소기에 갇힌 파리가 있는 그대로를 수용하면서 생긴 변화는 무엇인가?
> 3. 파리의 감정 변화 때문에 나폴레옹이 겪는 마음의 변화를 보면서 어떤 생각이 드는가?

배움이 깊어지는 활동

1. **슬픔을 받아들이는 5단계** ⋯ 활동지에 제시된 상황에서 슬픔을 받아들이는 5단계인 부정, 타협, 분노, 절망, 수용의 각 단계에 맞는 말과 행동을 써 본다. 개인적인 경험 상황이 있다면 그 상황으로 5단계 말과 행동을 써도 된다.
2. **내가 주로 사용하는 단계 찾아보기** ⋯ 슬픔과 같이 큰 문제뿐만 아니라 일상생활 속 문제상황에서 내가 주로 사용하는 단계를 선택하고 선택한 단계의 순서를 정해본다.
3. **감사 문장 쓰기** ⋯ 현재 자기 삶에서 가족, 학교, 지역 사회, 나라, 자연 등 다양한 영역에서 감사한 것을 3가지 찾아 그림이나 문장으로 쓴다.

마음먹기

자현 글, 차영경 그림 ‖ 달그림

마음

마음먹기에 달린 삶의 맛

사람들은 마음을 가지고 요리조리 사용한다. 마음을 가지고 마음요리를 하는 '마음담'에서는 마음찜, 마음전, 마음부침, 마음 뻥튀기, 마음 절임, 마음 피자, 마음 주스, 마음 덮밥, 마음 정식 세트 등 다양한 마음요리가 준비되어 있다. 책을 넘기면 마음을 주문에 따라 다양하게 조리하는 모습을 보여준다. 완성된 다양한 마음요리를 먹으면 어떤 마음을 먹느냐에 따라 세상 사는 맛이 달라진다면서 오늘 당신은 어떤 마음을 먹었냐고 책은 묻는다.

목마른 사람에게 물 반 컵이 담긴 컵을 주었을 때, "컵에 물이 반이나 있네요" 하는 사람은 감사한 마음으로 물을 마셨을 테고 "컵에 물이 반밖에 없네요" 한 사람은 불평하며 물을 마셨을 것이다. 이처럼 같은 것을 놓고 마음을 어떻게 먹냐에 따라 반응이 달라진다. 상황에 맞춰 어떤 마음을 먹냐에 따라 같은 말과 행동이라도 전혀 다른 결과가 나온다. 삶이 행복해지는 비결은 간단하다. 내가 조절할 수 없는 상황에서 긍정적으로 마음 먹으면 되고, 실패하면 다시 요리를 하듯이 다시 마음을 바꿔 먹으면 된다.

생각을 나누는 질문
1. 마음담의 메뉴판을 보고 어떤 요리가 가장 마음에 드는가?
2. 그림책에서 마음에 드는 장면을 하나 선택한다면 어떤 장면일까?
3. 마음먹기에 따라 삶의 맛이 달라진다고 하는데, 어떤 맛이 나는 삶을 살고 싶은가?

배움이 깊어지는 활동
1. **마음담의 메뉴로 식단 짜기** ⇢ 일주일간 내 마음의 상태를 관찰하고 기록해 둔다 기록해 둔 마음과 메뉴판의 메뉴를 살펴보고 그에 어울리는 메뉴를 골라 식단표를 작성해 본다.
2. **마음담의 신메뉴 개발하기** ⇢ 마음담의 새로운 신메뉴를 개발해 본다. 메뉴의 모습을 그림으로 그리고 메뉴의 이름, 의미 그리고 들어간 재료들을 써 본다.
3. **내 삶의 맛 주문서 작성하기** ⇢ 내 삶이 어떤 마음으로 와 닿기를 바라는지 먹고 싶은 음식으로 비유하여 생각해 보고 마음 요리 주문서를 작성해 본다.

> 친구

친구의 전설

이지은 글 · 그림 ‖ 웅진주니어

친구 맺기

　호랑이는 친구 맺기에 서투르다. 심심함을 달래 줄 친구가 있으면 좋겠다고 생각하지만, 마음과 다르게 늘 친구들을 심통 맞게 대하고 친구들은 이런 호랑이를 또 슬금슬금 피한다. 그러던 어느 날 아침, 호랑이 꼬리에 꽃이 하나 붙는다. 느닷없이 등장한 꼬리 꽃은 호랑이와 달리 모두에게 친절하고 도움이 필요한 친구를 돕는 데 주저함이 없다. 호랑이는 자신에게 딱 붙어버린 꼬리 꽃이 처음에는 너무 낯설고 불편했지만, 함께 지내다 보니 어느새 우정이라는 것이 생긴다. 하지만 어느 날 갑자기 찾아왔던 것처럼 꼬리 꽃은 홀연히 떠나고, 그 사이 호랑이는 숲속 동물들과 사이좋은 친구가 되었다.

　고대 그리스 철학자 에피쿠로스는 행복한 삶의 조건으로 우정을 꼽는다. 그는 이렇게 말한다. "지혜가 삶을 완전히 행복하게 하기 위해 제공하는 모든 것 중에서, 훨씬 더 큰 것은 우정의 소유이다." 함께 할 친구를 사귀는 일은 무엇보다 중요하며, 좋은 친구를 만나기 위해서는 내가 먼저 좋은 사람이어야 한다는 것도 기억하면 좋겠다.

> **생각을 나누는 질문**
> 1. 왜 제목이 '친구의 전설'일까?
> 2. 꼬리 꽃은 어떻게 되었을까?
> 3. 좋은 친구를 사귀려면 어떻게 해야 할까?

> **배움이 깊어지는 활동**
>
> 1. **인상 깊은 장면 찾기** ⋯ 그림책을 읽으면서 가장 인상에 남는 장면을 간단히 그림으로 표현하고, 그 장면을 선택한 이유를 친구들과 돌아가며 이야기 나눈다.
> 2. **주인공 되기** ⋯ 자신이 만약 그림책 속 등장인물이 된다면 어떤 동물이 되고 싶은지 선택한 후 그 이유를 적고, 그 동물의 대사 중 하나를 선택해 바꿔본다. 대사가 없다면 장면에 대사를 추가해도 된다.
> 3. **2행시 짓기** ⋯ '친구' 또는 '우정'이라는 단어 중 하나를 선택해 2행시를 짓고, 시에 어울리는 그림을 그린 후 반 친구들이 모두 볼 수 있도록 교실 뒤편에 전시한다.

핑

아니 카스티요 글·그림, 박소연 옮김 ‖ 달리

> 친구

나만의 핑퐁 카드로 좋은 관계 만들기

자신의 마음을 전하는 일, 사랑하는 법과 살아가는 법을 재치 있는 그림과 이야기를 통해 쉽게 알려주는 그림책이다. '핑퐁 게임'에 비유해 수많은 관계에서 우리가 겪는 고민에 대한 답을 명쾌하게 제시했다. 그림책은 우리가 '핑'만 할 수 있다고 말한다. '퐁'은 친구의 몫이기 때문에 나와 같지 않을 수 있고, '퐁'이 아예 없을 수도 있고 답이 오더라도 내가 기대한 것과는 아주 다를 수 있다. '핑퐁 게임을 즐기려면 내가 보내는 공에, 내 자신에게 집중해야 해!' 핑퐁 게임을 할 때는 상대가 잘 받을 수 있도록 공을 보내고, 나도 상대의 공을 잘 받아칠 수 있도록 연습을 해야 한다.

살면서 맺는 수많은 관계에서도 상대의 반응보다는 내 마음에 집중하여 상대의 반응에 움츠러들지 않는다면, 건강한 관계를 맺을 수 있다. 좋은 '퐁'을 바란다면 내가 할 수 있는 최선의 '핑'을 보내야 하고, 친구 관계에서 서로 마음을 주고받을 때 어떤 자세를 가져야 하는지 알려주는 그림책이다.

> **생각을 나누는 질문**
> 1. 내가 힘들 때 대화를 하면서 위로받았던 말은 무엇인가?
> 2. 다른 사람의 말에 상처를 받은 경험이 있다면 어떤 말이었을까?
> 3. 친구 관계에서 어려움이 있을 때 해결하는 좋은 방법은 무엇일까?

> **배움이 깊어지는 활동**
> 1. **'핑'을 할 수 있는 방법 찾기** ⋯→ 그림책에서 제시되는 '핑'의 다양한 방법(목소리, 손가락, 붓, 작은 몸짓 등)을 다시 한번 살펴보며 꼼꼼하게 찾아 적는다.
> 2. **나의 '핑', 너의 '퐁' 찾기** ⋯→ 내가 친구에게 받고 싶은 '퐁'과 또 그것을 받기 위해 내가 어떤 '핑'을 하면 좋을지를 생각해 본다. 친구의 '핑'과 나의 '퐁'을 서로 조화롭게 주고 받을 수 있는 방법을 떠올리며 적는다.
> 3. **나만의 핑퐁 카드 만들기** ⋯→ 좋은 친구 관계에 필요한 '핑'과 '퐁'은 무엇인지 문장으로 표현하고, 그에 어울리는 그림을 그려 나만의 '핑퐁' 카드를 만든다.

> 친구

곰씨의 의자

노인경 글·그림 ‖ 문학동네

효과적인 의사소통

친구들과 좋은 관계를 유지하기 위해서는 때로는 말할 수 있는 용기가 필요하다. 곰씨는 의자에 앉아 시집을 읽고 차를 마시고 음악을 듣는 규칙적이고 조용한 생활을 즐긴다. 어느 날 만난 탐험가 토끼와 무용가 토끼가 좋은 친구가 되었지만, 그들이 결혼하여 낳은 자유롭고 활발한 아기 토끼들로 인하여 혼자만의 시간이 어려워지면서 불편한 마음이 생겼다. 곰씨는 자기 감정을 말하려고 했지만, 정작 하고 싶은 말은 꺼내지 못했다. 해결책으로 아기 토끼들이 의자에 앉지 못하도록 누워버리기, 페인트칠하기, 똥 누기까지 했으나 실패로 돌아갔다. 결국, 내리는 비를 맞아 곰씨는 쓰러지고 깨나서도 울게 된다. 토끼 가족은 그런 곰씨를 위로하였고 곰씨는 용기를 내어 속마음을 말한다.

친구 사이에서도 양보, 배려라는 이유로 말을 안 하다가 사이가 멀어지는 경우가 있다. 곰씨처럼 말로 표현하기가 어려워하는 경우도 있다. 용기를 내어 상대방에게 내 마음을 전달하고 서로 존중하는 데 이 책이 도움이 될 것이다.

> **생각을 나누는 질문**
> 1. 곰씨에게 의자는 어떤 의미일까?
> 2. 곰씨는 왜 토끼 가족에게 불편하다고 말을 못 했을까?
> 3. 곰씨는 혼자의 시간을 갖기 위해 어떤 방법을 썼나?

> **배움이 깊어지는 활동**
>
> 1. **'나 전달법'으로 마음 전달하기** ⋯ 상대방이 나를 잘 이해할 수 있는 '나 전달법'으로 상대를 비난하지 않고 내 생각을 명확하게 전달해 본다.
> 2. **경청 기술 익히기** ⋯ 의사소통 시 상대방의 마음을 살피면서 듣는다. 친구들이 말할 때 평소에 내가 어떻게 듣는지 태도를 알아본다.
> 3. **상대방의 개인적인 시간 및 공간 존중하기** ⋯ 혼자만의 시간이 필요했던 경험을 떠올려보고, 나만의 공간이나 시간을 친구들에게 알려준다. 친구들은 상대방의 공간과 시간을 존중해 본다.

이 선을 넘지 말아줄래?

백혜영 글·그림 ‖ 한울림어린이

친구

서로 존중하는 마음

분홍새는 맛있는 큰 지렁이를 발견하고 친구와 나눠 먹을 즐거움에 부풀어 하늘색 새를 찾아간다. 하지만 하늘색 새는 바쁘다며 선을 쳐놓았다. 그 선을 끊어버렸는데 하늘색 새가 쳐놓은 더 많은 선을 발견한다. 자신이 싫어서 그런 것이 아닐까 걱정하자 하늘색 새는 미안한 마음에 사실 지렁이를 무서워한다고 고백한다. 서로의 마음을 알게 되어 오해를 푸는 두 마리 새를 통해 친구 사이에 대화와 소통의 중요성을 생각해 보게 하는 그림책이다. 친구 맺기 어려워하거나 친구를 얼마나 이해하고, 어느 정도 받아들여야 할지 고민하는 아이들이 읽으면 좋다.

좋은 마음으로 했던 일이 다른 사람에게 생각지 못한 불편을 주거나, 내 기준과 다른 사람의 생각이 다를 수 있다는 것을 배울 수 있다. 다른 사람의 마음에 공감하고 내 마음을 솔직하게 전달하는 것이 매우 중요하다는 것을 다시 생각해 보게 한다. 서로 다른 부분이 있다는 것을 인정하고 적당한 거리를 유지하는 배려와 존중이 친구 사이에 꼭 필요하다는 것을 알게 된다.

> 생각을 나누는 질문
> 1. 분홍새는 하늘색 새가 쳐놓은 선을 왜 끊었을까?
> 2. 하늘색 새가 분홍새에게 미안한 마음이 든 이유는 무엇일까?
> 3. 친구의 마음을 잘 이해하려면 어떻게 해야 할까?

배움이 깊어지는 활동

1. **공감하는 등장인물의 마음 살펴보기** ⋯▸ 공감하는 등장인물의 마음을 살펴본다. 장면마다 공감 가는 인물을 선택하고 이유를 써서 전체 발표를 통해 서로 다른 공감의 이유를 들어본다.
2. **내 '선'을 넘은 친구들에게 마음 전하기** ⋯▸ 내 '선'을 넘은 친구들에게 마음을 솔직하게 전달해 본다. 있었던 일과 그때의 내 마음, 친구에게 하고 싶은 말을 적어 본다.
3. **서로 존중하기 위한 방법 알아보기** ⋯▸ 좋은 친구 관계를 유지하기 위해서 서로 존중하려면 어떻게 행동하고 말해야 할지 방법을 찾아본다.

친구

여우

마거릿 와일드 글, 론 브룩스 그림, 강도은 옮김 ∥ 파랑새

약점을 보완해 주는 좋은 친구

불길에 날개를 다친 까치와 한 쪽 눈이 보이지 않는 개는 서로에게 의미 있는 존재가 되었다. 개는 날지 못하는 까치에게 날개가 되어주었고, 까치는 보지 못하는 개에게 눈이 되어주었다. 너무 잘 채워주고, 관계가 지속되었기에 서로 익숙해진 상태에서 붉은 여우가 등장한다. 붉은 여우가 나타나고 나서는 모든 것이 변했다. 분노와 질투와 외로움에 빠진 여우는 까치에게 달콤한 목소리로 바람보다 더 빨리 달려서 날 수 있게 해 준다고 속삭인다. 여우의 등에서 나는 듯한 기분을 느낀 까치는 기뻐했지만, 시간이 지나자 여우에게 버림받는다.

자신이 갖지 못한 것을 가진 사람을 보면, 매력을 느끼고 가까워지려고 한다. 가까워지고 나면 상대방의 장점들이 장점으로 보이기보다는 익숙해진다. 때로 새로운 사람이 다가오면 익숙한 친구가 상대적으로 덜 매력적이게 보이기도 한다. 매력적인 상대를 만나는 것도 가치 있지만, 오랜 시간 마음을 나누고 진심을 다할 수 있는 상대와의 관계를 더 도탑게 하는 것은 중요하다.

생각을 나누는 질문
1. 개와 같이 내 상처를 안아주고 이끌어주는 친구가 있는가?
2. 친구나 다른 사람에게 여우 같은 행동을 한 적이 있는가?
3. 새로운 친구를 사귈 때 중요하게 여기는 가치는 무엇인가?

배움이 깊어지는 활동

1. **개와 까치 되기** ⋯ 개와 까치가 서로 보완해 주고 도운 것처럼 짝과 내가 가진 각자의 약점(눈과 날개)을 찾고 서로 그것을 보완해 줄 방법에는 어떤 것이 있는지 탐색한다.
2. **여우의 매력 찾기** ⋯ 개가 여우에게 호의를 가졌던 이유와 까치가 여우에게 홀려서 따라간 이유가 매력에 있다고 가정하고 그 매력을 찾는다.
3. **여우와 친구 되기** ⋯ 개, 까치, 여우의 사이는 서로에게 비극이었다. 개, 까치, 여우가 서로 도움을 줄 수 있는 좋은 친구가 되는 방법을 찾아본다.

큰 늑대 작은 늑대

나딘 브룅코슴 글, 올리비에 탈레크 그림, 이주희 옮김 ∥ 시공주니어

친구

관계 맺기의 어색함

언덕 위 나무 아래에 혼자 살던 큰 늑대에게 작은 늑대가 찾아온다. 하룻밤을 같이 보내고 나무 열매도 나눠 먹지만, 둘 사이에는 침묵만 흐른다. 작은 늑대가 떠나고 나서야 큰 늑대는 작은 늑대에 대한 자신의 마음을 알고 작은 늑대가 돌아오기를 기다린다. 작은 늑대가 돌아왔을 때 둘은 대화를 통해 마음을 나누는 친구가 된다. 언덕 위 나무를 배경으로 이야기가 전개되는데, 두 주인공의 곁눈질과 동작으로 마음을 표현하고 있다. 큰 늑대의 생활에 새로운 친구가 나타났다가 사라질 때 드는 생각이 고스란히 드러난다. 색깔의 강렬함과 붓의 터치가 주인공들의 심리를 장면마다 섬세하게 표현했다.

어린아이들은 처음 만나는 친구에게 어색함을 느끼고 말로 표현하지 못해 관계 맺기를 어려워할 수 있다. 그런 상황이 어색하지만 관계를 잘 맺기 위해 노력하는 큰 늑대의 모습은 감동을 준다. 주인공들의 마음이 되어 이야기를 읽다 보면 친구와 좋은 관계를 맺기 위해 어떻게 말하고 행동해야 하는지 알 수 있다.

생각을 나누는 질문
1. 큰 늑대는 작은 늑대를 처음 만났을 때 왜 잘해주지 않았을까?
2. 큰 늑대는 왜 작은 늑대를 기다렸을까?
3. 내가 큰 늑대라면 어떻게 행동할까?

배움이 깊어지는 활동

1. **처음 친구를 만났을 때 할 수 있는 말이나 행동 찾아보기** ⋯▶ 누구나 친구를 처음 만났을 때는 어색하다. 어색함을 깨기 위해 친구에게 할 수 있는 말과 행동을 생각해 본다.
2. **내가 작은 늑대라면 어떻게 행동했을까?** ⋯▶ 생활 속에서 친구와 대화하고 놀 때의 내 태도는 어떠한지 돌아본다. 내가 작은 늑대라면 어떻게 행동했을지 생각해 보고 발표한다.
3. **나만의 친구 사귀는 법** ⋯▶ 좋은 친구가 되기 위해 노력했던 경험을 떠올려보고 나만의 친구 사귀는 법을 친구들에게 소개한다. 선물하고 싶은 것이 있으면 그려 본다.

친구

폭풍우 치는 밤에

키무라 유이치 글, 아베 히로시 그림, 김정화 옮김 ǁ 아이세움

마음으로 만난 진정한 친구

친구란 가깝게 오래 사귀어 정이 두터운 사람을 일컫는다. 아리스토텔레스가 "친구란 두 개의 몸에 깃든 하나의 영혼"이라고 말한 것처럼, 가족이 아니면서 내 편이 되어 줄 수 있는 든든한 사람이다. 처음 친구를 사귈 때는 호감이 가는지, 관심사가 같은지 등의 연결점을 찾아서 관계를 이어갈지 정하게 된다. 그런 다음 시간을 들여 진정한 친구로 성장한다.

폭풍우를 피하기 위해 들른 오두막에서 서로 천적인 하얀 염소와 늑대가 만난다. 평소라면 이야기를 나눌 일도 친구가 될 일도 없는 둘이 어둠 때문에 소리로만 서로 인식하고 이야기 나누다 보니 비슷한 점을 찾아 친구가 된다. 이 그림책은 눈으로 보이는 외모나 다른 사람들이 이야기하는 평판으로 인해 진정한 친구를 사귈 기회가 사라질 수도 있다는 것을 알려준다. 사람을 알아가는 것은 선입관 없이 마음으로 만나는 것이고, 그것이 오래 지속되면 진정한 친구가 될 수도 있다. 결국, 친구가 된다는 것은 직접 겪어 보고 알아가기 위해 시간을 투자하는 것이다.

생각을 나누는 질문
1. 비가 그친 후 염소와 늑대는 왜 다시 만날 약속을 했을까?
2. 책에 나타난 염소와 늑대의 친구를 사귀는 방법에는 어떤 것이 있을까?
3. 상대방을 위해 말이나 행동을 참아 본 경험이 있다면, 어떤 것이 있는가?

배움이 깊어지는 활동

1. **'친구' 브레인스토밍하기** ⋯ 친구와 관련된 생각이나 느낌을 브레인스토밍 해 본다. 친구와 관련된 경험이나, 떠오르는 생각을 적고 관련 있는 내용끼리 분류한다.
2. **좋은 친구, 나쁜 친구를 그림으로 나타내기** ⋯ 내가 생각하는 좋은 친구와 나쁜 친구의 이미지를 그림으로 나타낸다. 상반신 또는 전신을 모두 그려도 된다. 그림의 각 부분에 관해서 설명도 쓴다.
3. **진정한 친구를 얻는 방법 레시피 쓰기** ⋯ 진정한 친구를 얻으려면 어떻게 행동하고 말해야 하는지 진정한 친구를 얻는 방법을 레시피 형식으로 쓴다.

친구를 모두 잃어버리는 방법

낸시 칼슨 글·그림, 신형건 옮김 ‖ 보물창고

친구

역설적인 이야기 속에서 발견하는 진정한 친구 사귀는 방법

아이들은 종종 친구들에게 올바르지 않은 행동을 하고, 그로 인해 갈등을 겪곤 한다. 성장하면서 겪는 과정이지만, 그런 아이들의 모습을 바라보는 부모와 교사의 마음은 애가 탄다. 그러나 어쩌면 가장 힘든 사람은 친구들로부터 점점 고립되는 아이 자신일지도 모른다. 이 책은 우리 주변에서 흔히 만날 수 있는 소위 말썽꾸러기, 고집불통 아이들이 가득하다.

제목이 친구를 사귀는 법이 아니라, 친구를 모두 잃어버리는 방법이라고 하니 책을 읽는 아이들은 고개를 갸웃한다. 상식과 반대의 시각으로 전개되는 이야기를 읽으며, 재미 속에 감춰진 '진짜' 이야기를 발견할 수 있다. 또한, 자신과 닮은 주인공들의 모습을 살펴보며 스스로 행동을 돌아볼 수 있고, 자기 행동이 다른 사람들에게 어떠한 영향을 주었는지 되새겨 볼 수 있다. 그림책 주인공들은 혀를 내두를 만큼 이기적이고 심술궂은 행동을 일삼는다. 하지만 그 안에는 친구를 사귀고 싶은 마음과 사랑받고 싶은 마음이 있다는 것을 깨달을 수 있다.

생각을 나누는 질문
1. 등장인물들의 행동 중에서 내가 해보았던 것은 무엇인가?
2. 나만의 '친구를 많이 만드는 방법'은 무엇이 있을까?
3. 친구를 사귈 때 가장 필요한 덕목이나 마음가짐은 무엇일까?

배움이 깊어지는 활동

1. **바꿔 바꿔 연극 놀이** ⇢ 자신이 경험했던 친구를 잃어버리는 방법은 무엇인지 떠올리고, 모둠 친구들과 함께 그 장면을 표현한다. 인물의 속마음을 표현한 후 무엇을 바꿀 수 있는지 생각해 본다.
2. **우정 덕목 피라미드 토의 놀이** ⇢ 행복한 친구 관계를 위해서 나와 친구에게 필요한 덕목은 여러 가지가 있다. 다양한 덕목을 살펴본 후 친구를 지키기 위해 가장 필요한 덕목은 무엇인지 피라미드 토의를 한다.
3. **'친구를 많이 만드는 방법' 그림책 만들기** ⇢ 구체적인 행동과 말을 생각하여 친구를 많이 만드는 방법을 문장으로 표현한다. 그 내용을 담은 그림을 그린 후에 친구들의 활동지와 합치면 우리 반의 그림책을 완성할 수 있다.

친구

짝꿍

박정섭 글·그림 ‖ 위즈덤하우스

우정과 화해의 가치

싸운 두 아이가 서로 손을 마주 잡고 있는 모습의 표지와 '우리는 정말 사이좋은 짝꿍이었다'라는 문장으로 시작하는 책은 '두 친구 사이에 어떤 일이 일어난 걸까?' 하는 궁금증을 자아낸다. 어디선가 짝꿍이 나를 욕했다는 이야기를 전해 듣고 시작된 사소한 갈등이 각자의 친구들까지 끌어들인 큰 싸움이 되어버린다. 선생님의 개입으로 갈등은 해결된 듯이 보이지만, 마치 책상에 그어진 금처럼 둘 사이는 말끔히 해결되지 않는다. 시간이 흘러 그 소문이 잘못된 것이었다는 사실이 밝혀지지만, 화해의 말을 꺼내기는 쉽지 않다.

이 책은 짝꿍과의 사소한 오해에서 시작된 싸움이 어떻게 큰 갈등으로 발전하고, 결국 오해를 극복하고 다시 화해하는 과정을 통해 우정의 진정한 의미를 깨닫게 한다. 그리고 친구와 멀어질 수 있으며, 오해를 극복하려면 용기가 필요하다는 것을 알려준다. 친구와 싸우고 화해하며 성장하는 교실 안에서 친구와의 관계를 돌아보고 용기 내어 다시 한번 화해의 손을 내밀 용기를 주는 그림책이다.

> **생각을 나누는 질문**
> 1. '나'와 짝꿍의 싸움은 어떻게 시작되었을까?
> 2. '나'와 짝꿍의 싸움은 왜 점점 커지게 되었을까?
> 3. 오해가 밝혀진 후 '나'와 짝꿍의 관계는 어떻게 변했을까?

> **배움이 깊어지는 활동**
>
> 1. **주인공과 짝꿍의 행동을 가치 수직선에 표시하기** ⋯▶ 주인공과 짝꿍이 다툰 뒤 서로의 책상 사이를 띄우기로 한 것에 대해 어떻게 생각하는지 가치 수직선에 표시하고, 그렇게 생각한 이유를 적어 본다.
> 2. **친구와 오해가 생겼을 때 화해를 제안하는 방법** ⋯▶ 친구와의 갈등이 생겼을 때 해결하는 방법 생각하고, 화해의 구체적인 방법을 모둠별로 토의하며 다양한 방법을 나눈다.
> 3. **친구에게 화해의 편지 쓰기** ⋯▶ 친구에게 미안했던 경험을 떠올리고, 화해를 제안하는 편지를 써 본다. 싸움의 당사자였던 경험뿐만 아니라 친구의 말을 전하거나 사이에 껴서 갈등이 커졌던 경험까지 포함한다.

가만히 들어주었어

친구

코리 도어펠드 글·그림, 신혜은 옮김 ‖ 북뱅크

다시 일어설 용기를 주는 친구의 경청

공들여 쌓아 만든 작품이 누군가의 실수로 한순간에 무너져 버린다. 절망에 빠진 테일러에게 닭, 곰, 코끼리 그리고 여러 동물 친구가 다가와 저마다의 방법으로 해결책을 제시하지만, 테일러는 그 누구와도, 아무것도 하고 싶지 않다. 테일러처럼 절망과 좌절에 빠져 슬프고 외로울 때, 누군가 다가와 곁에 있어 준다면 얼마나 힘이 될까? 이 책은 절망에 빠진 누군가에게 반드시 위로의 말과 해답을 주어야만 하는 것이 아님을 이야기한다. 조용히, 가만히 테일러의 곁을 지켜준 토끼처럼 그저 곁에서 진정한 마음으로 상대방의 이야기에 귀 기울이는 것만으로도 다시 일어설 용기가 생긴다는 것을 보여준다.

친구 곁에서 이야기를 가만히 들으며 친구의 이야기에 귀를 기울이는 연습을 해 보자. 친구가 진정으로 바라는 것이 무엇인지 깨닫고 친구의 마음을 알아갈 수 있을 것이다. 또한, 친구가 내 곁에서 나의 말을 경청할 때 나 자신이 존중받고 있다는 사실과 함께 내가 소중한 사람이라는 것을 느낄 수 있을 것이다.

생각을 나누는 질문
1. 동물 친구들이 위로해 줄 때 테일러는 왜 받아들이지 못했을까?
2. 내가 테일러의 친구였다면 테일러를 어떻게 위로했을까?
3. 친구를 배려한다는 건 어떤 걸까?

배움이 깊어지는 활동

1. **테일러의 마음에 공감하기** ⋯▶ 열심히 쌓은 작품이 한순간에 무너졌을 때 테일러는 어떤 기분이 들었을지 감정 낱말들을 살펴보며 공감해 본다.
2. **테일러 위로하기** ⋯▶ 내가 테일러의 친구였다면 테일러를 어떻게 위로해 주었을지 위로의 말이나 행동을 생각하여 써 본다. 책에 나오지 않은 다양한 위로의 방법을 생각해 본다.
3. **친구에게 듣고 싶은 말 또는 행동 이야기하기** ⋯▶ 내가 말을 할 때 친구가 어떤 말이나 행동으로 반응해 주기를 바라는지 열매 그림 속에 쓰고 짝과 이야기 나누어 본다.

> 가족

우리는 언제나 다시 만나

윤여림 글, 안녕달 그림 || 위즈덤하우스

세상에 첫발을 내딛는 아이에게 보내는 힘찬 응원

아이가 발달 과정에서 흔히 경험하는 '분리불안'을 다룬 이 책은 엄마의 사랑과 응원에 대한 따뜻하고 진심 어린 메시지가 가득하다. 아이들은 성장하면서 부모로부터 독립하여 점차 새로운 세계로 나아가며 자율성을 키운다. 부모와 아이는 모두 이 과정을 건강하고 현명하게 헤쳐 나가야 한다. 이 책은 성장과 독립의 필연성을 강조하면서, 성장의 과정에서 아이가 불안해하지 않도록 따뜻한 어조로 아이를 응원한다. 아무리 멀리 떨어져 있어도 엄마의 사랑은 변함없으며, 잠깐 헤어져도 언제나 다시 만난다는 메시지는 무척 감동적이다. 아이와 부모 사이의 영원한 유대감이 그림책의 곳곳에 잔잔히 흐르고 있다.

따뜻한 엄마의 마음으로 이 책을 읽어 준다면 새로운 출발을 앞둔 아이의 마음속 불안은 크게 사그라질 것이다. 특히, 입학을 앞두고 긴장과 불안으로 힘들어하는 아이에게 엄마가 전하는 응원과 격려는 큰 힘이 될 수 있다. 이 책을 통해 아이는 부모의 진심 어린 사랑과 응원을 느끼고, 깊은 위로를 받을 것이다.

생각을 나누는 질문
1. 처음으로 엄마 곁을 떠났을 때 어떤 마음이 들었을까?
2. 엄마 곁을 떠나 처음으로 혼자서 스스로 해낸 일은 무엇일까?
3. 그림책 속 엄마의 말에서 가장 기억에 남는 말은 무엇일까?

배움이 깊어지는 활동

1. **처음으로 엄마 곁을 떠났을 때** ⋯› 처음 엄마 곁을 떠났을 때의 기억을 떠올려 본다. 두려움이나 긴장, 설렘 등 어떤 기분이었는지 생각해 보고 그때의 마음을 글로 표현한다.
2. **마음에 남는 문장 꾸미기** ⋯› 그림책에서 엄마가 따뜻하게 건네는 말, 가장 위로가 되고 마음에 드는 문장을 골라 다양한 채색 도구로 예쁘게 꾸민다. 꾸민 종이를 잘라 바탕 종이에 붙여서 책갈피로 사용할 수 있다.
3. **엄마에게 하고 싶은 말** ⋯› 그림책에서 엄마가 아이를 응원하며 따뜻하게 격려해 준 것처럼, 평소에 엄마에게 하고 싶었던 말을 사랑과 감사의 마음을 담아 정성껏 편지를 쓴다. 편지를 읽는 모습을 짧은 동영상으로 담아도 좋다.

가족

엄마의 선물

김윤정 글 · 그림 ‖ 윤에디션

엄마와 아이가 서로에게 전하는 사랑과 감사의 마음

엄마와 아이 사이의 따뜻한 사랑과 감사, 응원의 마음이 담긴 매력적인 일러스트레이션과 OHP 필름 인쇄의 특별한 조합으로 만들어진 그림책이다. 작가의 창의적인 상상력과 따뜻한 감성으로 전달되는 끝없는 모성애와 삶에 대한 교훈이 깊은 울림을 준다. 투명한 필름을 넘길 때마다 이미지가 합쳐졌다가 분리되면서 일어나는 역동성이 깊은 감탄을 자아낸다. 엄마의 두 손은 비 맞을 것을 두려워하는 아이의 우산이 되고, 꿈을 위한 날개가 된다. 살아가는 동안 내내 아이를 지켜보는 엄마는 그 사랑만큼 불안과 걱정이 많지만, 아이의 곁에서 언제나 손을 건넬 준비가 되어 있다. 엄마의 사랑이 담긴 조언과 격려를 통해 성장한 아이는 다시 엄마에게 감사와 사랑을 전한다.

삶의 가장 보편적이면서도 절대적인 메시지를 전하는 이 책은 엄마와 아이, 그 사이에 오가는 깊은 교감을 느끼게 한다. 그 마음이 독자에게 고스란히 전해지며 부모와 자녀 사이의 아름답고 영원한 사랑에 대해 깊은 여운을 남긴다.

생각을 나누는 질문
1. 엄마가 나를 지켜주고 있다는 생각이 든 적이 있는가?
2. 엄마의 두 손을 보며 어떤 생각이 들었는가?
3. 엄마가 평소에 자주 하시는 말씀이 있다면 무엇인가?

배움이 깊어지는 활동

1. **엄마의 손 안에 아이 손을 본떠 그림으로 그려보기** ⋯▶ 사전에 엄마의 손 본뜨기 과제를 제시한 다음, 엄마 손 안에 아이 손을 넣어 본을 뜬다. 겹친 두 개의 손에 전하고 싶은 말을 짤막하게 쓰고, 다양한 채색 도구로 예쁘게 꾸민다.
2. **OHP 필름에 엄마 손 꾸미기** ⋯▶ 한 장의 OHP 필름에 엄마의 손을 본뜨거나 그리고, 다른 한 장의 OHP 필름에는 다양한 도형이나 무늬 등을 그린다. 두 장의 필름이 자연스럽게 겹치게 하여 엄마의 손을 아름답게 꾸며준다.
3. **나만의 선물 쿠폰 만들기** ⋯▶ 크고 화려한 선물이 아니더라도 작은 행동 하나에 진심이 전달될 수 있다. 마음을 담은 쿠폰을 만들어 엄마에 대한 사랑과 감사의 마음을 전한다.

가족

코끼리 아저씨와 100개의 물방울

노인경 글·그림 ‖ 문학동네

세상 모든 아빠의 땀과 눈물에 대한 감사

아이들을 위해 열심히 양동이에 물방울을 들고 가는 코끼리 아저씨 '뚜띠'의 이야기를 담은 그림책이다. 코끼리 아저씨는 100개의 물방울이 담긴 물동이를 머리에 이고, 온갖 어려움을 겪으면서 집을 향해 간다. 가뭄 때문에 물이 부족한 아이들에게 줄 소중한 물방울들을 잃지 않기 위해 열심히 노력하지만, 여러 가지 우여곡절을 겪으며 물방울은 점점 줄어든다. 집에 가까워질수록 코끼리 아저씨는 줄어든 물방울 때문에 걱정스럽고 슬프다. 코끼리 아저씨가 양동이를 이고 아이들에게 돌아가는 과정에서 아이들에 대한 아빠의 사랑을 느낄 수 있다. 또한, 코끼리 아저씨의 힘든 여정을 보며 학생들은 아빠의 역할이 얼마나 힘들고 중요한지를 깨닫게 된다.

코끼리와 자전거를 제외한 모든 사물은 장면의 상황과 분위기에 맞게 다양한 모양과 크기의 픽셀이 사용되었다. 또한, 숨은그림찾기와 물방울 세기 등의 재미도 느낄 수 있고 흥미로운 반전도 있다. 아빠의 노고와 사랑에 대한 감사의 마음이 듬뿍 담겨 있는 책이다.

생각을 나누는 질문
1. 그림책에서 가장 기억에 남는 장면은 무엇인가?
2. 만약, 내가 코끼리 아저씨였다면 100개의 물방울을 지키기 위해 어떻게 했을까?
3. 코끼리 아저씨 뚜띠에게 해주고 싶은 말은 무엇인가?

배움이 깊어지는 활동

1. **물방울 나누어 주기** ⟶ 양동이에 100개의 물방울이 더 남아 있다고 가정하고, 내가 뚜띠 아저씨라면 남은 물방울을 누구에게 주고 싶은지, 그 이유는 무엇인지 생각해 본다.
2. **아빠 사랑 미션** ⟶ 응원가 불러 드리기, 어깨 주물러 드리기, 아빠 심부름하기 등 아빠에게 사랑과 감사의 마음을 전할 수 있는 미션을 생각해 보고 직접 실천한 다음, 아빠의 반응에 관해 이야기 나눈다.
3. **코끼리 아저씨 뚜띠에게 보내는 물방울 엽서** ⟶ 코끼리 아저씨 뚜띠 또는 아빠께 보내는 물방울 엽서를 꾸민다. 구름 모양의 하얀 솜이나 종이에 낚시줄로 물방울 엽서를 매달아 교실 창가에 걸어두어도 좋다.

터널

앤서니 브라운 글·그림, 장미란 옮김 ∥ 논장

가족

오누이의 환상적인 모험과 성장

성향이 전혀 다른 남매를 다룬 앤서니 브라운의 그림책이다. 서로 티격태격하던 남매가 터널을 발견하자, 오빠는 터널로 들어가 사라진다. 오빠가 나오길 기다리던 동생은 두렵지만 용기를 내어 어둡고 긴 터널로 들어간다. 오빠를 찾는 여동생의 모험이 간결한 문장과 초현실적인 그림으로 다채롭게 표현된다. '헨젤과 그레텔', '빨간 모자' 등의 옛이야기의 원형과 다양한 상징을 담고 있는 이 책은 그림자와 빛, 세심하게 묘사된 배경을 활용하여 현실과 환상이 얽혀 있는 세계를 불가사의하면서도 매혹적으로 그려낸다. 또한, 섬세한 그림 안에 숨은그림찾기처럼 갖가지 그림을 숨겨 두어 하나하나 찾아내는 재미가 특별하다. 널리 알려진 옛 이야기를 떠올리게 하는 재미있고 극적인 구성도 훌륭하며, 형제 관계와 자아의 성장이라는 심오한 주제를 매우 독특하고 특별한 방식으로 잘 다루고 있다. 이 책을 통해 다툼이 잦은 오누이, 형제자매 사이에도 아름답고 강한 사랑의 끈이 연결되어 있음을 깨닫게 될 것이다.

생각을 나누는 질문
1. 형제나 자매가 있다면, 형제자매에게 하고 싶은 말은 무엇일까?
2. 그림책에서 가장 인상적인 장면과 그 이유는 무엇인가?
3. 그림책에 숨겨진 그림들을 보고 어떤 생각이나 느낌이 들었는가?

배움이 깊어지는 활동

1. **그림책을 읽고 의견 나누기** ⋯ 책을 읽고 느낀 점, 주제 등을 탐색하고 그림책과 비슷한 상황에 놓이게 된다면 어떻게 할지, 인상적인 장면은 무엇인지 등을 질문하며 토론한다.
2. **뒷이야기 쓰기** ⋯ 그림책의 속편이나 새로운 결말을 상상해 본다. 오누이가 터널에서 나온 후에는 어떤 이야기가 펼쳐질지 상상해 보고 다양하게 뒷이야기를 꾸며 본다.
3. **마법의 터널 너머 그리기** ⋯ 그림책 속 터널 너머에 무엇이 있을지, 어떤 일이 벌어질지 상상해서 그림이나 글로 표현한다. 터널 너머의 또 다른 세상에 대한 호기심을 여러 가지 채색 도구를 이용해서 다양하게 표현해 본다.

가족

우리 할아버지

존 버닝햄 글·그림, 박상희 옮김 ǀǀ 비룡소

손녀와 할아버지의 따뜻한 추억과 사랑

 영국의 유명한 그림책 작가 존 버닝햄이 세대를 넘어서는 사랑과 유대감을 따뜻하고 섬세하게 그려낸 작품이다. 할아버지와 손녀가 함께하는 놀이와 평범하면서도 따뜻한 대화는 독자에게 깊은 감동을 준다. 할아버지와 어린 손녀는 함께 인형 놀이를 하기도 하고 낚시와 나들이를 하거나 스케이트를 타기도 한다. 간혹 다투기도 하지만, 둘은 다양하고 일상적인 경험을 통해 많은 추억을 쌓는다. 시간이 흘러 할아버지는 손녀와 함께 나가서 놀 수 없게 되고, 할아버지의 빈 의자만이 자리를 지키게 된다. 할아버지가 곁에 없지만 아이에게 할아버지와의 추억은 영원하다.

 이 책은 학생들에게 사랑하는 가족과 함께하는 것의 소중함을 일깨워준다. 단순하면서도 절제된 그림과 깊이 있는 이야기는 할아버지와 손녀 사이의 다정한 관계를 부각하며, 시간이 지나도 변하지 않는 가족 사랑의 가치를 전해준다. 할아버지와의 추억을 떠올리며 가족 간의 끈끈한 유대를 다시 한번 깨닫게 될 것이다.

생각을 나누는 질문
1. 할아버지를 생각하면 무엇이 떠오르는가?
2. 소녀는 할아버지와 함께 무엇을 했을까?
3. 그림책 속 할아버지 또는 나의 할아버지께 하고 싶은 말은 무엇일까?

배움이 깊어지는 활동
1. '할아버지'를 주제로 마인드맵 만들기 ⋯▶ 그림책을 읽고 '할아버지'를 주제로 할아버지에 관한 추억과 경험, 느낌 등을 떠올려 본다. 관련된 낱말이나 그림 등을 중심으로 다양한 마인드맵으로 표현해 본다.
2. 할아버지와의 추억 그리기 ⋯▶ 할아버지와 관련된 경험이나 사진, 편지, 물건 등을 그림으로 표현한 다음, 친구들과 할아버지와의 추억에 대해 이야기 나눈다.
3. 우리 할아버지 소개하기 ⋯▶ 할아버지의 사진 또는 할아버지와의 인터뷰를 바탕으로 할아버지의 삶과 가치관 등을 소개함으로써 할아버지를 이해하고, 할아버지에 대한 다양한 이야기를 공유한다.

할머니의 뜰에서

조던 스콧 글, 시드니 스미스 그림, 김지은 옮김 ‖ 책읽는곰

가족

할머니에 대한 깊은 감사와 사랑

주인공은 매일 할머니가 차려주는 수영장만 한 그릇에 담긴 아침을 먹고 학교에 간다. 할머니와 함께 가는 등굣길, 비가 오는 날이면 도로나 웅덩이에 있는 지렁이를 유리병에 담아 텃밭에 내려놓는다. 할머니의 뜰에는 언제나 오이, 토마토, 당근, 사과나무 등의 다양한 식물들이 가득하다. 어느덧 삶의 마지막 순간을 앞둔 할머니께 텃밭의 생명력을 보여주고 싶은 아이는 할머니의 창가에 방울토마토 화분을 올려놓고, 빗속을 걸으며 지렁이를 줍는다.

이 그림책은 캐나다를 대표하는 시인 조던 스콧과 수많은 그림책상을 수상한 시드니 스미스가 함께 작업했다. 어린 시절을 할머니와 함께 보냈던 조던 스콧은 할머니에 대한 깊은 감사를 시적 언어와 상징이 가득한 이야기로 담아냈다. 할머니와의 따뜻한 일상은 마음을 울리고, 아름답고 환상적인 그림은 어린 시절, 할머니 집에서 뛰어놀던 추억으로 안내한다. 할머니와 함께한 추억을 가진 학생들은 이 책을 통해 그리운 시간을 소환하고, 그 따스한 사랑을 기억하게 될 것이다.

생각을 나누는 질문
1. 할머니는 왜 도로나 웅덩이의 지렁이를 유리병에 담았을까?
2. 그림책의 바바(할머니)는 어떤 분일까?
3. 할머니에 관한 특별한 추억은 무엇일까?

배움이 깊어지는 활동

1. **바바의 텃밭 그리기** ⋯▶ 주인공이 부었던 바바의 텃밭은 어떤 모습일지 상상해 본다. 마음속으로 상상한 텃밭의 채소와 나무, 흙 속의 다양한 동식물 등을 그림으로 표현해 본다.
2. **할머니의 초상화 그리기** ⋯▶ 할머니의 모습을 떠올려 보고 다양한 채색 도구를 이용하여 할머니의 초상화를 그린다. 초상화 옆에 할머니에 관한 이야기를 짧은 글로 쓰고, 친구들에게 들려준다.
3. **가족 나무 꾸미기** ⋯▶ 할머니, 할아버지 세대를 포함한 가족 전체를 나무로 표현하여 그 관계를 그림으로 그려본다. 나뭇가지에 가족들의 모습을 그리고 이름을 쓴 다음 예쁘게 꾸며준다.

가족

근사한 우리 가족

로랑 모로 글·그림, 박정연 옮김 ‖ 로그프레스

다양한 동물에 비유한 재미있는 가족 소개

　가족과 친척을 그들의 성격과 습관을 닮은 다양한 동물에 비유하여 재미있게 소개하는 그림책이다. 작가 로랑 모로는 풍부한 상상력과 생동감 넘치는 그림으로 가족들의 개성을 독특하고 창의적인 방법으로 표현한다. 가족을 동물의 특성에 빗대어 생생하게 묘사하는 세심한 관찰력과 유머가 인상적이다. 힘이 센 오빠는 커다란 코끼리로 비유되고, 다정하고 지혜로운 할머니는 귀 밝은 올빼미로 묘사된다. 특히, 수줍음이 많고 아름다운 엄마는 키가 큰 기린으로 표현하고 있다.

　학생들은 자신의 가족과 친구들이 가진 다양한 개성에 대해 생각해 보면서 깊은 친밀감과 관심을 갖게 될 것이다. 또한, 자신의 특성은 어떠한지, 어떤 동물을 닮았는지도 생각해 볼 수 있다. 단순한 가족의 이야기를 넘어서, 더 크고 넓은 공동체의 사랑과 결속에 대해 이야기하고 있기 때문에 친구, 이웃들과의 관계를 더 깊이 이해하는 계기가 될 것이다.

> **생각을 나누는 질문**
> 1. 그림책의 동물 캐릭터 중 인상적인 동물과 그 이유는 무엇일까?
> 2. 우리 가족은 어떤 동물을 닮았을까? 그렇게 생각한 이유는 무엇인가?
> 3. 나의 특징을 닮은 동물은 어떤 동물일까?

배움이 깊어지는 활동

1. **그림책의 글을 읽고 떠오르는 동물 말하기** ⋯ 그림책 속 가족의 특징을 설명하는 글을 읽고 가족의 성격, 생김새 등에 따라 어떤 동물이 어울리는지 떠올려 본다. 다양한 동물들이 가진 이미지에 관해서도 친구들과 이야기 나눈다.
2. **우리 가족을 동물에 비유하기** ⋯ 가족 구성원의 특징을 반영하여 다양한 동물로 빗대어 표현해 본다. 가족의 외모, 특징 등에 어울리는 동물을 찾아보고 그 이유에 관해 이야기를 나눈다.
3. **가족 캐릭터 그리기** ⋯ 가족의 다양한 특성을 어떤 캐릭터로 표현할지 생각해 보고, 가족의 개성을 살려 자유롭게 그려 본다. 가족의 이름과 캐릭터에 대한 자세한 설명도 함께 정리한다.

돼지책

앤서니 브라운 글 · 그림, 허은미 옮김 ‖ 웅진주니어

가족

가족의 역할과 책임

　세계적인 작가인 앤서니 브라운의 책으로 집안일을 혼자서 짊어지고 있는 피곳 부인과 그 가족의 이야기를 담고 있다. 집안일에 대한 성 역할의 고정관념을 간결한 글과 상징적인 그림을 통해 비판한다. 직장에 다니는 피곳 부인에게는 온갖 잡다한 일을 모두 그녀에게 떠맡기는 남편과 두 아들이 있다. 어느 날 힘든 집안일에 지친 피곳 부인은 쪽지를 남기고 집을 떠나 버린다. 피곳씨와 두 아들은 아주 간단하고 일상적인 가사 노동조차 제대로 처리하지 못한다. 엄마 없이 돼지우리처럼 변해 버린 집에서 그들은 그저 게으른 돼지처럼 살아간다.

　이 그림책은 집안일이 단지 '엄마'나 '여성'의 일이 아니라 가족 모두의 책임임을 보여 준다. 또한, 성 역할에 대한 비판을 통해 가족 관계에서 협력과 감사가 얼마나 중요한지도 알려준다. 이 책을 통해 학생들은 행복한 가족이 되기 위해서는 누군가의 희생이 아니라 서로 배려하며 함께하는 가족 모두의 노력이 필요하다는 것을 깨닫게 될 것이다.

생각을 나누는 질문
1. 집안일을 전혀 하지 않는 피곳씨와 두 아들에게 어떤 말을 해주고 싶은가?
2. 우리 집과 피곳씨네 가족을 비교했을 때, 비슷한 점과 다른 점은 무엇인가?
3. 가족 모두가 행복하기 위해서 지켜야 할 일은 무엇일까?

배움이 깊어지는 활동

1. **역할극** ⇢ 피곳씨와 두 아들의 행동을 보고 내가 엄마라면 어떻게 할지 생각해 보고, 모든 것을 떠맡기는 가족에게 하고 싶은 말을 중심으로 대본을 완성하고 친구들과 짧은 역할극을 한다.
2. **가족의 입장으로 일기 쓰기** ⇢ 가족 중의 한 사람을 인터뷰하고 그 내용을 바탕으로, 가족 구성원의 입장이 되어 그의 하루 일과, 감정 등을 상상하여 일기를 쓴다.
3. **집안일 분담하기** ⇢ 집안일의 역할 분담이 실제로 어떻게 이루어지고 있는지를 생각해 보고, 가정에서의 역할과 책임에 관해 이야기를 나눈다. 이후 집안일의 종류에 따라 직접 집안일을 역할 분담하고 실천한다.

가족

숲속 사진관

이시원 글·그림 ‖ 고래뱃속

사진에 담긴 가족의 의미

부엉이 사진사와 곰 조수가 숲속 마을에 사진관을 열자, 여러 동물이 찾아와 가족사진을 찍는다. 동물들은 가족과 함께 각기 다른 포즈로 가족사진을 찍으며 즐거운 시간을 보낸다. 작가는 섬세하고 익살스러운 표현으로 다양한 동물 가족의 모습을 생동감 있게 전달한다. 이 그림책으로 학생들은 다양한 형태의 가족 공동체를 경험할 수 있다. 전통적인 가족 구성에서 벗어나, 한부모 가족, 대가족, 종을 넘어선 가족 그리고 부부만으로 이루어진 가족 등 사랑으로 결합된 다양한 가족 형태를 소개하고 있다. 즉, 형태는 각기 다르지만, 모든 가족은 기쁨과 슬픔을 공유하는 사랑의 관계임을 강조하고 가족의 본질적인 의미를 재조명한다. 특히, 꼬마 판다를 위해 함께한 많은 동물 가족의 모습을 통해 가족이라는 개념을 혈연 이상으로 확장하고 다양한 가족 구성에 대한 인식의 전환을 기대한다. 이 책은 학생들이 다양한 가족의 형태를 이해하고 존중하는 데 도움이 될 것이다.

생각을 나누는 질문
1. 그림책의 다양한 가족사진 중에 인상적인 가족사진은 무엇인가?
2. 가족이란 무엇일까?
3. 그림책에 등장한 가족들 외에 또 어떤 가족이 있을까?

배움이 깊어지는 활동

1. **꼬마 판다의 가족사진 꾸미기** ⇢ 꼬마 판다를 위해 가족사진을 꾸며준다. 꼬마 판다 주변에 어떤 가족을 그려 줄 것인지 이야기를 나눈 다음, 여러 채색 도구를 이용하여 가족사진을 꾸민다.
2. **가족을 정의하기** ⇢ 가족이 무엇인지를 비유와 상징을 활용해 다양하게 표현해 본다. '가족은 ~다'의 형태로 가족을 정의하고, 그렇게 정의한 이유를 함께 이야기 나눈다.
3. **정지 장면으로 표현하기** ⇢ '정지 장면'은 주제에 맞는 특정 장면을 얼음 조각처럼 정지된 신체 동작으로 표현하는 교육연극 기법이다. 가족의 특징 등을 정지된 동작으로 표현하면, 누구의 어떤 모습인지를 추측하고 가족의 성격, 습관 등에 관해 이야기를 나눈다.

커다란 포옹

제롬 뤼예 글·그림, 명혜권 옮김 ∥ 달그림

가족

달라도 소중한 우리 가족

크고 작은 여러 색깔의 동그라미로 가족의 다양성을 함축적으로 표현한 그림책이다. 작은 아이를 따뜻하게 안아주던 엄마, 아빠가 서로 사랑하지 않게 되어 결국 헤어진다. 어느 날 엄마 옆에 다른 아빠가 나타나고, 그 아빠와 함께 아이보다 어린 여동생이 생겼다. 엄마 뱃속의 남동생을 포함해서 그들은 새로운 가족이 된다. 새로운 가족이 되어서도, 아빠와 엄마는 변함없이 가족을 따뜻한 포옹으로 감싼다.

이 그림책은 다양하고 새로운 가족 형태를 보여준다. 그리고 가족의 형태와 관계없이 모든 가족은 소중하다는 메시지를 전달한다. 복잡한 가족 구조를 단순한 동그라미로 나타내고 가족 구성원 간의 관계를 여러 가지 색의 조합으로 표현한다. 가족은 어떤 형태로든 다양한 방식으로 결합할 수 있고, 때로는 해체될 수도 있음을 보여준다. 이 책을 통해 학생들은 가족의 형태가 어떠하든, 우리 모두가 사랑과 행복을 누릴 권리가 있음을 알고, 주변에서 볼 수 있는 다양한 형태의 가족을 이해할 수 있게 된다.

생각을 나누는 질문
1. 그림책의 가족을 보며 어떤 생각이 들었는가?
2. 다양한 가족의 형태에는 어떤 것이 있을까?
3. 우리 가족을 색깔로 표현한다면 어떤 색깔일까?

배움이 깊어지는 활동

1. **동그라미 가족의 실제 모습 그리기** ⋯▶ 그림책에 나오는 다양한 색깔을 가진 동그라미 가족을 떠올려 본 후, 동그라미 가족이 실제 인물이라면 어떤 모습과 성격을 가졌을지 상상하여 그림으로 표현한다.
2. **도형으로 표현하는 우리 가족** ⋯▶ 우리 가족을 다양한 도형과 색깔로 표현한 다음, 선택한 모양과 색깔에 담긴 의미와 이유, 관련된 추억에 관해 이야기를 나눈다.
3. **동그라미 가족 협동화** ⋯▶ 그림책의 여러 동그라미 가족을 참고하여 내가 생각한 동그라미 가족을 그려 본다. 각자 그린 다양한 가족을 오려내어 모둠별로 8절(4절) 도화지에 붙여서 동그라미 가족 협동화를 만든다.

인성

몰리 선생님의 친절한 예절 학교

제임스 맥클레인 글, 로지 리브 그림, 조남주 옮김 ‖ 어스본코리아

예절 바른 행동을 실천하는 우리 학급

너구리 알제논은 도움이 필요한 사람을 도와주거나 '미안해, 고마워'라는 말도 하지 않는다. 우연히 '몰리 선생님의 친절한 예절 학교'에 들어가게 된 알제논은 예의 없는 말과 행동이 다른 사람에게 어떤 영향을 미치는지, 예절이 우리의 삶을 어떻게 바꾸는지 깨닫게 된다. 예(禮)는 상대방을 존중하고 사랑하는 마음을 말이나 행동으로 표현하는 것을 말한다. 따라서 예는 공동체 사회에서 살아가는 우리 학생들에게 타인을 존중하며 바람직한 인간관계를 맺게 하는 중요한 덕목이다.

빠르게 변화하고 첨단 기술이 발달하는 사회에서 생활하는 학생들은 어릴 적부터 미디어를 다양하게 접하며 개별적으로 학습하는 데 익숙하다. 더구나 형제자매가 많지 않은 가정환경에서 자랐기 때문에 상대방을 배려하고 존중하는 것을 어려워한다. 함께 살아가는 데 필요한 기본생활습관 교육과 바른 예절 교육을 통해 상대를 존중하는 말과 행동으로 더불어 살아가는 의미를 깨닫고, 서로 협력하면서 바람직한 관계를 맺을 수 있을 것이다.

> **생각을 나누는 질문**
> 1. 알제논은 친절한 예절 학교 수업을 마치고 무슨 생각을 했을까?
> 2. 예절은 왜 모두를 행복하게 할까?
> 3. 우리가 함께 생활하는 데 필요한 예절에는 무엇이 더 있을까?

> **배움이 깊어지는 활동**
>
> 1. **우리 학급에서 예절이 필요한 상황** ⋯ 교실에서 친구를 만났을 때, 친구에게 도움을 받았을 때 등 함께 생활하는 데 예절이 필요한 상황은 언제인지 생각해 보고, 상황에 따라 어떤 예절을 지켜야 하는지도 이야기한다.
> 2. **예절 바른 사람이 되기 위한 지침서** ⋯ 예절이 필요한 상황에 따라 알맞은 말과 행동이 있음을 알고, 예절 바른 사람이 되기 위해 어떻게 행동해야 하는지 생각하며 실천할 일을 적는다.
> 3. **예절 물약병 디자인하기** ⋯ 예절 바른 말과 행동이 필요한 다양한 상황에 따라 예절 바른 행동을 하게 만드는 물약을 개발하고 디자인한다. 물약을 마셨을 때 어떤 효과가 있는지 상상하며 표현한다.

으쌰으쌰 안마 시간

윤담요 글 · 그림 ‖ 호랑이꿈

인성

안마로 전하는 효도의 마음

피곤하고 지쳐서 집에 돌아왔는데, 가족이 있어 행복하다고 느끼는 순간은 언제일까? 이 그림책의 아이는 출퇴근 전쟁으로 지쳐서 집에 온 아빠에게 콩콩 안마를 해 드리고, 퇴근 시간에 맞추어 퇴근하기 위해 정신없이 일하고 녹초가 되어 돌아온 엄마에게는 꾹꾹 안마를 해 드린다. 가족의 상황에 맞게 해 드리는 안마는 사랑의 마음까지 전한다. 효는 부모에 대한 공경을 바탕으로 잘 섬기는 일이다. 아이가 가족에게 하는 안마는 가족을 살피는 마음과 효를 행하는 모습까지 잘 보여준다.

바쁜 일상을 보내다 보면 누가 어디가 아픈지, 얼마나 힘든지 잘 모를 때가 있다. 이 책을 읽으며 우리 가족을 떠올리고 가족을 위해 효를 실천할 수 있는 일을 찾아본다. 관심을 가지고 살피면 가족의 힘든 일상이 보인다. 힘들고 지친 마음에 건네는 안마는 위로와 관심을 전하는 소통의 방법일 수 있다. 우리 학생들이 가족과 소통하는 방법을 찾고 더불어 살아가는 행복의 의미를 알며 부모님에 대한 존경의 마음을 효로 실천할 수 있을 것이다.

> 생각을 나누는 질문
> 1. 엄마는 왜 그렇게 시간에 쫓기며 일을 했을까?
> 2. 가족에게 안마를 해 드리는 것은 어떤 의미일까?
> 3. 힘들고 지치신 부모님을 보면 어떻게 해야 할까?

배움이 깊어지는 활동

1. **동물들의 안마를 따라 해 보고 친구들과 서로 안마해 주기** → 책에 나오는 동물들의 안마를 몸으로 따라 하며 신체 놀이를 한다. 콩콩 안마, 꾹꾹 안마, 조물조물 안마를 따라 해 보고, 새로운 안마를 개발하여 친구들에게 해 준다.
2. **부모님을 위해 할 수 있는 활동 10가지** → 부모님께 감사한 마음을 떠올리며, 그 마음을 표현할 수 있는 활동을 생각한다. 한 번에 그치지 않고, 꾸준히 실천할 수 있는 활동을 생각하여 적는다.
3. **효도 쿠폰** → 부모님을 위한 쿠폰을 만든다. 설거지, 방 청소, 심부름, 안마 등의 쿠폰을 만들며 재미있게 이름을 짓고 그림도 그린다. 사용 기간도 표시한다.

인성

빈 화분

데미 글·그림, 서애경 옮김 ‖ 사계절

정직이 주는 선물

임금님은 한 해 동안 정성을 다해 꽃씨를 가꾼 아이에게 임금의 자리를 물려 주겠다며, 온 나라 아이들에게 꽃씨를 나누어 준다. 꽃씨를 받은 핑은 날마다 정성을 다해 돌보지만, 일 년이 지나도 싹이 나지 않는다. 화려한 꽃이 담긴 화분을 가져온 아이들과 달리 핑은 아무것도 나지 않은 빈 화분을 가지고 온다. 빈 화분을 본 임금님은 핑의 화분을 보고 나누어 준 씨앗이 익힌 씨앗이었다고 말하며 핑을 후계자로 지명한다. 핑이 빈 화분을 임금님께 보일 수 있었던 것은 정직한 마음에서 온 용기였다.

정직은 마음을 바르고 곧게 가짐으로써 말과 행동에 거짓과 꾸밈이 없는 것을 말한다. 정직한 말과 행동은 타인과 높은 신뢰를 쌓게 하고 서로 협력하며 소통하게 한다. 영국의 격언에 '평생을 행복하게 지내려면 정직해라'라는 말이 있다. 공동체에서 살아가는 데 정직이 왜 필요한지, 정직한 말과 행동이 자신을 어떻게 만들어 가는지, 자신에게 어떠한 영향을 미치는지를 깨달아 생활에서 정직을 실천할 수 있을 것이다.

> **생각을 나누는 질문**
> 1. 정성껏 돌본 씨앗에서 싹이 나지 않았을 때 핑의 마음은 어땠을까?
> 2. 정직한 핑이 후계자가 되는 것은 정당할까?
> 3. 정직한 말과 행동은 우리의 생활을 어떻게 변화시킬까?

배움이 깊어지는 활동

1. **정직 명언 쓰기** ⋯▶ 정직에 관한 명언을 보기에서 하나 골라 예쁜 글씨로 쓴다. 붓펜을 이용하여 캘리그라피로 글에 어울리는 그림을 그리며 글을 쓸 수도 있다.
2. **정직이 주는 선물을 4컷 만화로 표현하기** ⋯▶ 일상생활에서 용기를 내어 정직한 말과 행동을 해야 하는 상황이 생긴다. 다양한 상황 중 하나를 선택하여 정직한 행동을 했을 때의 좋은 점을 4컷 만화로 표현한다.
3. **정직의 씨앗 화분** ⋯▶ '정직'이라는 씨앗이 자라게 하기 위해 필요한 것들이 무엇인지 생각한다. 씨앗에 용기와 도전, 인내 등의 양분을 준다고 생각하고 화분에 양분이 될 단어나 그림을 그린다. 실천을 위한 다짐도 쓴다.

성실한 택배 기사 딩동 씨

인성

유민주 글 · 그림 ‖ 모든요일그림책

책임 있는 행동이 만드는 아름다운 세상

매일매일 성실하게 일하는 택배 기사 딩동 씨는 어느 날 빨간 공이 가득 든 크고 무거운 자루를 배달하다가 자루가 길 한가운데서 터지고 만다. 수많은 사람 사이로 흩어져 버린 빨간 공들을 찾아 딩동 씨는 온 동네를 샅샅이 뒤지고 마지막 빨간 공까지 찾아 배달을 완수한다. 그 많은 공을 차근차근 찾는 데 집중하며 자신이 배달해야 할 물건을 끝까지 배달하는 딩동 씨의 모습을 통해 책임 있는 태도에 관하여 생각해 볼 수 있다.

책임은 맡아서 해야 할 임무나 의무를 가리킨다. 가족 구성원으로서, 학생으로서, 시민으로서 자신의 역할에 따라 책임은 달라진다. 자기 역할과 의무를 인식하고 행동으로 실천하면서 자신이 한 행동의 결과를 인정하는 책임감 있는 태도는 공동체 구성원으로서 반드시 갖추어야 할 덕목이다. 왜 책임감이 필요한지, 책임 있는 행동이 세상을 어떻게 아름답게 만들지 이야기하며 자신의 역할에 책임감을 가지고 실천하는 의지를 키울 수 있을 것이다.

> 생각을 나누는 질문
> 1. 배달하던 크고 무거운 자루가 터졌을 때 딩동 씨의 마음은 어땠을까?
> 2. 딩동 씨는 어떤 사람이라고 생각하는가?
> 3. 학생으로서, 가족의 구성원으로서, 친구로서 나의 책임은 무엇이 있을까?

배움이 깊어지는 활동

1. **자신의 역할을 책임 있게 하는 사람이나 직업 찾기** ⇢ 소방관, 경찰관처럼 자신의 역할에 최선을 다해 책임감 있게 생활하는 사람들을 생각하고, 우리 주변에서 책임을 다하는 사람들의 직업을 찾아 적어 본다.
2. **역할에 따른 책임 빙고 게임** ⇢ 각자의 위치나 역할에 따라 책임은 달라진다. 집, 학교에서 자신의 역할이 무엇인지 생각해 보고 역할에 따라 달라지는 책임 있는 행동을 빙고 판에 적으며 놀이한다.
3. **나의 책임 있는 행동이 만드는 아름다운 세상** ⇢ 책임 있는 행동이 주변을 어떻게 변화시키는지, 나에게 어떤 영향을 미치는지 생각한다. 나의 책임 있는 행동이 만들어 가는 아름다운 세상을 상상하며 그림으로 표현한다.

인성

내 입장에서 생각해 봐!

수잔나 이슨 글, 밀렌 리가우디 그림, 이종구 옮김 ‖ 세상모든책

건강한 인간관계의 힘, 존중

긴 겨울이 지나고 드디어 찾아온 봄날! 귀뚜라미는 오랜만에 숲속을 산책했다. 산책하는 동안 무당벌레, 꿀벌, 거미, 지네를 만났는데 그 친구들은 각자 소중한 것을 잃을 곤란한 상황에 처해 있었다. 하지만 귀뚜라미는 친구들이 왜 그런 일을 중요하게 생각하고 곤란해하는지 이해하지 못하고 그냥 지나친다. 자기중심적인 귀뚜라미는 어려운 상황에서 친구들에게 도움을 받고서야 친구들 모두 각자에게 소중한 것이 다르고 생각이 다름을 이해하며 그들을 존중하기 시작한다.

존중은 정중하고 사려 깊은 방식으로 다른 사람을 대함으로써 존엄성을 가진 가치 있는 존재로 인정해 주는 것이다. 자신과 타인, 모든 형태의 생명체에 대한 존중까지 광범위하게 교육할 수 있는 핵심 가치 덕목이다. 자신을 소중히 여기는 학생들은 타인도 존중하고 인정한다. 서로 이해하고 존중하는 마음은 건강한 인간관계를 만들고 유지하게 한다. 자라온 환경과 생각이 다른 사람들이 모여 사는 사회에서 공감과 존중은 아름답고 따뜻한 세상을 만드는 밑거름이 될 것이다.

생각을 나누는 질문
1. 귀뚜라미는 보고 싶은 친구들을 만났는데도, 왜 친구들의 어려움을 도와주지 않았을까?
2. 친구들에게 존중받지 못했다고 느꼈던 경험이 있는가? 그때의 기분이 어땠나?
3. 서로 존중하는 학급을 만들기 위해서는 어떻게 해야 할까?

배움이 깊어지는 활동

1. **'존중' 이행시** ⇢ 존중이라는 단어의 첫 글자로 생각할 수 있는 존엄, 존귀, 중요, 중심 등의 단어들을 떠올리며 존중하는 생활과 연결하여 이행시를 만든다.
2. **친구의 좋아하는 것과 소중히 여기는 것 인터뷰** ⇢ 상대방을 알아야 이해하게 되고 인정하면서 존중의 마음이 키워진다. 서로 좋아하는 것과 소중히 여기는 것, 취미 등을 인터뷰하며 상대방을 알아간다.
3. **존중 나무에 존중 열매 붙이기** ⇢ 상대방에 대한 칭찬과 격려의 말을 사과 모양의 포스트잇에 써서 나무에 붙인다. 포스트잇 외에도 응원이나 칭찬의 문구가 적힌 스티커를 이용할 수 있다.

모모와 토토

김슬기 글·그림 ‖ 보림

인성

배려로 만들어 가는 따뜻한 세상

모모에게는 무엇이든 선물해 주고 싶은 친구 토토가 있다. 자신이 좋아하는 노란 풍선을 선물하고, 노란 모자를 골라 주고, 노란 꽃다발도 안겨 주었지만, 토토는 이제 모모랑은 놀지 않겠다고 쪽지를 두고 떠나 버린다. 토토가 왜 그러는지 몰랐던 모모는 당황스럽다. 토토의 입장에서 생각하고 토토를 위한 것이 무엇인지 알게 된 모모는 토토에게 다가가 쪽지와 선물을 주며 우정을 지켜간다. 우리는 모모처럼 내가 좋으면 상대방도 좋아할 거라고 착각할 때가 있다.

배려란 여러 가지 마음을 써서 보살피고 도와주는 것을 뜻한다. 진정한 배려는 내가 해주고 싶은 방식이 아니라 상대가 원하는 방식이어야 한다. 상대방의 입장에서 생각하고 마음을 이해하면 상대가 원하는 것을 알게 되고 행동하게 된다. 가족, 친구, 주변 사람들에게 하는 작은 배려는 상대의 마음에 스며들어 씨앗이 되고 퍼지면서 또 다른 배려로 이어질 것이다. 배려가 낳는 또 다른 배려의 실천은 따뜻한 온기를 전하며 세상을 행복하게 만들 수 있다.

생각을 나누는 질문
1. 토토는 왜 모모와 놀지 않겠다고 했을까?
2. 책에 나오는 동물들이 가지고 있는 색은 무엇을 의미하는 것일까?
3. 친구와 사이좋게 지내기 위해서 필요한 것은 무엇일까?

배움이 깊어지는 활동

1. **배려를 했거나 받았던 경험 떠올리기** ···› 자신이 주변 사람들에게 한 배려와 주변 사람으로부터 받은 배려의 경험을 떠올린다. 언제, 누구에게, 어떤 배려를 받았는지 생각하며 적는다.
2. **토토에게 편지 쓰기** ···› 모모의 행동들이 토토를 왜 화나게 했는지 생각하며 모모의 처지가 되어 편지를 쓴다. 모모가 토토에게 전하고자 하는 의미가 잘 전달되고 상황에 어울리게 쓴다.
3. **배려로 만드는 따뜻한 세상을 위한 광고** ···› '1분의 배려'라는 공익광고 동영상을 보고 이야기한 후, 배려가 만드는 따뜻한 세상을 생각하며 홍보 문구를 넣어 광고지를 만든다.(https://www.youtube.com/watch?v=iZXK1R_nqgc '1분의 배려' 공익광고협의회)

인성

그랬구나!

치웨이 글·그림, 조은 옮김 ∥ 작은별밭

경청과 공감, 상황에 따른 말하기 소통

힘들게 일하고 온 소가 친구 개에게 너무 피곤해서 쉬고 싶다는 푸념을 한다. 개는 고양이에게, 고양이는 거위에게, 거위는 염소에게 전달하는 과정에서 소의 말은 전혀 다르게 변한다. 마지막으로 들은 농부 아저씨는 이야기의 진실을 밝히기 위해 소문을 되짚어 찾아가고, 결국 소의 진심을 들은 농부 아저씨는 소를 이해하고 하루 쉬게 한다. 학교에서는 친구의 이야기를 전달하여 학교폭력으로 이어지기도 하고 마음에 큰 상처를 주기도 하는 사례가 많다. 서로 소통이 잘 되지 못했기 때문일 것이다.

소통이란 막힘이 없이 서로 왕래하고 통한다는 의미로 사람은 태어나는 순간부터 주변 사람들과 소통하며 성장한다. 아동·청소년기의 소통 교육은 올바른 가치관과 인식을 갖춘 리더십을 키우게 하고 경청과 공감을 바탕으로 한 대인관계 능력을 향상시킨다. 또한, 상대의 말과 생각을 이해하는 데 도움을 주고, 자신의 생각이나 감정을 올바르게 표현할 수 있게 돕는다. 올바른 소통 능력을 갖추면, 사회에 필요한 인재로 성장할 수 있을 것이다.

생각을 나누는 질문
1. 농부 아저씨에게 전해진 소의 말은 왜 사실과 달랐을까?
2. 소의 말을 전해 들은 농부 아저씨의 기분은 어땠을까?
3. 상대의 말을 들을 때와 자신의 생각이나 감정을 말할 때의 바른 태도는 무엇일까?

배움이 깊어지는 활동

1. **말 전달하기** ⋯ 교사가 제시하는 문장을 맨 앞사람이 보고 바로 뒷사람에게 말로 전달하는 놀이이다. 마지막 사람은 교사에게 나와 전달받은 말을 이야기한다. 5명 정도 한 팀을 만들고 앞사람을 바꿔가며 놀이한다.
2. **들은 것을 그림으로 표현하기** ⋯ 친구가 설명하는 말을 듣고 간단히 글로 메모한 후에 그림으로 그린다. 이때 말하는 친구에게 질문을 할 수 없고 일방적으로 친구의 말만 들으며 그림을 그린다. 활동 후에 어려운 점을 이야기한다.
3. **올바른 소통을 위한 나의 다짐** ⋯ 올바르게 소통해야 하는 이유를 생각하며 가족, 친구들, 선생님과 소통할 때 어떻게 해야 하는지 다짐을 적는다. 실천할 수 있는 다짐을 적고 꾸준히 실천한다.

헤엄이

레오 리오니 글 · 그림, 김난령 옮김 ‖ 시공주니어

인성

협동의 힘

 헤엄이는 바닷속의 작은 빨간 물고기들과 살고 있는데 혼자만 까만 물고기이다. 어느 날 커다란 다랑어에게 빨간 물고기 친구들이 모두 잡아먹히고 헤엄이만 살아남는다. 슬퍼하며 심해를 돌아다니다가 아름다운 세상을 보면서 다시 용기를 내어 여행을 하게 된 헤엄이는, 숨어 있는 물고기 친구들을 보게 되고 함께 힘을 합해 두려움에 맞설 방법을 알려준다.

 협동은 여러 사람이 서로 마음과 힘을 합하는 것을 말한다. 공동체가 발전하기 위해 반드시 필요한 덕목으로, 부족한 부분을 서로 보완하여 공동의 선을 이루는 데 중점을 둔다. 시련이 생겼을 때 협동하여 위기를 함께 극복하는 작은 물고기들처럼, 협동을 하면 어려운 상황에 정면으로 마주할 힘이 생기고 해결하기 어려운 문제를 더 좋은 방법으로 해결할 수 있다. 협동의 과정에서 의사소통 능력이 향상되고 서로에 대한 이해심이 생긴다. 공동의 목표를 달성하기 위해 서로 마음과 힘을 모아 해결해 가는 과정에서 협동의 중요성을 알게 될 것이다.

생각을 나누는 질문
1. 숨어서 지내는 빨간 물고기들의 마음은 어땠을까?
2. 협동을 해서 커다란 물고기를 만든 헤엄이와 빨간 물고기들은 무슨 생각을 했을까?
3. 언제 협동이 필요할까?

배움이 깊어지는 활동

1. **협동이란 무엇일까?** ⋯⋯▶ 협동하면 좋은 점, 협동했을 때의 느낌 등을 생각하면서 협동을 정의해 본다. 협동을 사물에 비유해서 표현할 수도 있고, 이미지 카드를 골라 정의할 수 있다.
2. **헤엄이에게 편지 쓰기** ⋯⋯▶ 작은 물고기의 입장에서 헤엄이에게 편지를 쓸 수 있고, 커다란 물고기의 입장에서 헤엄이에게 편지를 쓸 수도 있다. 대상을 자유롭게 선택하여 쓴다.
3. **지우개 물고기로 협동작품 만들기** ⋯⋯▶ 지우개에 물고기를 조각하고 각자가 만든 물고기 도장으로 어떤 물고기를 만들지 이야기하며 커다란 협동 물고기를 만든다. 물고기 도장을 만드는 대신 물고기 스티커를 이용할 수 있다.

인성

몽돌 미역국

권민조 글·그림 ‖ 천개의바람

나눌수록 풍요로워지는 삶

옛날 옛적에 딸을 무척 사랑하는 용이 살았다. 딸이 임신을 해서 음식을 잘 먹지 못하자 안쓰러워하던 용은 수소문 끝에 미역국 이야기를 듣게 되고, 딸에게 미역국을 먹이기 위해 사람으로 변하여 마을로 간다. 가뭄이 들어 인심이 팍팍했지만, 용의 지혜로 각자 가진 것을 모아 세상에서 가장 맛있는 몽돌 미역국을 만들어 먹는다. 도시의 주거 환경이 바뀌고 인터넷과 스마트폰이 발달하면서 집에서 생활하는 시간이 많아졌다. 이로 인해 도시에서 이웃과 소통하며 좋은 것을 나누는 모습은 찾아보기 어려워졌다.

나눔 교육은 자신이 속한 지역사회에 관심과 책임감을 가지고 시민으로서 역할을 할 수 있도록 가르치는 교육으로, 학생들은 서로 돕고 협력하는 경험을 통해 공동체에 대한 의미와 나눔의 가치를 깨닫게 된다. '우리는 일함으로 생계를 유지하지만, 나눔으로 인생을 만들어 간다'는 윈스턴 처칠의 말처럼 나눔은 함께 살아가는 사회를 따뜻하게 만들고 주변 사람들과의 관계를 발전시키며 자신의 인생을 풍요롭게 만들 수 있다.

생각을 나누는 질문
1. 몽돌 미역국은 왜 세상에서 가장 맛있는 미역국이 되었을까?
2. 누군가로부터 나눔을 받거나 나누어 준 경험이 있는가?
3. 집이나 학교에서 나눔이 필요 때는 언제일까?

배움이 깊어지는 활동

1. **나눔을 실천하는 분들의 영상 보고 느낀 점 쓰기** ⇢ 나눔의 삶을 실천하는 사람들의 영상을 보면서 무엇을 나누었는지, 그분들로 인해서 어떤 사람들이 도움을 받았을지 생각하며 느낀 점을 쓴다.(유튜브 '나눔의 삶을 실천하고 있는 주인공들을 소개합니다!' 행정안전부)
2. **교실에서 친구들에게 할 수 있는 나눔** ⇢ 교실에서 친구들에게 할 수 있는 나눔에는 무엇이 있을지 모둠끼리 이야기한다. 서로의 재능을 나눔하거나 자신에게 필요 없는 물건을 나눔하는 등의 의견을 적는다.
3. **'학급 나눔의 날' 계획하고 실행하기** ⇢ 모둠에서 나온 의견을 모아 학급회의를 하여 반 전체가 참여하는 나눔의 날을 계획한다. 재능기부나 아나바다와 같은 활동을 구체적으로 계획하고 실행한다. 저학년은 아나바다 활동이 가능하다.

고마워, 고마워요, 고맙습니다

일레인 비커스 글, 서맨사 코터릴 그림, 장미란 옮김 ‖ 책읽는곰

삶을 빛과 온기로 채우는 감사

한 해 동안 고마웠던 것을 생각하며 감사 띠를 만드는 아이가 있다. 안전하고 따뜻하게 나를 품어 주는 집, 언제나 다정하게 머리를 쓰다듬으며 자장가를 불러 주는 부모님, 어김없이 뜨고 지는 해와 달 등 날마다 고마운 것을 쓰다 보니 감사 띠는 어느새 방 창문 가장자리를 두를 수 있을 만큼 길어진다.

감사는 자신에게 도움이나 혜택을 준 사람에 대해 고마운 감정을 느끼고 표현하는 것이다. 감사를 경험하고 표현하는 것은 학생들의 긍정적인 기분과 정서를 향상시키고 사회적 유대 관계를 강화시키며 삶에 대한 만족도를 높인다. 감사의 경험과 표현은 학생들의 조화롭고 건전한 발달을 위해 매우 중요하지만, 빠르게 변화하는 환경과 사이버 공간에서의 생활에 익숙한 학생들은 무엇이 감사인지 느끼지 못할 때가 많고 표현하는 방법도 모를 때가 많다. 일상에서 감사를 느끼는 상황들을 알아보고 가족과 친구, 주변 사람들에게 감사를 표현하는 방법에 대해 생각하며 실천하는 경험을 통해 자신의 삶을 빛과 온기로 채워갈 수 있다.

생각을 나누는 질문
1. 아이가 감사를 느끼는 대상이 어떻게 변하고 있는가?
2. 책이 고맙게 느껴질 때는 언제인가?
3. 감사를 표현하는 방법에는 무엇이 있을까?

배움이 깊어지는 활동

1. **이미지 카드로 감사를 정의하기(포토스탠딩 토론)** ⇢ 감사에 대한 정의를 이미지 카드로 비유해 본다. 이미지 카드는 인터넷에서 다양한 이미지를 찾아 활용할 수 있다.(학토재의 이미지 프리즘 카드 등 인터넷에서 찾은 다양한 이미지 활용 가능)
2. **감사 가렌드 만들기** ⇢ 색종이를 삼각형으로 4등분 한 종이에 가족이나 친구들, 선생님, 자연 등에 감사한 일들을 생각하며 하나씩 써서 감사 가렌드를 만든다. 각자 만든 감사 가렌드를 친구들과 연결하여 창문에 붙인다.
3. **감사엽서 쓰기** ⇢ 부모님이나 선생님, 주변의 감사한 분에게 감사엽서를 쓴다. 왼쪽에는 작게 그림을 그리고, 오른쪽에는 감사의 마음을 담아 글을 쓴다.

2장

민주시민
생태환경
생명존중
죽음
건강

민주시민

갈색 아침

프랑크 파블로프 글, 레오니트 시멜코프 그림, 해바라기 프로젝트 옮김 ‖ 휴먼어린이

일상의 평화를 지킬 수 있는 민주주의

정부는 갈색이 아닌 개와 고양이는 모두 없애야 한다는 법을 만든다. 사람들은 뭔가 이상하다고 생각했지만, 그 법이 잘못되었음을 누구도 말하지 않는다. 한 걸음 더 나아가 정부는 출판사와 언론사를 탄압하고 갈색 신문사 하나만 남긴다. 모든 대화에 갈색이라는 단어를 넣어 말하게 하며, 예전에 키우던 개와 고양이가 갈색이 아니어도 경찰에 잡혀간다. 어느 날 갑자기 생긴 비정상적인 법 때문에 사람들의 일상이 서서히 무너짐을 보여주는 그림책이다.

민주주의는 실제로 법치주의와 긴밀하게 연결되어 있다. 국민의 뜻에 따라 법을 만들고, 그에 근거하여 국가 운영이 이루어진다. 그런데 법이 정의롭지 않다면, 또한 그 비정상적인 법 집행에 대해 국민이 침묵한다면, 그 정부는 독재화될 수 있음을 구체적으로 보여준다. 우리의 평화로운 일상을 유지하기 위해 민주주의가 얼마나 소중한지를 깨닫고 민주주의를 지키는 것이 곧 일상의 평화를 지키는 것임을 일깨워주는 강렬한 이야기이다.

생각을 나누는 질문
1. 정부가 갑자기 이상한 '갈색 법'을 만든 이유는 무엇일까?
2. 사람들이 뭔가 이상하다고 느끼면서도 왜 법의 부당함에 대해 침묵하였을까?
3. 각자 개성을 지키며 평화롭게 살아가기 위해 필요한 조건은 무엇일까?

배움이 깊어지는 활동

1. **바람직한 민주주의는 어떤 모습일까?** ⋯▶ 바람직한 민주주의는 어떤 것인지 자신의 언어로 재정의해 보면서 추상적인 민주주의 개념을 구체화해 본다.
2. **잘못된 법이나 명령에 어떻게 행동해야 할지 토론하기** ⋯▶ 잘못된 법이나 권력 행사로 부당한 명령을 내릴 때 무조건 따라야 하는지 자유롭게 토론한다.
3. **평화로운 일상을 누리기 위하여 우리가 할 수 있는 것** ⋯▶ 우리가 누리고자 하는 평화, 자유로운 삶을 위해 청소년이 정치에 참여할 수 있는 방법이 무엇인지를 찾아본다.

생쥐 나라 고양이 국회

알리스 메리쿠르 글, 마산진 그림, 이세진 옮김 ‖ 책읽는곰

민주시민

좋은 지도자를 뽑기 위하여 고려해야 할 것

생쥐 나라에서 4년마다 한 번씩 투표로 지도자를 뽑는다. 생쥐들은 언제나 살진 고양이들을 지도자로 뽑는다. 고양이들은 선거운동은 기가 막히게 잘 하지만, 자신들만을 위한 법을 만들고 생쥐들에게는 가혹한 정치를 펼친다. 생쥐들의 삶은 도무지 나아지지 않는다. 고양이가 내놓는 정책이나 법안이 생쥐에게 도움이 될 리 없다. 그런데도 생쥐들은 고양이가 아닌 다른 존재가 나라를 다스릴 수 있다는 생각조차 하지 못한다. 그때 한 생쥐가 '생쥐 나라는 생쥐가 다스려야 하지 않을까?'라며 조심스레 말을 꺼낸다.

민주주의 국가에서 주권자인 국민이 직접 정책을 결정하는 것이 가장 좋다. 하지만 인구가 많아지고 영토가 넓어지면서 국민이 직접 통치를 하기 어렵기 때문에 선거를 통해서 대표를 뽑아 법을 만들고 정책을 결정하게 한다. 그런데 투표로 뽑힌 대표자가 과연 약속대로 공약을 지키며 국민을 위한 정치를 하고 있는가? 좋은 지도자를 뽑으려면 선거 제도를 어떻게 운용해야 할지 나눌 수 있는 그림책이다.

생각을 나누는 질문
1. 생쥐 나라에서 고양이들이 제시한 선거 운동의 문제점은 무엇일까?
2. 4년마다 똑같은 문제가 반복되는데, 생쥐들은 왜 고양이들을 뽑는 걸까?
3. 생쥐들이 고양이가 아닌 다른 존재는 나라를 다스릴 수 없다고 생각하는 이유는 무엇일까?

배움이 깊어지는 활동

1. **민주주의 국가에서 선거제도가 필요한 이유** ⇢ 현대 민주주의 국가에서 국민이 모든 정책을 직접 결정하지 않고 선거를 통해 대표를 선출하여 정책을 결정하고 행사하도록 하는 이유를 토론한다.
2. **선거에서 좋은 대표를 뽑으려면 무엇을 근거로 판단해야 할까?** ⇢ 대표자들이 선거에 당선하기 위해 제시하는 약속이 무엇인지, 또한 약속의 진실성과 실현 가능성을 어떻게 검증할 것인지 토론한다.
3. **공정하고 자유로운 선거가 이루어지기 위한 선거의 4대 원칙 탐구** ⇢ 민주주의를 실현하는 가장 중요한 수단은 공정한 선거 제도를 운용하는 것이다. 이를 위해 국가가 선거를 관리한다. 민주 선거의 4대 원칙을 탐구한다.

민주시민

그들은 결국 브레멘에 가지 못했다

루리 글·그림 ‖ 비룡소

열심히 살았을 때 그 노력을 배신하지 않는 사회가 되려면

나이가 너무 많아 택시회사에서 해고당한 당나귀, 다니던 가게가 이사 가는 바람에 실업자가 된 개, 혐오감을 준다는 이유로 편의점에서 잘린 고양이, 길거리 좌판에서 불법으로 계란을 팔다 쫓겨난 닭, 갈 곳을 잃은 그들은 우연히 빈집에 모여 있던 도둑들을 만난다. 열심히 살았는데도 할 일이 없어졌다는 동물들의 이야기를 들은 도둑들은 놀라며 "열심히 살아도 소용없네"라고 한탄한다. 도둑과 동물들은 남은 음식과 식기들을 모아 김치찌개를 끓이며 소박한 식사를 앞에 두고 꿈같은 상상을 해 본다.

무한 경쟁 사회, 좁은 취업문, 점점 더 어려워지는 자영업자들, 최선을 다해 노력했는데도 복지의 사각지대에서 기본적 생계를 위협받으며 하루하루 살아가는 사회적 약자들이 곧 그림책에서의 당나귀와 개, 고양이와 닭이다. 결국, 브레멘에 도착하지 못한 브레멘 음악대처럼 이루어지지 못한 꿈으로만 남아야 하는 것일까? 이것은 개인의 탓일까? 아니면 잘못된 사회 구조의 탓일까? 이를 문제를 생각해 보게 하는 그림책이다.

생각을 나누는 질문
1. 그림책에 등장하는 동물들과 도둑들의 공통점과 근본적인 차이점은 무엇일까?
2. 동물들은 왜 브레멘에 가지 못한 것일까?
3. 우리나라는 어떤 분야에서든 열심히 노력하면 보상을 받는 사회일까?

배움이 깊어지는 활동
1. **브레멘에 도착하지 못한 또 다른 동물은 누구일까?** ⋯▶ 브레멘에 도착하지 못한 동물들처럼 우리 주변에도 최선을 다해 열심히 노력했지만, 정당한 보상이나 결과를 얻지 못한 사람들이 있다. 그들은 누구인지 찾아보자.
2. **쟁점 토론하기** ⋯▶ '우리나라는 열심히 노력한 만큼 보상받는 사회이다'라는 논제로 찬성팀과 반대팀으로 나누어 근거를 찾고 토론한다.
3. **공정한 분배 기준** ⋯▶ 정의와 공정성은 결국 그 사회가 구성원의 몫을 어떻게 나누느냐에 달렸다. 각자에게 정당한 몫을 나누는 공정한 분배의 기준은 무엇인지 토론해 본다.

어리석은 판사

하브 제마크 글, 마고 제마크 그림, 장미란 옮김 ∥ 시공주니어

민주시민

정의로운 사회는 어떤 사회인가?

5명의 죄수가 줄줄이 판사 앞에 끌려와 재판을 받는다. 이유는 무시무시한 괴물이 나타났음을 본 그대로 말했다는 죄목이다. 괴물이 없다고 믿는 판사는 이들의 말을 무시하고 거짓말쟁이라며 모두 감옥에 가둬버린다. 그러나 그들이 증언했던 괴물이 곧바로 나타나 판사를 잡아먹는다. 5명의 죄수는 결백이 증명되어 감옥에서 풀려난다는 위트와 풍자가 넘치는 그림책이다.

이 그림책은 국가 통치 권력의 하나인 사법부가 법이라는 강력한 힘과 권력을 가지고 잘못된 판단을 내렸을 때 일어날 수 있는 사회문제를 비판한다. 민주주의 국가에서는 누구나 공정하게 재판을 받을 권리가 있으며, 이는 헌법으로도 보장되어 있다. 정의가 실현되기 위해서는 최종적으로 판단하는 사법부가 재판을 공정하게 운영하고 실체적 진실을 보여주는 증거에 따라 판결해야 한다. 국가를 통치하는 기관에서 법과 권력을 가진 자들에게 필수적으로 요구되는 조건이 무엇인지를 깊이 생각해 볼 수 있는 그림책이다.

생각을 나누는 질문
1. 판사는 왜 5명의 죄수가 하는 말을 모두 믿지 않았을까?
2. 사람의 행동을 판단하는 권력을 가진 판사가 갖추어야 할 조건은 무엇일까?
3. 억울하게 벌을 받는 사람이 없는 사회가 되려면 무엇이 필요할까?

배움이 깊어지는 활동
1. **내가 생각하는 정의로운 사회는?** ⋯ 정의로운 사회가 어떤 사회인지 내가 경험한 또는 경험하지 못했더라도 뉴스나 기사에서 본 구체적인 사례가 있는지 찾아보고 토의한다.
2. **'만약에 내가 판사라면⋯' 모둠별 가상 시나리오** ⋯ 재판정에서 벌어질 수 있는 하나의 사례를 정하여 정의로운 사회에서는 재판이 어떻게 이루어져야 할지 아이디어를 나누고 모둠원이 협력하여 가상의 시나리오를 구상한다.
3. **가상 시나리오 구상 과정을 통해 배우고 느낀 점** ⋯ 재판 과정에 대한 가상 시나리오를 구상하면서 배운 점, 느낀 점, 새롭게 깨달은 점이 있다면 무엇인지를 스스로 성찰하고 이를 요약, 정리하여 글로 써 본다.

민주시민

우산을 쓰지 않는 시란 씨

다니카와 슌타로, 국제앰네스티 글, 이세 히데코 그림, 김황 옮김 ‖ 천개의바람

인간의 존엄성이 지켜지는 사회를 만들기 위한 연대

　시란 씨는 친절하고 성실한 회사원으로 평범한 사람이다. 어느 날 군인들이 총을 겨누고 갑자기 그를 체포한다. 모두가 비 맞는 것을 싫어하는데, 시란 씨는 비를 맞으면 기분이 좋고 우산을 쓰지 않았다는 게 문제였다. 그들은 '모두와 다른 생각을 하는 놈은 적'이라며 감옥에 가두고 고문한다. 언젠가 시란 씨는 죄없이 감옥에 갇혀 있는 사람들을 위해 편지쓰기에 동참해 달라는 편지를 받고 자신과 상관없는 일이라며 그냥 쓰레기통에 넣었다.

　우리는 자신의 개성대로 자기만의 생각을 하며 살아갈 권리가 있다. 그러나 지구상 어디에선가 시란 씨처럼 우산을 쓰지 않았다는 이상한 죄목으로 억울하게 고통받고 인권을 유린당하는 사람들이 있다. 이들에게 관심을 갖고 목소리 낼 수 있는 방법이 있다면 무엇일까? 서로 연결되어 있음을 느끼게 하고 고통받는 이들의 현장을 알리는 이웃과 친구가 있다면 이 세상이 좀 더 안전하고 따뜻한 사회가 되지 않을까? 인권의 의미와 연대함의 가치가 무엇인지를 생각해 보는 그림책이다.

> **생각을 나누는 질문**
> 1. 모두가 하는 생각과 다른 생각을 하는 것이 과연 위험한 일인가?
> 2. 누군가 죄 없이 갇히고 권리를 침해받는다면, 나와 아무 상관이 없는 일일까?
> 3. 시란 씨처럼 다른 사람의 자유도 소중히 여기고 지키려면 어떻게 해야 할까?

배움이 깊어지는 활동

1. **인간의 존엄성과 행복을 추구할 권리 탐구** ⋯▶ 우리나라 헌법 제10조에서는 인간의 존엄성과 행복추구권을 보장하고 있다. 한 인간으로서 존엄성을 지키고 행복하게 살아가는 삶의 현장은 구체적으로 어떤 모습인지 이야기해 본다.
2. **인권이 침해되었을 때 구제받을 수 있는 제도적 방법 탐구** ⋯▶ 기본적 인권이 침해되었을 때 국가에서는 이를 구제할 수 있는 다양한 법과 제도가 있다. 가정, 학교, 지역사회에서 보장하고 있는 제도가 무엇인지 탐구해 본다.
3. **누군가가 억울하게 인권 침해를 당했을 때 연대할 수 있는 방법 토의** ⋯▶ 인간의 존엄성이 침해되는 현장을 알게 되었을 때 나와 상관이 없는 사람이라도 관심을 가져야 하는 이유와 세계시민으로서 연대할 수 있는 방법을 이야기해 본다.

미장이

이명환 글·그림 ‖ 한솔수북

민주시민

가족의 미래와 꿈을 심는 노동의 참 의미

미장이는 건축 공사에서 벽이나 천장, 바닥에 흙, 회, 시멘트를 바르는 일을 직업으로 하는 사람을 말한다. 그림책에서 아이의 아빠는 미장이다. 아빠는 새벽녘에 나가시고 한번 나가면 한 달 이상 집을 비우시지만, 가족의 미래를 위해 평생 묵묵함과 성실함으로 삶을 일구신다. 일을 하고 집에 오실 때 어김없이 아빠의 손에 조기가 들려 있다. 아이는 아빠가 작업한 벽과 바닥을 아름다운 작품이라고 표현한다. 아이에게 아빠는 작품을 만드는 훌륭한 예술가다.

가족을 위해 힘들고 고단한 하루를 열심히 살아가는 아빠와 아이들 곁에서 조용히 아빠의 삶을 응원하는 엄마의 모습을 그린 그림책이다. 가족이 서로의 땀과 노고를 알뜰히 살피며 응원하는 삶, 하루하루 성실하게 살아가는 아빠의 노동을 아이의 시선으로 보여준다. 민주주의 사회에서 노동은 권리이다. 우리는 자유롭게 직업을 선택할 수 있고 성실하게 자기 삶을 영위하기 위해 일할 수 있는 권리가 있다. 노동의 참 의미를 나눠볼 수 있는 따뜻한 그림책이다.

생각을 나누는 질문
1. 아이가 아빠의 일을 "빛나는 일"이라고 한 이유는 무엇일까?
2. "아빠가 부지런히 일을 하면, 우리 식구의 젓가락도 멈출 줄 몰랐다"라는 문장에서 어떤 생각이나 감정이 느껴지는가?
3. 아빠가 작업한 공간에서 살아가는 주인공 아이가 느끼는 세상은 어떤 세상일까?

배움이 깊어지는 활동
1. **내가 생각하는 노동의 의미** ⋯▶ 노동은 힘들다. 그러나 노동으로 얻게 되는 보람도 있다. 자신이 좋아하는 일이든 좋아하지 않는 일이든 노동을 통해 우리가 누리는 것이 무엇인지를 생각해 본다.
2. **주부의 가사 노동의 의미** ⋯▶ 사회 일터가 아닌 집에서 종일 일하는 주부의 가사 노동은 쉼도 없고 정해진 보상도 없다. 이러한 주부의 가사 노동이 갖는 특별한 의미에 관하여 토론해 본다.
3. **다양한 직업에서의 노동의 의미** ⋯▶ 직업마다 고유한 노동의 참의미가 있다. 부모님이나 주변 친족들의 다양한 직업을 떠올려보고 그 직업이 갖는 노동의 의미를 토의해 본다.

민주시민

자유의 길

줄리어스 레스터 글, 로드 브라운 그림, 김중철 옮김 ‖ 낮은산

우리가 누리는 자유란 무엇인가?

쇠사슬로 발이 묶여 차곡차곡 곡식 자루처럼 산 채로 쌓여있는 흑인들. 사람을 실은 배라기보다는 물건을 보관한 창고처럼 보인다. 노예로 팔려 간 흑인들은 자유를 위해 도망친다. 그러다 잡혀 온 노예는 채찍으로 맞고 주인에 의해 살해되기도 한다. 흑인들은 그들이 살던 아프리카 땅에서 강제로 끌려와 가족이 뿔뿔이 헤어지고 물건처럼 팔리며 평생을 강제노동에 시달려야 했다. 그러한 사람들 중에서 자유를 찾기 위해 도망치는 노예들을 자신의 목숨을 걸고 도와주는 소수의 백인도 있었다.

이 그림책은 우리가 알고 있는 남북 전쟁 이전 미국 사회 모습을 적나라하게 보여준다. 그림 작가는 당시 미국에서 노예 제도로 고통을 받은 수많은 흑인의 처절한 삶의 역사를 우리에게 영감을 일으키는 그림으로 고발하고 있다. 피부색이 다르다는 이유로 사람을 물건처럼 대하고 사고파는 일이 어떻게 가능했을까? 인류 역사에서 노예 제도는 인간 본성에 깊이 내재한 근원적인 악과 탐욕을 보게 한다. 인간의 존엄성과 자유의 참 의미를 깊이 생각해 보게 된다.

생각을 나누는 질문
1. 당시 백인들은 왜 흑인들을 물건처럼 사고팔며 노예로 취급했을까?
2. 죽음과 두려움을 무릅쓰고 자유를 찾아 도망치는 흑인들은 어떤 생각을 했을까?
3. 자신이 위험에 빠질 수 있음을 알면서도 소수의 백인은 왜 도망치는 흑인들을 도왔을까?

배움이 깊어지는 활동
1. **그림책의 장면 속으로 들어가 보기** ⋯› 그림책에 나타난 상황을 토대로, 오늘날 현대 민주주의 사회에서 시민들이 누리고 있는 인권과 흑인들이 침해당한 권리를 비교해 보고 공통점과 차이점을 찾아본다.
2. **내가 생각하는 자유란?** ⋯› 법전에 나오는 거창한 단어가 아닌 일상생활에서 내가 누리고 경험하는 자유, 인간답게 살기 위한 자유의 의미를 생각해 보고 한 문장으로 정의한다.
3. **자유를 얻기 위해 투쟁한 역사적 사건을 탐구** ⋯› 우리가 누리고 있는 자유는 당연히 주어진 것이 아니다. 과거 또는 현재에도 자유를 누리지 못하는 사람들이 있다. 자유를 얻기 위해 투쟁한 역사적 사건이 무엇인지 탐구한다.

민주시민

나는 반대합니다

데비 레비 글, 엘리자베스 배들리 그림, 양진희 옮김 ‖ 함께자람

다수가 "YES"라 할 때 "NO"라고 말할 수 있는 용기

남성 중심 시대 성 차별주의에 맞서 여성과 소외 계층의 법적 지위를 향상시키는 일에 평생을 바친 여성 대법관 이야기이다. 루스 긴스버그는 하버드대 로스쿨을 공동 수석으로 졸업했지만 여자, 아이 엄마, 유대인이라는 이유로 일자리를 얻기 힘들었다. 하지만 물러서지 않았고 컬럼비아대 로스쿨 최초 여성 종신 교수를 거쳐 1993년 미국 연방 대법원 대법관이 된다. 루스는 여성 차별뿐 아니라 온갖 차별에 반대 의견을 말하는 데 주저하지 않는다. 남성 군인보다 불평등한 대우를 받는 여성 군인, 직장에서 남성보다 적은 임금을 받고 있던 여성 노동자, 대학에 가고 싶은 흑인들을 위해 "나는 반대합니다!"를 외친다.

민주주의는 다수결로 의사결정이 이루어진다. 그러나 소수 의견도 존중되어야 함을 놓치지 말아야 한다. 이 그림책은 다수의 의견과 생각, 정책이 항상 옳은 것은 아님을 알고 당당하게 반대라고 외치며 정의롭고 평등한 사회를 만들기 위해 저항한 여성의 삶을 통해 소수 의견에도 귀 기울여야 함을 생각하게 한다.

생각을 나누는 질문
1. 민주주의 사회에서 의사결정 시 소수 의견이 존중되어야 하는 이유는 무엇일까?
2. 반대하는 것이 공동체를 불편하게 한다고 모두 "예"라고 말한다면, 세상은 어떻게 될까?
3. 공동체 생활에서 불합리한 차별이 있을 때 맞서 싸우려면 무엇이 필요할까?

배움이 깊어지는 활동

1. **불합리한 차별을 받았던 경험을 이야기하기** ⟶ 가족이나 학교, 동아리 모임 등 내가 속한 공동체에서 불합리한 차별을 받았던 경험이 있는지 찾아보고 개선점을 토의해 본다.
2. **부조리한 상황을 만났을 때 사람들은 어떻게 행동하는가?** ⟶ 부조리한 상황에 부딪혔을 때 사람들은 문제를 제기하기보다 다수의 생각에 동조하고 편승하려는 경향이 있다. 이러한 동조현상에 대하여 토의한다.
3. **정의로운 사회를 위해 할 수 있는 일** ⟶ 앞으로 우리가 살아갈 미래는 오늘보다 좀더 정의로운 사회이어야 한다. 그러한 사회를 만들기 위해 내가 할 수 있는 일을 찾아본다.

민주시민

양들은 지금 파업 중

장 프랑수아 뒤몽 글·그림, 이주희 옮김 ‖ 봄봄

서로 다른 입장을 존중하며 민주적으로 갈등을 해결하는 방법

"왜 늘 똑같은 동물만 털을 깎는 겁니까?" 겨울마다 털을 깎던 양들이 불공평하다며 파업을 한다. 양치기 개 라프는 농장의 질서와 평화를 되찾으려고 여기저기 뛰어다닌다. '양은 털을 깎아야 한다'와 '아니다'로 다른 동물들까지 두 편으로 갈라진다. 결국, 농장을 구하기 위해 동물들이 대책을 논의하는데, 이때 분홍 돼지가 양들에게 옷을 입히자는 기발한 제안을 한다. 다른 동물들은 모두 안 하는데, 왜 양들만 털을 깎냐며 파업을 일으킨 양들, 이들을 제압하고 농장의 평화와 질서를 되찾으려는 양치기 개, 이들 사이에서 두 패로 갈려 전전긍긍하는 농장의 다른 동물들의 모습은 우리 주변에서도 흔히 볼 수 있는 사회 갈등의 한 단면이다. 각자 처한 입장과 이해만 주장하며 갈등하고 대립한다. 상대방의 주장을 경청하며 존중해 주고 그의 관점을 이해하려고 노력하면, 갈등의 원인을 좀 더 객관적으로 바라볼 수 있다. 이것이 해결의 실마리가 될 수도 있음을 양들의 파업 소동을 통해 풍자적으로 보여주는 그림책이다.

생각을 나누는 질문
1. 갑자기 양들은 왜 파업을 했을까?
2. 분홍 돼지가 내놓은 대책은 어떤 점에서 좋은 해결 방법일까?
3. 그림책에 등장하는 동물들처럼 서로 입장이 다를 때 평화롭게 갈등을 해결하는 방법은 무엇일까?

배움이 깊어지는 활동

1. **감정 이입하여 입장 토론하기** ⋯▶ 같은 상황에 처해 있더라도 이해관계에 따라 서로 주장이 달라진다. 양의 입장, 양치기 개 라프의 입장, 농장 안 다른 동물들의 입장이 되어 주장과 근거를 찾고 토론한다.
2. **갈등을 민주적으로 평화롭게 해결한 사례 찾기** ⋯▶ 우리 주변에서도 이해관계 때문에 종종 갈등이 일어난다. 뉴스나 기사를 검색하여 민주적으로 갈등을 해결한 사례를 찾아본다.
3. **갈등을 민주적으로 해결해 가는 과정 탐구** ⋯▶ 서로 다른 입장을 조율하는 것은 쉽지 않다. 어느 한쪽만이 일방적으로 이기는 것이 아니라 양측이 모두 이길 수 있는 갈등 해결 과정을 탐구한다.

간디의 소금 행진

엘리스 맥긴티 글, 토마스 곤잘레스 그림, 신재일 옮김 ∥ 여유당

민주시민

정의롭지 못한 법 앞에서 진실한 힘을 보여주는 방법

"공기와 물 다음으로 소금은 살아가는 데 꼭 필요한 것입니다"라고 주장하며 인도의 상황과 간디의 비폭력 저항운동을 전 세계에 알린 '소금 행진'을 그린 그림책이다. 200년 이상 인도를 지배한 영국은 인도 사람들이 소금을 채취하는 것을 금지하는 법을 만든다. 간디는 그 법이 잘못된 것이라고 선포한다. 감옥에 끌려갈 것임을 알지만, 부당한 법을 따르지 않겠다는 의지를 행동으로 보여준다. 소금 행진은 인도 독립운동의 중요한 사건이 되었다. 간디는 70명이 넘는 참가자와 함께 24일에 걸쳐 소금 행진을 한다. 인도인들은 부당한 법과 차별을 거부하고 자유와 평등을 향한 갈망을 비폭력 행진을 통해 시민 불복종 운동으로 승화시켰다.

이처럼 시민불복종 운동은 정부의 정책이나 법률이 부당하다고 판단될 때, 이를 거부하고 저항하는 비폭력적 시민운동을 말한다. 이때 불복종에 대한 불이익은 시민 스스로 감수해야 한다. 민주주의 역사는 시민불복종 운동이 있었기에 발전해 왔다고도 볼 수 있다.

생각을 나누는 질문
1. 영국은 왜 인도인들이 직접 소금을 채취하지 못하도록 하는 소금법을 만들었을까?
2. 인도에 대한 영국의 소금법 집행서 간디가 끝까지 비폭력으로 저항한 이유가 무엇일까?
3. 정의롭지 못한 법이 공포되고 시행될 때 어떻게 행동해야 할까?

배움이 깊어지는 활동

1. **우리나라와 다른 나라의 대표적인 시민불복종 운동 사례 찾기** → 역사적으로 간디의 소금 행진 외 우리나라와 다른 여러 나라에서도 시민불복종 운동이 있었다. 그러한 사례를 찾아보고 부당함에 맞서는 인간의 참다운 용기를 배워본다.
2. **시민불복종 운동이 성립하려면 필요한 조건 토론하기** → 기존 법질서에 반대하는 시민불복종 운동이 정당하게 성립하려면 여러 조건이 있다. 그 조건이 무엇인지 활동 1의 사례를 통해 확인해 보자.
3. **헨리 데이비드 소로의 주장 근거 찾기** → 시민불복종 운동의 선구자인 헨리 데이비드 소로가 이야기한 내용을 바탕으로 시민불복종에 대한 찬성과 반대 근거를 찾아보자.

생태환경

우리 곧 사라져요

이예숙 글·그림 ‖ 노란상상

멸종 위기 동식물을 구해주세요

바다거북을 바다가 아닌 박물관에서나 볼 수 있게 된다면? 이 그림책은 바다에서 사라져 가는 해양 동물들의 이야기를 그리고 있다. 가족을 찾는 민팔물고기, 친구를 찾는 가시해마 그리고 친척을 찾는 푸른 바다 거북이가 모여 달라진 바다 환경에 관해 이야기를 나눈다. 그때 바다로 쏟아지는 플라스틱 쓰레기 때문에 그들은 더 이상 바다에 머물 수 없게 된다. 환경의 변화는 인간뿐만 아니라 동물에게도 이미 치명적인 영향을 미치고 있다. 환경오염으로 생존을 위협받던 동물들이 마침내 멸종 위기에 놓여 있다.

2023년 영국 〈가디언〉의 보고에 따르면, 전 세계에서 멸종 위기에 처한 동식물이 200종에 달한다고 한다. 지구에 존재하는 모든 것은 저마다 역할이 있다. 그런데 이처럼 하나둘씩 지구에서 사라져 간다면, 그 이후에 어떤 일이 벌어질지 상상조차 하고 싶지 않다. 이 책을 통해서 그동안 무심했던 주변의 사라져 가는 동식물에 관심을 갖고 그들이 살아남을 수 있도록 나는 무엇을 해야 할지 고민해 볼 수 있다.

생각을 나누는 질문
1. 바다 동물들이 사라져 가는 이유는 무엇일까?
2. 바다 동물 외에 멸종 위기에 놓인 또 다른 동식물이 있을까?
3. 멸종 위기에 처한 동식물들이 사라진다면 무슨 일이 벌어질까?

배움이 깊어지는 활동

1. **멸종 위기에 놓인 동식물** ⋯▸ 환경 위기에 멸종 위기에 놓인 동식물이 갈수록 늘어나고 있다. 책에는 주로 멸종 위기에 놓인 바다동물을 언급하고 있는데, 그 외에 멸종 위기에 놓인 동식물을 조사해 본다.
2. **동식물이 지구상에서 사라진다면 어떤 일이 벌어질까?** ⋯▸ 예를 들어, '꿀벌이 사라진다면?'처럼 멸종 위기에 처한 동식물이 지구에서 사라진다면 어떤 일이 일어날지 토론해 본다.
3. **멸종 위기 동식물을 구할 수 있는 작은 실천 10가지** ⋯▸ 멸종 위기에 놓인 지구상의 동식물을 구할 수 있는 실천 방안 10가지를 생각해 적고 이를 생활에서 실천한다.

다 같은 나무인 줄 알았어

김선남 글 · 그림 ǀ 그림책공작소

생태환경

오감으로 느끼는 숲 세상

 동네에 참 많은 나무들. 얼핏 보면 다 같은 나무 같지만, 꽃이 피면 알게 된다. 다른 나무라는걸. 다 같은 나무처럼 보이지만, 싹튼 것을 보면 안다. 또 다른 나무라는 것을. 이처럼 우리 주변에서 흔히 볼 수 있는 나무들은 저마다 다른 꽃을 피우고, 다른 향을 뿜어내고, 각기 다른 모양의 그늘을 만들어 준다. 하지만 우리는 정작 그 모습 그대로의 나무에겐 그리 큰 관심이 없다. 나무는 다 똑같다고 생각하기 때문이다. 나무는 우리에게 매우 유용하지만, 정작 한 번도 그 나무가 원래 어떤 모습이었는지에 대해서는 궁금해하지 않았다.
 이 책에서는 그저 다 같은 나무로만 생각했던 그 나무들이 각자 이름을 갖고 자기만의 생존 방식대로 살아가고 있음을 보여준다. '나무를 알아간다는 것은 세상을 알아가는 것과 같다.'고 작가는 말한다. 인간이 있기 전부터 지구상에 존재하며 그 자리를 지켜온 나무를 보며, 그 유용성만을 따지는 이들에게 나무는 나무로서 그 가치가 충분하며, 나무와 함께 숨 쉬고 공존하는 삶의 중요성을 다시금 깨닫게 된다.

> 생각을 나누는 질문
> 1. 나를 나무에 비유한다면 어떤 나무일까?
> 2. 나무는 사람에게 어떤 의미일까?
> 3. 나무도 살고자 하는 의지가 있는 존재일까?

> 배움이 깊어지는 활동
>
> 1. **나무나 꽃 이름으로 하는 빙고 게임** ⋯▶ 모둠끼리 교내를 돌아다니며 나무와 꽃의 이름 등을 찾아온다. 찾아온 나무와 꽃의 이름으로 빙고(5X5) 칸을 채운 후 빙고 게임(3줄 완성)을 한다.
> 2. **오감으로 나무를 느끼고 표현해 보기** ⋯▶ 학교에 있는 나무 중 한 그루를 선택해 오감 놀이를 한다. 우선, 나뭇잎을 눈으로 보며 어떤 모양인지 관찰하고, 손으로 만지며 어떤 느낌인지 느껴본다. 또 어떤 향기가 나는지 냄새를 맡은 후 그 느낌들을 적어 본다.
> 3. **N행시 짓기** ⋯▶ 나무를 하나 선택해 그 나무 이름으로 N 행시를 지어본다. 예를 들어 '소나무'를 선택했다면 3행시, '물푸레나무'라면 5행시를 짓는다. 미리 몇 개의 나무를 정해 두고 무작위로 선택하게 해도 된다.

상자 세상

윤여림 글, 이명하 그림 ‖ 천개의바람

종이 상자 줄이기 프로젝트

집으로 배달된 택배 상자. 하지만 그대로 버려지는 상자들로 세상은 가득 차고, 그 상자들이 오히려 세상을 공격하기 시작한다. 그러다 문득 택배 상자는 과거의 기억을 떠올린다. 기억 속에서 상자들은 자신이 원래 나무였음을 알게 되고 모두 다시 나무가 되는 꿈을 꾸지만, 그것은 꿈일 뿐! 현실에서는 여전히 버려진 상자 신세일 뿐이다. 분리수거를 할 때 어마어마하게 쌓여 있는 종이 상자를 보며 '저 많은 종이는 어디에서 왔을까?'라는 생각을 가끔 하곤 했다.

종이는 재활용이 가능하기에 환경에 그리 큰 해가 될 것 같지 않다고 생각할 수도 있지만, 종이를 만들기 위해 많은 나무가 베어지고 있다는 것을 안다면 얘기는 달라진다. 우리나라에서 하루 소비되는 인쇄용지를 위해 약 8만 그루씩의 나무가 베어지고 있다고 한다. 게다가 종이 1톤이 생산될 때 약 6톤이 넘는 탄소가 발생한다고 한다. 지구의 환경을 살리고 나무가 더 사라지기 전에 택배를 줄이고 버려지는 종이 상자를 재활용하는 지혜가 필요한 시점이다.

> **생각을 나누는 질문**
> 1. 그림책처럼 택배 상자 쓰레기 세상이 온다면 어떨까?
> 2. 종이를 생산하기 위해 하루 베어지는 나무의 양은 얼마나 될까?
> 3. 종이 상자와 환경은 어떤 관련이 있을까?

> **배움이 깊어지는 활동**
>
> 1. **우리 집 종이 상자 쓰레기 일지** ⋯▸ 우리 집에서 일주일간 배출되는 종이 상자 쓰레기양을 쓰고, 그중 재활용이 얼마나 되는지를 체크해 본다.
> 2. **종이상자 쓰레기를 줄이기 위한 토론** ⋯▸ 종이 상자 쓰레기를 줄이기 위한 창의적이고 실현 가능한 방안을 생각해 보고, 이를 생활에서 실천한다.
> 3. **종이 상자 재활용 만들기** ⋯▸ 버려지는 크고 작은 종이 상자들을 준비해서 실생활에 유용한 재활용 작품을 만들어 갤러리 워크를 통해 작품에 관한 서로의 생각을 나눈다.

소원

박혜선 글, 이수연 그림 ‖ 키즈엠

생태환경

사라지고 싶은 쓰레기

평범한 음료수 페트병이 어느 날 한 아이에 의해 버려진다. 버려진 페트병은 쓰레기가 되어 이리저리 떠돌다 사람의 발을 다치게도 하고, 바다로 떠내려가서는 배고픈 동물들의 먹잇감이 되기도 한다. 하지만 플라스틱을 먹이로 착각해 먹은 동물은 결국 죽음을 맞게 된다. 이처럼 페트병은 뜻하지 않게 세상의 민폐가 된 자신을 원망하며, 지구상에서 흔적도 없이 사라지고 싶다는 소원을 비는데, 이 소원은 이루어질 수 있을까?

우리나라 사람이 일 년간 소비하는 플라스틱 컵은 약 33억 개, 비닐은 235억 장이나 된다고 한다. 이런 어마어마한 양의 플라스틱 쓰레기 중 대부분은 바다로 유입되어 일명 '플라스틱 섬'을 이루어 환경 오염을 유발하고, 잘게 부서진 미세 플라스틱은 해양 생물들의 생명을 위협한다. 이런 문제를 유발하는 플라스틱이 썩기까지는 몇백 년에서 몇천 년이 걸릴 수도 있다고 하니, 지금과 같은 소비 형태를 바꾸지 않는다면 언젠가는 인간의 생명마저 위협하는 부메랑이 되어 돌아온다는 점을 꼭 기억했으면 한다.

생각을 나누는 질문
1. '나에게도 마지막이 있을까?'라는 질문이 의미하는 것은 무엇일까?
2. 바닷속 많은 쓰레기는 어디에서 왔을까?
3. 내가 버린 쓰레기는 나에게 어떤 영향을 미칠까?

배움이 깊어지는 활동

1. **그림책 줄거리 정리하기** ⋯▸ 그림책을 읽으면서 처음에는 모두에게 사랑받는 존재였던 음료수 페트병이 비워지고 버려지는 과정에서 점차 처치 곤란한 바닷속 쓰레기로 남게 되는 과정을 시간대별로 정리해 본다.
2. **탐구활동** ⋯▸ 플라스틱 쓰레기는 실제로 많은 동물에게 위협이 되고 있다. 플라스틱 쓰레기 때문에 고통받는 동물들의 사례를 신문 기사나 영상 자료 등을 검색해서 찾은 뒤 기록해 본다.
3. **편지 쓰기** ⋯▸ 흔적도 없이 사라지고 싶지만, 사라지지 못하고 땅속에서 계속 고통받고 있는 주인공 '페트병(플라스틱 쓰레기)'에게 미안한 마음을 담아 편지를 써 본다.

눈보라

강경수 글·그림 ‖ 창비

위기에 빠진 북극곰 구하기

따뜻해진 날씨로 사냥을 제대로 할 수 없어 배가 고팠던 북극곰 '눈보라'는 먹이를 찾아 마을로 내려와 쓰레기통을 뒤적이다. 하지만 곧 마을 사람들에 의해 쫓겨나자 사람들이 좋아하는 판다로 분장해 잠시 마을에 머문다. 그러나 곧 정체가 들통 나고 사냥꾼에 의해 눈보라 속으로 사라진다.

미국 지질조사국 연구팀에 따르면, 기후 변화로 인해 북극곰들이 하루에 체중이 1kg씩 줄어드는 '북극곰 기아 현상'이 관측됐다고 한다. 그 이유는 지구 온난화로 북극해 바다 빙하가 줄어들면서 육지 체류가 길어진 북극곰들이 환경 적응에 어려움을 겪기 때문이라고 한다. 지금처럼 온실가스가 계속 증가한다면, 2100년 이전에 빙하의 면적이 지금의 절반 수준으로 급감할 것으로 예상되고 있다. 그러나 만약 2050년까지 탄소중립이 실현된다면, 빙하 손실의 비중이 약 22% 감소하는 것으로 나타났다고 한다. 북극곰이 서식지를 잃고 인간들이 사는 곳으로 내려와 쓰레기통을 뒤지지 않도록 지금부터라도 탄소중립 실현을 위해 작은 것부터 실천하자.

생각을 나누는 질문
1. 북극곰이 마을까지 내려온 이유는 무엇일까?
2. 눈보라 속으로 사라진 북극곰 '눈보라'는 어디로 갔을까?
3. 북극곰이 북극곰답게 살기 위해서는 무엇이 필요할까?

배움이 깊어지는 활동

1. **인상 깊은 장면 찾기** ⋯▶ 그림책에서 가장 인상 깊은 장면 하나를 골라 간단히 그림으로 표현하고 그 이유를 적은 후 친구들과 공유한다.
2. **잔반 제로 챌린지** ⋯▶ '음식물 쓰레기의 진실' 영상을 시청하고 기한을 정해 매일 급식 후 잔반을 남기지 않은 식판을 찍어 기록하는 '잔반 제로 챌린지'에 도전해 본다. 챌린지에 성공한 학생에게는 적절한 보상을 한다.(https://www.youtube.com/watch?v=jSiCUO6mZOc KBS UHD 환경 스페셜 38편 '먹다 버릴 지구는 없다')
3. **쓰줍킹 챌린지** ⋯▶ '쓰줍킹'이란 걸으면서 쓰레기를 줍는 탄소 중립 실천 행동이다. 모둠을 만들고 쓰레기 봉투와 긴 집게를 준비해 '쓰줍킹 챌린지'에 동참한다.

생태환경

09:47

이기훈 글·그림 ∥ 글로연

지구의 위험 시계 되돌리기

'08:50' 가족들은 여행을 가기 위해 유람선에 올라탄다. '09:00' 유람선은 출발하고 가족들은 배 위에서 즐거운 한때를 보내지만, '09:47' 아이는 어찌 된 일인지 물에 흠뻑 젖어 엄마 품에서 떨고 있다. '11:59' 그리고 마침내 '12:00'! 세상은 암흑에 잠기고 아이는 거센 파도의 소용돌이에 휩싸인다.

지구환경 파괴가 가속화되면서 환경 전문가들은 인류의 생존에 대한 경각심을 주고자 환경위기시계를 만들고 매년 그 위험을 알리고 있는데, 제목 '09:47'은 지구가 현재 매우 위험한 단계에 있음을 암시하는 것이다. 환경위기시계는 '00:01~03:00 불안하지 않음, 03:01~06:00 조금 불안함, 06:01~09:00 꽤 불안함, 09:01~12:00 매우 불안함'을 나타내는데, '12시'는 곧 '인류의 멸망 시각'을 의미한다. 환경재단은 2023년 한국 환경위기 시각을 09시 28분으로 발표했다. 환경위기시계의 바늘이 12시를 향해 더욱 빨리 돌아갈지 아니면 여기서 멈출지는 우리의 행동에 달렸다.

> **생각을 나누는 질문**
> 1. 환경위기시계가 갖는 의미는 무엇일까?
> 2. 환경위기시계가 11시 50분이 되었을 때 지구는 어떤 모습일까?
> 3. 환경위기시계를 되돌리려면 무엇을 해야 할까?

배움이 깊어지는 활동

1. **인상 깊은 장면 찾기** ⋯▶ 그림책에서 인상에 남는 시간을 찾아 적고, 왜 그 장면을 선택했는지 모둠 친구들과 이야기해 본다. 또 같은 시간대를 선택한 친구끼리 묶어 같은 장면에 대한 다른 이유들을 듣는 것도 좋다.
2. **내 생애 가장 친환경적인 일주일** ⋯▶ 일주일이라는 기간을 정하고 그동안 자신이 지구의 환경을 지키기 위해 할 수 있는 작은 실천 방안을 적고 실천 여부를 체크한다.
3. **국제 기념일 홍보물 만들기** ⋯▶ 국제 기념일 중 환경과 관련 있는 기념일(동식물의 날, 물의 날, 세계 환경의 날, 세계 비닐봉투 안 쓰는 날, 생물종 다양성의 날 등)을 찾아 홍보 방안을 생각해 보고 홍보물로 제작한다.

생태환경

탁한 공기, 이제 그만

이욱재 글·그림 ‖ 노란돼지

자유롭게 숨 쉬는 세상 만들기

　탁한 공기로 파란 하늘을 한 번도 본 적이 없는 주인공은 학교 골목에서 맑은 공기를 파는 아저씨가 어디서 공기를 담아 오는지 늘 궁금하다. 그러던 어느 날 주인공은 아저씨를 따라 커다란 나무 속 비밀 공간으로 가게 된다. 하지만 비밀은 오래가지 못하고 욕심 많은 마을 사람들로 인해 맑은 공기를 더 이상 얻을 수 없게 된다. 하지만 절망에 빠진 사람들에게 주어진 신비한 씨앗으로 마을은 다시 푸른 하늘을 되찾게 된다.

　2016년 중국은 "대기오염이 심각한 지역에서는 깨끗한 공기를 비닐에 담아 1봉지에 170원에 판매했다"라고 전했는데, 이는 책 속의 상황이 실제 일어날 수 있음을 알려 주는 사례이다. 하지만 다행히 지구는 자정능력을 갖고 있다. 실제 코로나19 기간에 공장 가동과 차량 운행이 거의 중단되면서 공기의 질이 급속도로 좋아진 것을 볼 수 있었는데, 지구의 자정능력을 넘어서는 오염을 유발하지만 않는다면, 우리는 언제나 푸른 하늘 아래에서 자유롭게 숨 쉬며 살 수 있을 것이다.

생각을 나누는 질문
1. 맑은 공기가 있는 장소를 발견했다면 나는 어떻게 했을까?
2. 부모님이 진실을 말하라고 했을 때 나라면 비밀을 지켰을까?
3. 나무는 맑은 공기와 어떤 연관이 있을까?

배움이 깊어지는 활동
1. **내용 상상하기** … 이 책은 책의 면지에 이야기가 담겨 있다. 책을 읽기 전에 앞 면지와 뒤 면지를 먼저 보고, 그 사이(본문)에 어떤 내용이 있을지 대강의 줄거리를 상상해 본다.
2. **체크리스트로 환경 실천을 위한 체크리스트** … 일상과 이산화탄소(CO_2)의 상관관계가 기록된 체크리스트를 통해 평소 자신의 생활 습관을 체크한 후, 얼마만큼의 이산화탄소 저감 효과가 있는지 계산해 본다.
3. **네 컷 만화 그리기** … 뒤에 이야기가 계속 이어진다면 어떤 이야기가 펼쳐질지를 상상해 네 컷 만화로 표현해 본 다음, 내용을 공유한다.

아직 봄이 오지 않았을 거야

정유진 글·그림 ‖ 고래뱃속

생태환경

플라스틱 쓰레기 없는 세상

따스한 바람이 불고 비가 대지를 적시고 형형색색의 꽃이 만발해지는 봄이 오면, 긴 겨울잠을 자던 개구리와 곰이 깨어나야 한다. 하지만 그림책에서는 아무리 기다려도 봄이 오지 않는다. 그 이유는 바로 사람들이 무심코 버린 플라스틱 쓰레기가 하천과 땅을 오염시켰기 때문이다. 이 상황을 모르는 곰 가족은 '봄은 안 오는 것이 아니라 아직 오지 않은' 거라고 생각한다. 세상을 플라스틱 쓰레기 천지로 만든 인간 가족 또한 봄을 기다리기는 마찬가지이다. 여전히 손에 플라스틱 빨대가 꽂힌 음료를 들고 말이다.

플라스틱의 90% 이상은 화석 연료로 만들어지며, 그중 약 40%의 플라스틱이 포장 용기에 사용되고 있다고 한다. 또한, 소각 과정에서 많은 이산화탄소를 배출하는데, 이는 지구온난화에 영향을 미친다. 이로 인해 우리는 때이른 고온 현상 등의 이상 기후를 맞게 되는 것이다. 지금부터라도 행동을 바꾸지 않는다면 정말 우리는 '봄'을 잃어버릴지도 모른다.

> **생각을 나누는 질문**
> 1. 언제나 그렇듯 내년에도 우리에게 봄이 온다고 확신할 수 있을까?
> 2. 아무리 기다려도 봄이 오지 않을 때 동물들은 무슨 생각을 할까?
> 3. 인간은 자연에 대해 어떤 생각을 가져야 할까?

배움이 깊어지는 활동

1. **그림책 한 장면 골라 이야기 나누기** ⋯▶ 모둠별로 그림책의 한 장면을 골라 이야기 나눈다. 장면은 교사가 임의로 정해 주어도 좋고, 모둠별로 한 장면을 고르게 해도 좋다.
2. **나의 하루 돌아보기** ⋯▶ 제시한 글을 읽고, 하루 동안 나는 얼마나 많은 플라스틱을 사용하는지 내가 쓰는 물건들을 통해 성찰해 본다.
3. **편지 한 통으로 바꾸는 세상 – 마이크로 시위** ⋯▶ 구매한 물건의 포장재를 기업에 돌려보내며 대안을 촉구하는 행동을 마이크로 시위(작은 시위)라고 하는데, 주변에서 불필요하게 사용되는 포장재를 찾아 기업에 편지를 쓰는 마이크로 시위를 실천한다.

형제의 숲

유키코 노리다케 글, 이경혜 그림 ‖ 봄볕

자연에서 노닐기

두 형제가 있다. 둘은 각각 한 여자를 만나 숲속에 자신들만의 공간을 가꾼다. 한 사람은 되도록 작은 공간에서 숲을 헤치지 않는 범위에서 숲 자체를 즐기는 삶을 선택한다. 그대로가 좋아서 숲속에 산다. 반면 다른 형제는 넓게 터를 잡기 위해 나무를 베고 큰 도로를 내고 큰 집을 짓고 사람들을 불러 모은다. 숲은 이제 사라지고 없다. 그럼에도 여전히 그는 그다음을 또 생각하고 있다.

2021년 '지구의 허파'라고 불리는 브라질 아마존 열대우림의 산림 벌채가 15년 만에 최대치를 기록했다고 한다. 이곳에서 나오는 산소는 지구에서 생산되는 산소의 5분의 1을 차지한다. 그런데 이런 곳이 '편리함'이라는 명목 아래 마구 파괴되고 있다. '무위자연(無爲自然)'이라는 말이 있다. 인위적으로 무언가를 하지 않아도 세상 만물은 저절로 그렇게 산다는 의미이다. 숲과 자연 그 자체를 즐기는 삶과 인위적으로 자연을 변형하는 삶. 어느 쪽이 우리에게 더 좋은 삶일지 이 책을 통해 깊이 생각해 보길 바란다.

> **생각을 나누는 질문**
> 1. 숲에서 우리는 무엇을 얻을 수 있을까?
> 2. 더 크고 더 많은 것을 가져야 행복할까?
> 3. 미래를 위해 조금 불편한 삶을 살 수는 없을까?

배움이 깊어지는 활동

1. **줄거리 정리하기** ⋯▶ 두 형제가 숲을 대하는 방식에 대해 각각의 입장을 정리해 본다. 자신은 두 형제 중 어떤 사람의 삶을 원하는지 선택하고 그 이유를 친구들과 돌아가며 이야기 나눈다.
2. **빙고 게임** ⋯▶ '숲' 하면 떠오르는 것들로 빙고 게임을 한다. 예를 들어 숲을 이용해서 할 수 있는 것, 또는 숲에서 놀 수 있는 것 등 무엇이든 괜찮다.
3. **찬반 토론** ⋯▶ '제주 비자림로 개발 사업' 정책과 관련해 '제주 비자림로 개발 사업을 전면 무효화해야 한다'라는 논제로 찬반 토론을 해 본다.

생태환경

지구를 위한 한 시간

박주연 글, 조미자 그림 ǁ 한솔수북

지구를 구하는 어둠

2007년 3월 31일 저녁 8시 호주 시드니! 지구를 위한 한 시간이 시작되었다. 먼 옛날 지구에는 해, 달, 별만이 세상을 비추고 있었다. 그러나 차츰 문명이 발달하며 온갖 빛과 열이 넘쳐났고 지구는 점점 뜨거워졌다. 더 늦기 전에 무언가 해야겠다고 생각한 사람들은 일 년에 딱 하루 한 시간만이라도 지구를 위해 전등을 끄기로 한다.

매년 3월 마지막 주 토요일은 지구를 위해 전 세계가 한 시간 동안 불을 끄는 어스아워(Earth Hour) 캠페인의 날이다. 이 캠페인은 호주에서 시작되어 뉴욕 타임스퀘어, 프랑스 에펠탑, 중국 만리장성, 런던 시계탑 등 전 세계 주요 랜드마크들이 동참하는 것으로 유명하다. 일 년에 딱 하루! 그것도 딱 한 시간 전등을 끄는 것이 지구에 얼마나 큰 도움이 될까 싶겠지만, 우리나라의 경우 2012년 남산타워를 비롯해 63만여 개의 건물이 캠페인에 참여함으로써 약 23억 원의 에너지를 절약하는 성과를 보이기도 했다. 이제 지구를 위해 조금은 어두워져도 좋지 않을까?

생각을 나누는 질문
1. 밝은 것이 꼭 좋은 것일까?
2. 조금은 불편해도 지구를 위해 해야 하는 일들에는 무엇이 있을까?
3. 지금보다 실내가, 거리가 조금 더 어두워진다면 나는 적응할 수 있을까?

배움이 깊어지는 활동

1. **인상 깊은 장면 찾기** … 그림책을 읽으면서 가장 인상에 남는 장면을 간단히 그림으로 표현하고, 그 장면을 선택한 이유를 친구들과 돌아가며 이야기 나눈다.
2. **어둠 속 활동 계획 세우기** … 만약, 어스아워에 동참해 한 시간 동안 불을 끄고 있어야 한다면 '어디에서' '누구와' '무엇을' 할 것인지 구체적인 행동 계획을 세워 발표한다.
3. **'어스 아워 동참' 캠페인 포스터 만들기** … 어스아워의 취지를 잘 살려, 많은 사람이 단 한 시간 만이라도 불을 끄는 캠페인 활동에 참여할 수 있는 아이디어를 제안하고 이를 포스터로 만들어 홍보한다.

살아 있다는 건

다니카와 슌타로 글, 오카모토 요시로 그림, 권남희 옮김 ‖ 비룡소

살아 있다는 건, 지금 살아 있다는 것

　살아 있다는 건 무엇일까? 철학적이고 깊이 있는 질문은 죽은 매미를 보는 소년의 시점에서 시작한다. 살아가면서 누군가의 죽음을 만나게 되고 그래서 산다는 것이 무엇인지 궁금증을 갖게 되기도 한다. 이 책은 그 질문에 대해 내가 살아가고 있는 일상에서 답을 찾는다. 내 생각, 내 움직임, 내가 만나는 사람과 세상을 통해 살아 있음을 깨닫도록 안내해 준다. 내 주변을 돌아보고 관찰하면서 내가 살아있다는 사실을 발견할 수 있다.

　이 그림책은 다니카와 슌타로의 '살다'라는 시로 만들어졌는데, 그의 시는 마음에서 우러나는 생의 동력을 담고 있다. 거창한 무엇이 아니어도 평범한 일상에서 발견하고, 보고 듣고 느끼는 모든 건 살아 있는 증거이며 살아가는 이유가 될 수 있다. 지금 삶의 소중함을 알고 생명이 있음에 감사하며, 선물처럼 주어진 시간을 따뜻함으로 받아들이게 한다. 지나가는 순간순간에서 아름다운 것을 찾아 이야기 나누고 생명에 대한 아름다움을 발견하며, 살아가는 데 힘과 위로를 받을 수 있을 것이다.

> 생각을 나누는 질문
> 1. 세상에서 가장 아름답다고 생각하는 것은 무엇인가?
> 2. 내 마음에 감춰진 나쁜 마음은 무엇인가?
> 3. 왜 그림책에서 첫 장에는 죽은 매미, 뒤표지에는 갓 태어난 매미를 그렸을까?

배움이 깊어지는 활동

1. **주변에서 '살아있는 것' 찾아 표현하기** … 나의 주변에서 일어나고 있는 모든 게 내가 살아 있다는 것을 말해준다. 보고 듣고 느끼는 것들을 글과 그림으로 표현한다.
2. **살아 있다는 것에 감사하기** … 그림책에서 살아 있다는 것을 가장 잘 말하고 있는 마음에 드는 문장을 적는다. 자신이 쓴 문장과 고른 이유를 발표하고 모두 "그래서 감사해!"라고 말한다.
3. **'살아 있는 건' 시 쓰기** … 이 책은 다니카와 슌타로의 '살다'라는 시로 만든 그림책이라는 설명을 하고 책 뒤에 나와 있는 시의 전문을 읽어 준다. 그리고 '살아 있다는 건'을 주제로 시를 써 본다.

바로 너야

레지나 글 · 그림 ‖ 글로연

생명존중

탄생의 신비

이 세상에 태어나는 모든 생명이 소중하고 그 자체로 고귀하다는 것을 이야기하는 그림책이다. 우주에 작은 빛이 찾아오며 한 생명이 탄생한다. 그 생명을 향해 모든 에너지가 모이고 또 다른 빛과 만나 아름다운 꽃이 되어 세상을 향해 퍼져 나가는 별 하나가 된다. 그 별이 '바로 너야!'라고 말한다.

이 책은 우주에서 탄생하는 생명을 진한 청색 배경에 금색과 하얀색으로 신비롭고 아름답게 표현한다. 작곡가 김현이 만든 같은 제목의 음악이 큐알 코드로 들어 있는데, 음악과 함께 그림을 보면 고요한 우주에서 펼쳐지는 생명의 탄생을 입체적으로 감상할 수 있다. 생명이 만들어지는 과정이 그림과 음악의 예술적인 표현을 통해 고귀함의 가치를 극대화해 준다. 생명을 가진 모든 것은 축복 속에 시작되었고, 이 땅에 와서 살아가고 있는 것이 얼마나 소중한지 알게 된다. 내가 이 세상에 오게 된 과정을 이야기 나누고 이 땅에 생명을 가지고 태어나는 모든 것의 시작과 생명이 만들어지는 과정을 자유롭게 상상해 본다.

생각을 나누는 질문
1. 나는 어떻게 이 세상에 오게 되었을까?
2. 천일을 기다린 후 태어난 내 모습은 어떨까?
3. 이 책을 누구에게 선물하고 싶은가?

배움이 깊어지는 활동

1. **아빠 엄마 인터뷰** ⋯ 아빠와 엄마를 인터뷰하면서 내가 이 세상에 어떻게 왔는지 상상해 본다. 빈칸에는 내가 하고 싶은 질문을 만들어서 인터뷰한다.
2. **음악을 들으면서 그림으로 표현하기** ⋯ 김현 작곡의 '바로 너야'를 들으면서 어떤 감정이 느껴지는지 떠올려보고, 그림 도구를 사용하여 점, 선, 면으로 자유롭게 표현한다.
3. **천일을 기다린 별 그리기** ⋯ 우주에서 작은 빛으로 시작해서 천일을 기다려 만들어진 별은 어떤 모양일지 상상해 보고 그림을 그린다.

우리는 먹어요

고정순 글·그림 ‖ 웃는돌고래

사람이 살아가는 데 필요한 것

　모든 생명은 먹어야 산다. 생명이 있는 모든 건 다른 생명의 목숨으로 살아간다. 생명을 소중히 여기며 자기 생명을 지키려고 노력하는 사람들이 있다. 정성스럽게 농작물을 기르는 농부, 음식을 다듬고 조리하는 사람들을 통해 우리는 식탁의 음식을 만난다. 식탁에 오르는 음식의 소중함에 대한 감사 표현과 음식 하나하나를 귀하게 여겨 굶주린 사람들의 고통을 몸으로 경험하거나 음식을 함께 나누는 다양한 방식도 말해준다.

　우리는 먹지 않으면 생명을 이어갈 수 없다. 많은 수고가 더해져서 우리 밥상에 음식이 오르게 된다. 매일 먹는 한 끼를 당연하게 여길 때가 많은데, 사실 당연히 얻어지는 건 없다. 이 책은 '우리는 무엇을 얼마나 어떻게 먹을까?'라고 묻는다. 쌀 한 톨, 음식 하나하나가 소중한 생명을 담고 있으며, 우리는 그 생명을 먹으며 살고 있다. 하루 세 번 밥상에 앉을 때 어떤 태도와 마음으로 음식을 대해야 하는지, 식탁에 음식이 오기까지 수고한 자연과 사람들에게 감사하는 마음을 이야기 나눠보자.

> 생각을 나누는 질문
> 1. 내가 생명을 유지할 수 있는 이유는 무엇일까?
> 2. 농부는 왜 콩 세 알을 땅에 심었을까?
> 3. 다른 생명과 함께 살고 있음을 잊지 않기 위해 내가 할 수 있는 것은 무엇일까?

> 배움이 깊어지는 활동
> 1. **내가 먹은 메뉴 적기** ⋯▶ 아침, 점심, 저녁에 먹은 메뉴를 적고 그중 한 가지 음식을 정한다. 그 음식이 식탁에 오기까지 어떤 과정을 거쳐서 왔는지 단계별로 적는다.
> 2. **음식에 감사하는 방법** ⋯▶ 책에 나온 감사기도, 다짐의 기도문, 발우공양, 힌두교, 이슬람교, 타인능해, 우리 조상들의 감사하는 방법을 마인드맵으로 정리한다.
> 3. **감사 편지** ⋯▶ 내가 먹는 음식이 있기까지 수고한 분들이나 내가 살아갈 수 있게 해 준 다른 생명에게 감사하는 마음을 담아 편지를 쓴다.

완벽한 바나바

테리 펜, 에릭 펜, 데빈 펜 글·그림, 이순영 옮김 ‖ 북극곰

생명존중

있는 모습 그대로를 사랑하는 힘

'완벽한 반려동물' 가게 지하 실험실에 반은 생쥐를 닮고, 반은 코끼리를 닮은 바나바가 살고 있다. 실험실에서 잘못 만들어진 반려동물은 실패작으로 재활용되는데 바나바도 '실패' 도장을 받는다. 있는 그대로 자기 모습을 좋아하는 바나바는 탈출을 결심하고 자신을 가두었던 유리병을 깨뜨린 후 친구들과 함께 자유를 찾아간다. 바깥세상에서 사는 게 쉽지는 않지만, 자신이 꿈꾸던 바깥세상에서 친구들과 언제나 함께한다.

세상이 만든 완벽의 기준은 모두를 획일화하기도 하고 자기 모습 그대로를 받아들이지 못하게 하며 불행하다는 생각을 심어준다. 그런 기준을 가진 사람들이 실험을 통해 자신들의 취향에 맞게 완벽한 반려동물을 만들고, 실패작은 쓸모없어 재활용한다. 누구를 위해 반려동물을 만드는 걸까? 사람들의 기준에 맞지 않으면 실패한 것일까? 우리는 모두 불완전한 존재이다. 『완벽한 바나바』는 아름다운 것을 꿈꾸며, 있는 그대로의 모습을 사랑하고 꿈을 이루면서 자유와 자신의 존재 의미를 찾아가는 이야기를 담고 있다.

생각을 나누는 질문
1. 왜 '완벽한 바나바'라고 제목을 지었을까?
2. '실패' 도장을 받았을 때 바나바의 마음은 어땠을까?
3. 바나바가 커다랗고 슬픈 눈을 가진 동물을 구하려는 이유는 무엇이었을까?

배움이 깊어지는 활동

1. **바나바에게 응원하는 말 전하기** ⋯▸ 바나바는 비밀 실험실에서 완벽하지 않아 '실패작'이라는 도장을 받고 재활용되기를 기다린다. 바나바가 힘을 낼 수 있도록 위로하고 응원하는 말을 적는다.
2. **내가 좋아하는 내 모습** ⋯▸ 바나바는 세상이 말하는 완벽한 기준에 맞지 않아 '실패작'이라고 불렸지만, 있는 그대로 자기 모습을 좋아한다. 바나바처럼 자신의 좋아하는 모습을 외모와 성격에서 찾아본다.
3. **내 주변에서 아름다운 것 찾기** ⋯▸ 바나바는 친구들과 꿈꾸던 바깥세상에 나와서 아름다운 자연을 찾아 보금자리를 만든다. 바나바처럼 내 주변에서 아름다운 것을 찾아 그림과 글로 표현한다.

생명존중

뿔쇠똥구리와 마주친 날

호르헤 루한 글, 치아라 카레르 그림, 배상희 옮김 ‖ 내인생의책

생명의 무게는 모두 같아요

에스테반은 뿔쇠똥구리 한 마리를 발견한다. 별생각 없이 신을 벗어서 뿔쇠똥구리를 죽이려고 하다가 갑자기 궁금한 게 생긴다. 신발을 내려놓고 뿔쇠똥구리를 자세히 관찰하는 순간 뿔쇠똥구리는 무시무시한 거대한 공룡으로 변한다. 뿔쇠똥구리는 에스테반을 공격하려다 다시 벌레로 돌아와 제 길로 돌아간다.

우리는 작은 생명체의 생명에 무관심하고 둔감할 때가 있다. 그래서 작은 생명의 죽음은 가볍게 여기며 죄책감도 느끼지 않는다. 심지어 작고 힘없는 생물을 괴롭히고 잔인하게 죽이기도 한다. 쉽게 죽임을 당해도 되는 생명이 있을까? 생명이 있는 모든 것은 살아갈 이유가 있다. 이 책은 작은 벌레와 마주친 날 주인공이 생명의 소중함에 눈을 뜨게 되는 이야기를 담고 있다. 에스테반이 뿔쇠똥구리를 자세히 관찰하는 순간 공룡으로 변하고, 공룡으로 변한 뿔쇠똥구리가 에스테반을 공격하지 않고 제 길을 가는 장면에서 모든 생명의 무게는 똑같다고 말한다. 내 목숨이 소중하듯 다른 생명도 소중하며 존중해야 함을 배우게 된다.

> **생각을 나누는 질문**
> 1. 작은 곤충을 살려 준 경험이 있는가?
> 2. 뿔쇠똥구리는 어떤 기억이 났을까?
> 3. 뿔쇠똥구리가 다시 제 길을 간 이유는 무엇일까?

> **배움이 깊어지는 활동**
>
> 1. **내가 좋아하는 곤충** ⋯▶ 내가 좋아하는 곤충을 곤충도감이나 인터넷 자료를 검색해서 세밀하게 그린다. 자료에서 나온 곤충 그림을 관찰하거나 설명하는 내용을 읽고 곤충의 특징을 적는다.
> 2. **곤충의 마음 알기** ⋯▶ 작은 곤충도 살아갈 이유가 있다는 것을 알고 곤충의 입장이 되어 본다. 곤충을 죽이려는 순간 곤충은 어떤 말을 하고 싶을지 상상해서 적는다.
> 3. **공룡과 뿔쇠똥구리가 소중한 이유** ⋯▶ 거대하고 무시무시한 공룡과 작고 힘이 없는 뿔쇠똥구리를 비교하면서 공룡과 뿔쇠똥구리가 소중한 이유 3가지를 적는다.

생명존중

63일

허정윤 글, 고정순 그림 ∥ 반달(킨더랜드)

강아지 공장의 진실

이 책은 강아지 공장에서 태어나는 강아지의 출생 비밀을 다룬 그림책이다. 사람들은 공장에서 장난감을 찍어내듯이 강아지를 만든다. 개들이 작은 케이지 안에서 임신과 출산을 반복하며 사람들의 기호와 선호하는 스타일에 따라 자연의 시간을 앞당겨 강아지가 인위적으로 만들어진다. 불량품이 생기면 아무 가책도 없이 버려진다. 강아지를 잘 팔기 위해서라면 강아지 복지는 상관하지 않는다.

작가는 펫숍에서 데려온 반려견과 살면서 출생의 진실을 알게 되었고, 인간에 의해 만들어져 태어나는 동물 이야기를 사람들에게 알리기 위해 이 책을 썼다. 63일은 개의 평균 임신 기간이다. 기뻐할 누군가를 위해 여전히 공장은 바쁘게 돌아간다. 공장에서 강아지를 파는 사람이나 자기가 원하는 강아지를 사는 사람들은 기쁘겠지만, 과연 강아지들은 행복할까? 이 책은 강아지 공장의 실태를 알리고 작은 동물을 아끼고 존중하는 것이 왜 중요한지 말한다. 생명을 경시하는 인간의 태도를 돌아보고 동물 복지를 위해 어떻게 해야 할지 이야기 나눈다.

생각을 나누는 질문
1. 사람들은 왜 더 작은 강아지를 좋아할까?
2. 강아지 털의 색깔이 중요할까?
3. 불량품으로 여겨지는 강아지들이 처리되는 과정을 볼 때 어떤 생각이 드는가?

배움이 깊어지는 활동

1. **강아지의 일생** ···▶ 강아지 일생을 조사하면서 상품처럼 취급되는 강아지 공장의 실태와 비교하며 사람들의 욕심으로 불행해지는 강아지의 마음을 알아본다.
2. **내가 좋아하는 강아지와 강아지 공장에서 만들어지는 강아지의 다른 점** ···▶ 내가 좋아하는 강아지는 어떤 모습인지 그린 후 특징과 이유를 적는다. 강아지 공장에서 사람들이 원하는 스타일로 만들어지는 강아지와 어떤 차이가 있는지 이야기 나눈다.
3. **동물 복지에 관한 생각** ···▶ 상업적인 목적으로 반려동물을 생산하는 강아지 공장이 동물 복지에 어떤 영향을 미치는지 자기 의견을 적는다. 추가적으로 개선 방안도 적을 수 있다.

이빨 사냥꾼

조원희 글·그림 ‖ 이야기꽃

이상하고 무서운 이빨 사냥꾼 이야기

회색 피부의 거대한 아이가 코끼리 사냥꾼들의 총을 맞고 쓰러진다. 그리고 사냥꾼은 여러 연장으로 아이의 엄니를 뽑는다. 엄니는 이빨 시장에서 등급과 가격이 매겨져 상인들에게 팔리고, 조각품이나 담배 파이프, 지팡이 등으로 만들어져 다시 사람들에게 팔린다. 이 상황은 아이가 꾼 이상한 꿈이었다. 꿈에서 깬 아이는 상아를 어깨에 둘러멘 사냥꾼 행렬을 보면서 어른들에게 꿈 이야기를 들려줘야겠다고 생각한다.

이빨 사냥꾼 이야기는 아이의 이상하고 무서운 꿈이었지만, 코끼리에게 일어나는 잔인하고 살벌한 실제 상황이다. 밀렵꾼들은 상아를 얻기 위해 코끼리를 죽인다. 사람들의 이기적인 욕심과 무분별한 사냥으로 코끼리는 목숨을 잃고 새끼 코끼리는 가족을 잃는다. 이 책은 이런 현실의 문제를 새로운 시각으로 그리며 사람의 생명이 소중하듯 다른 생명도 소중하다는 것을 말한다. 처지를 바꾸어 생각하면서 코끼리의 고통과 아픔을 알게 하며, 우리가 벌이는 일을 반성하며 경각심을 갖게 한다.

생각을 나누는 질문

1. 코끼리 사냥꾼의 총에 맞고 쓰러진 후 눈을 뜬 아이는 무슨 생각을 했을까?
2. 아이는 왜 사람들에게 꿈 이야기를 해 줘야겠다고 할까?
3. 아기 코끼리 혼자 걸어가는 마지막 면지와 엄마와 아기 코끼리가 나란히 걸어가는 뒤표지를 그린 이유는 무엇일까?

배움이 깊어지는 활동

1. **사람들에게 코끼리 이빨이 필요한지 토론하기** ⋯ 사람들은 코끼리를 사냥하고 이빨로 조각품이나 장식품을 만들어 사고판다. 코끼리의 이빨이 사람들에게 필요한지, 필요하지 않은지 입장을 정해 토론한다.
2. **어른들에게 아이가 들려주는 꿈 이야기** ⋯ 아이가 이상한 꿈에서 깬 후 상아를 들고 가는 어른들을 보면서 사람들에게 꿈 이야기를 해 줘야겠다고 말한다. 아이가 어떤 이야기를 어른들에게 들려줬을지 상상하며 글로 적는다.
3. **코끼리 보호 포스터 만들기** ⋯ 많은 코끼리가 상아를 노리는 밀렵꾼들에게 살해되고 있고, 멸종 위기에 놓여있다. 코끼리를 보호하는 내용의 포스터를 만들어 전시한다.

콰앙!

조원희 글·그림 ‖ 시공주니어

생명존중

모든 생명은 소중해요

'콰앙!' 어느 날 콰앙 소리가 난다. 사람들이 모여들고, 다리를 다친 아이가 쓰러져 있다. 아이의 엄마가 달려오고 구급차와 경찰차가 왔다. 서둘러 아이는 구급차를 타고 병원으로 이송되고, 사람들은 아이가 많이 안 다친 것에 안심한다. '콰앙!' 다시 소리가 나면서 사람들이 모여든다. 아기 고양이가 쓰러져 있다. 사람들은 서로 눈치를 보거나 무관심 속에 흩어진다.

사람과 동물에게 일어난 교통사고. 같은 사건이지만, 그 사건을 다루는 방식이 다르다. "콰앙!" 소리를 듣고 사람들은 급히 모여든다. 아이의 교통사고는 분주하게 수습하지만, 아기 고양이 사고는 별다른 조치 없이 일상으로 돌아가는 모습을 그리며 대조적으로 표현하고 있다. 생명의 무게나 가치의 중요함이 대상에 따라 다를 수 있는지, 생명을 살리는 일에 경중을 두고 있지는 않은지 돌아볼 수 있다. 교통사고로 목숨을 잃는 동물이 많이 생기고 있다. 작은 생명도 소중하다는 것을 일깨우며 어떻게 대처할 수 있을지 생각하고 이야기 나눈다.

생각을 나누는 질문
1. 아이와 아기 고양이에게 일어난 교통사고에 사람들은 각각 어떻게 반응했나?
2. 내가 엄마라면 "엄마, 구급차는 언제 와요?"라는 질문에 뭐라고 대답할까?
3. 교통사고를 당한 아기 고양이를 데리고 가는 엄마 고양이 마음은 어땠을까?

배움이 깊어지는 활동

1. **같은 사고에 다르게 대처하는 이유** ⇢ 도로변에서 아이와 아기 고양이에게 일어난 교통사고에 사람들은 각각 다르게 대처하는데, 그렇게 행동한 이유가 무엇인지 적는다.
2. **현장에 있는 내 모습 상상해 보기** ⇢ 아기 고양이의 교통사고를 목격한 사람들은 그 상황을 외면한다. 만약 내가 그 현장에 있었다면, 나는 어떻게 행동했을지 글과 그림으로 표현한다.
3. **뒷이야기 만들기** ⇢ 엄마 고양이가 교통사고 당한 아기 고양이를 데리고 찻길을 걸어가는 마지막 장면 이후에 어떤 내용이 이어질지 뒷이야기를 만든다.

나는 기다립니다

표영민 글, 잠산 그림 ‖ 길벗어린이

반려동물도 가족입니다

한 소녀가 펫샵에서 까만 털을 가진 강아지를 집으로 데려와 행복한 시간을 보낸다. 하지만 시간이 지나면서 현실적인 문제에 부딪히게 된다. 결국, 소녀에게 강아지는 귀찮고 피곤한 존재로 여겨지며 휴가지에 가서 강아지를 버린다. 이 책은 강아지 시점에서 주인과의 관계를 보여 준다. 강아지는 주인과 행복했던 시간을 떠올리며 그때가 다시 돌아오기를 기다린다. 버려진 후에도 숨바꼭질을 하고 있다고 생각하며 놀이가 끝나기를 기다린다고 말한다.

반려동물과 함께 살아가는 사람이 많아지고 있는데, 단순한 호기심이나 가벼운 마음으로 키우다가 생각과 다르게 버거워지면 버리는 일도 생긴다. 반려동물은 액세서리나 장난감이 아닌 한 가족이다. 귀찮아도 깨끗하게 씻겨 주고, 매일 산책하러 나가고, 집을 깨끗이 치워 주고, 아프지 않은지 수시로 돌봐 줘야 한다. 이 책은 다비드 칼리의 『나는 기다립니다』를 오마주한 그림책으로 반려동물과 함께 지내는 것은 새로운 가족을 맞이하며 책임과 사랑을 다해야 한다는 것을 알려 준다.

> **생각을 나누는 질문**
> 1. 제목 '나는 기다립니다'는 무엇을 기다린다는 걸까?
> 2. 고개를 숙이고 있는 소녀는 무슨 생각을 하는 걸까?
> 3. 소녀는 왜 강아지를 버렸을까?

배움이 깊어지는 활동

1. **유기견의 마음 알기** ⋯ 주인공 강아지는 주인에게 버림받았다는 것을 알고 행복했던 시간을 기다린다. 강아지가 주인에게 버림받았다는 것을 알았을 때 강아지 마음이 어땠을지 적는다.
2. **강아지를 버린 소녀에게 편지 쓰기** ⋯ 휴가지에 강아지를 버리고 온 날 밤, 불빛 아래서 고개 숙이고 있는 소녀에게 하고 싶은 말을 편지로 쓴다.
3. **반려동물을 키우기 전에 준비할 것** ⋯ 반려동물과 살기 위해서는 반려동물에 대해 이해하고, 무엇이 필요한지 알아야 한다. 반려동물을 키우기 전에 준비할 것이 무엇인지 조사하여 정리한다.

미안해

김병하 글·그림 ‖ 한울림어린이

생명존중

작은 생명의 소중함

화가 김씨 아저씨는 마당 한쪽에 텃밭을 만든다. 여러 가지 야채와 채소를 심고 하루에도 몇 번씩 텃밭에 가서 정성껏 채소를 돌본다. 쑥쑥 자라는 채소들을 가꾸느라 텃밭 채소에만 관심을 두었던 아저씨는 오가는 길에 민들레를 계속 밟고 다녔다는 것을 알게 된다. 그리고 아저씨는 밤새워 생각한 후 민들레를 위해 울타리를 만들어 준다.

이 그림책은 작가가 실제로 텃밭을 가꾸면서 만났던 민들레 이야기를 담고 있다. 책을 보면서 식물이 자라가는 모습에 뿌듯해하는 아저씨의 마음도 엿볼 수 있지만, 아저씨가 오가며 밟고 다니는 민들레도 눈에 띈다. 아저씨는 상처 입은 민들레를 바라보며 안타깝고 미안한 마음에 밤잠을 이루지 못한다. 우리도 앞만 보고 달리느라 주변에 작지만 소중하고 중요한 것을 놓치고 있지는 않은지, 가까운 이웃에게 나도 모르게 상처를 주고 있는 건 아닌지 돌아보게 한다. 민들레가 다시는 밟히지 않도록 울타리를 만들어 준 것처럼 자기 주변을 살피고 작은 생명도 소중하게 돌보는 마음을 배울 수 있다.

생각을 나누는 질문
1. 왜 제목이 '미안해'일까?
2. 텃밭에 가는 아저씨 마음은 어땠을까?
3. 아저씨가 민들레에게 울타리를 만들어 준 이유는 무엇일까?

배움이 깊어지는 활동

1. **길가에 핀 꽃 사진 찍기** ⋯▶ 주변에 무심코 지나쳤던 꽃들을 찾아보고 그중에 가장 마음에 드는 꽃을 골라 사진을 찍고 제목을 붙여 본다.
2. **민들레꽃 울타리 만들기** ⋯▶ 아저씨가 민들레꽃에게 울타리를 만들어 준 이유는 '울타리 안에 가두려는 것이 아니라, 다시는 너를 밟지 않기 위해'라고 말한다. 아저씨처럼 민들레꽃을 안전하게 보호해 줄 울타리를 그린다.
3. **민들레꽃 응원하기** ⋯▶ 민들레꽃은 여러 번 오가는 아저씨의 발에 밟히면서도 꽃을 피운다. 민들레꽃이 힘을 낼 수 있도록 응원하는 말을 적는다.

죽음

쨍아

천정철 시, 이광익 그림 ‖ 창비

삶과 죽음의 순환

쨍아는 잠자리의 사투리다. 과꽃 밑에서 생을 다한 잠자리에게 줄지어 모여든 개미들의 모습을 보고 잠자리의 장례 행렬로 표현한 1925년에 발표된 동시에, 다채로운 색감과 환상적인 번짐 효과의 그림이 더해진 따뜻한 시 그림책이다. 어린이에게 두렵고 무섭게 느껴질 수 있는 잠자리의 죽음, 개미에 의해 분해되는 잔인한 장면을 아름답고 신비롭게 표현해 잠자리의 죽음이라는 공포와 슬픔을 잊게 한다. 자연의 모든 생명은 태어나서 살다 죽으면 또 다른 생명체의 삶으로 이어진다는 순환의 의미로 죽음을 담아내고 있다. 어떤 것의 죽음은 또 다른 것의 삶이라는, 즉 정반대의 의미인 삶과 죽음이 뗄 수 없이 이어지는 관계임을 어렵지 않게 풀어 놓았다. 자연의 모든 생명체가 계절이 순환하며 변하듯이, 과꽃, 잠자리, 개미 등의 죽음이 다른 삶으로 이어지며 순환되는 것을 편안하게 받아들일 수 있도록 해 준다. 어렸을 때 맞닥뜨렸을 곤충의 죽음에서 앞으로 만날 죽음에 대해 편안하게 맞아들일 수 있도록 도와주는 것이다.

생각을 나누는 질문
1. 어린 시절 잠자리채로 잡은 곤충에는 어떤 것들이 있었을까?
2. 쨍아와 같은 곤충을 잠자리채로 잡은 후 어떻게 해야 할까?
3. 장례식은 왜 하는 걸까?

배움이 깊어지는 활동
1. **곤충과 반려동물, 지인의 죽음에 대한 경험** ⋯ 어린 시절 공원이나 길에서 마주쳤을 곤충의 죽음이나 반려동물, 가까운 지인의 죽음을 경험했다면 어떤 느낌이 들었는지 이야기를 나누어 본다.
2. **죽은 곤충을 위한 아름다운 장례식** ⋯ 죽음을 맞이한 곤충을 보게 된다면 어떻게 아름다운 장례식을 해 주고 싶은지 표현해 보고, 죽음을 슬퍼하기보다 존엄하게 다루는 경험을 해 본다.
3. **죽음이 곧 삶으로 이어지는 사례 찾기** ⋯ 잠자리의 죽음이 개미의 삶으로 이어지듯이, 생을 다해 죽음을 맞이한 생명체가 곧 다른 생명체의 삶으로 이어지는 다른 사례도 찾아본다.

너무 울지 말아라

우치다 린타로 글, 다카스 가즈미 그림, 유문조 옮김 ‖ 한림출판사

죽음

죽음은 당연히 슬픈 거예요

할아버지와 늘 함께하던 어린 손자는 할아버지가 돌아가셨다는 사실을 모른다. 비 오는 날 우산을 들고 버스 정류장으로 마중 나간 손자는 할아버지를 하염없이 기다린다. 뒤늦게 알게 된 할아버지의 부재에 상실감이 크지만, 손자를 두고 가는 할아버지의 애틋함과 애정이 듬뿍 담긴 이야기가 살아계신 듯 아이를 위로한다. 죽음은 삶의 과정에서 오는 자연스러운 것이라며, 그렇다고 슬픔이 없어지는 것이 아니니 울어도 된다고, 하지만 너무 울지는 말라고 죽은 자가 산 자를 따뜻하게 위로하는 그림책이다.

어린아이에게 가까운 가족의 죽음을 알리는 일은 쉽지 않다. 함께한 시간이 많다면 더욱 그렇다. 함께했던 좋은 시간은 헤어짐을 더욱 힘들게 만들기도 하지만, 함께했던 삶의 추억은 살아가는 힘이 되기도 한다. 이 책은 세대를 이어 살며 추억을 이어가는 것, 즉 죽음은 생명의 순환이라고 편안하게 받아들이도록 어린 독자들에게 삶, 사랑, 죽음을 안내한다.

생각을 나누는 질문
1. 누군가 죽었을 때 흘리는 눈물은 어떤 의미일까?
2. 나에게 이런 일이 일어난다면 어떨까?
3. 가깝게 지내던 사람과 죽음으로 헤어졌을 때 울면 도움이 될까?

배움이 깊어지는 활동
1. **이별의 슬픔을 극복하는 방법** ⋯▶ 가까운 사람과 죽음으로 헤어지는 슬픔을 맞게 되었을 때 어떻게 극복하면 좋을지 다양한 지혜로운 방법을 적어 본다.
2. **슬픔을 참는 것은 옳을까?** ⋯▶ 어른들은 울지 말라고 하는 경우가 있다. 이렇게 '슬플 때 슬픔을 참는 것은 옳을까?'에 관해 찬성과 반대로 나누어 토론해 본다.
3. **어린아이에게 가까운 사람의 죽음을 알려주는 게 좋을까?** ⋯▶ 어린아이들에게는 가까운 친인척이 죽으면 대부분 알리지 않는다. 알려주는 게 좋을까? 찬성과 반대로 나누어 다른 친구들과 생각을 나누어 본다.

죽음

철사 코끼리

고정순 글·그림 ‖ 만만한책방

잊어야 하는 고통

고철을 주워다 팔던 데헷 곁에 언제나 함께하던 코끼리 얌얌이가 죽었다. 데헷은 주워 온 철사로 만든 철사 코끼리를 얌얌이라고 믿으며 어디든 함께한다. 끌고 다니는 요란한 소리에 사람들은 데헷을 멀리하지만, 무겁고 녹슨 철사에 찔린 상처와 헤어짐의 고통으로 괴로워하면서도 데헷은 얌얌이를 놓아 주지 못한다. 이 그림책은 잊어야만 하는 이별을 맞은 이들에게 슬픔을 내려놓고 안녕이라고 말할 수 있는 용기를 준다.

누구에게나 사랑하는 이를 떠나보내야 하는 순간은 온다. 보내야 하는 슬픔과 잊어야 하는 고통에서 헤어 나오기는 쉽지 않다. 그래서 사실을 회피하고 부정한다. 받아들이며 아무렇지 않은 척 씩씩하게 살아가다 문득 생각나면, 이렇게 잊어도 되나 하는 죄책감으로 또 괴로워한다. 하지만 인정하고 받아들여야 남은 사람은 살아갈 수 있다. 당연한 그 감정을 슬프면 슬픈 대로, 힘들면 힘든 대로 받아들이는 용기를 내야 남겨진 사람은 남은 삶을 위해 다시 한번 힘을 낼 수 있다.

생각을 나누는 질문
1. 데헷은 왜 철사 코끼리 얌얌이를 만들었을까?
2. 죽음으로 헤어진 사람을 대신할 수 있는 것이 있을까?
3. 죽은 사람을 잊는 것은 나쁜 것일까?

배움이 깊어지는 활동

1. **죽은 사람이 보고 싶을 때 어떻게 하면 좋을지 생각해 보기** ⋯▶ 죽은 사람을 더 이상 보지 못해서 안타까울 때, 너무 보고 싶을 때, 어떻게 하면 좋을지 다양한 방법을 생각해 보고 이야기 나누어 본다.
2. **죽음으로 인한 이별의 고통으로 힘들어하는 사람을 위로하기** ⋯▶ 주변 사람의 죽음을 받아들이지 않는 사람이 사랑하는 사람과 헤어지고 싶지 않아서 고통스러워한다면, 어떻게 위로해서 도와주면 좋을지 생각해 본다.
3. **토론** ⋯▶ 죽음으로 헤어진 사람을 대신할 수 있는 것이 있을까? 있다면, 죽은 사람을 대신해 그 사람의 물건을 간직하는 것은 옳을까? 하는 것에 대해 찬성과 반대의 의견을 적어보고 토론해 본다.

여우 나무

브리타 테켄트럽 글·그림, 김서정 옮김 ‖ 봄봄출판사

죽음

그리운 사람을 추억해요

늘 좋아했던 여우를 잃은 동물 친구들은 슬프다. 이제 더 이상 보지도 만나지도 못해 함께 할 수 없기 때문이다. 떠나야 한다는 건 알지만, 여우가 없는 세상은 상상할 수 없다. 동물들은 모여 앉아 여우와의 행복한 시간을 밤새워 이야기한다. 아침이 되자 여우가 죽은 자리에 여우의 오렌지빛 털을 닮은 오렌지 나무 새싹이 자란다. 그것을 본 동물들은 여우가 여전히 그들 곁에 있다고 느낀다.

소중한 사람을 떠나보내는 아픈 이별을 겪을 때, 삶을 포기한 듯 허우적대거나, 펑펑 울거나, 원망하며 화를 내거나, 아무렇지 않은 척하거나, 죽을 만큼 힘들어하는 등등 그 고통을 견디는 방법은 여러 가지가 있겠지만, 이 책은 추억을 이야기한다. 사랑하는 사람과 함께한 추억을 되짚으며 이별의 아픔을 치유한다. 사랑했던 사람은 다시 볼 수 없지만, 함께했던 행복한 기억은 마음을 평온하고 따스하게 해 주기 때문이다. 마음속에 남겨진 행복한 추억은 남겨진 사람에게 살아갈 수 있는 힘이 될 것이다.

생각을 나누는 질문
1. 내가 죽으면 나를 찾아와 추억해 줄 사람들은 누구일까?
2. 내가 죽고 나면 다른 사람들은 나를 어떻게 추억해 주면 좋을까?
3. 죽기 전의 많은 추억은 죽음의 슬픔을 줄여줄 수 있을까?

배움이 깊어지는 활동

1. **인공지능(AI) 기술로 다시 만나고 싶은 존재 그려보기** ⋯▶ 지금은 만날 수 없는 헤어진 존재가 있다면 AI 기술을 이용해 꼭 만나고 싶은 존재가 있는지 생각해 보고 종이에 그려본다.
2. **나의 묘비석 만들기** ⋯▶ 죽은 사람은 묘비석에 생전의 삶이 남겨진다. 자신이 어떤 멋진 삶을 살았던 사람으로 기억되면 좋을지 생각해서 묘비석을 만들어 본다.
3. **지금 함께하는 가까운 사람들과 기억에 남을 좋은 추억 만들기** ⋯▶ 죽음으로 헤어지면 다시 못 만나게 되는 사람을 추억으로 떠올린다. 많은 추억을 만들지 못한 것을 아쉬워하지 않도록 지금 가까운 사람들과 살아 있는 동안 좋은 추억을 만들 계획을 세워본다.

죽음

무릎 딱지

샤를로트 문드리크 글, 올리비에 탈레크 그림, 이경혜 옮김 ∥ 한울림어린이

다시 살아갈 용기

죽기 전날 이별을 준비하던 엄마는 아이를 보며 웃지만, 받아들이기를 거부하는 아이는 화를 내며 운다. 다음날 현실이 된 엄마의 죽음을 아이는 받아들이지 못하고 부정한다. 혼자 엄마 냄새와 목소리를 붙잡으려 집착하며 그리움에 몸부림치는 아이의 모습이 안쓰럽다. 엄마 없는 나날은 아이도 아빠도 힘겹다. 엄마 냄새를 붙잡으려 창문을 꼭꼭 닫아걸던 아이는 아빠가 울까 봐 그 이유를 말하지 않는다. 엄마를 돌려달라고 생떼를 부려야 할 나이지만, 아빠의 슬픔을 알기에 꾹꾹 눌러 참는다. 그렇게 아빠의 아픔을 헤아릴 줄 아는 아이다.

엄마가 있는 세상과 엄마가 없는 세상은 상상할 수 없을 만큼 다르다. 엄마 없는 세상은 모든 것을 잃은 것과 같다. 세상을 살아갈 때 두려움과 어려움으로부터 자신을 지켜줄 든든한 뒷배, 즉 조건 없는 사랑으로 품어줄 둥지를 잃는 것이기 때문이다. 성숙하지 않은 아이가 세상이 무너지는 것 같은 엄마의 죽음을 자연스럽게 이해하고 받아들이며 극복하고 성장해 가는 애틋한 과정을 담아 놓았다.

> 생각을 나누는 질문
> 1. 죽은 사람은 남겨진 가족이 어떻게 살기를 바랄까?
> 2. 죽음을 받아들이고 극복하려면 어느 정도의 시간이 필요할까?
> 3. 엄마를 잃은 친구를 어떻게 도와줄 수 있을까?

> 배움이 깊어지는 활동
>
> 1. 가깝게 지내던 사람과 죽음으로 헤어지면 느껴질 감정 ⋯▶ 가까운 사람과 죽음으로 헤어지면 다양한 감정이 느껴지는데 이때 느껴질 수 있는 다양한 감정을 적어 본다.
> 2. 내가 느낀 감정들을 어떻게 다루면 좋을지 적어 보기 ⋯▶ 자신이 느낀 감정들을 어떻게 다루어야 할지에 대해서 방법을 적어 보면서 자신의 감정을 다루는 바람직하고 구체적인 방법을 생각해 본다.
> 3. 가족을 잃고 슬퍼하는 사람을 위로하는 방법 생각해 보기 ⋯▶ 가족을 잃고 슬퍼하는 사람을 보게 된다면 입장을 공감하며, 어떻게 위로하면 좋을지 다양한 방법을 적고 이야기 나누어 본다.

안녕, 코끼리

로랑스 부르기뇽 글, 로랑 시몽 그림, 안의진 옮김 ∥ 바람의아이들

죽음

삶과 죽음 사이

늙은 코끼리와 어린 쥐는 서로 의지하고 지켜주며 우정과 사랑을 나누며 행복하게 살아왔다. 어린 시절 코끼리의 보살핌을 받던 쥐는 이제 나이든 코끼리를 보살핀다. 어린 쥐는 다른 코끼리들이 그랬던 것처럼 점점 나이 들어가는 코끼리가 코끼리 숲으로 떠나야 한다는 것을 알고 있다. 보내야 하는 쥐는 슬프지만, 떠나야 하는 코끼리는 고단한 삶 끝에 편안하게 안식할 곳으로의 행보를 행복해한다. 영영 헤어짐이 싫어 보내고 싶어 하지 않는 쥐는 안식할 곳으로 건너야 하는 다리를 고쳐주기를 거부하지만 결국 죽음으로 다가가는 코끼리를 돕는다. 떠나야 할 때를 순응하며 담담하게 받아들이는 과정은 어린 쥐의 내면을 단단하게 만들어 성장과 독립을 돕는다.

때가 되면 보내야 하고, 떠나야 하며, 영원할 수 없다는 것이 자연의 섭리라는 걸 알지만, 매번 두렵고 어려워 담담하게 받아들이기 쉽지 않다. 죽음으로 가는 길, 죽음으로 보내는 길, 죽음 뒤에도 계속 살아가야 하는 길, 이 모두 끊임없이 이어져가는 삶의 길이다.

> 생각을 나누는 질문
> 1. 죽을지도 모른다고 생각한 적이 있을까?
> 2. 죽는 사람은 어떤 아쉬움이 있을까?
> 3. 죽어가는 사람을 보내는 사람의 마음은 어떠해야 할까?

배움이 깊어지는 활동

1. **죽어도 좋겠다고 생각하는 때를 생각해 보기** ⋯▸ 죽어도 좋겠다고 생각하는 때가 있을까? 어떻게 하면 안타깝게 생각하지 않고 헤어질 수 있을까? 생각하고 적어 본다.
2. **아픈 친구에게 응원의 메시지 전하기** ⋯▸ 아픈 친구가 있다면 어떤 응원의 메시지를 전하면 힘을 얻어 극복하는 데 도움이 될지를 생각하면서 친구에게 전하는 응원의 메시지를 적어 본다.
3. **좋은 죽음과 나쁜 죽음에 대해 생각하고 자신이 바라는 죽음 생각해 보기** ⋯▸ 좋은 죽음과 나쁜 죽음이라고 생각할 수 있는 사례를 들어보고, 자신은 죽음을 어떻게 맞이하고 싶은지에 대해 구체적으로 적어 본다.

죽음

사과나무 위의 죽음

카트린 셰러 글·그림, 박선주 옮김 ∥ 푸른날개

삶은 유한하다

 탐스러운 사과나무를 가진 여우 할아버지는 사과나무에 손을 대는 모든 동물을 사과나무에 달라붙게 해달라는 소원을 이루어 사과나무를 독차지하곤 행복해한다. 죽음을 두려워하던 여우 할아버지는 죽음도 사과나무에 달라붙게 만들어 죽음을 피하며, 영원히 살 수 있게 되었다. 하지만 시간이 흘러 할아버지는 계속 늙어갔고 곁에는 가족도 친구도 남지 않게 된다. 죽음을 피해 영원히 살면 행복할 줄 알았던 여우 할아버지는 너무 외롭고 쓸쓸하다.

 누구나 죽음은 두렵다. 죽음이라는 것은 엄연히 존재하며 누구에게나 언젠가 죽음이 닥쳐온다. 그러나 죽음의 실체를 아는 이는 없다. 모르기에 두렵고 무서워 피해 밀쳐내고 도망가고 싶어 한다. 그리고 죽음을 맞닥뜨리고 나서야 지난 삶을 돌아보며 후회하게 된다. 그러므로 삶을 영원히 지속시키려는 욕심을 내려놓고, 살아 있는 동안 무엇을 위해 어떻게 살아갈 것인지에 대해 집중해야 한다. 자신의 죽음을 생각해 보면, 삶을 다르게 살아갈 수 있게 된다.

생각을 나누는 질문
1. 영원히 살면 행복할까?
2. 사람들은 왜 영원히 살고 싶어 할까?
3. 후회 없는 삶이 되려면 어떻게 살아야 할까?

배움이 깊어지는 활동

1. **유언장 적기** ⋯▶ 갑작스럽게 죽음이 올지도 모른다고 생각하면 전하고 싶은 사람, 전하고 싶은 이야기가 있을 수 있을 것이다. 이것을 미리 유언장 형식으로 적어 본다.
2. **버킷리스트 작성하기** ⋯▶ 죽음을 맞이하는 순간을 생각하면 지금의 삶의 방식을 돌아보며 다르게 살고 싶어질 것이다. 죽기 전에 하고 싶은 일, 즉 버킷리스트를 작성해 본다.
3. **하루만 산다면?** ⋯▶ 앞으로 나에게 주어진 삶의 시간이 딱 하루만 남아 있다면, 그 짧은 중요한 시간에 누구와 무엇을 하며 지내면 좋을지 생각해 본다.

여행 가는 날

서영 글·그림 ‖ 스콜라(위즈덤하우스)

죽음

죽음이라는 여행

밤늦게 할아버지를 찾아온 유령 같은 꼬마 손님, 할아버지는 기다렸다는 듯이 반기며 여행을 준비한다. 설레는 마음으로 아끼던 양복도 꺼내 입고, 삶은 달걀도 넉넉히, 여비도 두둑이 챙긴다. 이번 여행에는 아무것도 필요 없다는 손님의 이야기에도 할아버지 마음은 그렇지 않다. 그동안 보고 싶었던 그리운 사람들을 만날 수 있기 때문이다. 아내가 마중 나올 거라는 기쁜 소식에 혹여 알아보지 못할까 봐 옛날 사진도 꼼꼼히 챙긴다. 이렇게 할아버지는 맞닥뜨린 죽음의 순간을 여행하기 참 좋은 날이라며 반긴다. 손님이 찾아오리라는 것을 알고 있던 것처럼, 인생의 또 다른 여정으로 순순히 받아들이는 할아버지의 모습은 우리에게 죽음에 대한 두려움을 내려놓을 수 있게 한다. 더 이상 볼 수 없다는 막연한 두려움에 머물러 있지 않고, 또 다른 세상에서, 또 다른 누군가와 새로운 삶을 설레며 시작했을 것이라는 상상은 죽은 자에 대한 안타까움보다는 새로운 삶으로 출발을 축복하게 해 준다.

생각을 나누는 질문
1. 죽음을 왜 여행으로 비유했을까?
2. 내가 죽음이라는 여행을 떠난다면 어떤 것을 가져가고 싶을까?
3. 내가 죽으면 가게 되는 다른 세상에서 꼭 다시 만나고 싶은 사람은 누구일까?

배움이 깊어지는 활동

1. **죽음이라는 여행을 준비하기** ⋯ 내가 시한부 판정을 받아 죽음을 앞두었다면, 죽음이라는 여행을 위해 어떤 것들을 준비하면 좋을지 적어 본다.
2. **시한부 판정을 받은 환자에게 어떻게 이야기하는 게 좋을까?** ⋯ 시한부 판정을 받은 환자에게 사실을 알려주는 것이 옳을지, 아니면 알려주지 않는 것이 좋을지에 대한 토론을 통해 상황윤리에 대한 생각을 나누어 본다.
3. **연명치료에 관한 생각 나누기** ⋯ 의료 기술의 발달로 수없이 많은 연명치료가 이루어지고 있는 현실에서 연명치료의향서에 사전에 부모님이 서명한다면, 동의할 것인지 생각을 나누어 본다.

죽음

이게 정말 천국일까?

요시타케 신스케 글·그림, 고향옥 옮김 ‖ 주니어김영사

천국과 지옥이라는 사후세계

돌아가신 할아버지가 남긴 공책에 '천국에서 뭘 할까?'를 상상하며 쓰고 그린 내용이 가득 담겨 있다. 아직 가보지 못한 사후세계에 대해 할아버지의 상상은 할아버지를 잃은 손자에게 그대로 전해져 할아버지가 가셨을 천국으로 함께 빠져들게 한다. 사후세계가 할아버지의 상상을 통해 너무 재미있고 신비롭게 펼쳐진다. 할아버지가 죽음으로 영영 사라져 버린 것이 아니라, 천국으로의 여행을 떠나서 멋진 천국의 삶을 누리고 있을 것이라고 안심시켜 준다. 할아버지를 잃은 손자에게 이 공책은 할아버지의 빈자리를 대신하며 웃음을 되찾게 해 준다. 누구나 죽음이 두려운 것은 잘 모르는 사후세계에 대한 공포 때문이다. 특히, 사후에 고통스러운 지옥의 나락으로 떨어질지도 모른다는 공포는 우리를 더욱 두렵게 하며 현재의 삶을 돌아보게 한다. 그리고 천국으로 갈 가능성을 높이는 삶으로 우리를 이끈다. 누구나 죽는다는 필연에 두려움보다는 죽은 후에 맞게 될 사후세계에 대한 공포가 현재의 삶에 최선을 다하도록 만들어 주는 것이다.

생각을 나누는 질문
1. 죽으면 어디로 가는 걸까?
2. 죽음을 두려워하는 이유는 무엇일까?
3. 죽음을 알면 지금의 삶이 달라질 수 있을까?

배움이 깊어지는 활동

1. **'죽음' 하면 떠오르는 이미지 그려 보기** ⇢ '죽음' 하면 떠오르는 이미지를 그려 보거나 사진에서 찾아서, 그것이 죽음과 어떠한 관련이 있는지 이야기 나눠 본다.
2. **사후세계인 천국과 지옥 표현해 보기** ⇢ 사후세계 하면 떠오르는 천국과 지옥을 상상하여 그려 보고, 어떤 사람이 천국이나 지옥을 가게 될지 적어 본다.
3. **웰빙과 웰다잉의 삶 적어 보기** ⇢ '웰빙'과 '웰다잉'의 의미를 이해하고, 그러한 삶을 살아가기 위해 어떻게 살아야 할지에 대한 구체적인 방법도 적어 본다.

100만 번 산 고양이

사노 요코 글·그림, 김난주 옮김 ‖ 비룡소

죽음

사랑하며 사는 주체적인 삶

죽고 다시 살기를 100만 번이나 반복한 멋진 얼룩 고양이 이야기이다. 100만 명의 다른 사람들로부터 귀여움을 받았고, 죽을 때마다 100만 명의 사람들이 몹시 슬퍼하며 엉엉 울었다. 하지만 언제나 만족스러운 삶을 살지 못한 탓인지 자신이 죽어도 고양이는 단 한 번도 울지 않았다. 사랑하는 고양이를 만나 의미 있는 삶을 살아가기 전까지는. 백만 번이나 죽고 살기를 반복해도 진정으로 사랑하는 누군가를 만나지 못했기에 진정한 삶의 의미를 부여하지 못했다. 그러니 100만 번이나 다시 태어난다 해도 의미 없다. 죽으면 육체는 눈앞에서 없어진다. 하지만 영혼은 다른 생명체로 다시 태어나 환생을 한다. 정말 다시 태어날까? 몇 번이나 새로운 삶을 살아가게 될까? 무수한 질문을 떠올리게 하지만, 우리가 꿈꾸는 삶은 환생으로 무의미하게 주어져 반복되는 삶은 아니다. 중요한 것은 주인공 고양이가 그랬듯이 사랑하며 주체적으로 사는 삶은 자신에게 행복도, 슬픔도 온전히 느낄 수 있게 해 주는 완벽하고 의미 있는 삶이 된다는 것이다.

> 생각을 나누는 질문
> 1. 내가 죽으면 정말 다시 태어날까?
> 2. 육체는 죽으면 없어지는데 정말 영혼이 있을까?
> 3. 후회 없는 삶을 살려면 어떻게 살아야 할까?

배움이 깊어지는 활동

1. **다음 생애를 그려 보기** ⋯▸ 환생하여 다시 태어날 수 있다면 무엇으로 태어나고 싶은지, 왜 그런 생명으로 태어나고 싶은지를 적고 이야기 나눠 본다.
2. **다음 생애에 꼭 다시 만나고 싶을 만큼의 소중한 사람** ⋯▸ 이번 생애에 만난 사람 중에 다음 생애에도 꼭 다시 만나고 싶은 사람이 있다면, 왜 그런지 이유도 적어 보면서 내 인생에 소중한 인연을 새겨본다.
3. **죽은 후에라도 좋은 영향력이 있으려면 어떻게 살아야 할까?** ⋯▸ 죽어서도 좋은 영향을 주는 사람이 되려면 어떻게 살아가면 좋을지에 대해 적어 보고, 자기 삶을 성찰하여 의미 있게 설계해 본다.

건강

스트레스 티라노

김유강 글 · 그림 ‖ 오올

건강한 마음을 위한 첫걸음으로서의 스트레스 관리하기

학생들이 일상에서 경험하는 스트레스를 이해하고 관리하는 방법을 알려주는 그림책이다. 오늘날 학생들은 숙제, 시험 준비, 친구와의 갈등 등 일상에서 스트레스를 많이 받는다. 스트레스가 쌓이면, 주인공은 티라노로 변신하여 화를 내고, 소리를 지르는 등 감정을 폭발시킨다. 이 상황을 극복하기 위해 친구들과 선생님의 도움을 받아 스트레스를 조절하는 방법을 배운다. 스트레스를 완전히 해소할 수는 없지만, 조금씩 조절하는 방법을 배우며 티라노로 변신하는 횟수도 줄어들게 하는 것이다.

스트레스를 효과적으로 관리하는 것은 학교생활을 더욱 즐겁고 행복하게 만들 뿐만 아니라, 긍정적인 사회적 관계를 형성하는 데 중요하다. 학생들이 자기감정을 건강하게 표현하고, 친구들과의 관계를 강화하는 방법을 배우도록 돕는다면 학교생활의 질을 향상시키는 데 크게 도움이 될 것이다. 스트레스와 감정을 이해하고 조절하는 방법뿐만 아니라, 가족 간의 소통과 배려의 중요성도 생각해 볼 수 있다.

생각을 나누는 질문
1. 주인공이 티라노로 변신한 경험을 통해 배운 점은 무엇일까?
2. 스트레스를 잘 관리하는 것이 왜 중요할까?
3. 일상에서 스트레스를 조절하기 위해 필요한 습관은 무엇이 있을까?

배움이 깊어지는 활동

1. **스트레스를 느끼는 상황 찾기** → 주인공 티라노처럼 학급에서 스트레스를 받는 여러 가지 상황을 찾아보고 그 상황에서 느낀 감정을 되돌아본다.
2. **스트레스 관리 지침서 만들기** → 스트레스를 관리할 수 있도록 스트레스를 받았던 상황과 필요한 말과 행동을 떠올리며 자기만의 스트레스 관리 방법을 찾고 실천해 본다.
3. **스트레스 해소 키트 디자인** → 스트레스를 해소해 주는 도구를 상상하여 스트레스 상황에 맞는 키트를 개발하고 디자인한다. 키트를 사용했을 때 어떤 효과가 있을지 상상하며 표현한다.

입이 똥꼬에게

박경효 글·그림 ∥ 비룡소

건강

우리 몸 구석구석은 건강해야 해

  이 그림책은 우리 몸의 각 부위가 서로 어떻게 연결되어 있고 어떤 역할을 하는지 설명한다. 보이지 않는 부위도 우리 몸을 건강하게 유지하는 데 꼭 필요하다는 것을 알 수 있게 한다. 모든 신체 부위는 서로 협력하여 우리가 매일 할 수 있는 일들을 가능하게 하고, 각 부위가 서로 다른 역할을 하지만 모두 소중하다는 것을 알게 한다.

  튼튼한 몸이 왜 중요한지 이해하는 것은 학생들이 건강한 습관을 갖는 데 매우 중요하다. 건강한 몸은 아프지 않게 해 줄 뿐만 아니라, 학교에서 더 잘 배울 수 있도록 하고, 기분을 좋게 하며, 매일 활동적으로 지낼 수 있도록 도와준다. 또한, 건강한 몸은 자신감을 키우고 친구들과 더 잘 어울릴 수 있게 한다. 각 신체 부위의 건강이 얼마나 중요한지를 깊이 있게 생각해 보고, 자신의 몸을 소중히 여기고 관리하는 방법에 관심을 가짐으로써 건강한 생활을 위한 실천을 스스로 할 수 있도록 돕는다. 이는 평생 건강을 유지하는 데 큰 역할을 할 것이다.

생각을 나누는 질문
1. 왜 우리 몸의 모든 부위가 중요할까?
2. 우리가 평소에 중요하다고 생각하지 않는 신체 부위는 무엇이 있을까?
3. 내 몸에게 느끼는 고마운 마음을 어떻게 전하면 좋을까?

배움이 깊어지는 활동

1. **우리 몸 부위와 하는 일 연결하기** … 우리 몸의 다양한 부위(입, 코, 눈, 귀, 손, 발)와 그 부위가 하는 일을 연결해 보면서 각각의 부위가 중요한 이유를 생각해 본다.
2. **우리 몸 퀴즈** … 신체 각 부위가 하는 일을 떠올리며, 다양한 방법으로 신체 부위와 관련된 문제를 만들고 답을 맞혀 본다.
3. **감사 일기 쓰기** … 내 몸에게 느끼는 고마운 마음을 전하기 위해, 내 몸의 부위를 정해서 그 부위가 어떻게 나에게 도움을 주었는지를 생각해 보는 감사 일기를 쓴다.

건강

운동이 최고야

이시즈 치히로 글, 야마무라 코지 그림, 엄혜숙 옮김 ∥ 천개의바람

즐거운 운동시간! 몸도 마음도 쑥쑥!

이 그림책은 간식 캐릭터들이 체육관에서 다양한 운동을 즐기는 모습을 소개하며, 운동의 재미를 소개한다. 특히, 간식 캐릭터들이 운동을 하면서 내는 의성어와 의태어가 운동에 대한 흥미를 불러일으킨다. 팀 스포츠를 비롯한 활동을 통해 협력과 경쟁, 승리와 패배를 경험하면서 사회성과 감정 조절 능력을 키울 수 있다. 다양한 운동을 소개하고, 그 운동을 즐기는 모습을 보여줌으로써, 아이들이 운동에 대한 자신감을 키울 수 있도록 도와준다.

학교 체육 시간에서는 다양한 팀 빌딩 활동과 경기를 통해 협력과 경쟁을 배우며, 이를 통해 사회적 기술과 리더십 능력을 강화할 수 있도록 한다. 자신과 타인을 존중하는 법을 배우며, 건강한 경쟁을 통해 자기 계발을 촉진하고 운동의 중요성을 재미있게 배우고 건강한 생활 습관을 쉽게 받아들이게 된다. 교실과 가정에서 학생들의 건강한 성장을 지원하며, 적극적인 참여를 유도하는 유쾌한 시각적 요소로 가득 차 있다.

생각을 나누는 질문
1. 책에 나온 캐릭터 중 나는 누구와 가장 비슷할까? 왜 그 캐릭터와 비슷할까?
2. 가장 좋아하는 운동은 무엇인가? 그 운동이 좋은 이유는 무엇인가?
3. 이 책을 보고 나서 운동에 대해 어떻게 생각하게 되었나?

배움이 깊어지는 활동

1. **내 마음에 드는 캐릭터 그리기** ⋯ 그림책에서 가장 마음에 드는 캐릭터를 따라 그려 보면서 나와 비슷한 캐릭터를 찾고 나를 돌아본다.
2. **운동 계획 세우기** ⋯ 요일마다 할 운동 종류와 시간을 기록하고, 그날의 운동 목표를 설정한다. 한 주 동안 자신의 운동 활동을 계획하고 관리하는 것을 돕는다.
3. **운동에 대한 생각 쓰기** ⋯ 책을 읽고 난 후 운동에 대한 생각이 어떻게 변했는지 예전 생각과 지금 생각으로 나누어 쓰고 비교한다.

건강

영양이 듬뿍듬뿍

권정민 글, 류주영 그림 ‖ 한솔수북

아는 만큼 맛있게 즐겁게 먹을 수 있다

이 책은 우리 몸을 건강하게 만들어 주는 음식의 소중함과 매력을 쉽게 이해하도록 도와준다. 음식 속 마법 같은 요소를 통해, 우리 몸에 미치는 음식의 놀라운 힘을 발견할 수 있다. 영양 교육은 우리 건강의 핵심이며, 음식 선택과 영양 균형을 이해하여 건강한 식습관을 형성하는 방법을 재미있게 소개한다. 영양 균형을 이루기 위해서는 탄수화물, 단백질, 지방, 비타민, 무기질 등의 영양소가 필요하며, 이들 영양소는 각각의 역할을 한다.

음식을 선택하는 방법과 그 음식이 우리 몸에 미치는 영향을 이해하면, 영양 균형을 맞추고 건강한 식습관을 형성할 수 있다. 영양 교육으로 학생들이 건강에 미치는 중요성과 식습관의 영향력을 쉽게 이해할 수 있도록 하고, 자신의 취향과 선호도를 고려하여 다양한 음식을 즐길 수 있도록 도와주어야 한다. 건강한 식습관은 성장과 발달뿐만 아니라 성인이 되어서도 건강한 삶을 유지하는 데 중요한 역할을 할 것이다.

생각을 나누는 질문
1. 우리 몸을 건강하게 만들어 주는 음식 중에서 가장 좋아하는 것은 무엇인가?
2. 음식을 선택할 때 어떤 기준을 고려해야 할까?
3. 즐겁게 먹는 것과 건강한 식습관을 가지는 것 사이에는 어떤 연관성이 있을까?

배움이 깊어지는 활동
1. **내가 좋아하는 음식 탐구하기** … 자기가 좋아하는 음식을 찾고, 그 음식을 좋아하는 이유와 추억을 나누며, 음식을 먹을 때 느끼는 감정과 이미지를 함께 그려 본다.
2. **건강한 음식 고르는 방법 찾기** … 음식 선택의 기준을 알아보고, 각각의 조건에 맞는 건강한 음식을 골라본다. 모둠별로 영양소, 신선도, 가공 정도, 출처, 환경 등의 기준을 조사하고 발표한다.
3. **맛과 건강의 조화 찾기** … 좋아하는 음식과 건강을 고려하여 나만의 건강한 식사 메뉴를 만들어 본다. 즐거운 맛과 영양이 조화로운 식사를 찾아본다.

건강

왜 자야 하나요?

케이티 데이니스 글, 마르타 알바레즈 미구엔스 그림 ‖ 어스본코리아

건강한 삶을 위해 잠은 중요해!

이 책은 학생들이 수면과 꿈에 대한 궁금증을 탐구하도록 돕는다. 잠의 필요성, 수면 부족의 부정적 결과 그리고 동물과 식물이 잠을 자는 사실을 쉽고 과학적으로 설명하며, 왜 충분한 잠이 필요한지를 학생들이 이해할 수 있도록 구성되어 있다.

수면 부족이 학습 능력과 집중력 저하로 이어지는 사례가 많은 만큼 수면 교육의 중요성이 강조되고 있다. 충분한 수면은 학생들의 학업 성취와 전반적인 건강에 매우 중요하다. 잠은 신체 회복, 기억 정리, 학습 능력 향상에 필요하며, 정서 안정과 면역 체계 강화, 성장 호르몬 분비 촉진에 중요하다는 사실을 알려주어야 한다. 잠은 단순히 시간을 보내는 것이 아니라 건강하고 활기찬 하루를 위해 꼭 필요함을 알고 실천하도록 해야 한다. 수면이 생명 유지와 건강에 왜 중요한지를 이해하고, 충분한 휴식의 가치도 알게 될 것이다. 자신의 수면 습관을 스스로 관리하고, 건강한 수면 패턴을 유지하는 기초를 마련할 수 있을 것이다.

생각을 나누는 질문
1. 잠을 자면 몸에 무슨 일이 일어날까?
2. 수면이 학교생활에 어떻게 도움이 될까?
3. 잘 때 스마트폰을 가까이 두면 안 좋은 이유는 무엇일까?

배움이 깊어지는 활동

1. **수면의 과학 탐구하기** ⋯▶ 잠의 중요성에 대한 동영상 시청 후, '보여요–생각해요–궁금해요' 차트를 작성하고 함께 이야기를 나누며 수면의 과학을 탐구해 본다.
2. **수면 시간과 일상 활동 비교** ⋯▶ 자신의 하루 동안의 활동(학교, 운동, TV 시청, 독서 등)과 잠자는 시간을 비교하여, 시간 관리와 수면의 중요성에 대해 생각해 본다.
3. **잠자기 전 루틴 만들기** ⋯▶ 잠자리에 들기 전에 할 수 있는 활동들을 정하고, 일정한 시간에 그 루틴을 따라 해 본다.

난 토마토 절대 안 먹어

로렌 차일드 지음, 조은수 옮김 ‖ 국민서관

건강

편식과의 한판 승부!

 부모님이 찰리에게 롤라의 밥을 차려주라고 하셨는데, 말도 못 하게 까다로운 동생 롤라는 콩하고 당근하고 감자하고 버섯하고 스파게티하고 달걀하고 소시지는 싫다고 한다. 그리고 토마토는 절대로 안 먹는다고 한다. 찰리는 좋은 꾀를 내어 롤라가 싫어하는 음식들에 재미있는 이름을 붙여 주고 함께 그 음식들을 맛있게 먹는다. 학부모 상담을 하다 보면 많은 부모가 자녀의 편식을 걱정하면서도 억지로 먹이지 않도록 해달라고 부탁한다.

 학교에서 편식 지도는 급식 시간을 통해 이루어진다. 편식하는 아이들에 대한 지도가 어려울 때도 있고, 학생들이 싫어하는 음식이 마구 버려지는 상황이 안타깝기도 하다. 정말 맛있게 골고루 음식을 먹는다는 것이 어떤 것인지를 생각해 보면서 스스로 맛있게 먹고 건강하게 자라는 데 도움이 되는 이 그림책은 급식지도 시 읽어주면 좋다. 싫어하는 음식을 학생들이 새롭게 이름을 붙여보고 놀이를 통해 즐겁게 활동하다 보면 편식 습관을 고칠 수 있을 것이다.

생각을 나누는 질문
1. 롤라는 오빠가 새롭게 붙여준 음식의 이름이 어떻게 느껴졌을까?
2. 내가 싫어하는 음식에 어떤 이름을 붙여주면 좋을까?
3. 음식을 골고루 먹지 않으면 어떤 일이 일어날까?

배움이 깊어지는 활동

1. **싫어하는 음식을 자세히 관찰하기** ⋯→ 싫어하는 음식을 자세히 관찰하여 그 색깔과 모양을 주의 깊게 살펴보고 싫어하는 이유와 맛에 대한 생각을 정리한다.
2. **급식 메뉴 확인하며 이름 만들기** ⋯→ 메뉴를 확인하며 학생들이 급식 시간에 접하는 급식판에, 각 음식의 그림을 그리고 재미있는 이름으로 바꾼다.
3. **먹어 볼 거야!** ⋯→ 학생들이 싫어하는 음식을 먹어 보겠다는 의지가 표현되도록, 입을 크게 벌려서 싫어하는 음식을 입속에 그려 넣고 접으면 입을 닫은 모습이 되도록 한다.

건강

치카치카 군단과 충치 왕국

이소을 글·그림 ∥ 상상박스

올바른 양치 습관을 길러요

  양치질의 중요성을 가르치며, 놀이처럼 즐길 수 있는 그림책이다. 건강한 치아는 삶의 질에 큰 영향을 미친다. 치아 건강이 나빠지면 음식을 제대로 씹지 못해 소화불량이나 영양 부족을 겪을 수 있고, 치아 통증으로 일상생활에 불편을 겪을 수도 있다. 치아 상실로 이어질 경우 외모와 자신감에도 부정적인 영향을 미칠 수 있다. 따라서 어린 시절부터 치아 건강을 적극적으로 관리하는 것은 중요하다.

  이 책은 양치질이 건강을 지키기 위한 중요한 행동임을 알려주며, 양치질을 통해 치아와 잇몸 건강을 유지하는 방법을 배우고, 건강한 생활 습관을 형성할 수 있도록 도와준다. 양치질을 잘하면 건강하게 치아를 관리할 수 있을 뿐만 아니라 꾸준하게 실천하다 보면 깨끗한 생활 습관을 만들 수 있다. 양치질의 필요성을 자연스럽게 이해하고 건강한 치아를 유지할 수 있는 기초를 마련할 수 있을 것이다. 독특한 발상과 생생한 삽화로 아이들의 흥미를 유발하고, 양치질을 즐거운 놀이처럼 느끼게 해줄 것이다.

> 생각을 나누는 질문
> 1. 지니와 비니가 충치 세균들과 맞서 싸우며 느낀 감정은 무엇이었을까?
> 2. 치카치카 군단이 충치 세균과 싸울 때 어떤 전략을 사용했을까?
> 3. 정기적인 양치질이 우리 몸에 어떤 긍정적인 영향을 미칠까?

배움이 깊어지는 활동

1. **내 입속의 튼튼이 왕국 탐험하기** ⋯ 내 입속이 튼튼이 왕국이라고 상상하여 입안의 각 부위(이, 잇몸, 혀 등)의 역할을 생각하며 표현한다.
2. **양치질 노래 만들기** ⋯ 양치질을 잘하겠다는 마음을 담아서 가사를 만들고 노래를 즐겁게 불러 본다.
3. **양치 습관 포스터 만들기** ⋯ 양치질의 중요성을 담은 포스터를 만들고 친구들과 나누면서 실천 의지를 다진다.

감기책

천미진 글, 이지은 그림 ‖ 키즈엠

건강

바이러스 감염을 예방하는 방법

이 그림책은 다양한 캐릭터와 생동감 넘치는 그림을 통해 바이러스와 예방 방법을 쉽게 전달한다. 바이러스는 우리 몸에 어떻게 들어오는지, 그리고 어떻게 전파되는지를 설명하고 있다. 바이러스는 눈에 보이지 않는 작은 입자로, 주로 기침, 재채기 또는 손을 통해 전파된다. 바이러스에 감염되면 기침, 콧물, 발열 등의 증상이 나타날 수 있으며, 폐렴이나 독감 등의 심각한 질병으로 이어질 수 있다.

바이러스는 손을 통해 전파되기 쉽기 때문에 손을 자주, 올바르게 씻는 것이 바이러스 감염을 예방하는 데 큰 도움이 되며, 마스크 착용으로 바이러스가 호흡기로 전파되는 것을 막을 수 있다. 사람이 많은 장소를 피하고, 가족 구성원 모두가 함께 예방을 실천하는 것이 중요하다. 한 사람의 감염이 가족 전체에게 영향을 미칠 수 있기 때문에 학생들뿐만 아니라 가족 구성원 모두가 바이러스 예방 교육을 받으면 좋다. 건강을 지키려는 노력은 나를 지키는 일임과 동시에 사랑하는 가족의 행복을 지키는 것임을 일깨워 줄 수 있을 것이다.

생각을 나누는 질문
1. 바이러스는 어떻게 우리 몸에 들어올까?
2. 바이러스 감염을 예방하는 방법에는 무엇이 있을까?
3. 가족 구성원 모두의 건강을 지키기 위해 어떤 노력을 해야 할까?

배움이 깊어지는 활동

1. **바이러스 전파 대응 대작전 게임** … 바이러스의 전파 과정을 이해하고, 감염을 예방하기 위한 중요한 행동을 실천하는 방법을 배울 수 있다.
2. **헤드라인 만들기** … 바이러스 예방과 관련된 주제를 선택하고 해당 주제에 대한 중요한 내용을 파악한 후, 강조할 포인트를 선택하여 간결하고 명확한 문구를 작성한다.
3. **바이러스 예방 노래 부르기** … 바이러스를 예방하기 위해 내가 실천할 수 있는 방법을 생각해 보고 노래로 만들어 본다.

건강

담배 괴물

정란희 글, 이갑규 그림 ∥ 크레용하우스

괴물 연기와 맞서는 용기

흡연의 위험성을 경고하고 금연의 중요성을 일깨워 주는 책이다. 주인공은 담배를 통해 스트레스를 해소하고 친구들과의 유대감을 느꼈지만, 어느덧 담배 괴물에게 몸과 마음을 지배당하게 되고 건강이 나빠지며 주변 사람들에게도 피해를 준다. 흡연은 집중력과 기억력을 저하시키고, 수면 장애를 유발하며, 학업 성취도를 떨어뜨리는 주요 원인이 된다. 담배를 피우면 냄새가 나고, 치아와 피부가 노랗게 변하며, 옷에 담배 냄새가 배기 때문에 친구들과 선생님과의 관계를 멀어지게 만든다.

담배 괴물을 물리치고 건강을 되찾는 방법은 금연이다. 학교에서는 금연을 장려하는 긍정적인 학교 문화를 조성하고, 금연 성공 사례를 공유하며, 학생들의 금연 노력을 응원하는 분위기를 조성하는 것이 중요하다. 금연은 개인의 의지와 노력이 필요하지만, 가족과 친구들의 지지와 협력을 받으면 더욱 성공할 수 있다. 함께 노력하고 응원함으로써 건강하고 행복한 삶을 실현할 수 있을 것이다.

생각을 나누는 질문
1. 흡연이 건강에 어떤 해로운 영향을 줄까?
2. 주변 사람들에게 흡연의 위험성을 설명하고 금연을 권할 방법에는 무엇이 있을까?
3. 아빠가 금연을 결심했을 때, 가족이 어떻게 도울 수 있을까

배움이 깊어지는 활동

1. **금연 포스터 만들기** ⋯ 흡연의 해로움이나 금연을 하겠다는 의지가 담긴 포스터를 만들고 전시를 하여 친구들과 공유해 본다.
2. **금연 서약하기** ⋯ 금연에 대한 서약서를 가족과 함께 작성해 보고, 실천하기 위한 구체적인 계획을 세워본다.
3. **금연 퀴즈 대회** ⋯ 흡연과 금연에 관한 문제를 내고 답을 맞히면서 금연을 할 수 있는 분위기를 만들어 응원한다.

절대로 씻지 않는 리나

천미진 글, 조옥경 그림 ‖ 키즈엠

건강

청결의 중요성

청결을 소홀히 하다가 심각한 병에 걸린 주인공인 리나가 청결의 중요성을 깨닫고 새로운 삶을 시작한다는 그림책으로, 청결한 생활 습관을 기르는 데 어려움을 겪는 학생들에게 도움이 된다. 병원에서 의사와의 대화를 통해 세균이 어떻게 우리 몸에 해를 끼치는지를 생생하게 묘사하며, 청결이 질병 예방에 얼마나 중요한지를 강조한다. 매일 목욕하고, 옷을 깨끗하게 입으며, 손을 자주 씻는 등 청결을 위한 기본적인 습관을 실천하는 모습을 통해 리나는 더 이상 친구들에게 놀림을 당하지 않고, 오히려 칭찬과 존경을 받게 된다.

어릴 때부터 청결한 습관을 기르는 것은 자신감을 키우고 다른 사람들과 더 원활하게 지낼 수 있도록 도와 줄 것이다. 평생 건강한 삶을 유지하는 데 청결이 얼마나 중요한지 스스로 깨닫고 실천할 수 있게 할 것이다. 청결하다는 것이 단순히 외모를 깨끗하게 유지하는 것만이 아니라, 건강과 행복의 기본이며 청결한 습관을 통해 세상과 소통하고 관계를 맺는 즐거움을 알게 해 줄 것이다.

생각을 나누는 질문
1. 청결은 건강에 어떤 좋은 영향을 줄까?
2. 우리가 종종 잊는 청결 습관에는 무엇이 있을까?
3. 개인위생을 지키지 않으면 어떤 문제가 생길까?

배움이 깊어지는 활동

1. **청결 습관 만들기** ⋯▶ 생활 속에서 신체 각 부위의 청결을 유지하는 방법과 청결한 습관을 만들기 위한 방법을 생각해 보고 실천한다.
2. **스스로 위생 검사하기** ⋯▶ 내 몸의 주인으로서, 청결하게 생활하고 있는지 스스로 청결 상태를 점검하고 관리한다.
3. **청결 영웅 포스터 경연대회** ⋯▶ 청결의 중요성, 올바른 청결 습관, 청결이 건강에 미치는 긍정적인 영향을 포스터로 표현하고 학교 복도에 전시하고 우수 작품을 선정한다.

3장

인권
학교폭력예방
장애이해
다문화
성
진로

인권

어린이의 권리를 선언합니다!

반나 체르체나 글, 글로리아 프란첼라 그림, 김은정 옮김 ‖ 봄볕

어린이의 권리를 지키자!

인권 교육은 '모두가 인권에 눈을 뜨는 것'이 목적이다. 모두가 인권에 눈을 뜨는 가장 첫 단계는 나에게 어떤 권리가 있는지를 아는 것이다. 인권이 위협받고 침해받을 때 마땅히 보호받아야 할 인권이란 것을 알아야 도움을 요청할 수 있다. 이 책은 만 18세 미만 어린이 청소년의 생존, 발달, 보호, 참여에 관한 기본 권리인 '유엔 아동 권리 협약'을 아름다운 시 구절과 그림으로 엮어 어린이의 권리를 쉽게 알려준다.

어린이를 소중히 대하지 않는 사회 분위기 또는 인권에 대해 잘 몰라서 어린이들은 건강하고 안전하게 보호받지 못한다. 어린이의 권리가 무엇인지 단편적으로 알려주기보다는 인권을 깊이 있게 이해하고 실천할 수 있도록 해야 한다. '유엔 아동 권리 협약'이 무엇인지 알아보고 지금 우리에게 가장 필요한 권리를 떠올리며 자신의 인권이 보호받고 있는지 생각해 본다. 어린이들이 자신의 권리를 누리고 높은 인권 감수성으로 타인의 권리를 존중하고 보호하는 어른으로 성장하길 기대한다.

생각을 나누는 질문
1. 어린이를 위한 약속인 '유엔 아동 권리 협약'을 만든 이유는 무엇일까?
2. 유엔 아동 권리 협약 중 잘 지켜지는 권리는 무엇이고, 그렇게 생각한 까닭은 무엇인가?
3. 유엔 아동 권리 협약 중 잘 지켜지지 않는 권리와 그렇게 생각한 까닭은 무엇인가?

배움이 깊어지는 활동

1. **유엔 아동 권리 협약 중 마음에 드는 조항 소개하기** ⋯ 모둠 또는 개인별로 유엔 아동 권리 협약을 읽고 마음에 드는 조항에 밑줄을 긋는다. 조항이 마음에 든 까닭도 소개한다. 학급에서 소개된 조항을 모아 제목을 정해 게시할 수 있다.
2. **유엔 아동 권리 협약 중 지금 우리에게 가장 필요한 권리 생각하기** ⋯ 지금 현실에서 또는 내 권리 중 지켜지지 않는 조항이 무엇인지 떠올려 본다. 언제, 어디에서 잘 지켜지지 않았는지 생각해 보고 그렇게 생각한 까닭도 쓴다.
3. **지금 우리에게 가장 필요한 권리 그림으로 표현하기** ⋯ 그림책에서 조항에 어울리는 그림을 그려 내용을 전달한 것처럼, 활동 2에서 소개된 조항에 어울리는 그림을 그린다. 그림을 모아 제목을 정해 책으로 만들어 봐도 좋다.

이 색 다 바나나

제이슨 풀포드 · 타마라 숍신 글 · 그림, 신혜은 옮김 ∥ 봄볕

인권

다양한 색깔을 담아요

사과는 빨갛고 바나나는 노랗다는 당연한 생각에서 벗어나면, 색깔에 상관없이 우리는 다양한 색의 사과와 바나나를 떠올릴 수 있다. 이 책은 분홍색 풀도 있고 파란 울새 알도 있음을 알려준다. 마지막 장 구멍에 손을 갖다 대면 내 피부색이 24개의 다른 피부색과 너무나 잘 어울려 아름답게 느껴진다.

시대적 변화에 따라 공동체에서는 DEI(Diversity, Equity and Inclusion ; 다양성, 공정성과 포용성)를 주목한다. 과거와 달리 공동체는 구성원 개개인이 추구하는 가치나 동기에 관심을 가진다. 개인의 다양성을 포용하지 않으면 집단 내 갈등이 발생하고 갈등은 공동체의 발전을 가로막기 때문이다. 다양성을 배우는 수업은 다양한 것이 있음을 아는 것에서 시작한다. 미술 시간 아이가 구름을 그리고 흰 색으로 색칠하려고 할 때 구름이 흰 색이 아닐 수 있구나 깨닫고 구름색을 고민하기 시작했다면 다양성에 관해 이야기하기 좋은 때이다. 우리는 같은 사람이지만 모두 다른 사람임을 깨달아 서로의 다름을 이해할 수 있을 것이다.

생각을 나누는 질문
1. 해가 바다 아래로 사라지는 순간 구름은 어떤 색일까?
2. 그림책에서 다양한 색깔을 표현한 네모 칸의 크기가 다른데, 그 까닭은 무엇일까?
3. 새들이 모두 같은 색 알을 낳는다면 어떤 일이 일어날까?

배움이 깊어지는 활동

1. **나무 한 그루를 살펴보고 다양한 색깔의 나뭇잎 수집하기** ⋯▸ 공원이나 학교의 나무 한 그루를 골라 자세히 살펴보고 한 나무에서 다양한 색깔의 나뭇잎을 수집한다. 떨어진 나뭇잎이 없다면 스마트 단말기로 나무에 매달린 나뭇잎을 찍을 수 있다.
2. **친구와 다른 점 ○○가지 찾기** ⋯▸ 교실에서 친구 한 명, 한 명과 만나면서 다른 점을 찾아 빈칸을 채운다. 학급 인원에 따라 가짓수를 정한다. 정해진 시간 안에 다른 점을 많이 찾는 놀이로 할 수도 있다.
3. **나뭇잎 수집하기와 친구와 다른 점 찾기 활동 소감 쓰기** ⋯▸ 활동 1, 2로 새롭게 알게 된 것이나 좋았던 감정을 떠올려 자신의 생각과 느낌을 글로 표현한다. 학급 전체와 쓴 글을 나눈다.

인권

차갑고 뜨거운 이야기

엄지짱꽁냥소 글·그림 ∥ 노란돼지

틀린 게 아니라 다르다

얼음 나라 '얼릴레나'는 불의 나라가 궁금했고, 불의 나라 '태울리오'는 얼음 나라에 가보고 싶었다. 서로 더 알고 싶었던 둘은 용기를 내어 다가갔고 너무 차갑지도, 너무 뜨겁지도 않은 감정을 느낀다. 둘의 사랑으로 따뜻한 나라가 세워지고 새로운 법과 약속을 만들며 따뜻하게 살아간다. 서로 다른 우리가 함께 살아가려면 관심을 가지고 열린 마음으로 다름을 인정해야 한다고 이야기한다.

우리는 모두 다르다. 나와 같은 생각을 하고 행동하는 존재는 이 세상에 나 하나뿐이다. 서로 다를 수밖에 없는 우리가 다름을 인정하지 않는다면, 다툼이 생기는 것은 당연한 일이다. 더 나아가 나와 똑같아지라는 강요는 전쟁을 일으키기도 한다. 어린이는 자신이 살아가는 교실과 마을에서 작은 경험을 쌓아가면서 배운다. 마찬가지로 서로의 다름을 배우는 과정도 구체적인 삶의 상황 속에서 이루어져야 한다. 다름을 인정하면서 형성되는 긍정적인 가치는 태도와 행동을 변화시켜 다름의 가치를 사랑하는 어린이로 자라게 할 것이다.

생각을 나누는 질문
1. 얼릴레나와 태울리오가 불의 나라와 얼음 나라를 처음 보았을 때 어떤 기분이 들었을까?
2. 따뜻한 나라가 만들어질 수 있었던 까닭은 무엇일까?
3. 우리와 다른 것을 어떻게 바라보아야 할까?

배움이 깊어지는 활동

1. **여러 가지 다른 것이 있어 좋았던 경험 나누기** ⇢ '얼릴레나'와 '태울리오'는 어떤 옷을 입고 어떻게 생활하는지 살펴본다. 색깔이나 형태 등 두 나라가 어떤 모습인지 찾고 두 나라의 같은 점과 다른 점을 정리한다.
2. **따뜻한 나라의 새로운 법과 약속 따라 쓰기** ⇢ 따뜻한 나라의 새로운 법과 약속을 여러 번 읽는다. 새로운 법과 약속이 만들어진 까닭을 떠올리며 따뜻한 나라의 새로운 법과 약속을 따라 쓴다.
3. **따뜻한 나라의 새로운 법과 약속 중 가장 마음에 드는 약속 고르고 까닭 나누기** ⇢ 따뜻한 나라의 약속 중 가장 마음에 드는 것을 고른다. 그 약속이 마음에 든 까닭도 함께 쓴다. 쓴 글을 학급 전체와 나눈다.

인권

사라, 버스를 타다

윌리엄 밀러 글, 존 워드 그림, 박찬석 옮김 ǁ 사계절

역사가 시작된 그날

흑인은 버스 뒤 정해진 자리에 앉아야 하지만, 사라는 앞자리가 궁금해 그곳에 앉았다. 법을 어겼다며 경찰은 사라를 경찰서로 데려갔다. 사라의 용기 있는 행동이 사람들을 움직였고 버스에서의 흑인 차별이 사라졌다. 『사라, 버스를 타다』는 몽고메리 버스 보이콧 운동을 주도한 로사 파크스의 실제 이야기를 바탕으로 한 그림책이다.

381일 동안 버스를 타지 않고 걸어 다닌 사람들로 인해 버스에서의 차별이 사라졌다. 뉴질랜드에서는 여성의 선거권이 의회를 통과하는데 3만 2천여 명의 서명이 필요했다. 인간의 존엄을 지키기 위해 몸과 마음을 다하여 애를 쓴 사람과 그들을 지키고자 함께한 보통의 우리가 있었기에 인권은 형성되고 발전되어 왔다. 인권을 발전시킨 역사적 사건에 관해 배우고 조사하는 활동은 인권감수성을 높인다. 인권감수성은 일상에서 문제가 발생했을 때 인권 요소를 발견, 적용하여 인권을 가장 우선에 둔다는 개념이다. 인권감수성이 높은 아이들은 인권을 깊이 이해하고 인권을 실천하기 위해 노력할 것이다.

생각을 나누는 질문
1. 앞자리에 앉았다는 이유로 경찰서로 간 사라는 어떤 기분이었을까?
2. 사라 엄마는 사라에게 왜 아무 잘못도 없다고 말하였을까?
3. 사라와 함께 버스를 타지 않고 걷기로 한 사람들은 어떤 마음이었을까?

배움이 깊어지는 활동

1. **로사 파크스 조사하기** ⋯ 실제 인물 로사 파크스에 관해 알아본다. 로사 파크스의 일대기를 조사하기보다는 그녀가 참여한 몽고메리 버스 보이콧 운동을 중심으로 조사한다.
2. **로사 파크스 인터뷰하기** ⋯ 로사 파크스에게 묻고 싶은 질문을 만든다. 한 명의 학생이 로사 파크스가 되어 다른 학생의 질문에 대답한다. 자신이 만든 질문에 로사 파크스라면 어떤 대답을 할지 예상해볼 수도 있다.
3. **우리나라 인권 운동가 소개하기** ⋯ 우리나라에도 허균처럼 많은 인권 운동가가 있다. 우리나라 인권 운동가를 조사해 보고, 인권 신장을 위해 그들이 어떤 일을 했는지 알아본다.

> 인권

사자마트

김유 글, 소복이 그림 ‖ 천개의바람

편견을 날리자

　사람들이 많이 찾아오길 바라며 사자 씨는 사자마트를 열고 열심히 관리한다. 하지만 사자처럼 생긴 사자 씨의 외모 때문에 손님이 오지 않는다. 갑자기 전깃불이 꺼지고 촛불 켠 사자마트로 손님들이 하나둘씩 찾아온다. 손님들은 다정하고 친절한 사자 씨의 참모습을 알고 집으로 돌아간다. 겉모습만 보고 판단하여 편견을 갖기보다는 직접 경험해 보자고 이야기하는 그림책이다.

　미국, 남아프리카공화국, 홍콩 등의 연구에 따르면, 초등학교 때부터 피부색에 따른 차별을 인식한다고 한다. 어른들은 어린이는 편견 없이 세상을 바라볼 것이라고 여기지만, 다양한 존재를 인식하기 전부터 어린이는 공동체 속에서 자리 잡은 관념을 그대로 받아들인다. 이런 관념 중 일부는 편견을 갖게 하고 경험으로 강화된다. 그렇게 되기 전 교육으로 편견 없이 세상을 바라볼 수 있게 해야 한다. 아이들에게 이것과 저것이 편견이라고 전달하기보다는 스스로 편견을 인식하고 찾을 수 있도록 알려주어야 한다. 편견 없는 세상은 편견을 인식하면서 시작된다.

생각을 나누는 질문
1. 사람들은 왜 사자마트의 사자 씨를 무섭게 생각했을까?
2. 손님들이 사자마트를 나오면서 사자 씨를 좋게 생각한 까닭은 무엇일까?
3. 겉모습만 보고 판단하지 않으려면 어떻게 해야 할까?

배움이 깊어지는 활동

1. **주변 편견 찾기** ⋯▶ 자신이 겪은 일에서 편견이 있었는지 떠올려본다. 자신이 겪은 편견이나 보거나 들은 편견을 이야기한다. '외국인은 모두 영어를 잘한다'와 같은 편견을 예시로 안내한다.
2. **편견을 없애는 방법** ⋯▶ 학급에서 공유한 편견을 살펴보고 편견을 없애는 방법을 생각해 본다. 생각한 것을 전체와 나누고 비슷한 방법은 묶어 한 문장으로 정리해 마름모에 쓴다.
3. **편견 날리기** ⋯▶ 주변에서 편견을 찾고, 찾은 편견을 없애는 방법을 알게 되었다. 여러 사람 앞에서 공개적으로 말하며 편견을 없애기 위해 노력하겠다는 마음을 확인한다.

오, 미자!

박숲 글·그림 ‖ 노란상상

인권

모든 사람이 아름답게 일할 수 있도록

제목처럼 현장에서 일하는 아름다운 사람 5명을 소개한다. 오미자처럼 시고 달고 쓰고 맵고 짠 순간에도 그들은 묵묵히 땀 흘려 일한다. 직업의 귀천을 따지지 않고 땀 흘려 일하는 자신이 좋다는 그들은 '미자', 아름다운 사람이다. 일하는 모든 곳에 있는 '미자'를 떠올리며 이야기하기 좋은 책이다.

지금은 당연하다 여기는 인권이지만, 권리의 주체인 당사자가 요구하여야 새롭게 규정되고 확립되어 가며 인권은 성장한다. 일하는 모두가 자신의 권리를 요구하고 지키기 위해서는 노동인권교육이 필요하다. 13개의 시도 교육청은 노동인권교육 관련 조례를 만들어 시행 중이며, 내일을 살아갈 아이들에게 노동 인권 교육은 필수 교육과정이라고 말한다. 체계적인 노동인권교육은 인권감수성을 높이고, 이는 노동 현장에서 차별과 배제를 일으키는 법과 제도를 바꾸는 힘이 된다. 이러한 영향력은 일하는 공간에 모두 적용되어 인권 친화적인 노동문화를 만든다. 노동인권에 대한 관심이 늘어 아이들은 모두 아름답게 일할 수 있으면 좋겠다.

생각을 나누는 질문
1. 활기찬 미자 씨는 왜 가끔은 사는 게 참 쓰다고 생각했을까?
2. 피하지 않는 미자 씨에게 해줄 수 있는 따듯한 말에는 무엇이 있을까?
3. 힘이 센 미자 씨가 땀 흘려 일하는 내가 좋다고 한 까닭은 무엇일까?

배움이 깊어지는 활동

1. **주변에서 만나는 우리 동네 '미자' 소개하기** ···▶ 동네에서 생활하면서 또는 학교를 오가면서 만나는 여러 사람을 떠올린다. 그중 한 명을 정하고 꾸며주는 낱말과 맛 표현을 넣어 소개한다.
2. **열심히 일하는 '미자' 씨를 위해 내가 할 수 있는 일과 사회가 해야 하는 일** ···▶ 일하는 공간에서 모든 사람이 존중받기 위해 내가 할 수 있는 일과 사회가 해야 하는 일에는 무엇이 있는지 생각하고 친구들과 나눈다.
3. **일하는 아름다운 사람을 위한 슬로건 만들기** ···▶ 활동 2에서 생각한 일하는 공간에서 모든 사람이 존중받기 위해 내가 할 수 있는 일과 사회가 해야 하는 일 중 하나를 골라 슬로건을 만들고 교실에 전시한다.

인권

손을 내밀었다

허정윤 글, 조원희 그림 ‖ 한솔수북

따뜻한 손을 잡았다

작은 불빛이 퍼지고 사람, 동물 모두 뛴다. 엄마를 부르며 달리는 오빠와 동생은 폭탄이 떨어지고 헤어진다. 달려가 철조망 사이로 손을 내밀었지만, 철조망 너머 세상에는 손잡아줄 사람이 없다. 배를 타고 바다를 건너 결국 해안가에 도착했다. 모래사장에 가만히 누워있는 아이. 누군가 손을 내밀었을까?

전쟁과 종교, 인종 박해로 오래전부터 사람들은 피난을 떠났다. 난민 행렬은 새로운 현상이 아니다. 살던 곳을 떠나야 하는 상황에서 보호받지 못하면 누구나 난민이 된다. 난민들은 가족과 함께 밥을 먹고, 학교와 직장을 다니는 평범한 일상을 꿈꾼다. 지구에 사는 누구나 행복하고 건강하게 살아가도록 지구 시민 모두가 나서야 한다. 난민 문제를 어느 한 국가의 문제가 아니라 지구촌의 문제로 인식할 필요가 있다. 다른 나라의 모르는 사람이 아닌 지구에 사는 이웃으로 난민을 바라봐야 한다. 이웃이 도움을 요청하면 도와주는 일이 당연하듯 지구촌 이웃인 난민이 내민 손을 잡을 수 있어야 한다.

생각을 나누는 질문
1. 철조망 너머의 군인들은 왜 손을 내밀지 않았을까?
2. 책 속 '내'가 이름이 생각나지 않은 까닭은 무엇일까?
3. '나'에게 손을 내민 사람은 누구였을까? 어떤 사람이었을까?

배움이 깊어지는 활동

1. **내(난민)가 바라는 삶 상상하기** ⋯ 피난을 떠나기 전 '나'는 어떻게 생활하고 있었는지 떠올린다. 난민이 된 지금 내가 바라는 삶의 모습을 상상하여 그림이나 글로 표현한다.
2. **세계인권선언에서 난민 관련 조항 찾기** ⋯ 세계인권선언에서 난민을 위하여 피난처와 인권을 지켜줘야 하는 조항(비호권)을 찾고 비호권을 세계인권선언에 넣은 까닭을 쓴다.
3. **우리 마을에 온 난민을 환영하는 현수막 만들기** ⋯ 우리 마을에 난민이 정착하게 살게 되었다고 상상하고 마을 입구나 아파트 정문에 걸어둘 환영 현수막을 만든다.

인권

밀어내라

이상옥 글, 조원희 그림 ǁ 한솔수북

너그럽게 받아들이는 마음 갖기

 어른 펭귄들은 긴 막대기로 얼음을 타고 온 다른 동물들을 밀어낸다. 옆에서 지켜보던 아기 펭귄은 왜 그러냐고 물어보지만, 어른 펭귄들은 떠도는 소문만 한마디씩 던진다. 어른 펭귄들이 다른 동물들을 밀어내기 위해 한쪽에 몰려든 그때 아기 펭귄들이 모여 놀던 얼음이 갈라진다. 도와달라는 아기 펭귄들의 소리도 듣지 못하는 어른 펭귄들. 아기 펭귄들은 어떻게 되었을까?

 관용은 세계의 다양한 문화와 표현 형태, 인류의 다양한 존재 방식을 이해하고 존중하는 적극적인 태도이며 다름 속의 조화이다. 개인, 집단, 국가 모두가 관용적인 태도를 지니면 다름은 있는 그대로 받아들여진다. 관용적인 사회는 인간의 존엄성과 차이를 존중하고 비폭력적인 수단으로 갈등을 예방하거나 해결할 수 있다. 또한, 다른 문화에 개방적이고 자유를 소중히 여기고 지키려 노력한다. 유네스코에서는 관용은 법령으로 명하는 것이 아니라 형성해야 한다고 말한다. 편견과 선입견을 버리고 서로의 차이를 존중하는 교육은 관용적인 태도를 기른다.

생각을 나누는 질문
1. 펭귄들이 긴 막대기를 하나씩 들고 어디로 가는 걸까? 가는 까닭은 무엇일까?
2. 펭귄들에게 밀려 바다 한가운데 떠 있는 북극곰, 펭귄, 바다표범은 어떤 생각을 할까?
3. 어른 펭귄은 아기 펭귄의 외침을 왜 듣지 못했을까?

배움이 깊어지는 활동

1. **어른 펭귄에게 편지 쓰기** ⋯▶ 어른 펭귄들의 무게 때문에 한쪽으로 기울어져 멀리 떠내려간 아기 펭귄의 입장이 되어 어른 펭귄에게 편지를 쓴다.
2. **'관용'과 '공존' 뜻 찾아보기** ⋯▶ 뒤표지에는 엄혜숙 아동문학 평론가의 소개글이 있다. 소개글은 책을 좀 더 깊이있게 이해하게 한다. 소개글을 읽고 '관용'과 '공존'의 뜻을 국어사전에서 찾아 쓴다.
3. **어른 펭귄에게 보여줄 슬로건 만들기** ⋯▶ '관용'과 '공존'을 사용하여 문장을 쓴다. 만든 문장으로 슬로건을 만든다. 슬로건을 만들 때 '~하지 말자'가 아닌 긍정적인 언어로 표현한다.

인권

내가 라면을 먹을 때

하세가와 요시후미 글·그림, 장지현 옮김 ∥ 고래이야기

내가 평화를 느낄 때

　내가 라면을 먹을 때, 이웃집 아이는 텔레비전 채널을 돌리고, 이웃나라 아이는 자전거를 탄다. 이웃나라의 이웃나라 아이가 아기를 볼 때, 그 이웃나라 아이는 물을 긷는다. 내가 라면을 먹을 때, 커튼을 날리던 바람은 돌고 돌아서 산 너머 나라 쓰러진 아이 곁에서도 분다. 우리가 평범한 일상을 보내는 동안 누군가는 굶주림으로 또는 전쟁 때문에 쓰러져 있을 수 있다. 나만, 내 가족만, 우리나라만 행복하면 지구 반대편 이야기는 몰라도 될까? 그것이 진짜 평화일까?

　세계는 하나로 이어져 있다. 지구의 모든 생명체가 평화롭게 살 수 있어야 한다. 내가 행복하다고 모두가 행복한 것이 아니라는 사실을 깨달으면 함께 행복하기 위해 작은 손이라도 보태고 싶어진다. 멀리 떨어진 지구 반대편 세상을 이해하고, 이어진 하나의 세계를 위해 내가 해야 하는 일을 고민하고 실천한다면 세상은 진짜 하나가 된다. 내가 살고 우리가 사는 세계에서 서로 위하고 나누며 연대하는 어린이로 자라길 기대한다.

생각을 나누는 질문
1. 이웃나라의 이웃나라 여자아이는 왜 아기를 돌볼까?
2. 이웃나라의 이웃나라 남자아이는 소를 몰고 있는 까닭은 무엇일까?
3. 내가 라면을 먹을 때, 산 너머 나라 남자아이가 쓰러진 사실을 알게 되면 어떻게 했을까?

배움이 깊어지는 활동

1. **멀리 떨어진 나라의 어린이에 대해 알아보기** ⋯▶ 활동지의 빈칸에 알맞은 숫자나 낱말을 넣어 문장을 완성한다. 완성한 문장을 읽으며 멀리 떨어진 나라의 어린이가 어떻게 사는지 알아본다.
2. **멀리 떨어진 나라의 어린이를 위해 내가 할 수 있는 일 떠올리기** ⋯▶ 멀리 떨어진 나라의 어린이를 위해 내가 할 수 있는 일을 생각한다. 실제로 실천할 수 있는 일을 떠올린다.
3. **멀리 떨어진 나라의 어린이를 위해 내가 할 수 있는 일 실천하기** ⋯▶ 멀리 떨어진 나라의 어린이를 위해 내가 할 수 있는 일 중 꾸준히 실천할 수 있는 것을 고른다. 내가 할 수 있는 일을 일주일이나 기간을 정해 실천하고 실천한 소감을 쓴다.

거짓말 같은 이야기

강경수 글·그림 ‖ 시공주니어

인권

거짓말 같은 현실을 만난다면

『거짓말 같은 이야기』는 세계 여러 곳에서 살아가는 어린이의 모습을 보여준다. 거리의 맨홀에서 혼자 살아가는 엘레나는 생존이 힘겹다. 내전으로 전쟁터에 끌려간 칼라미는 어린이로 존중받지 못한다. 이 그림책을 읽을 수 있는 세상에 사는 어린이는 '거짓말 같은 이야기'라고 '진짜'가 아니라고 생각할 수 있다. 하지만 거짓말 같은 이야기가 현실이고 누군가는 지금도 하루에 10시간씩 카펫 공장에서 일한다.

태어난 곳에 따라 거짓말 같은 불평등은 당연한 일이 된다. 불평등은 도시나 국가의 지속 가능한 발전을 방해한다. 우리는 거짓말 같은 불평등에 관심을 가져야 한다. 관심은 찾아보게 하고 움직이게 해 변화를 가져온다. 꾸준한 관심은 불평등을 줄일 수 있다. 잠깐 내리는 소나기보다 땅을 흠뻑 적시는 가랑비가 농작물을 키우듯 혼자보다 여럿이서 불평등에 꾸준한 관심을 보여야 한다. 함께하는 관심은 몰랐던 세상의 불평등을 알리고 꾸준히 살펴 평등한 세상을 만들 것이다.

생각을 나누는 질문
1. 키르기스스탄에 사는 하산이 우리나라에 태어났다면 지금 무엇을 하고 있을까?
2. 루마니아에 사는 엘레나가 맨홀에 혼자 사는 까닭은 무엇일까?
3. 칼라미가 전쟁터에서 집으로 돌아왔다면 어떻게 지내고 있을까?

배움이 깊어지는 활동

1. **뒷이야기 알아보기** ⋯▶ 『거짓말 같은 이야기』는 2011년에 출판되었다. '키르기스스탄 광산 아동 노동', '인도 카펫 아동 노동', '우간다 말라리아', '아이티 지진', '콩고 내전 아동' 등을 검색어하여 현재는 어떠한지 찾아본다.
2. **불평등을 해소하기 위해서 노력하는 단체 조사하기** ⋯▶ 불평등을 줄이거나 없애기 위해 전 세계적으로 노력하는 단체가 있다. 어떤 단체가 있는지 알아보고 단체에서 불평등을 줄이거나 없애기 위해 어떤 노력을 하는지 조사한다.
3. **불평등을 줄이기 위해서 내가 할 수 있는 일** ⋯▶ 불평등을 줄이기 위해 내가 할 수 있는 일을 생각하고 소개한다. 학급에서 소개한 일 중 할 수 있는 일을 선택하고, 함께 할 친구를 찾는다.

B가 나를 부를 때

수잔 휴즈 글, 캐리 소코체프 그림, 김마이 옮김 ‖ 주니어김영사

안전하고 평화로운 학교에서 생활해요

지구와 행성, 태양과 게놈에 관한 책을 사랑하는 한 소녀가 있다. 학교에서 자신을 따돌리고 괴롭히는 B라는 아이와 방관하는 무리 때문에 학교에 가기가 싫어진다. 학교에서 어땠냐고 엄마가 물을 때마다 "좋았어요"라고 답했지만, 사실이 아니다. 자신을 이상한 애라고 놀리는 B 때문에 고민하다 엄마에게 털어놓는다. 엄마는 따돌림을 하는 아이의 심리를 설명하고, 아이에게 B와 직접 이야기해 보라고 조언한다.

가장 안전하고 신뢰할 수 있는 장소, 서로 존중하며 자유롭게 공부할 수 있는 공간이 학교이다. 그런데 간혹 학교에서 심리적, 언어적, 물리적 폭력이 일어나곤 한다. 가해자의 심리를 잘 알고 피해자가 자신이 가장 잘 할 수 있는 평화적인 방법으로 지혜롭게 대처하는 방법을 말해주는 그림책이다. 이유 없이 따돌림을 당할 때 용기를 내는 것이 어떤 것인지, 아이가 그 상황을 어떻게 극복하며 이겨낼 수 있는지, 더불어 좋은 어른으로서 부모가 아이를 대하는 방법이 무엇인지도 엿볼 수 있다.

생각을 나누는 질문
1. 엄마는 아이에게 왜 B를 도와줘야 한다고 말했을까?
2. B를 바라보는 방법을 바꾸려면 어떻게 해야 할까?
3. B를 만나서 지구와 게놈에 관한 이야기를 한 아이의 행동은 B에게 어떤 영향을 주었을까?

배움이 깊어지는 활동
1. **학교폭력이 일어나는 유형과 특징** ⋯▶ 학교폭력의 유형은 신체 폭력, 금품 갈취부터 언어 폭력이나 따돌림까지 다양하다. 최근 우리가 생활하는 학교에서 벌어지는 학교폭력의 다양한 유형과 그 특징을 알아본다.
2. **학교폭력이 일어났을 때 평화롭게 해결하는 방법** ⋯▶ 학교폭력은 당연히 발생하지 않아야 하겠지만, 만약 발생한다면 피해자와 가해자, 학부모, 교사와 학교는 각자 입장에서 평화롭게 문제를 해결하는 방법이 무엇인지 탐구한다.
3. **학교폭력 예방을 위한 레시피** ⋯▶ 아이들의 올바른 인성과 태도의 변화를 이끌어낼 수 있는 안전하고 평화로운 학교에서의 생활 레시피를 찾아본다.

One 일

캐드린 오토시 글 · 그림, 이향순 옮김 ‖ 북뱅크

학교폭력 예방

나와 친구를 지키는 용기 있는 한마디

색깔과 숫자만으로 집단 따돌림에 관해 이야기하는 독창적인 책으로 아이들의 모습이 동그라미 모양으로만 표현된다. 동그라미들은 명랑한 노랑, 똑똑한 초록, 늠름한 자주, 활달한 주황 등 색이 다른 만큼 성격도 다양하다. 화를 자주 내는 빨강은 파랑을 괴롭힌다. 어느 누구도 빨강에게 그만 하라는 말을 하지 않으면서 빨강은 점점 더 커져간다. 빨강의 괴롭힘을 멈추게 한 건 용기 있는 '1'의 한마디였다.

친구 사이의 관계는 수평적이어야 한다. 하지만 힘의 논리가 작용하는 교실에서 괴롭힘에 힘들어하는 아이들이 늘어나고 있다. 학교폭력으로 어려움을 겪는 아이들을 돕는 것은 용기 있는 한마디이다. 친구를 괴롭히는 잘못된 행동에 아니라고 말해주는 한 사람의 용기가 퍼져나가면서 더 큰 힘을 발휘하게 되고 괴롭힘을 멈추게 한다. 괴롭힘을 일삼던 빨강이에게 먼저 손을 내밀고 친구들 곁으로 돌아오게 하는 결말 또한 학교폭력 문제의 궁극적인 해결 방법을 모색하게 돕는다. 학교폭력으로 고통받은 파랑 같은 친구가 없도록 용기 있는 한마디의 주인공이 될 차례이다.

생각을 나누는 질문
1. 내가 파랑이라면 빨강이에게 괴롭힘을 당할 때 어떤 마음이 들까?
2. 내가 파랑이라면 나를 괴롭히고 무시했던 빨강을 용서할 수 있을까?
3. 괴롭힘을 당하는 친구를 본다면 어떻게 해야 할까?

배움이 깊어지는 활동

1. **나를 색으로 표현하기** ⋯▸ 학교폭력 문제에 있어 나는 그림책 주인공 중 어떤 색의 동그라미와 닮았는지를 그 이유와 함께 생각해 본다.
2. **나와 친구를 지키는 용기 있는 한마디 쓰기** ⋯▸ '1'의 한마디처럼 내 옆의 친구가 학교폭력으로 힘들어하는 상황에서 나는 과연 어떻게 말할 건지 생각해 보고, 용기 있는 한마디를 적어 본다.
3. **용기 있는 한마디로 학교폭력 예방 노래 만들기** ⋯▸ 부르기 쉬운 노래를 개사하되 학교폭력을 사라지게 하는 용기 있는 한마디를 넣어 학교폭력 예방 노래를 만들고, 만든 노래를 부르며 학교폭력 예방을 위한 실천을 다짐한다.

친절한 행동

재클린 우드슨 글, E. B. 루이스 그림, 김선희 옮김 ‖ 북극곰

작은 친절이 조금씩 더 나은 세상을 만든다

어느 겨울 아침, 한 아이가 교실에 새로 왔다. 교장 선생님의 손을 잡고 바닥만 내려다보며 작은 소리로 인사하는 마야는 낡고 해진 옷을 입었고, 끈이 끊어진 봄 신발을 신고 있었다. 아무도 마야에게 인사를 건네지 않았고 옆자리에 앉게 된 클로이도 그랬다. 눈이 마주쳤을 때 마야는 미소를 지었지만, 클로이는 웃지 않고 의자를 움직여 멀찍이 떨어져 앉았다. 이후에도 마야가 클로이에게 다가올 때마다 클로이는 외면했다. 뒤늦게 후회하지만, 마야는 학교에 오지 않고 다시 전학을 가버린다.

우리는 살아가면서 잘못한 것을 뒤늦게 후회하기도 하고, 마음과는 다른 행동을 해서 반성하기도 한다. 때로는 후회하고 반성하는 일을 바로잡고 싶지만, 기회를 놓치기도 한다. 클로이처럼 영영 기회가 사라져 마음의 짐으로 남을 때가 있다. 클로이가 한 번만이라도 마야에게 미소나 인사, 다정한 눈빛을 보냈다면 어땠을까? 작은 친절이 다른 사람의 세상을 좀 더 아름답게 만들 수 있고, 우리가 살아가는 세상을 더 나은 세상으로 만든다.

생각을 나누는 질문
1. 클로이가 친절한 행동을 하지 않은 이유는 무엇일까?
2. 꼭 친절한 행동을 해야 할까?
3. 지금까지 살아오면서 후회되는 행동이 있는가?

배움이 깊어지는 활동

1. **친구를 대하는 마야와 클로이의 태도 알아보기** ⋯▶ 마야와 클로이의 말과 행동을 통해 친구를 대하는 태도가 어떠한지 살펴본다.
2. **친절이란 무엇일까?** ⋯▶ 사전에서 '친절'의 뜻을 찾아 적어 보고 내가 남에게 친절하게 행동했거나 남이 나에게 친절한 행동을 했던 적이 있으면 쓰고 이야기 나눈다.
3. **말과 행동의 물결 효과** ⋯▶ 내가 할 수 있는 친절한 말이나 행동을 적고 물을 채운 커다란 대야에 조약돌을 떨어뜨리며 실천을 다짐한다.

폭력은 손에서 시작된단다

마틴 애거시 글, 마리카 하인렌 그림, 마술연필 옮김 ∥ 보물창고

손은 언제나 나의 생각 안에 있어

이 책은 신체 폭력에 관한 이야기다. 일상생활에서 가장 많이 쓰지만 진지하게 생각해 본 적 없는 손을 주제로 아이들의 습관과 가치관을 이야기한다. 손으로 할 수 있는 친구와 인사하기, 그림이나 글씨 쓰기, 악기 연주하기 등 다양한 손동작엔 그만큼이나 여러 가지 생각이 담겨 움직인다. 친구와 싸울 때도 감정의 정도에 따라 두 손은 더욱 거세게 움직인다. 즉 주인이 어떤 생각으로 움직이느냐에 따라 손은 무기가 될 수도 있다.

학생들은 나의 손이 얼마나 소중한지 깨닫기도 하지만 내 감정이 손에 전달되어 나의 손이 폭력을 행사하는 도구로 쓰일 수 있다는 경각심을 갖게 된다. 아울러 폭력은 어떤 것도 해결하지 못할 뿐 아니라 특히 손이 행사하는 신체 폭력은 올바르지 못한 나의 생각과 습관에서 비롯된다는 사실도 알게 된다. 그래서 내 손이 사람을 헤치는 데 사용되지 않고 나 자신을 위하고 즐거운 놀이할 때와 다른 사람을 도울 때, 그리고 서로의 신체를 존중하는 습관으로 쓰이길 기대한다.

생각을 나누는 질문
1. 친구가 내 말을 들어주지 않을 때 어떤 기분일까?
2. 나쁜 기분을 풀 수 있는 나만의 방법은 무엇인가?
3. 손으로 친구를 때리고 나면 내 기분이 어떨까?

배움이 깊어지는 활동

1. **친구와 싸웠을 때 기분을 감정 놀이 카드로 말해보기** ⋯▶ 나의 손이 도구로 변신하여 친구를 밀치거나 때렸을 때 화가 났는지, 시원한지 또는 슬픈지 등 내 감정을 낱말 카드를 이용하여 한 문장으로 만든 후 기분을 말해 본다.
2. **친구의 기분 이해하기** ⋯▶ 친구의 말이나 행동으로 내 기분이 나빴을 때 친구의 기분도 나쁠 수 있었겠구나, 라고 생각했거나 경험이 있다면 소개한다.
3. **안전을 위해 손 쓰기** ⋯▶ 내 손이 내가 넘어질 때 먼저 땅을 짚어 덜 다치게 했던 것처럼 나를 안전하게 지켜 주었던 경험을 5가지 이상 써 본다..

누군가 뱉은

경자 글·그림 || 고래뱃속

언어폭력도 폭력이에요!

말은 글과 달리 일회적이고 휘발성이 강하다. 하지만 칭찬과 격려의 말은 한 사람의 인생을 바꿀 만큼 강한 힘을 가지기도 한다. 반대로 상대를 비방하고 욕하는 말은 한 사람의 마음에 상처를 남기기도 한다. 이 그림책에서는 누군가 뱉은 욕설을 '검댕이'라는 캐릭터로, 긍정적인 말은 무지개 방울로 표현한다. 검댕이는 화가 난 사람의 머리로 들어가서 입으로 다시 나와, 상대의 얼굴로 착지하는 놀이를 즐긴다. 심지어 상대가 슬퍼하고 괴로워하는 얼굴을 구경하는 것을 보고 기뻐한다. '꺼져'는 다른 검댕이들이 즐기는 놀이가 마음에 들지 않는다. '꺼져'는 웃음소리 같은 무지개 방울이 될 수 있을까?

예전에는 언어폭력을 놀림 정도로 가볍게 생각했다. 그러나 오늘날에는 언어폭력도 폭력이라는 것을 잘 알고 있다. 그런데도 최근 교육부의 학교폭력 실태 조사에서 언어폭력이 가장 큰 비중을 차지했다고 한다. 내가 뱉은 나쁜 말이 상대에게 얼마나 큰 상처를 줄 수 있는지 생각해 보게 하는 좋은 책이다.

생각을 나누는 질문
1. "꺼져"라는 말을 들은 남자는 어떤 기분이 들었을까?
2. '꺼져'는 왜 검댕이의 놀이가 하나도 즐겁지 않았을까?
3. 무지개 방울이 많이 생겨날 방법은 무엇이 있을까?

배움이 깊어지는 활동

1. **상처가 된 말, 힘이 된 말** ··· 나에게 상처가 된 말과 힘이 된 말을 들었을 때, 각각 어떤 마음이나 감정이 들었는지 친구들과 이야기를 나누어 본다.
2. **상처가 된 말과 힘이 된 말 캐릭터로 표현하기** ··· 이 책에서는 욕설이나 비속어, 험한 말은 '검댕이'로, 웃음이나 긍정적인 말은 '무지개 방울'로 표현되어 있다. 상처가 된 말과 힘이 된 말을 나만의 캐릭터로 표현해 보고, 이름도 붙인다.
3. **나에게 힘이 되는 말이 나오는 소리 터널 지나가기** ··· 자기에게 힘이 된 말 한 가지를 골라 반 친구들에게 알려준다. 반 친구들은 그 아이가 소리 터널을 지나갈 때, 그 아이에게 힘이 되는 말을 다 같이 한다. 활동을 마친 뒤에는 소감도 나눈다.

책가방

리오나, 마르쿠스 글·그림, 문주선 옮김 ‖ 창비교육

학교폭력 예방

무거운 슬픔, 텅 빈 마음

리스는 항상 바쁜 부모님, 아픈 할머니, 갓난아기 동생과 함께 산다. 학교에서는 은근히 왕따를 당해 외롭고 무섭지만, 부모님께 짐이 될까 봐 도움을 요청하지도 않는다. 그런 상황을 지켜보던 가엘이 리스에게 손을 내밀고, 리스는 용기를 내어 친구들에게 자신의 슬픔을 이야기한다. 리스를 괴롭히던 친구들도 그동안 가방에 꼭꼭 숨겨온 슬픔을 꺼내어 이야기하면서 모두 무거운 짐에서 벗어난다. 리스를 괴롭혀 온 친구들도 리스에게 미안해하며 사과한다.

아픈 학생이 너무나 많다. 괴롭힘을 당해서 상처받은 학생도 많지만, 괴롭히는 학생도 마음에 커다란 슬픔을 품고 있다. 그중에는 친구를 괴롭히는 행동을 멈추어야 하는데 그러지 못하는 자신에 대한 실망감도 포함된다. 감추고 싶은 자신의 어두운 면을 꺼내어 서로 이야기하는 것이 고민을 덜어내는 방법이 될 수 있다. 어려움을 함께 나누는 자체가 그것을 이겨낼 수 있는 동력이 된다. 누구나 피해자가 될 수 있음을 알고 학교폭력 예방 방안을 실천하는 문화를 조성해야 한다.

> **생각을 나누는 질문**
> 1. 가방 색깔이 왜 노란색일까?
> 2. 표지에서 등장인물이 자신의 몸보다 수십 배는 큰 가방을 메고 있는 이유는 무엇일까?
> 3. 어떤 장면이 시선을 사로잡는가?

배움이 깊어지는 활동

1. **'까삼총사' 질문 놀이** … '까바꾸기–까만들기–까주고받기' 활동이다. '까바꾸기'는 평서문을 의문문으로 바꾸는 것이고 '까만들기'는 질문하는 문장을 만드는 것이며, '까주고받기'는 만든 질문을 친구들과 주고받는 것이다.
2. **빈 의자 기법 연극 놀이** … 리스, 가엘, 소피 등 등장인물을 초대해서 하고 싶은 말을 전하는 교육 연극이다. 등장인물이 의자에 앉아 있다고 생각하고 포스트잇에 전할 말을 써서 의자에 붙인다.
3. **고민의 크기를 가방 크기로 표현하기** … 자신의 고민이 무엇인지 생각해 보고 고민을 담은 가방을 어떤 색깔로 표현할 것인지 정한다. 이후 표지처럼 고민의 크기를 가방의 크기로 나타내 본다.

괴롭힘은 나빠

고정완 · 나누리 글, 송하완 그림 ‖ 풀빛미디어

괴롭힘 멈춰! 학교폭력을 멈출 수 있는 용기

　단비는 다른 친구에 관한 말 못 할 고민이 있다. 학교에서 여러 명이 영수를 괴롭힌다는 사실이다. 단비는 영수가 괴롭힘을 당하는 모습을 보지만, 자신도 당할까 봐 두려워 다른 사람에게 말하거나 멈추라고 말하지 못한다. 운동회 날 단비는 영수를 괴롭히던 아이들처럼 이유를 만들어 영수를 괴롭히는 자신을 발견한다. 용기를 내어 영수를 괴롭히던 다른 아이들에게 괴롭힘은 나쁘다고, 멈추라고 말한다.

　학교폭력 피해자의 수는 매년 늘어나며, 학생 간의 괴롭힘은 언어폭력, 신체 폭력, 따돌림, 사이버폭력 등 다양한 형태로 나타난다. 괴롭힘을 당하는 피해자가 된다면 어떤 마음일지 공감해 본다. 피해자들은 가해자의 보복이 두려워서 신고하거나 어른에게 이야기하지 못하는 경우가 많다. 피해자에게 어떤 도움이 필요할지 이야기 나눈다. 학교폭력 예방 서약서를 작성하면서 학교폭력을 하지 않겠다는 마음을 다져본다. 교실에서 찾은 희망 캠페인 활동에 참여하고 행복한 교실을 만들어 본다.

> **생각을 나누는 질문**
> 1. 친구들에게 괴롭힘을 당하던 영수는 어떤 마음일까?
> 2. 영수처럼 괴롭힘을 당한다면 어떻게 해야 할까?
> 3. 단비처럼 학교폭력이 일어나는 장면을 본다면 어떻게 해야 할까?

배움이 깊어지는 활동

1. **학교폭력 예방을 위한 다짐** ⋯▶ 종이에 자신의 손바닥을 대고 그린다. 손 그림에 학교폭력을 당하거나 보게 된다면 해야 할 말이나 다짐을 쓰면서 학교폭력을 예방한다.
2. **교실에서 찾은 희망 캠페인** ⋯▶ 학교폭력예방교육을 위한 '교실에서 찾은 희망' 캠페인에 참여한다. 행복한 학교, 행복한 교실 문화를 만들자는 가사가 담긴 노래 부르고, 춤을 추면서 학교폭력 예방을 다짐한다.
3. **학교폭력 예방 서약서** ⋯▶ 학교폭력 예방 서약서를 작성함으로써 학교폭력을 하지 않고, 피해자를 목격하면 도움을 주고 신고하겠다는 다짐을 해 본다.

내 탓이 아니야

레이프 크리스티안손 글, 딕 스텐베리 그림, 김상열 옮김 ∥ 고래이야기

학교폭력 예방

타인에게 행해지는 폭력에도 책임지는 사회

두 손으로 얼굴을 가리고 우는 아이를 두고 매번 등장하는 아이들은 '내 탓이 아니다'라고 하나같이 똑같은 말을 한다. 무슨 일이 일어났는지조차 모르는 아이나 알고 싶지 않은 아이, 알아도 내 탓은 아니니 도움 따윈 기대하지 말라는 듯한 아이, 심지어 때리긴 했지만 나만 그런 건 아니고, 별 뜻 없는 장난이었을 뿐이라고 하는 아이들. 모두 자기변명에 바쁘다. 그래도 그중에 안타까움을 드러내는 아이가 있지만, 실질적으로 아무것도 하지 않는다. 모두 내 탓이 아니라고 책임지려 하지 않는 학교폭력 문제를 적나라하게 드러낸다.

타인의 폭력을 방관하는 태도는 학교에서나 사회에서나 심각한 문제이다. 직접 폭력을 행사하지 않으면 정말 책임이 없는 것일까? 타인이 겪는 폭력에 아무도 관심을 가지지 않는 방관의 태도가 만연된다면, 누구도 평화롭게 살아갈 수는 없다. 직접 폭력을 가하지 않았어도, 타인에게 가해지는 폭력에도 관심을 가지고 함께 해결하려고 노력하는 사회가 되어야 누구에게나 살만한 평화로운 세상이 될 것이다.

생각을 나누는 질문
1. 맞아도 되는 아이가 있을까?
2. 방관자가 피해자를 적극적으로 돕지 못하는 이유는 무엇일까?
3. 피해 학생이 적극적으로 어른들에게 도움을 요청하지 않는 이유는 무엇일까?

배움이 깊어지는 활동

1. **학교폭력으로부터 자신을 지키는 방법** ⋯▶ 학교폭력을 당하고 있다는 생각이 들 때 어떻게 대처하면 좋을지, 자신을 지키는 다양한 방법을 알아보고 정리해서 나누어 본다.
2. **피해 학생을 돕는 방법** ⋯▶ 학교폭력의 피해 학생과 피해 학생 부모의 마음이 어떨지 역지사지의 마음으로 공감해 보고, 피해 학생을 돕는 구체적인 방법을 찾아본다.
3. **학교폭력 예방을 위한 실천 서약서** ⋯▶ 학교폭력 예방을 위해 실천하고자 하는 의지를 담아 '학교폭력 예방 활동 실천 서약서'를 쓰고, 친구들과 함께 나누어 본다.

학교폭력
예방

나는 하고 싶지 않아

유수민 글 · 그림 ‖ 담푸스

거절 연습하기

오소리는 친구들과 어울리고 싶어서 친구들이 시키는 대로 한다. 친구들이 공을 여기저기 던지면 오소리는 이를 열심히 주워 온다. 그러다가 갑자기 아파서 병원에 가게 되는데, 의사 선생님은 오소리에게 충분히 잠자기, 좋아하는 일하기, 공을 오랫동안 바라보기, 속마음 털어놓기, 거절하기 등의 처방을 내려준다. 친구들이 던진 공이 함께 놀자는 의미가 아니라 오소리를 괴롭히는 행동들이었기 때문이다.

학교에서 괴롭힘을 당하는 학생들은 종종 이 오소리처럼 행동한다. 괴롭힘을 당하면서도 참고 견디면 친구로 인정받을 수 있다고 생각하는 것이다. 친구가 자신이 속한 사회의 전부라고 여기는 학생일수록 그 무리에 속하고 싶어서 직면한 어려움을 스스로 벗어나기 힘들다고 느낀다.

이 책은 그런 학생들에게 길잡이가 되어준다. 부당한 요구를 계속 받아들이면서 친구가 될 수는 없으며, 그것은 학교폭력이라는 사실을 일깨운다. 부당한 요구에 "아니, 싫어! 나는 하고 싶지 않아!"라고 거절할 수 있는 용기를 갖게 한다.

생각을 나누는 질문
1. 오소리는 왜 친구들이 던진 공을 열심히 주워 왔을까?
2. 의사 선생님은 왜 오소리를 치료하지 않고, 해야 할 일 다섯 가지를 알려 주셨을까?
3. 오소리에게 공을 주워오라고 시키는 것과 같은 상황을 본다면, 어떻게 행동해야 할까?

배움이 깊어지는 활동

1. **좋은 친구 찾기** ⋯▶ 여러 동물이 그동안 오소리에게 했던 행동을 다시 살펴보면서 오소리를 병원에 데려다 준 친구는 누구였을지, 왜 그랬을지 생각해 본다.
2. **좋은 친구 되기** ⋯▶ 오소리의 친구가 된다면 오소리의 속상했던 마음을 위로하기 위해 어떻게 이야기하고 무엇을 하면서 같이 놀지, 어떤 점을 특히 조심해야 할지 생각해 본다.
3. **마지막 장면 한 장 더 만들어 보기** ⋯▶ 오소리의 뒷이야기를 상상해서 거절하는 법을 배운 오소리가 자신감을 가지고 살면서 어떻게 바뀔지 상상해 본다.

우리 학교에 여우가 있어

올리비에 뒤팽, 롤라 뒤팽 글, 로낭 바델 그림, 명혜권 옮김 ∥ 한솔수북

학교폭력 예방

용기 있는 도움 요청, 학교폭력을 끊는 길!

학교에서 괴롭힘을 당하는 한 소년이 있다. 소년을 괴롭히는 학생은 여우로 비유된다. 소년의 외모를 놀리는 것부터 밀치고 물건을 망가뜨리며 뺏는 것까지 괴롭힘은 점점 더 심해진다. 여우에서 늑대, 호랑이로 표현될 만큼 소년의 두려움은 커지고 결국, 엄마에게 고민을 이야기하면서 학교 선생님께 전해져 문제가 해결된다. 학교폭력이 계속될 때 누구에게도 말하지 못하면 그 괴롭힘은 점점 심해지고 당하는 학생의 두려움도 커진다는 것을 잘 보여주는 그림책이다.

괴롭힘을 당하는 학생들은 왜 말을 하지 못하고 계속 당하는 것일까? 관련된 조사 자료들을 찾아보면 주변에 도움을 요청했다가 더 심하게 괴롭힘을 당할 것 같고 부모님도 힘들어질까 봐 말하지 못한다는 대답이 많다. 괴롭힘을 느낄 때 도움을 요청하려면 큰 용기가 필요하다. 학교폭력예방교육을 통해 피해 학생은 도움을 요청하는 용기를 키우고, 다른 학생들은 주변에서 학교폭력으로 힘들어하는 학생은 없는지 관심을 가져 폭력 없는 학급, 학교를 만들어야 한다.

생각을 나누는 질문
1. 여우가 놀리고 자신의 물건을 빼앗아 갔는데 소년은 왜 하지 말라고 말하지 못했을까?
2. 소년을 괴롭히는 여우는 어떤 마음이었을까?
3. 학교폭력을 예방하고 해결하는 방법에는 어떤 것들이 있을까?

배움이 깊어지는 활동

1. **즉흥 상황극** ⋯▶ 주변에서 학교폭력을 경험했거나 보았던 경험을 떠올리며 학교폭력 상황에 맞게 즉흥극으로 만들어 짝과 활동한다. 각자 처한 상황을 바꾸어서도 한다. 활동 후 소감을 쓴다.
2. **도움을 요청해야 할 상황 생각하기** ⋯▶ 학교폭력 피해를 받은 경험이나 본 일을 이야기한다. 그런 상황이 생겼을 때 도움을 요청할 사람이나 도움을 주는 기관에 관해 이야기하며 글로 적는다.
3. **학교폭력을 예방하고 해결하기 위해 내가 할 수 있는 일** ⋯▶ 내가 괴롭힘을 당하거나, 아니면 당하는 친구를 보았을 때 자신이 어떻게 행동해야 하는지를 생각하며 학교폭력 예방을 위한 실천 다짐을 적는다.

장애이해

끼리끼리 코끼리

허아성 글 · 그림 ‖ 길벗어린이

서로 달라도 모두가 소중한 친구

"코끼리 끼리끼리 모여라!" 하는 외침에 다양한 코끼리들이 어딘가로 향한다. 코가 짧은 코끼리, 귀가 작은 코끼리, 다리가 길거나 짧은 코끼리, 상아가 하나 없거나 다리 또는 귀가 하나 없는 코끼리, 색깔과 모습이 다른 코끼리들까지 모두 모인다. 겉모습이 달라도, 장애가 있어도, 심지어 코끼리가 아니어도 서로 마음만 통하면 함께 어울릴 수 있다는 것을 보여준다.

코끼리들처럼 아이들도 생김새와 성격, 마음과 생각이 모두 다르다. 그런데 다르다는 이유로 인해 놀림을 받거나 차별을 당하기도 하고 스스로 위축되기도 한다. 이 책을 통해 다르다는 것은 이상한 게 아니며 오히려 다르기에 더욱 다채롭고 즐거운 사회가 될 수 있다는 것을 알 수 있다. 서로의 다름을 받아들이고 이해할 때 행복해진다는 것을 보여준다. 또한, 장애가 있는 코끼리들이 함께 어우러지는 모습을 통해 장애를 가진 사람들이 부족하거나 불쌍한 대상이 아니라 함께 어울리고 소통할 수 있는 이웃이며 친구라는 것을 자연스럽게 배우게 된다.

생각을 나누는 질문
1. 책에 어떤 모습의 코끼리들이 나왔나?
2. 외모로 다른 사람을 놀리거나 놀림을 받은 적이 있나?
3. 장애가 있는 사람에 대해 어떤 마음을 갖는 것이 옳을까?

배움이 깊어지는 활동

1. **코끼리들에게 이름 붙여주기** ⋯▸ 책에 나온 코끼리들은 저마다 각자의 개성과 고유한 모습이 있다. 코끼리의 특성에 맞게 이름을 지어주고, 왜 그렇게 지었는지, 다른 친구들은 어떻게 이름을 붙여주었는지 살펴본다.
2. **코끼리 완성하기** ⋯▸ 얼굴만 있는 코끼리 그림에 코, 귀, 몸통, 다리, 꼬리 등을 그려 나만의 코끼리를 그려본다. 모습이 달라도 모두 코끼리이듯 우리도 모습이 다르지만 모두 소중한 사람이라는 것을 느낄 수 있다.
3. **노래와 율동** ⋯▸ 영상으로 노래와 율동을 배운다. 율동이 없는 부분은 친구들과 함께 만들어 본다.(https://www.youtube.com/watch?v=gzvOneBLGo8 '끼리끼리 코끼리' 길벗어린이)

눈을 감아 보렴

빅토리아 페레스 에스크리바 글, 클라우디아 라누치 그림, 조수진 옮김 ∥ 한울림스페셜

장애이해

다른 감각으로 세상을 바라보기

동생과 형이 세상에 대해 이야기를 나누고 있다. 시각장애가 있는 형은 동생이 세상을 바라보고 설명하는 것과는 전혀 다른 방식으로 세상을 느낀다. 자신의 말을 듣지 않는 형 때문에 속상한 동생은 엄마에게 하소연하고, 엄마의 조언대로 눈을 감아 보자 이전에 몰랐던 새로운 세상이 느껴진다.

이 책은 단지 시각장애로 앞을 보지 못하는 불편함만을 말하지는 않는다. 동생은 세상을 눈으로 보며 이해하지만, 형은 직접 만지고 소리를 듣고, 냄새를 맡으며 이해한다. 즉 세상을 어떤 방법으로 바라보는가에 따라 세상이 전혀 다르게 와닿을 수 있다는 것을 알 수 있다. 대부분 사람은 시각을 통해 사물을 파악하고 이해한다. 이 책을 읽고 학생들은 눈으로 보는 익숙한 방법에서 벗어나 다른 감각으로 세상을 인식해 봄으로써 자신이 바라보는 세상이 전부가 아님을 깨달을 수 있다. 다양한 사람들이 함께 살아가는 세상에서 나의 감각과 생각만을 의지하지 않고 상대방의 입장과 시선에서 세상을 바라보는 것이 중요하다는 것을 배우게 될 것이다.

생각을 나누는 질문
1. 동생과 형이 세상을 설명하는 방법은 어떻게 다를까?
2. "눈을 감아 보렴"이라고 한 엄마의 말은 어떤 의미일까?
3. 눈이 보이지 않는 사람이 일상생활에서 안전하게 지내려면 어떤 것이 필요할까?

배움이 깊어지는 활동

1. **눈을 감고 사물을 인지하기** ⋯▶ 눈을 감고 청각, 촉각, 후각을 이용하여 사물을 인지함으로써 눈으로 보는 방법 외에도 사물을 이해할 수 있다는 것을 알아본다.
2. **서로 다른 감각으로 인식한 사물 설명하기** ⋯▶ 짝과 서로 다른 감각을 이용하여 사물을 살펴본다. 같은 사물이어도 어떻게 관찰하는가에 따라 다르게 설명할 수 있다는 것을 깨닫는다.
3. **시각 장애인에게 필요한 것** ⋯▶ 눈을 감고 친구와 학교 주변을 걸으며 불편한 점을 찾아본다. 시각 장애인이 느낄 수 있는 어려움을 인지하고, 필요한 부분이 무엇인지 알아본다.

장애이해

너 스키 탈 수 있니?

레이먼드 앤트로버스 글, 폴리 던바 그림, 김지혜 옮김 ‖ 북극곰

들리지 않아도 소통할 수 있어!

귀가 잘 들리지 않는 꼬마 곰은 아침에 아빠가 깨우는 소리를 듣지 못한다. 어느 날 스키 중계를 보고 외출을 하는데 아빠와 주변 사람들이 꼬마 곰에게 계속 "너 스키 탈 수 있니?"하고 묻는다. 청력 검사를 한 꼬마 곰은 보청기를 끼게 되고, 소리가 크게 들리는 세상에 서서히 적응해간다. 작가 레이먼드 앤트로버스의 자전적 이야기를 다룬 이 책은 청각 장애가 있는 꼬마 곰을 불쌍한 눈으로 바라보지 않는다. 소리를 잘 듣지 못해서 일어난 에피소드를 통해 청각 장애를 그저 일상의 이야기로 유쾌하고도 감동 있게 그려내고 있다. 시력이 안 좋아지면 안경을 쓰듯이 청력이 안 좋으면 보청기를 끼는 것이 자연스러운 일이라는 것을 알 수 있다.

학생들은 이 책을 읽고 청각 장애인에 대해 불편하거나 왜곡된 시선이 아니라 이들이 소리가 아닌 다른 방법으로 소통할 수 있는 평범한 이웃이라는 것을 깨닫게 된다. 청각 장애인과 대화하는 방법을 배워봄으로써 장애인에게 동정이 아닌 이해와 배려로 다가갈 수 있기를 바란다.

생각을 나누는 질문
1. 상대방이 하는 말을 잘못 알아들은 경험이 있다면, 그때 어떤 기분이 들었나?
2. 청각 장애가 있는 사람이 소리를 이해하는 방법에는 어떤 것이 있을까?
3. "너 스키 탈 수 있니?"라는 질문을 들었을 때 꼬마 곰은 어떤 생각을 했을까?

배움이 깊어지는 활동

1. **소리를 흉내 내는 말로 표현하기** ⋯ 주변에서 들을 수 있는 소리를 흉내 내는 말로 표현해 본다. 소리를 잘 듣지 못하는 사람들이 이해할 수 있도록 들리는 소리를 쓴다.
2. **입 모양으로 단어 맞히기** ⋯ 소리를 내지 않고 단어를 입 모양으로 표현하고 친구와 맞혀 본다. 입 모양을 보고 단어를 맞출 수 있도록 천천히 또박또박 표현한다.
3. **수어 배우기** ⋯ '세글자송' 노래를 수어로 배운다. 노랫말 중 '미안해, 고마워, 최고야, 소중해, 좋아해, 행복해'를 수어로 외워서 친구들에게 표현한다.(https://www.youtube.com/watch?v=T8NSZKNZ3e8 장애인의 날 특집 '세글자송' 수어로 불러봐요!)

꼬마 두더지 칭찬이 필요해

아나 예나스 글·그림, 손영인 옮김 ‖ 청어람아이(청어람미디어)

장애이해

친구의 장점을 찾아보자

잠시도 가만히 있지 못해 가는 곳마다 문제를 일으키는 꼬마 두더지 또삐또는 학교에서도 선생님 말씀에 집중하지 못하고 어떤 일도 끝까지 해내지 못한다. 친구들은 또삐또를 피하고 또삐또는 불편을 끼치는 아이로 낙인찍힌다. 하지만 베르타 선생님의 도움으로 조금씩 집중하는 시간이 늘어가고, 좋아하는 요리에 열정을 쏟아 친구들에게 음식을 나누며 행복감을 누리게 된다.

ADHD, 즉 주의력 결핍 과잉 행동 장애가 있는 학생들은 집중하는 시간이 짧고 쉽게 흥분하는 특성 때문에 시끄럽고 별나다는 말을 듣곤 한다. 하지만 그들이 가진 재능과 열정을 발견하고 끌어내기 위해서는 그들의 마음과 목소리에 귀를 기울이고 긍정적인 시선으로 바라보아야 한다. 마음을 담은 칭찬과 격려가 필요하다. 이 책은 ADHD가 있는 친구들의 특성을 이해하고 이들을 향한 부정적인 시선을 거두어 긍정적인 별명을 붙여 줌으로써 ADHD 친구들에 대한 인식을 바꾸고 이들과 함께 어우러지는 방법을 생각해 보게 한다.

생각을 나누는 질문
1. 또삐또는 남들이 자신에게 붙여 준 이름을 들을 때 어떤 마음이었을까?
2. 베르타 선생님과 함께 지내며 또삐또가 성장하게 된 이유는 무엇일까?
3. 또삐또에게 해주고 싶은 말이 있다면 무엇일까?

배움이 깊어지는 활동

1. **또삐또 칭찬하기** ⋯ 또삐또가 한 행동 중에서 칭찬하고 싶은 점을 찾는다. 잘 해낸 것만 아니라 또삐또의 특성 중에서도 찾아본다.
2. **또삐또에게 이름 붙여주기** ⋯ 사람들이 또삐또에게 붙여 준 부정적인 이름 대신 긍정적인 이름으로 바꾸어 준다. 친구를 칭찬하고 격려하는 별명을 지어 ADHD 친구를 대하는 학생들의 마음을 긍정적으로 바꾸어 본다.
3. **미래의 또삐또** ⋯ 미래의 또삐또 모습을 상상하여 책의 뒷이야기를 그림과 글로 표현한다. 좋아하는 일을 찾아 친구들과 나누는 기쁨을 알게 된 또삐또가 이후에 어떻게 되었을지 상상해 본다.

아나톨의 작은 냄비

이자벨 카리에 글·그림, 권지현 옮김 ‖ 씨드북

느려도 괜찮아, 같이 가자 친구야!

어느 날 갑자기 하늘에서 떨어진 냄비 때문에 아나톨은 평범하게 지내지 못한다. 좋아하는 것도 잘하는 것도 많은 아나톨이지만, 사람들은 이상한 눈으로 아나톨의 냄비를 바라본다. 냄비 때문에 평범한 생활을 하는 것이 힘들어진 아나톨은 부끄러워 숨어 버린다. 어느 날 아나톨처럼 냄비를 가진 사람이 나타나 아나톨에게 냄비를 가지고 살아가는 방법을 가르쳐 주고, 아나톨이 잘할 수 있는 것을 알려 주면서 아나톨은 점차 세상에 나오게 된다.

우리 주변에는 남들과 같기 위해 몇 배를 더 연습해야 하는 아나톨과 같은 느린 친구들이 있다. 육체·정신적 장애, 콤플렉스, 학습 부진 등으로 배움과 관계 맺기에 어려움을 겪는 이들에게는 이해와 더욱 세심한 배려가 필요하다. 학생들은 아나톨의 마음을 살펴봄으로써 느린 학습자들이 겪는 불편함과 노력을 알게 된다. 또한, 우리 모두에게도 약한 부분이 있다는 것을 돌아보며, 다양한 사람들과 더불어 지내기 위해 어떤 마음과 태도를 가져야 할지 배울 수 있다.

생각을 나누는 질문
1. 내가 아나톨이라면 어떤 것이 가장 불편했을까?
2. 친구들에게 다가가거나 일상생활을 하는데 어려움을 주는 나의 작은 냄비는 무엇일까?
3. 아나톨과 같은 친구들과 사이좋게 지내려면 어떻게 해야 할까?

배움이 깊어지는 활동

1. **아나톨의 마음 알기** ➡ 아나톨이 냄비 때문에 겪은 일 중 한 가지를 떠올려 쓰고 그때 아나톨이 어떤 마음이었을지 생각하여 글로 쓰고 이야기 나눈다.
2. **나의 작은 냄비 찾기** ➡ 나에게 부족한 점이나 남들과 달라서 불편하게 느끼는 부분이 있는지 떠올려 냄비 그림 안에 쓰고 이야기 나눈다. 사람은 모두 부족한 점과 약한 부분이 있다는 것을 자연스럽게 받아들이도록 한다.
3. **아나톨에게 해주고 싶은 말** ➡ 남들과 다른 점 때문에 불편함을 겪으며 노력하고 있는 아나톨에게 격려의 말을 해 주며 느린 학습자들을 이해하고 이들과 더불어 살아갈 수 있는 마음을 키운다.

나는 강물처럼 말해요

조던 스콧 글, 시드니 스미스 그림, 김지은 옮김 ∥ 책읽는곰

장애이해

우리는 모두 다르게 말해요

캐나다 시인 조던 스콧의 자전적인 이야기를 다룬 이 책은 말을 더듬는 아이가 굽이치고 부서지며 힘차게 나아가는 강물을 통해 내면의 아픔을 치유해 가는 이야기이다. 위축되고 속상한 아이에게 "너는 강물처럼 말한다"라는 아빠의 말은 아이가 자신을 받아들이고 긍정하는 힘을 준다.

말을 하지 않거나 더듬는 학생들을 대할 때 사람들은 답답해하거나 짜증을 내기도 하고, 이상한 눈으로 바라보거나 무시하기도 한다. 학생들은 이 책을 통해 말을 더듬는 사람이 다른 사람들과 소통할 때 겪는 불편과 고통을 알고, 그러한 친구들을 대할 때 어떤 마음과 태도를 가져야 할지 생각해 볼 수 있다. 강물이 여러 모습으로 흐르듯이 사람들도 제각기 다르게 말하며 다른 모습과 방법으로 성장한다는 것을 느낄 수 있다. 또한, 아빠의 위로를 통해 아픔을 이겨낸 주인공처럼 우리에게 위로와 힘을 주는 말이 무엇일지 생각하고 학급 친구들에게 말해 봄으로써 서로 격려하고 힘을 주는 학급 문화를 만들어 가도록 한다.

생각을 나누는 질문
1. 질문에 답을 하거나 발표할 때 말하기가 어려웠던 경험이 있다면, 그때 어떤 생각이 들었는가?
2. 아빠가 해준 "강물처럼 말한다"는 말은 무슨 뜻일까?
3. 아빠가 "너는 강물처럼 말한다"라고 했을 때 아이는 어떤 기분이었을까?

배움이 깊어지는 활동

1. **나를 돌아보기** ⋯▶ "나는 ○○처럼 말해요. 왜냐하면…"으로 자신의 모습을 돌아보아 글로 쓴 후 발표한다. 친구들의 다양한 발표를 듣고 서로 이해하는 마음을 갖는다.
2. **강물을 그리고 특징 찾기** ⋯▶ 자유로이 흐르는 강물을 그리고 색칠한 다음, 그림 위에 강물의 특징을 3개 이상 찾아서 쓴다. 친구들이 쓴 것과 비교하며 강물의 다양한 모습을 이해한다.
3. **나를 위로하는 말** ⋯▶ 포스트잇 크기의 작은 종이에 나를 위로하는 말을 쓰고 접어서 교실에 숨긴다. 친구들과 보물찾기 놀이를 하며 친구들이 쓴 위로의 말을 찾아 짝에게 읽어 준다.

위를 봐요!

정진호 글·그림 ‖ 현암주니어

새로운 관점으로 세상 보기

자동차 사고로 걸을 수 없게 된 수지는 매일 베란다에 나가서 지나가는 사람들을 내려다본다. 누구든 자신을 바라봐주기를 바라며 위를 보라고 마음속으로 외친다. 그 소리를 듣기라도 한 듯, 한 아이가 고개를 들어 수지를 바라보고 위에서 내려다보는 모습밖에 볼 수 없는 수지를 위해 길에 눕는다. 수지를 향한 아이의 배려는 지나가는 사람들의 마음과 행동을 변화시키고, 결국 수지가 밖으로 나올 수 있는 용기를 준다.

이 책은 익숙한 방향인 앞을 바라보며 살아가는 사람들의 시선을 위로 돌림으로써 다른 각도에서 세상을 바라볼 때 보이는 것이 있다는 것을 알려준다. 새로운 시선으로 세상과 사물을 바라보는 경험을 통해 학생들은 다수의 사람에게 익숙한 방식이 어떤 이들에게는 낯설고 불편한 방식일 수 있다는 것을 알게 된다. 수지와 같이 몸이 불편한 사람들에게 관심을 가지고 이들이 겪는 어려움에 대해 돌아보며 장애가 있건 없건 모두가 함께 어우러지는 세상이 되기 위해 우리가 할 수 있는 일을 생각해 보자.

생각을 나누는 질문
1. 수지는 왜 마음속으로 "위를 봐요!"라고 외쳤을까?
2. 수지가 집 밖으로 나갈 수 있었던 이유는 무엇일까?
3. 수지처럼 거동이 불편한 사람과 어울릴 수 있는 방법에는 어떤 것이 있을까?

배움이 깊어지는 활동
1. **위에서 내려다본 모습** ⋯› 사물을 위에서 바라본 모습을 그리고 무엇을 그린 것인지 친구와 맞혀 본다. 사물을 바라보는 방향에 따라 다르게 보인다는 것을 깨닫는다.
2. **수지에게 마음 표현하기** ⋯› 그림책의 한 장면에 나를 그려 넣어 수지에게 하고 싶은 말을 써 본다. 수지의 입장을 생각해서 친구로서 해 주고 싶은 말을 적는다.
3. **수지와 할 수 있는 놀이 찾기** ⋯› 다리가 불편한 수지와 함께 할 수 있는 놀이를 찾아 놀이 방법을 쓰고 친구와 이야기 나눈다. 짝 또는 모둠원과 실제로 놀이를 해 본다.

조금 다른 아이, 문

장애이해

아녜스 드 레스트라드 글, 스테판 키엘 그림, 이세진 옮김 ‖ 라임

다름을 이해하고 함께 살아가기

　문에게는 군데군데 매듭이 진 끈이 길게 이어져 있다. 기다란 끈이 치렁치렁 늘어져서 느리게 걷고, 엉킨 매듭에 걸려 꼼짝 못 하기도 한다. 끈이 있어서 손으로 나비 모양을 잘 만들지만, 친구들은 문의 행동을 이해하지 못한다. 학교에서 늘 혼자인 문은 어느 날 숲에서 물에 빠진 여자아이를 구해주어 여자아이와 친구가 되고, 그때부터 문에게 있던 끈의 매듭이 풀어지기 시작한다.

　이 책은 자폐 스펙트럼이 있는 문이 자신을 이해해 주는 친구를 만나면서 세상과 자연스럽게 어우러지는 이야기를 담고 있다. 문이 여자아이와 사이좋게 뛰어노는 모습을 보며 문을 피하던 아이들이 차츰 마음을 열어간 것처럼, 장애가 있는 아이를 바라보는 시선을 조금씩 바꾼다면 장애가 있건 없건 모두가 훨씬 더 살기 좋은 세상이 된다는 것을 알 수 있다. 학생들은 문이 바라는 것이 무엇일지 생각해보고 문과 함께 어울리는 모습을 그림으로 그리며 문에게 마음을 엶으로써, 편견 없이 장애인을 대하는 것이 중요하다는 것을 배우게 될 것이다.

생각을 나누는 질문
1. 문이 달고 다니는 기다란 끈은 무엇을 의미하는 것일까?
2. 문은 왜 친구들의 뺨을 어루만지는 것을 좋아했을까?
3. 문에게 다가가지 않던 친구들은 왜 문과 어울리게 되었을까?

배움이 깊어지는 활동

1. **제목 바꾸기** ⋯▶ 문이 어떤 아이인지 느낀 점을 떠올려 책 제목을 바꾸어 쓰고 이야기 나눈다. 문이 겪고 있는 상황과 문의 마음을 이해하여 제목에 반영한다.
2. **문의 마음 표현하기** ⋯▶ 학교에서 늘 혼자였던 문이 친구들에게 어떤 말이 하고 싶었을지 상상하여 쓰고 이야기 나누어 본다.
3. **그림으로 나타내기** ⋯▶ 문과 함께 어울리는 나와 친구들의 모습을 그린 후 목공풀을 이용하여 노란 털실로 자유롭게 꾸민다. 문과 함께 하고 싶은 놀이를 상상하여 자유롭게 표현한다.

어떤 느낌일까?

나카야마 치나쓰 글, 와다 마코토 그림, 장지현 옮김 ‖ 보림

부족함을 통해 강점 찾기

히로의 친구 마리는 눈이 보이지 않는다. 보이지 않는다는 건 어떤 느낌인지 궁금해서 눈을 감으니 더 많은 소리를 들을 수 있다. 또 다른 친구 사노는 귀가 들리지 않는다. 들리지 않는다는 건 어떤 느낌인지 궁금해서 귀를 막으니 더 많은 것이 보인다. 이처럼 히로와 친구들은 상대방의 입장에서 세상을 바라보며 더 풍성한 감각을 경험하고, 서로의 처지를 이해할 뿐 아니라 장애를 가진 친구들의 훌륭한 점을 찾아낸다.

장애라고 하면 보통 할 수 없는 것에 초점을 맞추어 불편하고 괴로운 것이라고만 생각하기 쉽다. 하지만 이 책은 장애에 대한 새로운 시각을 던져준다. 보지 못하고, 듣지 못하고, 움직이지 못할 때 오히려 더 풍요로운 감각의 세상이 열린다는 것을 보여줌으로써 누구에게나 저마다 능력이 있음을 알게 해 준다. 학생들은 이 책을 읽으며 장애를 결핍이 아닌 다른 감각에 대한 발달로 바라보고 이들의 강점을 발견함으로써 장애인을 다른 감각으로 세상을 만나고 표현하는 사람으로 받아들이게 된다.

생각을 나누는 질문
1. 눈이 보이지 않을 때 더 잘할 수 있는 것은 무엇일까?
2. 히로는 왜 장애가 있는 친구들이 어떤 느낌일지 궁금했을까?
3. 장애가 있는 사람들에 대해 우리는 어떤 마음을 가져야 할까?

배움이 깊어지는 활동

1. **몸이 불편했던 경험 나누기** ⋯ 다치거나 아팠을 때 경험을 떠올리고 그 시간을 어떻게 견뎠는지 이야기 나눈다. 스스로 할 수 있는 일과 없는 일이 무엇이었는지, 누군가의 도움을 받았는지 등의 경험을 이야기한다.
2. **어떤 느낌일지 알아보기** ⋯ 익숙한 감각을 잠시 사용하지 않을 때 다른 어떤 감각을 사용하게 되는지, 어떤 느낌이 드는지 알아본 후 느낀 점을 적고 친구와 이야기 나눈다.
3. **등장인물의 강점 찾기** ⋯ 각 등장인물에게 발달한 점이 무엇일지 생각하고 강점을 잘 나타낸 별명을 지어준 후 왜 그런 별명을 붙였는지 친구와 이야기 나눈다.

우리 집에 놀러 와

엘리자 헐, 샐리 리핀 글, 대니얼 그레이 바넷 그림, 김지은 옮김 ‖ 위즈덤하우스

장애이해

장애에 대한 선입견이 없는 사회

다양한 모습의 일곱 가정이 자신들의 집에 친구를 초대한다. 손으로 책을 읽는 시각 장애인 엄마, 한 팔로 나뭇집을 짓는 아빠, 무엇이든 요리할 수 있는 휠체어 탄 아이, 음악을 틀고 춤추기 좋아하는 청각 장애인 엄마… 가정마다 장애가 있는 가족 구성원이 있지만, 모두 가족으로서 각자의 역할을 담당하며 이웃과 함께 살아간다.

이 책은 장애인의 삶이 장애가 없는 사람들과 다른 것이 아니라 다양한 삶의 한 모습이라는 것을 보여줌으로써 장애인에 대한 부정적인 시각을 바꾸어 준다. 학생들은 이 책을 통해 장애인이 단지 도움을 필요로 하거나 동정을 받아야 하는 존재가 아니라, 삶의 주체로서 당당하고 즐겁게 살아가는 사회 구성원임을 알 수 있다. 장애가 부족함이나 결핍이 아닌 삶의 한 형태라는 것을 자연스레 인식하게 된다. 장애 여부보다는 모든 사람이 사회 구성원으로서 소속감을 느끼고 자신을 사랑하며 살아가는 것이 중요함을 느끼며, 타인을 존중하는 아름다운 사회를 만들어가는 것이 소중하다는 것을 배울 것이다.

생각을 나누는 질문
1. 일곱 가정에서 볼 수 있는 공통된 특징은 무엇일까?
2. 일곱 가정 중에 나는 어떤 집에 놀러 가고 싶은가?
3. 일곱 가정이 모두 행복한 이유는 무엇일까?

배움이 깊어지는 활동

1. **초대받고 싶은 가족** ⇢ 일곱 가정의 모습을 살펴보고 나는 어떤 가정에 초대받고 싶은지, 그 이유는 무엇인지 이야기 나눈다.
2. **선물 그려보기** ⇢ 일곱 가정 중에서 한 가정에 초대를 받는다면, 어떤 선물을 가져가고 싶은지 그림을 그리고 이유를 설명한다. 장애인이 있는 가족도 평범한 우리 이웃이라는 것을 알려준다.
3. **우리 가족 그리기** ⇢ 우리 가족의 모습을 그림으로 그리고 각 구성원이 가정과 사회에 기여하는 일이 무엇인지 적는다. 가족 모두 가정과 사회에서 중요한 역할을 하며 살아간다는 것을 알게 한다.

초코곰과 젤리곰

얀 케비 글·그림, 박정연 옮김 ∥ 한솔수북

차별에서 화합으로

흑인 여성인 로자 파크스가 버스 앞쪽 백인 좌석에 앉아 끝까지 흑인 좌석으로 옮기지 않았다는 이유로 경찰에 체포되어 재판까지 받게 된 '로자 파크스' 사건을 주제로 초콜릿, 젤리 등 밝고 순수한 이미지로 표현하였다. 책 곳곳에 일터에서 사무직과 생산직으로 나눠진 차별, 구분된 버스 좌석, 구분된 수영장 등 차별적인 요소가 잔뜩 있다. 차별이라는 주제가 무겁고 진지하지만, 알록달록 예쁘고 달콤한 초콜릿, 젤리 등을 보며 차별적인 요소를 찾는 것만으로도 아이들이 차별이나 다름에 대해 생각할거리를 준다.

사회가 다변화함에 따라 다문화 학생이 늘어나고 있다. 겉모습이나 언어가 다른 다문화 학생들은 차별당하기 쉽다. 책에서 차별적인 상황을 찾아내고 비판하면서 차별의 문제에 대해 성찰한다. 차별이 있는 사회에서 살아가면서 차별이 잘못되었다는 사실을 인식하고 맛있는 나라로 떠난 초코곰과 젤리곰처럼 차별에 대해 알아차리고, 우리 사회에 아직도 남아 있는 차별을 찾아본다.

> 생각을 나누는 질문
> 1. 초코곰과 젤리곰이 차별을 받는다고 생각한 요소는 무엇일까?
> 2. 여러 초코곰과 젤리곰 중 주인공들이 차별을 인식하고 문제라고 생각한 이유는 무엇일까?
> 3. 우리 사회에 아직 차별이 남아 있는 영역은 무엇일까?

배움이 깊어지는 활동

1. **차별적 요소 찾아보고 차별이 없는 장면으로 바꾸기** ⋯ 그림책 곳곳에 있는 차별적 요소를 찾아보고 해당 장면을 차별이 해소되는 장면으로 수정해서 그림을 그려본다.
2. **다문화 학생들이 차별을 받는 영역 찾고 차별이 없도록 바꿔보기** ⋯ 학교 현장에서 다문화 학생들이 차별을 받는다고 생각하는 영역을 찾는다. 수가 적은 학생들이 해당 영역에서 불합리한 차별을 받지 않도록 차별 해소 방안을 찾아본다.
3. **다문화 학생들과 일반 학생들이 차별 없이 사이좋게 할 수 있는 활동** ⋯ 다문화 학생들이 차별받지 않는 것을 넘어서 함께 화합하여 사이좋게 지낼 수 있게 하는 활동을 5가지 찾아본다.

다문화

파랑이와 노랑이

레오 리오니 글·그림, 이경혜 옮김 ‖ 물구나무

다름에서 조화로

파란색 엄마, 아빠와 함께 사는 파랑이는 친구들과 행복한 시간을 보낸다. 가장 가까운 노랑이를 만났을 때 기뻐하며 서로 껴안자 둘은 초록색으로 변하고 변한 그들을 가족은 알아차리지 못한다. 파랑이와 노랑이는 슬퍼하며 눈물을 흠뻑 흘리자 초록색에서 본래 색으로 돌아가게 되고 가족들은 기뻐하며 함께 껴안고 모두가 초록색으로 변한다. 이 책은 관계에서 눈에 드러나는 겉모습을 넘어서 자신과 상대방이 가지고 있는 다양한 특성을 이해하고 서로에게 의미있는 존재임을 알아차릴 수 있도록 돕는다.

다문화 학생들과 허물없이 친하게 지내는 학생들이 있다. 친구들의 겉모습, 인종, 언어와 관계없이 친밀하게 지낸다. 그러다가도 같은 다문화 학생으로 오해를 받는 것은 꺼리기도 한다. 아이들은 책을 읽으면서 각자의 특성에 대해서 알아차리면서도 다문화 아이들과 함께 마음껏 노는 방법을 배우고, 함께 조화롭게 사는 법을 생각한다. 함께 놀고 친하게 지내면서 자신만의 특징을 찾을 수 있다.

생각을 나누는 질문
1. 파랑이는 자신과 색이 다른 친구들과 어떻게 친하게 지낼 수 있었을까?
2. 초록색으로 변한 파랑이와 노랑이를 부모님이 못 알아본 까닭은 무엇인가?
3. 파랑이, 노랑이 가족이 초록색이 될 것을 알면서도 서로 껴안은 까닭은?

배움이 깊어지는 활동

1. **말없이 할 수 있는 새로운 놀이** ⋯▶ 파랑이와 노랑이가 친구들과 즐겁게 하는 놀이들처럼(예. 숨바꼭질, 둥글게 둥글게) 언어의 장벽을 느끼지 않고 가까워질 수 있는 활동을 찾아본다.
2. **나만의 특징 찾기** ⋯▶ 파랑, 노랑이가 초록이가 되어 겉모습이 바뀌었을 때 부모들은 알아차리지 못했다. 모습이 바뀌어도 알아차릴 수 있는 나만의 특징을 찾는다.
3. **파노초 데칼코마니** ⋯▶ 파랑이와 노랑이가 서로 꼭 끌어안았을 때 초록이 된 것을 보고 노랑, 파랑과 함께 초록이 어우러지는 데칼코마니 활동을 한다.

다다다 다른 별 학교

윤진현 글·그림 ‖ 천개의바람

각각 다른 존재들이 모인 공동체

각각 다른 별에서 온 학생들로 가득찬 교실에 들어간 교사는 깜짝 놀란다. 거꾸로 서 있는 아이, 파란색 눈물을 뚝뚝 흘리는 아이, 얼굴이 안 보이는 아이 등 다양한 별에서 온 학생들로 가득한 교실은 다양한 학생들이 자신의 특성을 뽐낸다. 짜증나 별에서 온 투덜투덜 화를 잘 내는 친구, 두근두근 별에서 온 걱정 많은 친구 등 성격도 생김새도 다 다른 친구들이 모인 다채로운 학급이지만, 서로의 다름을 인정할 때 그 안에서 나다움을 인정하고 그것의 가치를 깨달을 수 있게 된다.

교실에 들어서면 '다문화 학생'들만 다른 세계에서 온 학생처럼 보일 수 있지만, 사실 다문화 학생뿐 아니라 학급의 학생 모두에게 자신만의 세계가 있다. '너는 다문화야!', '너는 나와 달라!'라고 규정짓기보다는 각자가 가지고 있는 특성을 인정한다. 학생들은 책을 읽으면서 나와 닮은 외계인은 누구일까 찾아보면서 각각의 별을 관찰해 보고 진정한 나다움에 대해 고민한다.

생각을 나누는 질문
1. 교실에 들어온 선생님이 깜짝 놀란 이유는 무엇일까?
2. 서로 다른 별에서 온 외계인들이 한 교실에 모인 까닭은 무엇일까?
3. 외계인들이 모인 학급에서 말이 통하지 않는다면 어떻게 화합할 수 있을까?

배움이 깊어지는 활동
1. **나와 가장 닮은 외계인 찾기** ⇢ 그림책에 나온 외계인들의 특징들을 확인하고 그중 내가 가진 특성과 가장 닮은 외계인을 찾는다.
2. **내가 외계인이라면 살만한 행성 디자인하기** ⇢ 나의 특성이 잘 드러날 수 있고, 내가 좋아하고, 가치 있게 여기는 것들이 존중될 수 있는 내가 살고 싶은 행성을 디자인한다.
3. **초대장 쓰기** ⇢ 디자인한 행성을 소개해 주고 싶고 자신이 좋아하고 가치 있게 여기는 일을 존중받고 싶은 사람에게 보낼 초대장을 작성한다.

찬다 삼촌

윤재인 글. 오승민 그림 ‖ 느림보

다문화

가족의 의미

텔레비전을 크게 들면 무섭지 않다며 자신을 토닥이는 여섯 살 어린아이는 아빠와 단둘이 산다. 어느 날 네팔에서 온 프라찬다 '찬다 삼촌'이 아빠를 도와 솥을 만드는 일을 시작한다. 뭔가 좀 다른 찬다 삼촌과 서서히 가까워진다. 좋다고 표현은 하지 않지만, 찬다 삼촌처럼 손으로 밥을 먹어보기도 하고, 고양이에게 '찬다'라는 이름을 붙여주기도 한다. 삼촌이 집으로 돌아가지 않고 함께 자기로 하는 날이면 왠지 설레고 기쁘다. 삼촌과 함께 밥도 먹고 잠도 자는 시간이 많아지면서 또 하나의 가족이 된다.

지금까지 일반적인 가정의 모습이 국적이나 인종이 같은 4인의 가족 구성원이었다면, 이제 4인 가구보다 3인, 2인 또는 1인 가구가 갈수록 늘어나고 있다. 또한, 한국인으로만 구성된 가족에서 좀 더 다양한 국적과 인종으로 구성된 가족이 늘고 있다. 이처럼 달라지는 가족의 의미를 생각해 보고 우리 주변에 있는 다양한 가족 구성원에 대해 이해할 수 있다.

생각을 나누는 질문
1. 아이가 손으로 밥을 먹은 까닭은 무엇일까?
2. 고양이에게 '찬다'라는 이름을 붙여준 까닭은 무엇일까?
3. 아이가 생각하는 '우리 가족' 구성원은 누구일까?

배움이 깊어지는 활동

1. **아이가 찬다 삼촌에게 마음을 여는 부분 찾기** ···▶ 주인공 아이가 찬다 삼촌에게 마음을 여는 부분을 찾으며, 타인이 자기에게 의미 있게 다가오는 부분을 인식하고 가족으로 받아들이는 지점을 찾아본다.
2. **다양한 가족의 형태 찾아보기** ···▶ 다양한 가족의 형태를 적으면서 각각 형태는 다르지만 서로 '가족'이라고 부를 수 있는 연결고리가 무엇인지 다시 확인한다.
3. **미래의 내 가족 구성해 보기** ···▶ 미래에 내가 갖고 싶은 가족을 구성해 보면서 의미 있는 존재들이 누구인지 확인하고 사람 혹은 동물도 가족이 될 수 있음을 확인한다.

> 다문화

다섯 손가락

셀마 운글라우베 글, 브루나 바로스 그림, 강인경 옮김 ‖ 미디어창비

각각 고유의 의미와 역할

엄지손가락부터 새끼손가락까지 다섯 손가락은 모두 모습도 역할도 다르다. 각각 모습과 역할이 다르다 보니 중요한 정도도 다르다고 생각할 수 있다. 하지만 각각의 모습과 역할에 따라 필요한 때가 있다. 이 그림책을 읽으면서 다섯 개의 손가락 각각이 개별적으로 필요한 순간이 있고, 다섯 개의 손가락이 협력해야 하는 '함께' 필요한 순간도 존재한다는 것을 알게 된다.

교실에는 외모, 성별, 국정, 인종 등 각각 다른 모습과 특징의 학생들이 있다. 남들과 다른 나의 모습으로 인해 다문화 가정의 아이들은 위축되기도 한다. 잘 모르는 용어나 문화로 인해 알아들을 수 없는 수업들, 친구지만 결정적 순간에는 타인으로 분류하는 등 분명 교실 구성원의 한 명이지만 도무지 자신의 가치를 알아차리기 힘든 순간이 아이들의 마음을 아프게 한다. 다섯 개의 손가락이 모두 소중하고 각각 고유한 의미와 역할이 있듯, 다문화 학생들도 고유한 의미와 역할이 있음을 알 수 있을 것이다.

> **생각을 나누는 질문**
> 1. 책에 있는 내용 외에 각 손가락이 하는 역할에는 무엇이 있을까?
> 2. 우리 학급에서 손으로 하는 일 중 가장 가치 있는 일은?
> 3. 우리 학급의 다문화 학생은 다섯 손가락 중 어떤 손가락에 속하고 어떤 역할을 하고 있을까?

배움이 깊어지는 활동

1. **자기 손가락 소개하기** ⋯› 비주얼싱킹 손바닥 활동지를 이용해 자신의 손가락들이 하는 일, 장점, 단점 등을 소개한다. 손가락이 각각 다른 역할을 하고, 각자의 필요가 있듯이 다문화 학생도 학급에서 혹은 사회에서 역할을 하고 있고 가치가 있다는 사실을 알려준다.
2. **우리 모둠 손가락 찾기** ⋯› 모둠 친구들을 각 다섯 손가락 역할, 특징을 참고하여 손가락과 일대일 매칭해 본다. 그러면서 모둠 내에서 서로의 역할, 특징 등을 확인한다.
3. **손으로 다른 사람 기쁘게 하기** ⋯› 손을 활용하여 친구들과 인사하며 다른 친구들을 기쁘게 해준다. 악수, 하이 파이브, 엄지척 등 접촉, 비접촉 활동을 통해 친구들과 연결되고 소통한다.

빨간 코 빨간 귀

다비드 칼리 글, 오렐리 귈르리 그림, 황윤선 옮김 ‖ 아롬주니어

다문화

편견과 대립 그리고 화해

빨간 귀를 가진 사람들이 사는 동네에 빨간 코를 가진 사람들이 보이기 시작했다. 다른 모습을 가진 사람들을 적대시하며 전쟁을 하기 시작했고, 오랫동안 서로 미워하게 된다. 학교에서 상대방을 비난하는 교육을 받던 아이들은 방과 후에 함께 놀기 시작하고 시간을 보내면서, 성인이 된 빨간 코 아가씨와 빨간 귀 청년은 사랑에 빠지고 그들은 빨간 코와 빨간 귀를 가진 아이를 낳게 되고 빨간 귀를 가진 사람들과 빨간 코를 가진 사람들은 자연스럽게 화합하게 된다.

자기와 다른 모습을 가진 사람을 보면 자연스럽게 경계하게 된다. 집단이라면 다툼, 전쟁으로도 나타날 수 있다. 학급에는 한국 국적을 가지고 한국인의 모습을 가진 아이들이 대다수고, 한국 국적을 취득하지 못하였거나 국적을 취득하였어도 외국인의 모습, 다문화 가정의 모습이 남아 있는 아이들은 다툼도 없이 배척되는 경험을 하게 된다. 빨간 귀 사람들과 빨간 코의 사람들처럼 우리가 가진 공통점과 차이점을 확인하고 함께 화합할 방법을 찾아볼 수 있다.

생각을 나누는 질문
1. 빨간 귀를 가진 사람들이 빨간 코를 가진 사람들을 봤을 때 처음 가진 생각은 무엇일까?
2. 아이들이 방과 후에 친하게 놀 수 있었던 까닭은 무엇일까?
3. 빨간 귀와 빨간 코가 화합할 수 있었던 까닭은 무엇일까?

배움이 깊어지는 활동

1. **갈등이 시작되는 부분, 해소되는 부분 찾기** ···• 그림책에서 빨간 귀와 빨간 코 사이에 갈등이 시작되는 부분과 해소되는 부분을 찾고 갈등의 발생 원인과 갈등이 해소되는 요인을 발견해 본다.
2. **공통점과 차이점 찾기** ···• 모둠원끼리 공통점과 차이점 10가지를 발견하고 기록한다. 피부색, 인종 외에도 누구나 공통점, 차이점이 있다는 사실을 배울 수 있다.
3. **빨간 귀와 빨간 코가 서로 편견 없이 놀 수 있는 놀이 기획하기** ···• 아이들이 방과 후에 편견 없이 즐겁게 놀 수 있는 놀이를 기획하고 3가지 기획한 놀이 중 투표를 통해 재밌는 놀이로 함께 활동해도 좋다.

> 다문화

김치, 치즈, 카프카

선현경 글·그림 ‖ 위즈덤하우스

교실에서 세계 여행을

세계 여행을 꿈꾸지만, 건강상의 이유로 못 가는 할아버지를 위해 손녀는 멋진 계획을 세운다. 동네에 살고 있는 세계 여러 나라의 친구를 만나러 가는 것이다. 만날 때마다 기념사진을 찍는데, 사진 찍을 때마다 각 나라별 새로운 구호가 나온다. 중국 아린다네 집에서는 가지를 뜻하는 '치에즈', 스페인 리겔 언니네 집에서는 감자를 뜻하는 '빠따따', 아르헨티나의 '위스키', 프랑스의 위스띠띠, 독일의 스빠게리 등 다른 나라 사람이 사는 곳에 갈 때마다 등장하는 새로운 구호가 흥미롭다.

다문화 학생들은 수업 시간엔 수업을 잘 알아듣지 못해 위축되어 있기도 하고, 일상에서도 그들만의 언어로 그들만의 시간을 보내기도 하기에 아웃사이더로 보이기 쉽다. 하지만 달리 생각해 보면, 다문화 아이들과 같은 학교, 학급에서 생활하는 것은 그 나라의 문화를 경험하기에 아주 좋은 기회이다. 평소 움츠려 있는 다문화 학생들에게 각 국가의 문화 대사관 역할을 맡긴다면 더욱 다양한 문화를 경험할 수 있고, 다문화 학생들도 당당하게 자신의 정체성을 드러낼 수 있다.

> 생각을 나누는 질문
> 1. 할아버지가 세계여행을 꿈꾸신 까닭은 무엇일까?
> 2. 각 나라의 사진 촬영 구호 중 가장 흥미 있던 구호와 그 이유는 무엇인가?
> 3. 내가 다른 나라의 친구들을 만난다면, 그 나라들의 궁금한 부분은 무엇인가?

> **배움이 깊어지는 활동**
>
> 1. **가장 흥미 있는 사진 촬영 구호의 나라의 랜드마크 찾아 그리기** ⋯▸ 그림책을 읽으며 가장 흥미 있던 사진 촬영 구호의 나라의 랜드마크를 찾아 그린다. 그림을 그리면서 마치 그 나라를 여행하는 듯한 상상을 펼쳐본다.
> 2. **여행 계획 세우기** ⋯▸ 내가 그린 랜드마크의 나라를 여행한다면 어디를 어떻게 여행할 것인지 예산, 일정 등을 고려하여 여행을 계획한다.
> 3. **문화 대사가 되어 보기** ⋯▸ 자신이 원하는 나라에 한국(또는 자신의 국적에 해당하는 나라) 대사관 직원이 되어 자신의 나라를 소개하는 포스터를 그린다.

벌집이 너무 좁아!

안드레스 피 안드레우 글, 킴 아마테 그림, 유 아가다 옮김 ‖ 고래이야기

다문화

누군가 새로운 사람이 왔나봐!

꿀벌들이 자신들의 집이 좁아진 이유를 두고 회의를 하기 시작한다. 일할 때도 붙어서 해야 하고, 휴식 시간에는 구슬치기, 퍼즐 맞추기 등 취미활동을 할 수 없기 때문이다. 대책을 수립하던 중 벌집에 벌이 한 마리 더 있다는 조사 결과가 들려온다. 그 벌은 외국 벌이거나 이민 온 벌일 수도 있다며 최선을 다해 새로운 벌 한 마리를 색출하기 위해 애쓴다. 그러던 중 여왕벌은 침입자를 찾는 데 힘을 쏟기보다는 방 하나를 더 만들자는 의견을 낸다.

다문화 학생들이 계속해서 늘어난다. 새롭게 유입되는 다문화 학생들을 향한 시선은 그다지 호의적이진 않다. 물론, 꿀벌들처럼 적대적이진 않지만, 관심을 가지고 안내해 주거나 도움을 주는 모습을 보기는 어렵다. 때때로 잘 알아듣지 못하는 다문화 학생들로 인해 설명이 길어지면 불편해하거나 한국 학생들이 누리는 혜택보다 더 많은 혜택을 받는다고 생각하며 경계하기도 한다. 그림책을 읽으면서 무관심하고 경계하던 것에서 함께 행복할 방안을 고민하고 새로운 방법을 찾을 수 있다.

생각을 나누는 질문
1. 꿀벌들이 벌이 한 마리 더 있다는 조사 결과에 외국인이나 이민자라고 생각한 까닭은 무엇일까?
2. 집이 좁아 힘들어하면서도 방을 한 칸 더 만들지 못한 까닭은 무엇일까?
3. 다문화 학생들과 한국 학생들이 함께 행복할 수 있는 방안은 무엇일까?

배움이 깊어지는 활동

1. **벌집 만들기** ⋯ 휴지 심을 4개의 원통 모양으로 자른 뒤 이어 붙여 벌집 모양으로 만들고 4칸의 벌집 안에 만들고 싶은 공간들을 적는다. 4개의 공간 중 한 곳은 외국인 혹은 다문화 학생이 함께 누릴 수 있는 공간을 만든다.
2. **더 큰 벌집으로 합치기** ⋯ 친구가 만든 벌집과 내가 만든 벌집을 합쳐서 더 큰 벌집으로 합친다. 4인 1모둠이 되어 16칸의 벌집으로 확대한다. 공간 중 겹치는 부분은 새로운 공간으로 변경한다.
3. **초대합니다** ⋯ 내가 만든 벌집, 모둠원들과 함께 만든 벌집에 초대하고 싶은 사람을 선정하고, 내가 만든 공간 중 어떤 공간을 좋아할 것 같은지 이유를 포함해서 초대장을 쓴다.

다문화

샌드위치 바꿔 먹기

라니아 알 압둘라 왕비, 캘리 디푸치오 글, 트리샤 투사 그림, 신형건 옮김 ‖ 보물창고

서로의 문화 존중하기

　가장 친한 친구인 셀마와 릴리는 점심시간에 각자 가져온 샌드위치를 보고 거부하는 것을 넘어서 서로의 음식을 구역질 나는 것, 역겨운 것으로 치부해 버리는 말을 하고 만다. 사이가 틀어지면서 학교에서는 땅콩버터 대 후무스의 싸움으로 번진다. 상대편을 향해 던진 음식들로 학교는 난장판이 되고 릴리와 셀마는 부끄러움으로 고개를 들지 못하게 된다. 다음날, 서로 샌드위치를 바꿔 먹고 그동안 자신들이 편견에 사로잡혀 있었다는 것을 알고 화해한다.

　다문화 학생을 처음 볼 때 드는 생각 중 하나는 '이 친구는 나와 다르구나!'다. 피부색, 인종 등 나와 다른 점들을 확인하면 다른 점이 때로 싫은 이유가 되기도 하고, 그로 인해 친구와 멀어지기도 한다. 낯선 친구의 외모나 생활 습관을 경계하는 말과 행동, 작은 몸짓은 상대방에게 상처를 줄 수 있고 둘 사이의 관계뿐 아니라 집단의 싸움으로 확대될 수도 있다. 그림책을 읽고 상대방의 있는 모습 그대로를 수용하고, 인정하는 중요성을 깨달을 수 있다.

생각을 나누는 질문
1. 낯선 것을 대할 때 어떤 자세로 맞이하는가?
2. 나의 개인적인 싸움이 집단 싸움으로 확대된 적이 있는가?
3. 나와 다른 상대방을 어떻게 수용하고 존중할 수 있을까?

배움이 깊어지는 활동
1. **예전에는 좋아하지 않았었는데 지금은 좋아하게 된 것** ⋯ 첫인상, 편견 등의 이유로 꺼렸는데 지금은 좋아하게 된 것들이 있다면 기록하고, 좋아하게 된 계기 등도 기록한다.
2. **내가 좋아하는 음식** ⋯ 내가 좋아하는 음식 중 호불호가 갈리는 음식, 특별히 친구가 아직 경험해 보지 못한 음식을 친한 친구에게 소개한다.
3. **친구가 좋아하는 것 중 내가 경험해 보지 않은 것** ⋯ 친구가 좋아하는 것 중 내가 경험해 보지 않은 것을 소개받고 그것을 경험하면 어떤 느낌일지 기대감을 기록한다.

이모의 결혼식

선현경 글·그림 ‖ 비룡소

다문화

국제 결혼, 가족의 확대

이모에게 걸려 온 전화에 이모 결혼식 날 들러리를 맡게 된다. 결혼식 장소는 그리스인 이모부가 살고 있는 크레타섬! 비행기, 버스를 타고 가는 여정이 즐겁기만 하다. 그리스에서 만난 이모와 이모부 눈에선 눈물이 흘러내린다. 슬프거나 아파서가 아니라 기뻐서 눈물이 난다는 사실이 너무나 신기하다. 처음에는 꺼리던 이모부와도 더 가까워진다. 결혼식을 마치고 돌아와서 평소처럼 잘 지내던 아이는 초인종을 누르며 나타난 이모와 이모부를 다시 만난 기쁨의 눈물을 흘리며 맞이한다.

새로운 문화와의 만남은 신선할 수도 있지만, 충격을 줄 수도 있다. 특히, 결혼을 통한 새로운 문화와의 만남은 결혼하는 두 사람뿐만 아니라 가족에게도 영향을 준다. 국제 결혼을 통해 가족이 확장될 때, 충격보다는 축복과 기쁨을 더 진정하게 표현하기 위해 시간을 내는 것이 중요하다. 그림책을 읽으며, 이 결혼이 서로 다른 나라 출신이 만날 수 있는 아름다운 기회임을 알아가면서 기쁨과 감격을 느낄 수 있다. 또한, 기쁨 속에서도 눈물을 흘리며 이를 표현하는 방법을 찾는 것은 감정을 더욱 깊이 이해하고 공감하는 데 도움이 된다.

> 생각을 나누는 질문
> 1. 아픔, 슬픔 외에 다른 이유로 눈물을 흘린 경험이 있는가?
> 2. 주인공이 이모부에 대한 마음이 열린 부분은 무엇인가?
> 3. 내가 결혼하고 싶은 사람이 외국인일 경우 예상되는 어려움은 무엇일까?

배움이 깊어지는 활동

1. **국제 결혼을 통해 행복한 가정을 꾸리고 있는 사례 조사하기** ⋯▶ TV 프로그램에 나오는 잘 살고 있는 행복한 국제 결혼 가정을 찾는다. 해당 가정을 보고 국제 결혼의 장점을 기록한다.
2. **신혼여행 가고 싶은 여행지의 결혼 풍습 찾기** ⋯▶ 신혼여행 가고 싶은 여행지를 찾고 그곳의 결혼 풍습을 찾아본다. 내가 그 지역에서 이뤄지는 결혼식의 주인공이 되도록 그림으로 꾸민다.
3. **청첩장 꾸미기** ⋯▶ 결혼식 하고 싶은 지역과 배우자의 국적 등이 포함되도록 청첩장 내용을 구성하고 청첩장을 만들어 본다.

성

팬티 속엔 뭐가 있을까?

게이 살츠 글, 린 크라바스 그림, 유지은 옮김 ‖ 시프주니어

정확한 이름으로 말해요!

 자신과 타인의 몸과 성에 관심이 생기기 시작한 학생들에게 몸에 관해 이야기해 주는 그림책이다. 학생들이 나와 타인의 몸에 관심을 갖는 것은 자연스러운 현상이지만, 그것에 관해 물어보면 어른들도 당황스러워서 이야기를 못 해줄 때가 많다. 그림책에서는 우리의 몸에 있는 생식 기관에 관해 알려주고 성에 관한 호기심을 해결해 준다. 몸에는 속옷 안에 꽁꽁 숨겨진 곳이 있는데 나만의 것이고 특별한 곳인 생식기를 별명이 아니라 정확한 이름으로 표현해야 한다고 말한다. 생식기의 명칭을 고추나 소중이 같은 말로 하지 않고 질, 음경, 고환 등의 정확한 용어로 알려주어 성을 숨기고 감추어야 하는 부정적 대상으로 받아들이지 않도록 한다.

 자기 몸을 부끄러워하지 않고 긍정적으로 여기는 것이 성을 대하는 올바른 첫걸음이다. 하지만 다른 사람이 나의 몸을 보려고 하거나 만지려고 하는 건 안 된다고 알려준다. 이 그림책으로 특별하고 소중한 나의 몸을 관리하는 방법을 알게 될 것이다.

> 생각을 나누는 질문
> 1. 생식기를 이야기할 때 평소에 나는 어떻게 말할까?
> 2. 내 몸에 관해 궁금할 때 어떻게 할까?
> 3. 그림책을 읽고 내 몸에 대해 새롭게 알게 된 점은 무엇일까?

배움이 깊어지는 활동

1. **남자 생식기 이름 알기** ⋯ 남자 생식기 이름을 평소에 잘못 말하고 있지 않은지 점검한다. 남자 생식기의 이름과 역할을 보고 생식기에 정확한 이름을 연결한다.
2. **여자 생식기 이름 알기** ⋯ 여자 생식기 이름을 평소에 잘못 말하고 있지 않은지 점검한다. 여자 생식기의 이름과 역할을 보고 생식기에 정확한 이름을 연결한다.
3. **생식 기관의 관리 방법 알기** ⋯ 평소 생식 기관을 어떻게 관리하고 있는지 생각해 본다. 건강하고 안전하게 생식 기관을 관리하는 습관을 연결해 본다.

너는 어떤 씨앗이니?

최숙희 글 · 그림 ∥ 책읽는곰

성

색깔로 소중한 나를 표현하기

여러 씨앗이 성장하여 저마다 아름답고 사랑스러운 꽃이 된다는 그림책이다. 흩날리던, 못생긴, 웅크린, 수줍은, 느긋한 씨앗들이 모두 꽃을 피우고 열매를 맺는다. 씨앗의 모양도, 꽃으로 핀 모습도 다르다. 그림책을 읽는 학생들에게 너도 씨앗, 꽃을 품은 씨앗이라고 말해준다.

성교육이라 하면 생물학적 성교육만을 생각하는 경우가 있다. 그러나 올바른 성 가치관 형성하려면 자신을 알고 자신을 존중하는 교육도 필요하다. 자신을 긍정적으로 바라볼 때 외모에 대한 사회적 압력이나 편견에 흔들리지 않고 자신의 몸을 있는 그대로 존중하고 가치 있게 여길 수 있다. 또한, 자신과 타인의 성적 권리인 성적 결정권의 의미를 알게 된다. 성적 자기 결정권은 타인에게 강요받거나 불합리하게 지배받지 않으면서 자신의 의지와 바람직한 판단으로 성 행동을 자율적으로 결정하고 선택하며 책임지는 권리이다. 자신을 존중하며 자란 씨앗이 올바른 성 가치관을 형성하는 어른으로 성장하길 기대한다.

생각을 나누는 질문
1. 나는 어떤 씨앗일까?
2. 나는 앞으로 어떤 꽃을 피우고 싶은가?
3. 나만의 꽃을 멋지게 피우기 위해서는 어떤 노력이 필요할까?

배움이 깊어지는 활동

1. **소중한 나의 모습** ⋯▸ 나의 어린 시절, 현재, 미래의 모습을 색칠해 본다. 색깔이 나에게 주는 의미를 살펴본다.
2. **내가 생각하는 성의 의미** ⋯▸ 올바른 성 가치관을 형성하기 위해 내가 생각하는 '성'의 의미를 알아본다. 색깔로 표현해 보고 그 의미를 글로 쓴다.
3. **소중한 우리** ⋯▸ 나와 친구들을 표현하는 색을 찾아본다. 색을 색칠해 보며 소중한 우리가 되기 위해 필요한 자세와 마음을 알아본다.

엄마가 알을 낳았대

배빗 콜 글·그림, 고정아 옮김 ∥ 보림

소중한 생명의 탄생

아기가 어디서 나왔는지 아이들이 궁금해서 어른들에게 물어보면 "나중에 크면 알게 된단다" "다리 밑에서 주워 왔지"라는 얼버무린 대답을 듣는 경우가 많다. 그림책에서는 아이들의 눈높이에서 아기가 어떻게 생기는지 설명해 준다. 아이가 그림을 그리며 임신부터 출산까지의 과정을 아이의 수준에서 아는 내용을 부모에게 전달한다. 또한, 임신과 출산의 과정을 자연스러운 삶의 일부로 받아들일 수 있도록 표현한다. 태아는 어머니의 뱃속에서 어머니가 섭취한 영양분을 먹고, 아버지 또는 주변 사람들의 사랑을 받으며 자라며, 소중한 생명을 가지고 세상에 태어난다. 태어날 때 어머니의 고통 없이 태어나는 사람은 없으며 생명의 탄생은 신비롭다. 소중한 생명의 탄생을 위해 임신은 생명을 키울 준비가 되고 책임을 질 수 있을 때 비로소 이루어져야 한다.

이 책으로 소중한 생명 활동을 통해 소중한 생명의 탄생을 위해 임신과 출산의 과정을 자연스러운 삶의 일부로 받아들일 수 있고 더불어 성에 대하여 책임 있는 태도가 필요함을 알게 된다.

생각을 나누는 질문
1. 엄마의 몸속에 든 알은 무엇일까?
2. 아빠의 몸 바깥쪽에 씨앗이 가득 든 주머니는 무엇일까?
3. 아빠의 씨앗은 무엇을 말하는 걸까?

배움이 깊어지는 활동

1. **성에 대한 책임 있는 태도** ··· 빈칸에 공통으로 들어가는 단어를 생각해 보며 소중한 생명의 탄생을 위해 성에 대한 책임 있는 태도와 예절에 대해 알아본다.
2. **태아가 자라는 과정** ··· 태아가 자라는 과정을 알고 태아 시절 엄마 아빠의 태교 내용을 상상해 보며 생명 탄생의 소중함을 알아본다.
3. **부모님께 감사의 편지 쓰기** ··· 생명이 탄생하려면 열 달 동안 어머니 아버지의 헌신이 필요하다. 나를 세상에 태어나게 해 준 부모님께 감사하는 마음을 편지로 전해 본다.

이상한 곳에 털이 났어요!

배빗 콜 글·그림, 최성희 옮김 ‖ 삼성당

사춘기 맞이하기

1차 성징은 남자 여자를 구별하는 성징이며, 2차 성징은 신체의 성장과 함께 성적기능이 활발해지고 생식기능이 완성되어 가는 변화를 의미하는데, 이를 사춘기라 한다. 그림책에서는 '호르몬 아저씨'와 '호르몬 아주머니'가 우리 몸에 있고 그들이 일을 시작하면서 2차 성징이 일어나는 몸의 변화를 이야기한다. 남성은 턱수염이 나고 변성기가 오고, 여성은 가슴이 커지고 월경을 하게 되고, 공통으로 생식기 부위에 털이 난다. 또한, 성장의 속도와 순서가 사람마다 다르고 몸의 변화로 인해 불안한 감정이 든다고 표현한다. 여성 호르몬은 여자에게만 분비되는 것이 아니라 남성에게도 분비되고 남성 호르몬도 여성에게 분비가 된다. 그러나 남자는 남성 호르몬이, 여성은 여성 호르몬이 더 분비되어 각 성에 따른 2차 성징이 나타나는 것이다. 요즘은 2차 성징이 초등학교 저학년 때부터 나타나기도 한다. 사춘기를 아이들이 잘 맞이하기 위해 남자, 여자의 몸에 차이점과 공통점을 알며 변화에 대한 준비를 해 본다.

> 생각을 나누는 질문
> 1. 호르몬 아주머니와 호르몬 아저씨의 정체는 무엇일까?
> 2. 마법의 약을 뿌린 뒤에 나타나는 몸의 변화는 어떤 게 있을까?
> 3. 사춘기라는 것을 어떻게 알 수 있을까?

> 배움이 깊어지는 활동
>
> 1. **사춘기의 신체적 변화** ⋯▸ 현재 2차 성징으로 나에게 신체적 변화가 있는지 생각해 본다. 사춘기 시기에 나타날 수 있는 남녀의 신체적 변화를 알아본다.
> 2. **사춘기 정신적 변화** ⋯▸ 사춘기 시기의 다양한 감정을 공감해 본다. 사춘기 하면 떠오르는 나의 감정을 제시된 감정 단어를 활용하여 글로 표현해 본다.
> 3. **나의 사춘기에게 편지 쓰기** ⋯▸ 사춘기 시기에 신체적, 정신적으로 다양한 변화가 있다. 변화를 긍정적이게 받아 들일 수 있도록 나의 사춘기에게 편지를 써 본다.

성

동의

레이첼 브라이언 글·그림, 노지양 옮김 ∥ 아울북

내 몸의 주인은 나

 사람들 관계 속에서 다양한 동의가 필요하다. 동의란 무엇일까? 그림책에서는 동의란 내가 내 나라의 주인이 되는 것과 같다고 표현한다. 내 몸은 내 것이며 내 몸에 대한 결정은 내가 할 수 있다는 뜻이다. 자신의 경계선을 스스로 그을 수도 있고 언제 편하고 편하지 않은지 나의 느낌을 표현해도 괜찮다. 경계선이 사람마다 다르므로 어떠한 상황이 생겼을 때 모든 사람이 똑같은 생각을 하지 않는다. 나는 친구들과 하이 파이브를 하고 고양이와 뽀뽀하는 걸 좋아하지만, 상대방은 하이 파이브나 접촉을 싫어할 수 있다. 그래서 동의가 필요하다.

 동의하고 동의받기 위해서는 꾸준한 연습이 필요하다. 평소에 사람들에게 내 기분을 말하는 연습과 다른 사람들의 말을 잘 듣고 동의를 해야 되는 상황이 있을 때 정확하게 언어로 표현해야 한다. 내가 상대방에게 거절하는 경우는 이유를 정중하게 말해야 상대방에게 상처가 되지 않는다. 이 책으로 내 몸의 주인이 되기 위해 동의를 실천하는 방법을 알 수 있을 것이다.

생각을 나누는 질문
1. 나에게 동의를 구하지 않고 상대방이 신체 접촉을 한 경험이 있을까?
2. 친구의 손을 잡고 싶을 때 어떻게 말해야 할까?
3. 동의와 거절 연습을 하면 어떤 점이 좋을까?

배움이 깊어지는 활동

1. **내 몸의 동의 영역 정하기** ⋯ 다른 사람이 내 몸에 접촉하려고 했을 때 동의하는 범위를 생각해 본다. 인물과 상황에 따라 동의 범위가 다른지 살펴보고 영역을 색칠해 본다.
2. **내 기분을 말하는 연습** ⋯ 동의를 잘하려면 일상생활에서 내 기분을 말하는 연습이 필요하다. 사람들에게 현재 내 기분을 말하는 연습을 해 본다.
3. **동의와 거절하는 연습하기** ⋯ 평소에 질문했을 때 고개만 끄덕이는 경우가 있다. 그러면 동의하는지 거절하는지 사람마다 다르게 해석한다. 말로 정확히 동의, 거절을 표현해 본다.

성

왜, 먼저 물어보지 않니?

이현혜 글, 김주리 그림 ∥ 천개의바람

경계 존중하기

할아버지 할머니가 물어보지 않고 껴안고 뽀뽀하는 게 부담스러운 서준이, 수지가 만나면 마음대로 손을 잡거나 팔짱을 껴서 당황스러운 민호, 민기 형이 여자애 같다며 놀리고 어깨를 주무르는 게 싫은 선우, 우리 주변에서 흔히 일어나는 상황이다. 이 그림책은 친구들 사이에서 일어날 수 있는, 친밀함의 표현으로 어른들이 하는 등 많은 일상의 행동을 예로 들면서 경계 존중과 경계 침해에 관해 이야기한다.

사람과 사람 사이에는 친한 정도에 따라 개인 간에 지켜야 하는 사적 영역이 있다. 이를 경계라고 하며 서로 영역을 존중해야 한다. 친한 사이라고 생각하여 물건을 허락 없이 가져가거나 장난이라도 어깨를 두드리거나 신체를 접촉하는 행위는 상대방에게 불편함과 수치심을 넘어 폭력이 될 수 있다. 개인적으로 허용되는 행동의 기준과 접촉의 범위가 다르기 때문에 자신이 상대방에게 피해를 주었다는 사실 자체를 모르는 경우가 많다. 이 책으로 경계 존중의 의미를 알고 좋은 관계를 위해 경계 존중 방법을 일상생활에서 실천할 수 있다.

생각을 나누는 질문
1. 주인공들의 사례를 보고 내가 가장 불편함을 느낀 내용은 무엇인가?
2. 내가 껴안거나 마음속에 이야기를 나눌 수 있는 사람은 누구인가?
3. 친구 사이에서 자신의 경계를 존중 받으려면 어떻게 해야 될까?

배움이 깊어지는 활동

1. **경계 존중 의미에 해당하는 단어 찾기** ⋯ 그림책에 경계 존중 의미에 대한 설명이 있다. 그림책을 살펴보고 그림책에 나온 경계 존중 의미에 해당 되는 단어를 찾고 색칠해 본다.
2. **각 경계별로 침해 사례 연결하기** ⋯ 경계는 크게 물리적, 신체적, 시각적, 언어·정서적 경계로 구분한다. 경계별로 해당하는 사례를 연결해 본다.
3. **내가 실천할 경계 존중** ⋯ 일상생활에서 실천할 수 있는 경계 존중 방법을 생각해 보고 가정에서, 학교에서, 휴대전화를 사용할 때 필요한 경계 존중 방법을 구체적으로 글로 표현한다.

똑, 딱

에스텔 비용-스파뇰 글·그림, 최혜진 옮김 ǁ 여유당

올바른 이성 교제

사랑하는 사이일수록 관계를 유지하려면 적당한 거리가 필요하다. 똑이와 딱이는 늘 함께하며 서로 바위처럼 변치 않는 친구라고 믿었다. 딱이가 사라진 어느 날 똑이는 다른 새들과 놀고 있는 딱이를 발견한다. 똑이는 자기가 없이도 재밌게 노는 딱이 모습에 슬펐다. 어느 날 꽃 한 송이가 바로 앞에서 자라는 광경을 보며 슬픔을 잊게 되고 자신에게 가장 의미 있는 것을 발견한다. 딱이는 돌아와서 똑이에게 새로운 세상에서 본 이야기를 해 주고 똑이는 땅에서 솟아오른 꽃을 본 것을 들려준다. 이후 똑이와 딱이는 각각 새로운 경험을 하고 매일 밤에 만나 서로의 이야기를 들려준다.

사춘기가 되면서 자연스레 이성에 대한 호기심과 관심이 커진다. 하지만 어른들은 당황스럽고 걱정이 앞선다. 이성 교제는 서로 이해해 주고 맞춰가는 사랑의 상호성을 배울 수 있는 큰 장점이 있다. 이성 친구를 사귈 때 서로 예절이 필요하다. 그림책을 읽고 이성 교제의 순기능을 강화하고 역기능을 보완할 수 있기를 기대한다.

생각을 나누는 질문
1. 서로 사랑하는 사이에는 항상 함께 모든 것을 해야 될까?
2. 개미는 왜 '딱이 없는 똑이는 없다'라고 했을까?
3. 딱이 없이도 똑이는 여전히 똑이일까?

배움이 깊어지는 활동

1. **이성 교제의 장점과 단점** ⋯ 이성에 대해 관심이 높아질 때 이성 교제를 하고 싶은 마음이 생긴다. 이성 교제의 장점과 단점을 생각해 보고, 어떻게 하면 올바른 이성 교제를 할 수 있는지 이야기를 나눈다.
2. **나를 알아보기** ⋯ 서로 힘이 되는 좋은 관계를 유지하려면 먼저 나를 알아야 한다. 내가 좋아하는 것, 싫어하는 것, 슬픔을 이겨 내는 방법을 생각해 본다.
3. **데이트 폭력 알기** ⋯ 이성 교제시 잘못된 행동을 요구하는 경우 데이트 폭력이 될 수 있다. 주어진 상황을 살펴보고 일상적으로 일어날 수 있는 상황인지, 폭력인지 구분해 본다.

성

말해도 괜찮아

제시 글·그림, 권수현 옮김 ‖ 문학동네

용기 내도록 도와주세요

삼촌에게 4살 때 성폭력 피해를 입은 9살 소녀 제시가 쓴 그림책이다. 삼촌은 누군가에게 말하면 더 위협하겠다고 협박했다. 힘들어하던 제시는 용기를 내어 부모에게 이야기를 한다. 부모는 이야기를 듣고 화를 내지 않고, 말 해줘서 기쁘다고 딸을 안심시키고 사랑으로 감싸준다. 제시는 여러 돕는 손길을 만나며 아픔을 극복해 나간다. 제시의 이야기는 성폭력 피해 아이들에게 혼자가 아니며 누군가에게 자신이 겪은 일에 대해 말하는 것이 좋은 것임을 알게 해 준다.

가족의 성폭력 피해를 알게 되는 경우 당황해서 모른척하기도 하고, 화를 내기도 하고, 지켜주지 못했다는 심한 죄책감에 시달리기도 한다. 성폭력은 가해자의 잘못이므로 원인을 피해자와 그 가족에게서 찾으려 하면 안 된다. 피해 사실을 숨기지 않고 용기 내어 말할 수 있도록 주변 사람들의 지지와 도움이 필요하다. 성폭력 피해 아이들의 감정을 공감하고 자신에게 위험한 상황이 발생하면 도움을 받을 수 있는 사람, 장소가 있는지 생각해 본다.

생각을 나누는 질문
1. 제시는 처음에 성폭력 피해를 왜 아무한테도 말하지 못했을까?
2. 제시가 부모님에게 용기를 내어 말할 수 있었던 이유는 무엇일까?
3. 제시가 그림책을 읽는 친구들에게 하고 싶은 말은 무엇일까?

배움이 깊어지는 활동

1. **나를 도와 줄 수 있는 믿을 만한 어른 표시하기** ⋯ 내가 위험에 처했을 때 도와줄 수 있는 주변 사람들이 있다. 나를 도와 줄 수 있는 믿을 만한 사람을 생각해 본다.
2. **주변에 도움을 요청할 수 있는 기관 알아보기** ⋯ 성범죄에 노출되었을 때 주변에 도움을 요청할 수 있는 기관이 있는지 살펴본다. 활동지에 제시되어 있는 기관들 중 도움을 요청할 수 있는 기관을 모두 표시해 본다.
3. **성폭력 피해자들에게 응원의 편지 쓰기** ⋯ 성범죄는 가해자의 잘못이지 피해자의 잘못이 아니다. 성폭력 피해자들의 마음을 공감하고 용기 내어 말할 수 있도록 응원의 편지를 써 본다.

| 성 | # 곱슬도치 아저씨의 달콤한 친절 |

오이어 글·그림 ‖ 한울림어린이

그루밍 성범죄 이해하기

 낯선 마을로 이사하게 된 고슴이는 새벽에 나가고 밤늦게 돌아오는 바쁜 아빠로 인해 외로움을 느끼는 중 공원에서 만난 낯설지만 따뜻하게 대해주는 곱슬도치 아저씨에게 점점 마음을 뺏긴다. 어느샌가 아저씨에게 복종 아닌 복종을 하게 되고 잘못하지도 않았지만 혼나는 일이 잦아지는 등 심리적으로 지배당한다.

 맞벌이 부부 증가 등으로 학생들이 혼자 있는 시간이 많아지고 휴대전화를 보는 시간도 많아지면서 그루밍 성범죄나 온라인 그루밍 성범죄 피해 사례가 증가하고 있다. 그루밍 성범죄는 일정한 단계를 거쳐 가해자가 피해자를 길들인 다음 이뤄지는 성범죄이다. 피해자들은 자신이 그루밍되고 있다는 사실을 인지하지 못해 반복적, 지속적으로 성범죄가 발생한다. 또한, 가해자와의 친밀감 때문에 도움을 요청하거나 신고하는 것을 어려워한다. 이 책으로 그루밍 성범죄는 단계적으로 치밀하게 이루어지는 심각한 범죄임을 깨닫고, 그루밍임을 알아차리는 즉시 도움을 요청해야 함을 알 수 있다.

‖ 생각을 나누는 질문
1. 고슴이는 왜 위험을 알아차리지 못했을까?
2. 곱슬도치 아저씨처럼 나에게 친절하게 다가오는 사람이 있다면 나는 어떻게 할까?
3. 그루밍 성범죄 가해자는 어떤 방법으로 피해자에게 접근할까? ‖

배움이 깊어지는 활동

1. **그루밍 성범죄 단계 알아보기** … 그루밍 성범죄는 6개의 단계를 거친다. 단계에 따른 설명을 살펴보고 해당하는 내용을 따라 써 보며 그루밍 성범죄의 단계를 알아본다.
2. **주인공이 겪은 그루밍 범죄 과정 알아보기** … 곱슬도치 아저씨가 고슴이에게 접근하는 과정과 그루밍 성범죄의 단계와 연결해 본다. 해당되는 그림책 문장을 찾아서 글로 표현한다.
3. **우리가 실천할 수 있는 온라인 그루밍 성범죄 예방 방법** … 제시된 단어(전송, 개인정보, 선물, 도움, 링크 파일, 거절, 사람, 연락)를 사용하여 온라인 그루밍을 예방하기 위해 실천할 수 있는 방법을 알아본다.

빨강은 아름다워

루시아 자몰로 글·그림, 김경연 옮김 ‖ 사계절

성

자연스러운 생리 현상이에요

열한 살에서 열네 살 사이에 찾아온 월경에 대한 신체적, 정신적 증상과 정보를 주는 그림책이다. 여기서는 생리라고 표현되어 있지만, 월경이라는 단어를 사용하려고 한다. 생리는 생물체의 생물학적 기능과 작용을 일컫는 말이고, 월경은 여성의 신체적 변화 중 하나이다.

왜 월경을 하는지, 어떤 과정에서 생기는 것인지 교육을 받지 않은 상태에서 경험을 하게 되면 당황스럽다. 그림책에서는 월경이라는 생리 현상이 어떤 것인지 알려준다. 월경은 성숙한 여성의 자궁에서 약 28일 주기로 출혈하는 생리 현상을 말하는데, 처음으로 있는 월경을 초경이라 한다. 자궁이 수축과 이완을 반복함으로써 자궁 안에 있는 혈액을 내보내면서 개인에 따라 다르지만 복통, 두통, 신경이 예민해 질 수 있다. 또한, 책은 월경 시기에 조심하고 월경대를 숨기면서 갖고 다니는 실제적인 고충을 보여준다. 여학생, 남학생 모두 월경은 자연스러운 생리 현상임을 알고 당당하게 표현하고 월경을 하는 학생의 증상을 이해하고 때로는 배려가 필요함을 알게 된다.

생각을 나누는 질문
1. 빨간색 하면 어떤 감정이 떠오를까?
2. 만약 월경을 처음 시작한다면 어떤 기분이 들까?
3. 월경에 관해 친구 또는 가족과 자연스럽게 이야기한 경험이 있는가?

배움이 깊어지는 활동

1. **초경 박스 선물하기** ⋯› 월경이 시작될 때 필요한 물품을 생각해 보고, 제시된 물건을 보고 친구에게 초경 박스를 선물할 때 주고 싶은 물건을 선택해 본다.
2. **월경 시기 신체적, 정신적 증상 완화하기** ⋯› 휴식과 안정을 취하는 방법이 개인마다 다르다. 편안한 마음을 가질 수 있는 나만의 방법을 생각해 보고 월경 시기 또는 스트레스를 받는 상황 시 실천해 본다.
3. **자연스럽게 내 경험 표현하기** ⋯› 월경하는 날의 내 감정과 증상을 생각해 보고 월경을 하는 친구들과 하지 않는 친구들 모두 그 감정과 증상을 이해하고 공감해 본다.

진로

꿈꾼다는 건 뭘까?

이상교 글, 이명하 그림 ‖ 미세기

꿈꾼다는 것

자신의 꿈이 무엇인지 알고, 또 그것을 이루기 위해서는 먼저 '꿈'의 의미를 제대로 알아야 한다. 이 그림책은 잠자는 동안 꾸는 꿈, 실현하고 싶은 꿈, 헛된 기대를 하는 꿈 등 꿈의 다양한 의미를 아름다운 비유법을 사용하여 알려준다. 또한, 꿈은 깨질 수도 있으며, 한 개 이상일 수도 있고, 남녀노소 혹은 빈부의 차이 없이 누구나 가질 수 있다고 말함으로써, 비슷한 경험이 있는 학생이라면 공감할 수 있다.

꿈이 시시각각 변한다고 고민하는 학생들도 있다. 이는 삶의 경험이 확장되어 감에 따라 나타나는 자연스러운 현상임을 알려 줄 필요가 있다. 꿈은 '정지형 명사'가 아니라 '전진형 동사'이기 때문이다. 자신의 꿈을 구체적으로 말할 수 있으려면, 꿈을 명사가 아니라 동사로 표현하도록 격려하는 것이 좋다. 꿈을 이루기 위해 노력하다 보면 자신이 하고 싶은 일을 발견할 수 있다. 학생들은 책을 읽고 꿈에 관한 다양한 활동을 하면서, 꿈꾼다는 것의 폭넓은 관점을 갖게 될 것이다.

> 생각을 나누는 질문
> 1. 그림책의 장면 중 가장 마음에 드는 것과 그 이유는 무엇인가?
> 2. 자신이 좋아하는 일은 무엇이며 잘하는 것은 무엇인가?
> 3. 어떤 일을 할 때 행복한가?

배움이 깊어지는 활동

1. **가장 마음에 드는 비유** ⋯ 책에서 읽은 문장 중에서 자신의 마음이 머문 표현을 선정하고 그 이유를 기록한 후, 친구들과 생각을 주고받는다. 같은 문장을 선택해도 이유가 다르므로 끝까지 경청한다.
2. **띠 빙고** ⋯ 핵심 단어를 친구들과 돌아가며 발표하고 8칸 종이띠에 키워드를 8개 기록한다. 띠의 양쪽 끝에 위치한 단어만 찢을 수 있고, 마지막 한 장까지 다 내려놓으면 '빙고'라고 외친다.
3. **내가 생각하는 꿈꾼다는 것의 의미를 포토스탠딩으로 정리하기** ⋯ 제시한 사진이나 그림을 참고하여 '꿈꾼다는 건 ~이다 왜냐하면 ~이기 때문이다'로 표현해 보면서 꿈꾼다는 것의 의미를 끌어낸다.

내가 잘하는 건 뭘까

진로

구스노키 시게노리 글, 이시이 기요타카 그림, 김보나 옮김 ‖ 북뱅크

나를 발견하는 기쁨

'내가 가장 잘하는 것'에 관해 공부하는 수업 시간, 소타는 친구들이 잘하는 것은 잘도 찾아내면서, 자신이 잘하는 것은 도무지 발견할 수가 없다. 끝내 생각이 나지 않자 자기가 잘하는 건 하나도 없다고 선생님께 말씀드리며, 애먼 지우개만 움켜쥐고 고개를 떨군다. 담임 선생님은 '소타가 잘하는 건 친구들이 잘하는 걸 아주 잘 찾아내는 것'이라고 메모지에 살짝 써서 알려 준다. 그 격려의 글에 힘을 얻어 씩씩하게 걸어가는 소타의 모습에 잔잔한 감동이 인다.

글을 쓴 구스노키 시게노리는 초등학교 교사 경력이 있다. 글 곳곳에 학교 현장을 아는 사람만이 말할 수 있는 심리나 행동이 잘 묘사되어 있다. 지우개를 부러질 정도로 꽉 잡고 있는 소타의 모습이 대표적이다. 교사가 건네는 한마디 말이 학생의 자신감을 용솟음치게 할 때가 많다. '누구나 잘하는 것 한 가지는 있다!'는 작가의 말에 힘을 얻어, 학생들은 자기가 잘하는 것을 탐색하고 발견하는 기쁨을 통해 자기 긍정을 배우게 될 것이다.

생각을 나누는 질문
1. 선생님의 쪽지를 읽고 소타는 왜 눈물이 찔끔 났을까?
2. 마지막 주인공의 모습처럼 자신감이 넘칠 때는 언제인가?
3. 자신이 잘하는 것을 더 잘하기 위해서는 어떻게 해야 할까?

배움이 깊어지는 활동

1. **나와 우리 가족이 제일 잘하는 것** ⋯▶ 가족 구성원들이 가장 잘하는 것이 무엇인지 직접 알아본다. 가족과 이 주제에 관해 대화를 나누면서 조사할 수 있다.
2. **핫시팅** ⋯▶ 등장인물을 대상으로 일대다 혹은 다대다로 인터뷰를 한다. 한 학생에게 모형 마이크를 질문자에게 전해 주는 역할을 맡기면 더 실감 나게 할 수 있다.
3. **생각 나무 만들기** ⋯▶ 나무의 한 기둥에 나뭇잎을 세 영역으로 나눈 후, 책을 읽고 가장 기억나는 장면과 느낌, 궁금한 점을 기록하여 생각을 시각화한다.

진로

꾸고

이범재 글·그림 ‖ 계수나무

자기 탐색, 꿈을 향한 용기 있는 여정

모든 사람이 가지고 있는 무한한 잠재력에 관해 이야기하는 그림책이다. 육지에 사는 고래 꾸고는 뭐 하나 제대로 하는 게 없다. 다리는 짧고 몸통은 커서 친구들과 노는 일에도 서툴다. 그러던 어느 날, 꾸고는 물에 빠진 코끼리를 구해 주면서 자기가 잘하는 것이 무엇인지 알게 되어, 마침내 바다를 향한 용기 있는 여정을 시작한다. 어려운 과정을 견뎌내며 마침내 바다에 도착한 꾸고는 바다에 뛰어들어 마음껏 헤엄치며 멋진 삶을 살아간다.

자신을 다른 사람과 비교하기 시작하면 불행도 함께 시작된다. 자신을 자세히 들여다보아야 강점도 발견할 수 있다. 친구들과 비교하면 자신의 부족함이 더 커 보일 수 있다. 나의 경쟁자는 주변 친구들이 아니라 '어제의 나'이다. 꾸고처럼 자신의 꿈을 찾아가는 과정에서 겪는 실수나 실패조차도 성장의 과정임을 깨닫고 지속적으로 노력해야 한다. 교사는 학생들이 자신의 강점을 발견하고 그 꿈을 향한 작은 성취의 경험을 계속 쌓아갈 수 있도록 격려한다.

> 생각을 나누는 질문
> 1. 제목이 왜 '꾸고'일까?
> 2. 코끼리를 구해 준 자신을 친구들이 진짜 멋있다고 말했을 때 꾸고는 어떤 기분이 들었을까?
> 3. 내 가슴을 뛰게 만드는 일은 무엇인가?

배움이 깊어지는 활동

1. **작은 성취 경험 나누기** ⋯▶ 등장인물의 상황을 생각하면서 자신이 경험한 작은 성취의 경험을 떠올려 보고 친구들과 이야기를 공유한다. 이야기를 들으면서 강점을 발전시키기 위한 친구들의 노력을 응원한다.
2. **뒷면지 이야기 상상하기** ⋯▶ 뒷면지를 앞면지와 비교해 보고 그림책 이야기와 연계하여 뒷이야기를 상상하여 써 본다. 뒷이야기는 주제와 연계하여 전개한다.
3. **다섯 글자 소감 릴레이** ⋯▶ 이야기에 대한 소감을 다시 다섯 글자로 만들어 정리한다. '꾸고처럼가', '고마워꾸고'와 같이 그림책의 메시지가 포함된 다섯 글자 소감이면 더 좋다.

진로

행복한 청소부

모니카 페트 글, 안토니 보라틴스키 그림, 김경연 옮김 ‖ 풀빛

청소부가 전하는 성장과 행복 이야기

어느 날 청소부 아저씨가 우연히 한 아이와 엄마가 표지판에 관해 나누는 이야기를 듣는다. 그는 매일 닦는 표지판에 적힌 인물들에 관해 아는 것이 없다는 사실을 깨닫고, 음악가와 작가에 관한 공부를 시작한다. 이후 아저씨는 청소를 하면서 음악가들의 곡을 부르기도 하고 작가들의 글을 읊조리기도 한다. 사람들이 그 예술 이야기를 듣기 위해 모여들고, 여러 대학에서 강연 요청까지 들어오지만, 그는 자기에게 즐거움을 주는 표지판 청소 일을 계속한다.

'직업으로 일하면 월급을 받고, 소명으로 일하면 선물을 받는다'라는 말이 생각나는 그림책이다. 하는 일에 대한 만족감을 넘어, 일과 관련된 공부를 하면서 성장하고, 이를 통해 행복한 삶을 나누는 주인공의 이야기는 일에 대한 철학을 성찰하게 한다. 자신이 좋아서 하는 일이 다른 사람들에게도 도움이 된다면 이보다 더 좋을 수는 없다. 그런 사람들이 미치는 선한 영향력 덕분에 세상이 아름다워진다. 이 그림책을 통해 일과 세상의 관계를 인식하게 될 것이다.

생각을 나누는 질문
1. 행복한 청소부 아저씨처럼 자신에게 선물하고 싶은 것은 무엇인가?
2. 음악가와 작가에 대해 강연하는 청소부를 보고 사람들은 왜 놀랐을까?
3. 나는 어떤 일을 할 때 행복한가? 행복의 기준은 무엇이라고 생각하는가?

배움이 깊어지는 활동

1. **마인드맵으로 나타내기** ⋯ '청소부' 하면 떠오르는 아이디어를 마음 가는 대로 마인드맵으로 정리한다. 청소부라는 직업과 관련된 어휘를 다양하게 표현하도록 한다.
2. **인물의 입장이 되어 선택해 보기** ⋯ 청소부 아저씨가 여러 대학에서 요청한 강연을 거절한 이유를 생각해 보고, 나라면 어떻게 했을지 고민해 본다. 직업을 선택할 때 자신의 기준은 무엇인지 고려하여 정리한다.
3. **30년 후의 내 모습** ⋯ 미래의 나는 어떤 일을 하는 사람일지 그림으로 나타내 본다. 잘하는 것과 좋아하는 일에 꾸준히 관심을 가지고 즐겁고 행복하게 살아가는 모습을 상상하여 표현한다.

진로

나는 너는

김경신 글 · 그림 ‖ 글로연

다르다는 것의 아름다움

16명이 자전거를 타고 달리는 모습을 각자의 성향에 따라 다양하게 나타낸 표현들이 맛깔난다. 각각의 모습에 대한 긍정적 말들이 다름의 미학을 생생하게 보여 준다. 인생의 오르막길과 내리막길에서 대처하는 여러 모습이 흥미진진하다. 각 사람을 한 번씩 인생의 주인공으로 세워 주는 것도 인상적이다. 동시에 주변 사람들의 이야기에는 조연으로 함께 하게 함으로써 더불어 사는 삶을 격려하기도 한다.

서로 다른 가락이 동시에 연주되면서 아름다운 멜로디를 만들어 가듯이, 나와 다른 생각과 가치가 모여 삶이 더 풍요로워진다. 다양한 유형 중에서 어떤 모습이 자기와 비슷한지 살펴보면서 MBTI 검사를 병행하면, 자신에 대한 이해를 높이고 진로의 방향을 탐색하는 데도 도움이 된다. 또한, 다른 것이 틀린 것은 아님을 알고, 있는 그대로의 친구들 모습을 존중하고 인정하는 태도를 배울 수 있다. 학생들이 서로 격려하면서 더 나은 나를 찾아가는 노력을 지속하기를 바란다.

> 생각을 나누는 질문
> 1. 왜 그림에 배경이 없을까?
> 2. 특별히 기억하고 싶은 인상적인 문장은 무엇인가?
> 3. 자전거 경주와 같이 친구들의 다양한 성향을 알아볼 수 있는 것에는 또 어떤 것이 있을까?

배움이 깊어지는 활동

1. **나의 성격 유형 찾아보기** ⋯▶ 16개 유형의 사람들에 관해 정리해 놓은 뒷면지를 살펴 보고 자신은 어떤 유형인지 찾을 수 있다. 자기가 어떤 사람인지 생각해 보면서 글을 읽는다.
2. **간이 MBTI 검사하기** ⋯▶ 제시된 문장을 보고 자신에게 더 맞게 표현된 문장을 골라 총체적으로 자신의 성격 유형을 알아본다. 현재의 결과는 상황에 따라 유동적일 수 있음을 안내한다.
3. **파라텍스트로 표현하는 내 이름** ⋯▶ 책 속 '나는' 글자처럼 자신의 성격 유형을 바탕으로 평소에 관심이 있는 것이나 생각나는 이미지를 활용하여 자기 이름을 파라텍스트로 표현한다.

일과 도구

권윤덕 글·그림 ‖ 길벗어린이

진로

우리 동네 사람들의 일과 도구

한 소녀가 고양이와 함께 동네 마실에 나선다. 그들은 동네 일터를 안내하듯이, 마을에서 어울려 살면서 일하는 사람들을 차례대로 만난다. 사람들이 사용하는 도구와 그것을 활용해서 일하는 모습을 통해, 일과 도구의 관계를 자연스럽게 보여 준다. 작가는 특히 과거와 현재, 미래에도 꼭 필요한 일의 종류를 이야기하며, 모든 일의 소중함과 공동체적인 삶의 모습을 따뜻하고 섬세하게 전해 준다. 일에 필요한 도구를 설명해 놓은 부록이 인상적이다.

사람이 살아가는 데 필요한 의식주는 누군가 많은 도구를 사용해서 일한 결과물이다. 도구를 보면 그것을 가지고 일하는 사람들이 흘리는 땀이 연상된다. 그 노동의 결실로 우리는 공동체의 필요를 채워 간다. 편리한 기계가 등장해 기존의 많은 도구를 대체하고 있지만, 여전히 일하는 사람들의 손으로 도구를 사용하여 직접 만든 수제품을 선호하기도 한다. 풍요의 시대에 사람이 손으로 직접 만든 감성의 가치를 생각해 봄으로써 일의 의미를 숙고하게 될 것이다.

생각을 나누는 질문
1. 가장 관심이 가는 도구는 무엇인가?
2. 왜 일터마다 필요한 도구가 다를까?
3. 소녀는 왜 고양이를 데리고 동네 마실을 갔을까?

배움이 깊어지는 활동

1. **직업에 따른 도구 이름 대기** ┈▶ 교사가 제시하는 직업의 종류를 듣고 각 직업이 하는 일에 필요한 도구 이름을 짝 대화로 주고받는다. 번갈아가면서 계속 도구 이름을 제시해야 한다.
2. **몸으로 말해요** ┈▶ 도구를 가지고 하는 일을 흉내 내는 동작을 보고 무슨 일인지 알아맞힌다. 팬터마임 식으로 말없이 몸으로만 표현해야 하는 점에 유의한다.
3. **낱말 막대 놀이** ┈▶ 긴 나무 막대 아래쪽에 일과 도구에 관련된 단어를 써서 긴 통에 넣고 랜덤으로 하나를 뽑아 그 낱말로 문장을 완성한다. 예를 들어, '삽'을 뽑은 경우 '농부가 삽으로 땅을 판다'와 같이 발표한다.

| 진로 |

완두

다비드 칼리 글, 세바스티앙 무랭 그림, 이주영 옮김 ‖ 진선아이

있는 그대로의 모습을 사랑하는 용기

마치 거인국에서 소인처럼 살아가는 한 사람이 있다. 얼마나 작은지 성냥갑이 침대가 되고 인형의 옷을 입고 생활할 정도이다. 학교에서도 너무 작아 리코더 연주를 할 수가 없다. 친구들과 공놀이도 할 수 없는 완두는 늘 혼자서 그림만 그리며 지낸다. 어른이 되어서도 여전히 작지만, 완두는 작은 몸집 때문에 슬퍼하거나 화내지 않는다. 있는 그대로의 모습을 사랑하면서 자기가 좋아하는 일을 하고 살아가는 완두의 매력이 빛난다.

작가는 일반적인 잣대로 자신을 다른 사람들과 비교하기보다 자기가 좋아하는 일을 하며 살아가는 긍정적인 삶을 이야기한다. 긍정적인 자아개념을 형성하면 진로 방향의 설정과 이후 직업 세계에서의 역량 개발에도 도움이 된다. 남들보다 작아도 매일 새로운 놀이로 신나는 경험을 쌓으며, 자기가 할 수 있는 일을 찾아가는 완두의 태도에서 용기를 얻을 수 있다. 보통 사람들과 달라도 자기 모습 그대로를 사랑하면 자기가 가진 힘을 발견하게 될 것이라는 위로가 따뜻하게 스며든다.

생각을 나누는 질문
1. 주인공의 이름이 왜 완두일까?
2. 완두의 회사가 있는 곳은 어디인가?
3. 완두는 몸집이 작아도 위대한 예술가가 되었다. '위대한 예술가'란 어떤 사람일까?

배움이 깊어지는 활동

1. **지우개 지우기** ⋯ 읽기 전 활동으로 표지만 보고 그림책에 나올 것 같은 단어는 살려 두고, 나오지 않을 것 같은 단어에는 ×표 한다. 단어를 확인하려면 꼼꼼하게 내용을 살피며 읽어야 한다.

2. **나만의 우표 그리기** ⋯ 남들과 다른 자신만의 특징을 생각해 보고, 자기가 좋아하고 잘하는 것을 그림 우표로 표현한다. 좁은 면에 효과적으로 그림을 그리기 위해 세밀화용 색연필을 사용하면 좋다.

3. **주인공에게 편지 쓰기** ⋯ 이 책을 읽으면 남들과는 다른 작은 완두를 보살펴 주고 싶은 생각이 든다. 도움을 주고 싶은 마음을 살려 완두를 격려하는 편지를 써 본다. 편지글의 형식을 알고 주인공에게 하고 싶은 말을 쓴다.

당신의 빛

강경수 글·그림 ‖ 모든요일그림책

진로

험한 세상에 다리가 되는 선한 사람들의 빛

이 책은 사람들이 가진 선한 마음을 이야기한다. 작가는 현대 물질 사회에서 잊혀가고 있는 인간다운 덕목을 살려낸다. 소외 계층을 향한 관심과 배려 그리고 봉사하는 사람들의 마음을 '빛'으로 형상화하여, 중세의 '헤일로'(성화에서 인물을 감싸는 원형의 금빛) 서사와 연계한 점이 인상적이다. 특히, 주인공 소년의 입을 통해 선의 가치에 대한 인간의 의지를 강조하는 마지막 문장이 오랜 여운을 준다.

역사는 위대한 사람들의 업적으로 이루어져 가기도 하지만, 평범한 다수의 사람이 가진 이타심으로 지탱되기도 한다. 책에서 '우리 모두가 빛을 내고 있다'라는 선생님의 말은 보통 사람들이 가진 위대한 힘을 의미하는 또 다른 표현이다. 위인들만이 세상의 빛이 되는 건 아니며, 우리 모두가 세상을 밝힐 수 있는 일에 참여할 수 있다는 메시지가 고무적이다. 학생들은 자기가 하는 일이 세상에 도움이 될 수 있기를 기대하며, 자부심을 가지고 꿈 실현을 위한 노력을 계속하게 될 것이다.

생각을 나누는 질문
1. 다른 사람을 돕는 사람들에게 어떤 변화가 나타났는가?
2. 이 책에서 가장 마음에 머무는 문장은 무엇인가?
3. 왜 우리는 세상을 환히 밝히는 빛이 되어야 할까?

배움이 깊어지는 활동

1. **단어 빙고** ⋯▶ 책에 나오는 단어를 메모한 후 16개를 골라 4×4 빙고 칸에 쓴다. 이후 돌아가며 발표하는 단어에 ○표를 하여 상황에 맞게 ×자, ㄱ자, ㄷ자, ㅁ자 빙고를 한다.
2. **캘리그래피로 표현하기** ⋯▶ 책을 읽고 마음에 남는 문장을 캘리그래피로 표현한다. 문장의 의미를 생각하며 붓펜을 활용하여 문장을 여러 번 따라 쓰고, 제일 잘 쓴 글씨를 골라 전시한다.
3. **하고 싶은 일 표현하기** ⋯▶ 자기가 하고 싶은 일이 세상에 어떤 도움이 되는지 생각하며, 하고 싶은 일을 글이나 그림으로 표현한다. 필요하다면 글과 그림을 모두 활용한다.

> 진로

위대한 완두콩

조수진 글 · 그림 ‖ 어흥대작전

꿈을 향한 무모하지만 유쾌한 도전

어처구니없게도 우주비행사가 되기를 꿈꾸는 한 완두콩이 있다. 그 완두콩은 대다수가 꿈꾸는 통조림이 되기를 거부하고, 최초의 우주 완두콩이 되기 위해 준비를 철저히 한다. 이후 용감하게 완두콩밭을 떠나지만, 새로운 길은 시련의 연속이다. 완두콩밭에서는 겪지 못한 야생 동물들의 위협을 버텨내느라 매일 힘겹다. 그래도 포기하지 않고 끝까지 이겨내, 결국은 우주로 가는 꿈을 성취한다.

모두가 무모하다며 말리는 일에 기어이 도전해서 이뤄내고야 마는 유쾌한 도전자들의 이야기는 우리에게 많은 감동을 준다. 하고 싶은 일을 성취하기 위해 남의 이목에 신경 쓰지 않고 추진하는 두둑한 배짱이 부럽다. 다른 사람들이 허황된 꿈이라고 하더라도 자신의 꿈을 깨닫고 간절히 원하면 이루어진다는 이야기는 다소 식상할 수 있다. 그러나 '뜻이 있는 곳에 길이 있다!' 실패의 쓴잔을 마실지라도, 도전자의 실패는 도전하지 않는 자의 무기력보다 낫다. 실패는 꿈을 이루어 가는 과정일 뿐이다. 기꺼이 실패하는 용기를 가지기를 기대한다.

생각을 나누는 질문

1. 왜 제목이 '위대한 완두콩'일까?
2. 잘 자라는 완두콩들이 원하는 딱 하나는 무엇인가?
3. 무슨 일이 있어도 포기하지 않고 꿈을 성취한 위대한 완두콩에게 어떤 말을 전하고 싶나?

배움이 깊어지는 활동

1. **꿈을 이루기 위한 계획과 노력 설계하기** ⟶ 현재의 꿈을 갖게 된 계기를 생각해 보고 자신의 꿈을 이루기 위한 계획과 노력을 정리해 본다. 꿈을 향한 도전 과정을 구체적으로 표현하는 것이 좋다.
2. **비슷한 주제의 다른 책 찾기** ⟶ 남들이 다 말리는 일이지만, 자신이 꼭 이루고 싶은 꿈을 향해 끝까지 도전하는 다른 이야기를 찾아본다. 책뿐만 아니라 드라마나 영화에서 찾아도 된다.
3. **공통점 · 차이점 정리하기** ⟶ 활동 2에서 찾은 대상을 『위대한 완두콩』과 비교하여 공통점과 차이점을 생각해 본다. 이중원에 두 비교 대상을 기록하고, 가운데 세 개에는 공통점을, 바깥쪽 세 개에는 차이점을 정리한다.

마음껏 꿈꿔 봐

진로

허은실 글, 이미정 그림 ‖ 을파소

꿈, 꿈틀거리는 생물

은별이는 꿈 부자다. 바위가 된다고 했는데 투명 인간이 되겠다고도 하고, 슈퍼맨이 될 거라고 한다. 엄마는 은별이에게 꿈은 여러 개여도 되며, 무얼 하면 가장 신나고 행복한지 생각해 보라고 말한다. 꿈을 꾸고 있다는 그 자체가 소중하므로, 어떤 꿈도 괜찮으니까 마음껏 꿈꿔 보라고 격려한다. 엄마도 멋진 꽃밭을 만드는 꿈이 있어서 참 좋다고 말하는 장면은 아이뿐만 아니라 어른도 삶의 주인공임을 알려주는 듯해서 참 좋다.

학생들은 시대의 흐름에 따라 변화하는 다양한 직업 세계를 이해하고, 일에 대해 열린 마음이 필요하다. 자라는 과정에서 꿈이 달라지는 것은 누구에게나 나타나는 정상적인 일이다. 꿈을 꾼다는 것만으로도 우리는 희망을 이야기할 수 있다. 교사는 학생들이 가족이나 친구들과 이야기를 나누면서 삶에서 자연스럽게 자신의 흥미나 적성을 탐색해 가도록 안내해야 한다. 하고 싶고, 되고 싶은 일을 소통하며 찾아가는 경험은 자기주도적인 태도를 형성하는 자양분이 될 것이다.

생각을 나누는 질문
1. 표지에 나오는 등장인물들은 왜 하늘을 날고 있을까?
2. 은별이에게 보내는 응원 메시지에 써 주고 싶은 말은 무엇인가?
3. 별똥별에게 어떤 소원을 빌고 싶은가?

배움이 깊어지는 활동

1. **우리 가족의 꿈** ⋯▶ 가족이 꿈꾸는 일이 무엇인지 조사한다. 미래에 할 일뿐만 아니라 현재 자신이 선 자리에서 원하는 일까지 폭넓게 생각한다.
2. **꿈 명함 만들기** ⋯▶ 꿈을 찾는 과정에서 현재 가장 관심이 가는 것을 시각화함으로써 꿈을 재확인한다. 실제 명함처럼 이름, 상호, 회사 사진, 전화번호, 이메일, 주소 등을 넣어 만들어 본다.
3. **등장인물에게 상장 주기** ⋯▶ 인물을 선정한 후 그 인물의 특성을 살려 상장 이름과 내용을 기록해서 상장을 수여한다. '상상 그 이상, 넌 항상' 등 매력적이고 톡톡 튀는 상장 이름을 예시 자료로 제시해도 좋다.

4장

평화통일
미디어 리터러시
경제금융
창의성
독서
세계문화

평화통일

평화란 어떤 걸까?

하마다 게이코 글·그림, 박종진 옮김 ‖ 사계절

평화에 대해 생각해 보기

'평화'의 사전적 의미는 '평온하고 화목함' 또는 '전쟁, 분쟁 또는 일체의 갈등이 없이 평온한 상태'다. 이 책은 이러한 세상을 꿈꾸며 한중일 세 나라의 작가들이 협력하여 만들었다. 책에서는 평화를 대단한 것이 아니라, 전쟁의 위험 없이 기본적인 의식주를 영위하며 자신의 의사를 밝힐 수 있는 자유가 있는 상태로 정의한다. 또한, 서로의 차이를 인정하고 친구가 되는 것이 평화라고 설명한다. 이 책은 단순한 표현과 그림을 통해 평화의 본질을 다시 생각하게 한다.

학교에서는 6월을 호국보훈의 달 또는 나라 사랑의 달로 정하여 다양한 계기 교육을 진행한다. 초등학교에서는 도덕 시간에 통일에 대해 배우는데, 이 책으로 평화의 의미를 생각해본다면 왜 나라 사랑이나 통일이 중요한지 이해하는 데 도움이 될 것이다. 짧은 문장과 그림으로 구성되어 있어 학생들이 평화의 의미를 쉽게 이해하고, 학습 활동에 바로 적용할 수 있으며, 평화로운 세상을 만들기 위한 노력이 왜 중요한지 깨닫게 해 준다.

생각을 나누는 질문
1. 내가 평화롭기 위해 필요한 것은 무엇일까?
2. 가정이나 교실이 평화롭기 위해 우리는 어떻게 해야 할까?
3. 나라가 평화롭다는 것은 어떤 것일까?

배움이 깊어지는 활동

1. **가장 마음에 드는 장면** ⋯▸ 책을 다시 읽으면서 마음에 드는 장면을 하나 고른다. 왜 마음에 드는지 이유를 포스트잇에 써서 그 장면에 붙인다. 다 붙인 후 다른 친구들은 어느 장면을 골랐는지, 왜 골랐는지 살펴본다.
2. **나, 가정, 교실, 나라가 평화로우려면** ⋯▸ 평화는 저절로 이루어지는 게 아니라 개개인의 노력이 필요함을 알고 어떤 행동이 필요한지 짧은 글로 쓴다.
3. **내가 생각하는 평화** ⋯▸ 책에 있는 평화의 개념을 참고하여 내가 생각하는 평화는 무엇인지 한 문장으로 쓴다. 그리고 그 문장과 관련지어 그림으로 표현한다.

전쟁을 평화로 바꾸는 방법

평화통일

루이즈 암스트롱 글, 서현 그림, 서애경 옮김 ǁ 평화를품은책

전쟁을 어떻게 평화로 바꿀까?

이 책은 두 아이가 바닷가의 모래성을 쌓으면서 놀다가 다툼이 일어나는 상황을 빗대어 전쟁이 왜 일어나는지 그 과정을 보여준다. 그리고 학생들이 이해하기 어려운 '침략' '전략' '전투 재개' '외교' '무장 해제' '전력 증강' 같은 군사 용어를 그림과 글에서 쉽게 풀이하여 보여주고 그 개념을 파악할 수 있도록 도와준다. 두 아이는 다툼이 길어지고 여러 사람이 개입하지만, 결국 같이 놀 수 있는 평화를 선택한다.

학교에서는 평화의 개념을 물리적 폭력이 없는 '소극적 평화'와 더 나아가 구조적·문화적 폭력이 없는 '적극적 평화'로 가르친다. 진정한 평화를 이루기 위해서는 적극적 평화를 지향해야 한다고 한다.

두 아이의 이야기를 통해 학생들은 전쟁과 평화의 의미를 깊이 있게 이해할 수 있으며, 그 과정에서 소극적 평화와 적극적 평화의 차이를 이해하게 된다. 이 책은 학생들에게 전쟁 예방과 평화 유지의 중요성을 가르치며, 현실 세계에서의 평화를 실현하기 위한 첫걸음을 내딛도록 돕는다.

생각을 나누는 질문
1. 전쟁은 왜 일어나는 것일까?
2. 전쟁이 일어나지 않으려면 어떤 노력이 필요할까?
3. 전쟁을 해결하기 위해 필요한 것은 무엇일까?

배움이 깊어지는 활동

1. **전쟁과 관련된 어려운 낱말을 알아보기** ⋯▶ 학습지에 전쟁과 관련된 어려운 한자어와 그 뜻을 생각하며 문장에 들어가는 말을 찾아 넣는다. 완성 후 다시 읽어 보면서 전쟁과 관련된 어려운 낱말의 뜻을 파악한다.
2. **소극적 평화와 적극적 평화 그리고 우리가 지향해야 할 평화** ⋯▶ 포스트잇을 1장씩 나눠주고 '평화' 하면 떠오르는 것을 한 가지 적어 칠판에 붙인다. 포스트잇을 비슷한 내용끼리 묶어 정리한 후 그 내용을 바탕으로 '소극적 평화'와 '적극적 평화'의 의미를 다시 확인한다.
3. **'평화' 이행시** ⋯▶ 전쟁이 완전히 사라지는 평화로운 세상을 상상해 본다. 사람들이 어떤 생각을 하고 어떻게 생각을 할까? 그 내용을 담아서 이행시로 나타낸다.

적

다비드 칼리 글, 세르주 블로크 그림, 안수연 옮김 ‖ 문학동네

적이란 어떤 사람일까?

전쟁이 나면 우리 편은 '아군'이라 하고 반대편은 '적군'이 되며 없애야 할 대상이 된다. 전쟁이 지속되면 이기든 지든 피해는 커지게 되고 적군을 향한 증오심도 더욱 커진다. 서로 야수와 같다고 비난하고 적군의 잘못으로 전쟁이 일어났으며, 그들은 동정심이 없어 아무 죄도 없는 여자와 아이들까지 죽인다고 한다. 이 이야기의 두 병사도 각각의 참호 안에서 서로에 대해 이렇게 생각하고 지낸다. 그러다가 우연히 상대에 대해 알게 되고 그들도 자신과 같은 사람이라는 것을 깨닫게 된다.

많은 아이가 전쟁에 대한 환상을 가지고 있다. 게임에서 총을 쏘고 다양한 무기를 사용하면서 점수를 올리는 놀이처럼 생각하곤 한다. 그러나 실제 전쟁이 일어난다면 승리를 하더라도 힘없는 아이들과 노인, 그리고 여자들이 희생된다. 군인들도 서로 적이라 생각하고 싸우지만 자기와 똑같은 사람으로 그도 가족이 있고 외로움과 공포를 느끼는 사람이다. 분쟁을 끝내는 것은 총과 죽음을 통해서가 아니라 펜과 평화의 힘이다.

생각을 나누는 질문
1. '적'은 어떤 사람일까?
2. 옷에 여러 훈장을 달고 경례를 하는 손에는 피가 흐르는 표지의 군인은 무엇을 의미할까?
3. 앞면지에는 여러 병사 중에 네잎클로버를 물고 있는 병사가 1명 있고, 뒷면지에는 줄 맞춰 서 있는 많은 병사 중에서 2명의 병사가 빠져 있다. 면지에서 작가가 이야기하려는 것은 무엇일까?

배움이 깊어지는 활동

1. **그림책 제목 바꾸기** … 앞·뒤표지의 그림을 다시 살펴본다. 내용을 생각하면서 내가 작가라면 어떻게 그림책 제목을 정할지 생각해서 책 제목을 바꾼다.
2. **두 병사의 뒷이야기를 상상해 보기** … 내가 이 상황의 병사라면 어떻게 행동했을지, 뒷이야기를 써 보면서 전쟁에 희생되는 병사의 마음을 생각한다.
3. **전쟁, 평화를 비유적으로 표현해 보기** … '전쟁', '평화'에 대해 깊이 생각해 보고 시각, 청각, 후각 등 오감을 살려 어떤 것과 비슷한지 찾아 비유적 표현으로 나타낸다.

평화통일

빨간 나라 파란 나라

에릭 바튀 글·그림, 이주영 옮김 ‖ 담푸스

한반도 분단의 원인은 무엇일까?

　지도자의 명령에 따라 할 수 없이 돌벽을 쌓은 사람들은 갑자기 나라가 둘로 나뉘는 바람에 헤어지게 되고 건너편에 사는 가족과 친구들을 그리워한다. 그런데 나라의 지도자들끼리 몰래 만나서 잔치를 벌이는 것을 알게 된다. 화가 난 사람들은 이대로 가만히 있을 수는 없어서 같이 만나기 위해 커다란 종이비행기를 접고 올라탄다. 권력을 가진 지도자가 지나친 탐욕을 부리면 어떻게 될까? 시민들이 지도자를 군말 없이 따를 때 어떤 일이 일어날까?

　우리나라에도 늘 함께 하고 싶은 가족과 강제로 헤어져 이산 가족이 되고, 오랫동안 만나지 못하면서 서로 그리워하며 사는 사람들이 있다. 이 책은 시민들이 지도자를 무조건 따르는 것이 아니라, 자신의 가치와 이상을 바탕으로 적절한 행동을 해야 함을 알리고 우리가 어떻게 행동해야 할지를 깊이 생각하게 한다. 그리고 사람들이 스스로 평화를 찾아가는 모습을 그린다. 한반도 분단의 원인을 찾아보고 우리는 어떻게 행동해야 옳은지 생각하게 하는 좋은 책이다.

> 생각을 나누는 질문
> 1. 빨간 나라, 파란 나라로 나눈 기준은 무엇일까? 그 기준은 옳은 것일까?
> 2. 사람들은 왜 집을 옮기고 벽을 만들라는 명령에 순순히 따랐을까?
> 3. 두 왕자는 왜 벽 사이에서 만났을까? 둘은 만나면서 사람들은 왜 벽을 건너가지 못하게 했을까?

배움이 깊어지는 활동

1. **한반도의 분단 원인을 KWL 학습으로 정리하기** ⋯▶ 수업 전에 현재 한반도의 상황에 대해 스스로 알고 있는 것(K)과 알고 싶은 것(W)을 정리하고 수업 후 새롭게 알게 된 점(L)을 정리한다.
2. **『빨간 나라 파란 나라』 내용과 우리 역사를 비교하고 비슷한 것끼리 연결하기** ⋯▶ 책의 내용과 우리 역사를 비교하고 비슷한 것끼리 연결해 보면서 한반도 분단의 원인과 과정을 파악한다.
3. **통일을 염원하는 종이 비행기 만들어 날려 보기** ⋯▶ 시민들이 분단의 문제에 지속적으로 의문을 제기하고 관심을 가지며 통일과 평화를 염원할 때 통일이 가능하다는 것을 생각해 본다.

평화통일

숨바꼭질

김정선 글·그림 ‖ 사계절

전쟁이 갑자기 일어난다면?

 6·25 전쟁의 참상을 아이의 눈으로 담아낸 그림책이다. 늘 같이 놀던 두 아이는 전쟁이 터지고 한 친구가 갑자기 피난길에 오르게 된다. 아이들의 상황은 숨바꼭질 놀이에 비유되고 "꼭꼭 숨어라. 머리카락 보일라." 노랫말에 맞춰 둘의 엇갈린 운명을 보여준다. 다 읽고 나면 두 아이가 겪은 일이 실제로 많이 일어났고 전쟁으로 가까운 사람들과 헤어질 수 있음을 깨닫게 된다. 이를 통해 전쟁의 비참하고 끔찍한 상태나 상황을 깊게 이해한다.

 전쟁을 실제로 겪은 세대가 점점 적어지고 있다. 현재는 다른 나라의 전쟁 상황을 뉴스로 접하지만, 우리도 휴전 상황이라 언제든지 전쟁이 일어날 수 있다. 전쟁을 멀리 있는 남의 나라 이야기로 생각하기보다 나와 내 친구의 이야기로 받아들인다면 전쟁의 아픔을 더 크게 느끼면서 평화의 소중함을 알 수 있을 것이다. 아직도 한반도는 전쟁이 끝난 것이 아니다. 우리에게 전쟁은 꼭 알아야 할 역사의 일부이고 제대로 알 때 앞으로 나아가는 길도 진정성 있게 모색할 수 있다.

> **생각을 나누는 질문**
> 1. 집으로 돌아온 자전거포 집 이순득은 결국 친구인 양조장 집 박순득을 찾았을까?
> 2. 순득이처럼 친한 친구나 가족과 갑자기 헤어진다면 어떤 생각이 들까?
> 3. 전쟁이나 싸움은 왜 일어나는 것일까?

> **배움이 깊어지는 활동**
>
> 1. **만약 전쟁이 난다면 우리는 어떻게 될까?** ⋯▶ 전쟁이 일어나면 나에게 어떤 상황이 벌어질지 상상해 본다. 예를 들면 '우리 집이 무너지면 어떻게 될까?' '학교를 못 다니면 어떻게 될까?' '내가 또는 가족이 아프면 어떻게 될까?' 등 구체적인 상황을 생각해 본다.
> 2. **6·25 전쟁 알아보기** ⋯▶ 6·25 전쟁에 관해 설명한 4개의 문장을 읽고 앞뒤 순서를 생각하여 차례대로 번호를 적어 정리하면서 당시의 상황을 파악한다.
> 3. **전쟁이 있는 세상과 전쟁이 없는 평화로운 세상을 나타내보기** ⋯▶ 전쟁하는 세상과 관련된 낱말(예: 총, 칼, 죽음, 아픔, 피난, 폭력, 두려움 등)과 전쟁 없는 세상과 관련된 낱말(예: 평화, 사랑, 웃음, 꽃 등)을 찾아 비교하여 이야기한 후 관련되는 장면을 그리거나 글로 써 본다.

엄마에게

서진선 글 · 그림 ‖ 보림

평화통일

내가 이산가족이라면?

민족이 둘로 나뉘어져 만나지 못하는 비극의 원인인 6 · 25 전쟁은 분단이라는 슬픈 결과를 낳았다. 지금은 분단된 상황을 특별히 불편하게 여기지 않고 신경 쓰지 않는 사람들도 있지만, 전쟁으로 이산가족이 되어 버린 사람들이 여전히 존재하고, 그들의 슬픔과 아픔은 70여 년이 지난 지금도 개인의 삶에 고스란히 남아 치유되지 못하고 있다. 이 책은 6 · 25 전쟁 중에 엄마와 헤어진 어린아이가 잠시 헤어졌다가 다시 만날 줄 알았는데 평생 만나지 못하게 되고 계속 기다린다는 내용이다. 전쟁을 역사적 · 사회적 문제로 삼지 않고 개인의 삶이 어떻게 바뀌었나의 측면에서 잘 보여준다.

이산가족 이야기는 이제 우리 삶과 멀어진 것으로 생각된다. 실제로 통계자료를 보면, 이산가족으로 등록했던 사람들이 이제 고령화되고 사망한 분이 많아서 남아있는 분이 얼마 되지 않는다고 한다. '한국의 슈바이처' 장기려 박사의 실화를 바탕으로 쓴 이 그림책으로 이산가족의 아픔을 같이 느낀다면 통일의 필요성을 더 깨달을 수 있을 것이다.

생각을 나누는 질문
1. 전쟁이 나서 가용이처럼 부모와 갑자기 헤어져 이산가족이 된다면 어떤 생각이 들까?
2. 그림책에 나온 38선과 휴전선의 공통점과 차이점은 무엇일까?
3. 이산가족의 소원은 "죽기 전에 꼭 한 번이라도 헤어진 가족을 만나는 것"이라고 한다. 이 소원을 이루는 데 필요한 것은 무엇일까?

배움이 깊어지는 활동

1. **'한국의 슈바이처' 장기려 박사에 관해 알아보기** ⋯▶ 장기려 박사의 삶을 알아보고 더불어 갑자기 가족과 헤어져버린 이산가족의 고통을 이해한다.
2. **주인공의 '엄마에게' 편지 쓰기** ⋯▶ 주인공의 입장이 되어서 갑자기 엄마와 헤어져서 어떤 기분이 들지, 슬퍼하는 아빠를 보면서 어떤 생각이 들지, 어떻게 행동해야 하는지를 생각해 보고, 주인공의 엄마에게 편지를 쓴다.
3. **분단으로 아픔과 어려움을 실제로 겪고 있는 이야기 조사하기** ⋯▶ 장기려 박사처럼 이산가족이 되었거나 탈북으로 가족과 떨어진 사례, 남북한의 경제협력에 문제가 생긴 것, 남북한 스포츠 협력에 어려움이 있는 상황 등의 사례를 조사한다.

이 선이 필요할까?

차재혁 글, 최은영 그림 ‖ 노란상상

북한과 어떤 선으로 이어져야 할까?

누군지 모르는 사람들이 그려 놓은 선이 있다. 우리는 선을 따라 걷기도 하지만, 그 선이 경계가 되어 우리끼리 모이기도 하고 누군가를 가르고 구분 짓게도 한다. 선이 단순한 경계를 넘어서 사람들 간의 심리적인 벽을 만들고 소외와 편견이 생긴다면 어떨까? 선이 점점 확장되어 집단 간의 분쟁을 일으키거나 국가 간의 문제로 번진다면? 선이 불필요하다는 것을 알게 되고 오히려 문제가 된다는 걸 인식한다면 없애야 하지 않을까?

이 선은 현재 한반도의 상황을 생각하게도 한다. 광복 이후 한반도가 둘로 나누어 살아온 지 70여 년이 되었다. 우리나라와 북한을 나누는 선은 영토를 나누는 휴전선뿐만 아니라 심리적으로 보이지 않는 수많은 선이 존재한다. 상대 국가에 대한 무지, 오해, 편견, 혐오의 각종 선이 존재하기 때문에 이를 걷어내지 않는 한 통일은 어려운 일이고 통일이 되어도 부가적인 문제는 발생할 것이다. 결국, 이런 선들을 없애고 서로에 대한 이해와 존중을 바탕으로 한 소통이 필요하다.

생각을 나누는 질문
1. 가족이나 친구 사이에서 보이지 않는 선이 그어진 것처럼 느껴진 적이 있는가? 왜 그랬을까? 그때 어떤 생각이 들었나?
2. 우리 가족과 다른 형태의 가족을 만난 적이 있었나? 그때 어떤 생각이 들었나?
3. 남한과 북한이 휴전선을 사이에 두고 둘로 나누어진 원인은 무엇일까?

배움이 깊어지는 활동

1. **우리 사이에 선이 생긴다면?** → 교실을 빨간 선으로 둘로 나눈 후 1~2교시 정도 서로 이야기 나누지 않고 오가지도 못하게 한다. 선 때문에 생긴 불편함에 대해 생각이나 느낀 점을 이야기한다.
2. **남한과 북한 사이의 선** → 남한과 북한 사이에는 영토를 나눈 휴전선뿐만 아니라 심리적인 장벽도 존재한다. 통일을 위해 북한에 대한 편견을 없애고 서로 이해하기 위해 어떤 노력이 필요한지 찾아본다.
3. **북한에 대한 편견을 없애고 서로 이해하는 새로운 선을 만들기** → 통일을 위해서는 서로 갈라서게 하는 심리적인 선을 자르고 서로 잇는 선을 만들어야 한다. 남북한을 잇게 하려면 어떤 노력을 할 수 있을지 생각한다.

모자가 날아가면

안나 바첼리에레 글, 키아라 곰보 그림, 박우숙 옮김 ‖ 평화를품은책

평화통일

전쟁을 멈추는 방법

21세기인 현재에도 전쟁은 계속되고 있다. 전쟁 중에 가장 많은 고통을 받는 것은 아이들이다. 이 책은 다양한 모자를 쓴 아이들이 전쟁 상황에서 고통받고 가족과 친구를 잃으며 거주할 집도 없는 비참한 상황을 알려준다. 민족이나 종교적 이유로 세계 여러 나라 사람들은 다양한 모자를 쓴다. 따라서 아이들이 쓴 모자는 다양한 민족과 종교를 상징한다. 아이들은 세찬 바람에 모자가 날아가면 이런 상황을 해결할 수 있으리라 해결책을 제시한다.

사실 눈에 보이는 전쟁뿐만 아니라 타민족과 다른 종교라는 이유로 편견, 차별, 갈등도 지속적으로 일어난다. 우리나라도 예외는 아니어서 동남아 국가, 중국, 북한 등지에서 직장이나 결혼 문제로 거주하는 외국인에 대한 혐오와 차별이 계속되고 있다. 모자가 바람에 날아가듯이 이제는 다름과 다양성을 존중하며 서로 이해하고 인정해야 할 때이다. 다름과 다양성을 인정하며 평화를 추구하는 것이 중요하며 이러한 마음이 바탕이 될 때 제대로 된 통일도 가능할 것이다.

> 생각을 나누는 질문
> 1. 아이들이 머리에 쓴 모자는 무엇을 나타내는 걸까?
> 2. 전쟁 지역의 아이들은 어떻게 살아갈까?
> 3. 전쟁을 멈추려면 어떤 마음이나 생각이 필요할까?

배움이 깊어지는 활동

1. **전쟁을 멈출 수 있는 아이디어를 생각하고 네 컷 만화 만들기** ⋯ 그림책에서는 모자가 바람에 날아가면 인간 본연의 모습을 서로 마주하고 전쟁을 멈출 수 있다고 상상한다. 전쟁을 멈출 수 있는 아이디어를 자유롭게 상상하여 만화로 나타낸다.
2. **통일을 위해 노력해야 할 점을 확인하면서 자신을 되돌아보기** ⋯ 통일을 위해서는 남북한의 정치, 경제, 문화적 측면에서 많은 차이를 잘 극복해야 하고 차별, 편견, 혐오 없이 평화로운 세상에 대한 희망이 필요하다. 자신이 노력할 점을 생각한다.
3. **'모자가 날아간 후' 주제로 시 쓰기** ⋯ 국가, 민족이나 종교를 상징하는 모자가 다 날아가고 평화가 찾아오는 모습을 생각하면서 시를 쓴다.

평화통일

비무장지대에 봄이 오면

이억배 글·그림 ‖ 사계절

통일의 좋은 점은 무엇일까?

비무장지대는 우리나라 분단의 상징이다. 군사분계선을 중심으로 남북 2킬로미터씩 물러나 철책이 세워져 있고 남북 군인들이 지키고 서 있다. 아무나 들어갈 수 없는 곳이라 봄, 여름, 가을, 겨울 사계절 다양한 식물이 피어나고 쉽게 볼 수 없는 동물들이 관찰되기도 한다. 이산가족인 할아버지는 아이와 함께 전망대에 가서 자주 고향인 북쪽을 바라보고 통일이 되기를 기다리고 있다. 그런데 이렇게 통일을 기다리는 이산가족도 이제는 많이 남아 있지 않다.

우리는 분단된 지 너무 오래 지난 탓인지 통일에 대해 부정적인 의견이 많다. 분단이 된 현재 상태로 지내는 것이 더 좋을 거라는 의견도 많다. 그렇지만 우리는 통일을 해야 하고 그러려면 여러 각도에서 통일의 좋은 점을 찾아봐야 한다. 통일은 단지 정치적인 문제가 아니라, 우리 모두의 삶과 미래를 위한 중요한 과제임을 잊지 말아야 한다. 이 그림책은 특히 비무장지대의 아름다운 자연을 보여주고 통일이 되면 그 자연을 누릴 수 있음을 보여준다.

생각을 나누는 질문
1. 비무장지대는 왜 생겼을까?
2. 비무장지대에는 왜 우리가 못 보던 동식물이 많을까?
3. 가족을 그리워하며 비무장지대를 보던 할아버지가 가족을 다시 만나면 어떤 말을 하고 싶을까?

배움이 깊어지는 활동

1. **비무장지대의 봄, 여름, 가을, 겨울의 모습을 표현하기** ⋯ 동영상을 통해서 그림책에 나온 것 외에 비무장지대에 살고 있는 동식물은 어떤 것이 더 있는지 살펴보고 그림이나 글로 정리한다.(https://www.youtube.com/watch?v=BdjRRX3m-7Q&t=9s YTN 스페셜 'DMZ의 사계' 1부:생명)
2. **통일의 좋은 점을 나타내는 그림 카드를 고르고 떠오른 생각을 정리하기** ⋯ 통일과 관련된 6개 그림 카드(남북한을 자유롭게 여행하기, 비무장지대 동식물 만나기, 남북한 아이들과 친구 되기, 이산가족 만나기, 남북한 음식 맛보기, 세계 기차 여행 등)를 이용하여 통일의 좋은 점을 찾아본다.
3. **평화를 상징하는 캐릭터 만들기** ⋯ 비무장지대의 여러 동식물 중 하나를 골라 평화를 상징하는 캐릭터로 그린다.

기차

천미진 글, 설동주 그림 ∥ 발견(키즈엠)

평화통일

통일이 되면 우리 일상은 어떻게 달라질까?

통일이 된 우리나라와 한반도의 모습을 상상해서 나타낸 그림책이다. 통일이 되면 좋은 점이 많이 있겠지만, 이 책에서는 개인에게 가장 와 닿을 만한 주제인 '기차 여행'으로 통일의 필요성을 보여준다. 이산가족은 물론이고 이산가족이 없는 사람들도 서울역에서 시작하여 휴전선을 지나서 함흥을 거쳐 러시아 시베리아 횡단 열차 길을 따라 유럽까지 닿는다면 얼마나 설렐까? 이 책은 부산에서 영국까지 연결된 기찻길을 한눈에 보여줌으로써 통일이나 종전 이후에 우리가 누릴 수 있는 일상에서 통일의 좋은 점을 생각하게 한다.

학교에서는 6월을 호국보훈의 달에 평화통일 교육을 하고 도덕 시간에도 평화와 통일에 대하여 따로 공부를 한다. 우리나라가 통일을 이루면 어떤 장점이 있는지 생각해 보는 수업에 이 책을 활용한다면 막연하게 생각했던 통일 후의 모습을 좀 더 구체적으로 생각할 수 있을 것이다. 더불어 통일이 되면 하고 싶은 일을 자신의 꿈과 관련지어 생각해 보면 통일된 한반도의 모습을 쉽게 그려볼 수 있을 것이다.

생각을 나누는 질문
1. 우리나라가 통일이 된다면 어떤 미래가 펼쳐질까?
2. 통일을 하면 어떤 어려움이 생기고 어떻게 해결해야 할까?(통일 비용, 통일 편익 면에서)
3. 통일이 된 나라에서 나는 어떤 일을 하고 싶은가?(자신의 진로와 관련지어서)

배움이 깊어지는 활동

1. **'통일' 하면 떠오르는 생각이나 느낌** ⋯ 통일을 하면 좋은 점이나 좋지 않은 점을 짝과 이야기하고, 통일과 관련되는 생각이나 느낌을 짝과 함께 마인드맵으로 쓰면서 분류, 정리한다.
2. **통일을 하면 나에게 좋은 점** ⋯ 통일 된다면 나에게는 어떤 좋은 점이 있는지 생각하고 정리하여 쓴다. 통일의 좋은 점을 국가 차원에서 추상적으로 생각하기보다 개인인 '나'에게 좋은 점을 찾는다.
3. **통일이 된 한반도의 모습** ⋯ 그림책의 그림을 참고하여 통일이 된 한반도는 어떤 모습일지 상상해 본다. 통일이 되면 어디에서 무엇을 하고 싶은지 그림이나 글로 표현한다.

정말 그럴까?

마리아 엔리카 아고스토넬리 글·그림, 한리나 옮김 ‖ 문학동네

이미지도 비판적으로 살펴보자!

눈으로 볼 수 있는 것은 한계가 있지만, 우리는 눈에 보이는 대로 믿는 경향이 있다. 그리고 고정관념으로 인해 정보를 왜곡하여 받아들이기도 한다. 이 책은 먼저 활활 타오르는 불꽃을 보여준다. 그런데 다음 페이지를 넘기면 그것이 불꽃이 아니라 수탉의 볏이다. 까만 우산이 틀림없어 보였는데, 박쥐의 날개이고, 나무인지 알았는데 코끼리의 다리이다. 이렇게 이미지는 우리에게 직관적으로 많은 정보를 주지만, 이미지를 있는 그대로 무비판적으로 받아들여서는 곤란하다.

초등학교 국어과의 미디어 리터러시 교육 관련 성취기준 '[6국02-05] 매체에 따른 다양한 읽기 방법을 이해하고 적절하게 적용하며 읽는다'에서 매체, 즉 미디어는 뉴스, 지식, 정보, 사상과 정서 등을 전달하고 공유하는 수단으로 책, 신문, 전화, 라디오, 사진, 광고, 영화, 텔레비전, 컴퓨터, 인터넷 등과 그에 관련된 콘텐츠와 소셜미디어 등을 포괄한다. 미래 사회를 살아갈 학생들에게는 비판적 관점에서 미디어를 분석하고 평가하는 역량이 필요하다.

생각을 나누는 질문
1. 그림책을 볼 때 글과 그림 가운데 무엇이 먼저 눈에 보일까?
2. 일부만 보고 전체가 무엇인지 잘 몰랐던 적이 있는가?
3. 겉모습만 보고 오해했던 적이 있는가?

배움이 깊어지는 활동

1. **한 줄 느낌 쓰기** ⋯ 이 책을 읽은 생각이나 느낌을 간단하게 한 문장으로 쓰고, 친구들의 다양한 생각이나 느낌을 돌아가며 말하기로 들어본다.
2. **줌인, 줌아웃** ⋯ 이 책의 표현 기법처럼 일부분을 확대한 그림과 전체적인 모습의 그림을 그린 다음, 확대한 그림만 보여주고 무엇일지 알아맞힌다.
3. **사진만 보고 어떤 기사일지 추측하기** ⋯ 인터넷 신문에서 사진 한 장을 고른 다음, 짝끼리 바꾸어 이 사진이 실린 기사가 무슨 내용일지 추측하여 한 문장으로 나타내보고, 실제 기사에 적힌 사진 설명이나 기사의 내용을 살펴본다.

미디어 리터러시

사실과 의견 그리고 로봇

마이클 렉스 글·그림, 서지희 옮김 ‖ 길벗어린이

비판적 미디어 읽기의 첫걸음, 사실과 의견 구별하기

다양한 로봇들이 나누는 대화로 사실과 의견의 개념을 명확하게 알려준다. 그리고 로봇들의 질문에 독자가 답하며 사실과 의견을 구별하는 연습도 해볼 수 있다. 로봇들의 대화를 따라가다 보면, 친구들의 의견을 존중하지 않으면 어떻게 되는지도 알게 된다. 또한, 사실을 말할 때는 내가 알고 있는 정보가 충분한지도 살펴야 한다는 것을 자연스럽게 배운다.

요즘 아이들은 스마트폰을 통해 무방비 상태에서 수많은 미디어에 노출되어 있다. 그러나 비판적 미디어 읽기 교육은 이러한 학생들의 현실에 따라가지 못하고 있다. 비판적 미디어 읽기는 논리적이고 합리적인 사고를 바탕으로 특정 미디어가 타당하고 적절한지를 평가하며 읽는 것이다. 사실과 의견 구별하기는 가짜뉴스와 허위 정보를 비판적인 눈으로 읽고 스스로 판단하는 데 기초적이고 기본적으로 필요한 능력이다. 그림책으로 사실과 의견 구별하기를 익혔다면, 인터넷 기사나 동영상을 보며 사실과 의견을 구별해 보고, 제시된 사실과 의견에 대한 나의 의견도 내어보자.

생각을 나누는 질문
1. 사실과 의견은 어떻게 다를까?
2. 내가 가진 정보가 부족하여 사실인지 아닌지 판단하기 어려울 때는 어떻게 해야 할까?
3. 다른 사람의 의견에 귀를 기울이면 어떤 점이 좋을까?

배움이 깊어지는 활동
1. **사실과 의견의 개념 알아보기** ⋯ 사실에 대한 설명인지, 의견에 대한 설명인지 구분해 본다. 빈칸에 '사실' 또는 '의견' 가운데 알맞은 말을 넣어본다.
2. **사실과 의견 구분해 보기** ⋯ 간단한 그림과 여러 개의 문장을 제시하여 그 문장이 사실인지 의견인지 구분해 본다. 사실이라면, 진실인지 거짓인지도 구분해 본다.
3. **주제에 대한 의견 밝히기** ⋯ 간단한 주제를 제시하고 사실과 의견을 간단히 쓴 뒤, 서로 의견을 돌아가며 말한다. 친구가 의견을 말할 때는 친구의 의견을 존중하며 경청한다.

감기 걸린 물고기

박정섭 글·그림 ‖ 사계절

가짜뉴스에 속지 않으려면 팩트 체크를!

　가짜뉴스란 언론 보도의 형식을 띠고 마치 사실인 것처럼 유포되는 거짓 뉴스를 말한다. 그렇다면 가짜뉴스는 누가, 왜, 어떠한 의도로 퍼뜨리는 걸까? 가짜뉴스는 독자들의 관심을 끌어 특정 세력이 정치·경제적 이득을 얻기 위해 퍼뜨리는 경우가 많다. 따라서 학생들이 이들의 희생양이 되지 않으려면 가짜뉴스와 허위 조작 정보를 무력화하는 비판적 미디어 수용 교육이 필요하다.

　이 그림책은 가짜뉴스가 어떻게 만들어지고, 어떻게 퍼지며, 왜 만들어지는지와 어떠한 피해가 생기는지를 재미있는 이야기로 아이들도 이해할 수 있게 한다. 아귀는 물고기들을 잡아먹기 위해 물고기들이 감기에 걸렸다는 가짜뉴스를 퍼뜨린다. 물고기 무리 사이에 분열이 일어나고 아귀는 제 속을 든든하게 채운다. 검정 물고기가 소문은 누가 내는 것인지, 믿어도 되는지 의심하기 시작하지만, 이미 때는 늦었다. 이 책으로 소문을 다른 사람에게 전하기 전, 진위를 먼저 확인하는 태도의 중요성과 필요성을 알 수 있다.

생각을 나누는 질문
1. 아귀는 왜 물고기들이 감기에 걸렸다는 소문을 내었을까?
2. 물고기들은 왜 아귀가 낸 가짜뉴스를 믿었을까?
3. 내가 만약 물고기라면, 어떻게 대처했을까?

배움이 깊어지는 활동
1. **가짜뉴스 대처법 알아보기** ⟶ 보기에서 알맞은 낱말을 골라 '데이비드 쉐번의 가짜뉴스 대처법'에 대해 알아본다. 완성한 가짜뉴스 대처법을 소리 내어 읽으며 유념한다.
2. **허위정보 대응 방법 알아보기** ⟶ 보기에서 알맞은 낱말을 골라 '서울대 팩트 체크 웹사이트의 온라인 허위정보 대응 방법'에 대해 알아본다.
3. **온라인 허위정보 대응 방법에 따른 비판적 기사 읽기** ⟶ 인터넷 신문에서 관심이 가는 기사를 하나 고른 다음, 온라인 허위정보 대응 방법에 따라 비판적으로 기사를 읽어본다.

근데 그 얘기 들었어?

밤코 글·그림 ‖ 바둑이하우스

미디어 리터러시

가짜뉴스는 더 빨리 퍼진대요!

　가짜뉴스의 무서운 전파력을 잘 보여주는 그림책이다. 마을에 누군가 이사를 왔는데, 하필이면 눈이 어두운 두더지가 가장 먼저 발견한다. 새로 온 이웃에 대한 소문은 금세 동물들에게 퍼지는데, 그 이웃은 도대체 누구였을까? 이 책에서는 소문이 퍼지면서 말이 새롭게 만들어지고, 과장되고, 말이 처음과 달라지는 일을 재미있게 그려 낸다.

　SNS에서는 가짜뉴스가 진짜뉴스보다 더 빨리, 더 많이 퍼져나간다는 미 MIT 연구팀의 연구 결과가 '사이언스'에 게재되었다. 그 이유는 가짜뉴스가 진짜보다 더 새롭게 보이는데, 새로운 것을 좋아하는 인간 심리 때문이라고 한다. 확증 편향은 자신의 가치관이나 기존의 신념 혹은 판단 따위에 부합하는 정보에만 주목하고 그 외의 정보는 무시하는 사고방식과 태도를 말한다. 확증 편향을 줄이고 사실에 다가서려면 스스로 사고하고 판단하는 일이 중요하다. 마지막에 안경을 쓴 두더지처럼 사실을 제대로 보려는 태도와 노력이 필요하다.

생각을 나누는 질문
1. 두더지는 왜 새로 이사 온 이웃에 대한 잘못된 정보를 얻게 되었을까?
2. 동물들의 말이 전달되면서 처음과 어떻게 달라졌나?
3. 새로 이사 온 이웃에 대한 가짜뉴스는 누구에게 어떠한 피해를 주었나?

배움이 깊어지는 활동

1. **말 전달하기** ···▶ 교사가 전해주는 정보를 자기 모둠이나 분단 친구에게 전달하면서 처음 전해준 정보와 얼마나 달라졌는지 비교해 본다.
2. **가짜뉴스 전파력 실험** ···▶ 교사가 친구들로부터 신뢰를 받는 학생에게 가짜뉴스를 주고, 그 가짜뉴스가 자기 반에서 어느 정도 속도로 전파되는지, 팩트 체크가 이루어지는지 살펴본다.
3. **가짜뉴스 사례 조사** ···▶ 대표적인 가짜뉴스 사례를 인터넷에서 조사해 보고, 그 가짜뉴스로 인해 누가, 어떤 피해를 입었는지 알아본다.

그 소문 들었어?

하야시 기린 글, 쇼노 나오코 그림, 김소연 옮김 ǁ 천개의바람

가짜뉴스의 피해는 결국 나에게 온다

금색 사자는 자신이 왕이 되기 위해 주변 동물들을 잘 도와주는 착한 은색 사자를 모함한다. 동물들은 처음에는 금색 사자의 말을 믿지 않다가 점차 자신이 전해 들은 은색 사자에 대한 소문을 전하기 시작한다. 은색 사자가 한 착한 행동을 말하는 소수의 의견은 무시된다. 그렇게 은색 사자에 관한 나쁜 소문은 사실처럼 굳어져 버리고 금색 사자가 왕이 된다. 금색 사자는 자기 멋대로 나라를 다스리고 이웃 나라와 전쟁을 벌인다.

이 나라가 이렇게 된 것은 누구의 잘못이라고 할 수 있을까? 특정 세력이 자신의 이익을 얻기 위해 의도로 퍼뜨리는 가짜뉴스는 책에서만 나오는 이야기가 아니다. 가짜뉴스 문제는 현실에서도 자주 일어나며 그에 따른 사회적 파장과 피해와 손실이 크다. 그리고 SNS는 가짜뉴스의 확산을 훨씬 가속화시킨다. 이 그림책에서도 동물들이 문자로 은색 사자의 나쁜 소문을 전하는 장면이 잘 나타나 있다. 소문에 대한 진위 여부를 생각하지 않으면 사실이 왜곡될 수 있음을 잘 보여주는 책이다.

생각을 나누는 질문
1. 금색 사자는 어떤 목적으로 나쁜 소문을 퍼뜨렸을까? 그리고 얻은 이득은 무엇일까?
2. 금색 사자의 나쁜 소문으로 누가, 어떤 피해를 입었을까?
3. 누구의 잘못으로 이런 일이 벌어졌을까?

배움이 깊어지는 활동

1. **황금 문장 찾아 쓰기** ⋯▸ 그림책의 주제가 잘 드러나는 두 문장에 들어가는 낱말을 알아맞혀 보고, 그림책에서 가장 인상 깊은 구절을 찾아 돌아가며 말하기로 친구들과 나누어 본다.
2. **질문 만들기** ⋯▸ 책의 내용과 관련된 질문이나 작가에게 궁금한 점 등을 질문 형식으로 만들고 나눈다. 친구가 만든 질문 가운데 마음에 든 질문은 무엇인지 생각하며 듣는다.
3. **독서 토론** ⋯▸ 이 그림책과 관련 있는 토론 주제를 먼저 개별로 작성하고 모둠 토론 주제를 정한다. 모둠에서 고른 주제로 친구들과 토론을 해 본다.

늑대가 들려주는 아기돼지 삼형제 이야기

존 셰스카 글, 레인 스미스 그림, 황의방 옮김 ‖ 보림

언론의 역할에 대해 생각해보다

'아기 돼지 삼형제' 옛이야기를 패러디한 그림책으로, 늑대의 시각에서 본다는 점이 신선한 재미를 준다. 또한, 화자나 시각에 따라서 이야기가 얼마나 달라질 수 있는지를 잘 보여준다. 늑대는 '이것이 진짜 이야기'라고 항변한다. 신문기자들이 자신의 이야기를 독자의 흥미를 높이기 위해 사실을 왜곡했다고 말이다. 누가 하는 이야기를 진실로 받아들여야 할까? 이런 일이 현실에서도 일어난다면, 어떤 것을 사실로 믿어야 할까? 그리고 어떤 것이 사실인지 알아내려면 어떻게 해야 할까?

이 책은 사건을 정확하게 보도해야 하는 미디어의 역할에 대해 생각해 보게 한다. 신문사마다 언론의 역할을 제대로 하기 위해 취재 보도 준칙이 마련되어 있다고 한다. 취재 보도 준칙을 살펴보면, 기사는 의견과 주관을 배제하고, 예단과 편향을 배척하며, 사실에 기초한 의견을 제시해야 한다고 되어 있다. 이 책을 읽고 미디어가 취재 보도 준칙을 잘 지키는지 따져보는 비판적 미디어 읽기를 여러 활동으로 해 보자.

> **생각을 나누는 질문**
> 1. 신문기자는 어떤 일을 하는 사람일까?
> 2. 신문기자에게는 어떠한 자질이 요구될까?
> 3. 편향된 기사로 피해가 발생하지 않으려면 어떻게 해야 할까?

> **배움이 깊어지는 활동**
>
> 1. **신문 기사나 동영상 읽기** ⋯→ 최근 발생한 사건을 다룬 신문 기사나 유튜브 동영상 가운데 관심 가는 내용을 하나 골라 읽는다. 신문 기사라면 출처는 어디인지, 기자는 누구인지 찾아본다.
> 2. **비판적으로 미디어 읽기** ⋯→ 자기가 고른 신문 기사나 동영상에서 사실과 의견에 문제가 있는 부분은 없는지 살펴보고 문제가 있다면 어느 부분인지 찾아본다.
> 3. **신문 기사나 동영상 별점 매기기** ⋯→ 자기가 고른 신문 기사나 동영상의 내용을 별점으로 매기고, 왜 그 점수를 주었는지 친구들과 이야기 나누어 본다.

디지톨

패트릭 맥도넬 글·그림, 노은정 옮김 ‖ 스콜라

나도 인터넷·스마트폰 과의존?

먼저 그림책의 외형이 눈길을 사로잡는다. 분명 책인데 태블릿을 닮았다. 배경은 원시 시대, 주인공도 원시 소년인 디지톨인데, 디지톨은 지금 아이들과 크게 다르지 않게 인터넷과 스마트폰에 푹 빠져 있다. 인터넷과 스마트폰에 푹 빠져 동굴에만 틀어박혀 있는 디지톨이 세상 밖으로 나올 수 있을까?

2022년 과학기술정보통신부의 스마트폰 과의존 실태조사 결과에 따르면, 스마트폰 과의존위험군 비율은 전체의 23.6%로, 연령으로는 만 10~19세의 청소년 비율이 40.1%에 달한다. 인터넷·스마트폰은 전 세계를 빠르게 연결해 주고, 공간의 제약을 뛰어넘어 더 넓은 세상을 경험할 수 있게 해 준다. 그렇지만 이러한 기기에 과의존하면 세상에서는 어떤 일이 일어나는지, 자연이 얼마나 아름다운지 알기 어렵다. 디지털 기기를 좋아하는 어린이들과 함께 읽어보고 디지털 기기 사용과 관련된 고민을 함께 나눠보는 시간을 가져보자.

생각을 나누는 질문
1. 디지톨은 왜 동굴에 콕 틀어박혀서 나오려고 하지 않았을까?
2. 공룡 친구 래리는 왜 디지톨을 걱정했을까?
3. 디지톨은 어떤 일을 계기로 동굴 밖으로 나오게 되었을까?

배움이 깊어지는 활동

1. **고민 있어요!** ⇢ 인터넷·스마트폰 사용과 관련한 자신의 고민을 떠올려 보고 한 가지를 골라 고민하는 상황이나 까닭을 자세하게 써 본다.
2. **고민 상담소** ⇢ 앞에서 친구들이 쓴 고민을 읽고 해결 방법을 이야기한 뒤 친구의 고민 가운데 하나를 골라 해결 방법을 자세하게 써 본다.
3. **고민 해결 프로젝트** ⇢ 친구들이 써 준 해결 방법을 보고 인터넷·스마트폰 사용과 관련한 나의 고민을 해결하려면 어떻게 해야 할지 실천 내용을 써 본다.

미디어 리터러시

눈이 바쁜 아이

안드레 카힐류 글·그림, 이현아 옮김 ‖ 올리

스마트폰만 하고 싶어요!

주인공 아이는 그저 핸드폰에 얼굴을 푹 파묻고 걷기만 한다. 아이는 마치 '스몸비'처럼 보인다. 스몸비란 '스마트폰 좀비'의 줄임말로, 스마트폰 화면을 들여다보느라 길거리에서 고개를 숙이고 걷는 사람의 걸음걸이를 좀비에 빗대어 일컫는 말이다. 아이는 핸드폰이 부서지고 나서야 고개를 들어 주위를 둘러보고 곁에 있는 사람들의 눈을 바라보기 시작한다. 스마트폰에서 보여준 가짜 세상 말고, 눈앞에 펼쳐진 진짜 세상을 생생하게 느껴보기 시작한다.

인터넷·스마트폰 과의존이란 과도한 인터넷·스마트폰 이용으로 인터넷·스마트폰에 대한 현저성이 증가하고 이용조절력이 감소하여 문제적 결과를 경험하는 상태를 의미한다.(한국정보화진흥원, 2016) 현저성이란 개인의 삶에서 스마트폰(인터넷)을 이용하는 생활패턴이 다른 행태보다 두드러지고 가장 중요한 활동이 되는 것을 말한다. 주인공 아이는 인터넷·스마트폰 과의존에서 현저성을 보인다. 인터넷·스마트폰 장점과 함께 단점을 함께 생각해 보며, 바른 이용법에 대해 알아보자.

> **생각을 나누는 질문**
> 1. 나도 주인공 아이처럼 인터넷·스마트폰에 빠져 있을까?
> 2. 인터넷·스마트폰 사용을 조절하고 싶은데 그게 잘 안될 때는 어떻게 할까?
> 3. 인터넷·스마트폰 과의존 예방법에는 어떤 것이 있을까?

배움이 깊어지는 활동

1. **인터넷·스마트폰은 장점이 많아요** ⋯▶ 인터넷·스마트폰의 장점을 브레인스토밍으로 다양하게 생각을 떠올려 써 본다. 친구들과 이야기를 나누며 그 장점들을 항목별로 분류해 본다.
2. **인터넷·스마트폰은 단점도 있어요** ⋯▶ 인터넷·스마트폰의 단점을 브레인스토밍으로 다양하게 생각을 떠올려 써 본다. 친구들과 이야기를 나누며 그 단점들을 항목별로 분류해 본다.
3. **인터넷·스마트폰을 바르게 사용하려면** ⋯▶ 인터넷·스마트폰의 장점과 단점을 바탕으로 하여 바르게 사용하려면 어떻게 하면 좋을지 친구들과 토의해 본다.

스마트폰 이제 그만!

마리나 누녜스 글, 아비 오페르 그림, 윤사라 옮김 ‖ 베틀북

스마트폰 말고 뭘 하면 좋을까요?

아이는 엄마, 아빠가 자신보다 스마트폰을 더 많이 봐서 고민이다. 자신이 소리를 지르면 태블릿을 갖다 주고, 아이의 모습은 눈이 아닌 스마트폰에 담기 바쁘다. 그래서 아이는 자신을 도와줄 할머니를 찾아간다. 할머니는 아이와 스마트폰 없이도 즐겁게 시간을 보내는 방법을 잘 알고 있다. 아이는 사람들이 스마트폰으로부터 멀어지게 하는 방법을 궁리한다.

인터넷·스마트폰 과의존 가운데 조절실패 현상을 보이는 사람이 많다. 조절실패는 이용자의 주관적 목표 대비 스마트폰(인터넷) 이용에 대한 자율적 조절 능력이 떨어지는 것을 말한다. 주인공의 부모는 어른인데도 조절실패 현상을 보인다. 보통 스마트폰 관련 그림책은 스마트폰에 빠진 아이를 보여주는데, 여기에서는 어른들을 보여준 점이 흥미롭다. 이 책은 가족, 친구 등 주변 사람과의 관계를 강화함으로써 스마트폰 과의존을 해결하는 방법을 잘 보여준다. 자신과 주변 사람들이 스마트폰을 어떻게 이용하고 있는지 살펴보고, 문제점은 없는지 되돌아볼 수 있다.

생각을 나누는 질문
1. 사람들은 왜 스마트폰을 손에서 놓지 못할까?
2. 스마트폰이 사라진다면 어떤 일이 벌어질까?
3. 스마트폰 없이 좋은 시간을 보내는 나만의 방법은 무엇인가?

배움이 깊어지는 활동

1. **나는 스마트폰 이렇게 써!** ⋯▶ 나는 스마트폰으로 주로 무엇을 하는지 떠올려보고, 어떻게 사용하고 있는지 써 본다. 스마트폰이 꼭 필요한 때는 언제인지 생각해 본다.
2. **너는 스마트폰 어떻게 써?** ⋯▶ 친구들은 주로 스마트폰으로 무엇을 하는지 이야기 나누고, 나와 친구의 스마트폰 사용처는 어떤 공통점과 차이점이 있는지 살펴본다. 또, 새롭게 알게 된 스마트폰 활용 방법을 써 본다.
3. **스마트폰 말고 뭐 하지?** ⋯▶ 스마트폰을 이용하는 것 외에 내가 가장 좋아하는 일이나 하고 싶은 일은 무엇인지 떠올려본다. 떠올린 내용을 간단한 글과 그림으로 나타낸다.

까망이와 하양이

장즈루 · 순칭펑 글, 야엘 프랑켈 그림, 권소현 옮김 ‖ 트리앤북

미디어 리터러시

SNS 시대, 우리에게 남겨진 과제

하양이와 까망이는 SNS 친구이다. 두 친구는 온라인 세상에서는 서로 이야기를 잘 나누지만, 온종일 바깥에는 나가지 않고 집 안에서만 생활한다. 그렇게 친해진 두 친구는 드디어 직접 만나기로 한다. 그런데 하양이의 집에서는 까망이가, 까망이의 집에서는 하양이가 보이지 않는다. 두 친구가 서로 제대로 보려면 어떻게 해야 할까?

요즘 세대를 디지털 네이티브라고 부른다. 디지털 원어민으로서 개인용 컴퓨터, 휴대전화, 인터넷과 같은 디지털 환경을 태어나면서부터 생활처럼 사용하는 세대를 말한다. 그런데 이런 세대가 늘면서 은둔형 외톨이와 같은 사회적 문제도 나타나고 있다. 은둔형 외톨이는 인터넷 보급으로 집 밖으로 나오지 않고도 필요한 물건을 구하는 데 큰 불편을 느끼지 못한다. 이 그림책의 주인공 하양이와 까망이를 닮았다. 우리 아이들이 SNS 세상에만 갇히지 않고, 다른 사람과 대면 활동을 하며 건강하게 생활할 수 있도록 아이들의 SNS 활동을 살펴보고, SNS 밖에서 할 수 있는 활동도 탐색해 보자.

생각을 나누는 질문
1. 집에서 하양이는 까망이를, 까망이는 하양이를 왜 보지 못했을까?
2. 현실 친구와 SNS 친구의 공통점과 차이점에는 무엇이 있을까?
3. 이 책을 보고 발견한 현대 사회의 현상이나 문제점은 무엇이 있을까?

배움이 깊어지는 활동
1. **나의 SNS 생활** ⇢ 나의 SNS 활동을 떠올려보고 접속 시간대와 활동 내용, 소요 시간을 쓴다. 어떤 활동을 하는 데 가장 많은 시간을 쓰는지 살펴본다.
2. **내가 만난 SNS 세상** ⇢ SNS 활동을 하면서 경험한 것을 긍정적인 경험과 부정적인 경험으로 나누고, 친구들과 이야기 나누어 본다.
3. **SNS 밖 세상 만나기** ⇢ 앞으로 SNS 외에 내가 하고 싶은 활동이나 친구들과 함께할 수 있는 활동을 떠올려보고, 구체적인 활동 계획을 세워 본다.

그래? 좋아!

스테파니 블레이크 글·그림, 김영신 옮김 ‖ 한울림어린이

물물교환을 통한 경제교육의 시작

화폐 같은 수단을 통하지 않고 서로 필요한 것을 직접 맞바꾸는 일을 물물교환이라고 한다. 물물교환은 화폐의 가치를 몰라도 이루어질 수 있어 어려도 해 볼 수 있고, 아이들은 가격을 떠나 자신이 더 좋아하고 관심이 많은 물건에 더 큰 가치를 매기기 때문에 교환하기 어려운 상황을 겪으며 문제를 어떻게 해결할 수 있는지도 경험할 수 있다.

토끼몬 카드를 모으는 시몽은 페르디낭이 갖고 있는 대마왕 토끼몬 카드가 필요하다. 하지만 페르디낭은 마법 토끼왕 카드와 자신의 대마왕 토끼몬 카드는 바꿀 수 없다고 하고 시몽의 번개팽이와 바꾸자고 한다. 시몽은 토끼몬 카드보다 번개팽이가 더 비싸기 때문에 싫다고 거절하지만, 머릿속엔 대마왕 토끼몬 카드 생각뿐이다. 과연 시몽은 토끼몬 카드와 번개팽이를 바꿨을까? 이 책은 내가 가지고 싶은 것과 친구가 가지고 싶은 것을 교환할 때, 단순하게 물건의 가격뿐만 아니라 각자가 생각하는 효용가치도 따져야 함을 알려준다.

생각을 나누는 질문
1. 오른쪽 아래에 검은 별이 있는 카드는 왜 구하기 어려울까?
2. 시몽이 페르디낭의 토끼몬 카드와 번개팽이를 처음에 바꾸지 않은 까닭은 무엇일까?
3. 시몽이 마지막에 생각을 바꿔 토끼몬 카드와 번개팽이를 바꾼 이유는 무엇일까?

배움이 깊어지는 활동
1. **주인공이 되어보기** ⋯ 내가 시몽이었다면 번개팽이와 페르디낭의 대왕 토끼몬 카드를 바꾸었을지, 바꾸지 않았을지를 고민해 보고 그 이유를 적으며 물물교환의 기준에 대해 생각해 본다.
2. **효용가치 따져보기** ⋯ 효용가치란 쉽게 말해 '나에게 얼마나 쓸모 있느냐 또는 중요한가?'라고 할 수 있다. 내 물건 중에서 친구들과 바꿀 수 있는 것과 바꿀 수 없는 것을 분류하며 효용가치를 따져본다.
3. **물물교환 시장** ⋯ 나에게 필요한 물건이 친구에겐 필요 없는 물건인지, 나에게는 필요 없는 물건이 친구에겐 필요한 물건인지를 고려하며 물물교환 시장을 열어 자신의 물건과 친구의 물건을 바꾸어 본다.

100원짜리만 받는 과자 가게

보린 · 반하다 글, 반하다 그림 ‖ 위즈덤하우스

경제금융

100원짜리 동전으로 하는 시장 놀이

아이들은 유아기 때부터 집이나 유치원에서 가게 놀이를 하며 가장 기본적인 경제 활동을 배운다. 수의 개념이 점차 커지는 초등학교 저학년 시기에 돈의 개념과 돈의 종류를 설명해 주면 이해할 수 있다. 이때 시장 놀이 장난감이나 그림책으로 익히는 것이 좋다. 실제 화폐로 물건을 사고팔 때 돈의 가치를 비교하고 따질 수 있어야 하므로 시장 놀이를 하면서 돈의 가치를 비교하고 실제 가게에서 직접 물건을 사는 법을 자연스럽게 배울 수 있기 때문이다.

그림책 속 마을, 달콤바삭 거리에는 과자 가게들이 모여 있다. 귀여운 동물 주인들과 맛깔스러운 과자들이 젤리 가게부터 풍선껌 가게까지 모두 다르게 등장하여 볼거리가 풍부한 책이다. 주인공 빵야는 소풍을 가기 위해 가진 돈으로 여러 가지 과자를 산다. 물건을 살 때는 돈이 필요하고, 돈은 일을 해서 벌어야 하는 것을 이야기로 재미있게 표현하고 있다. 그림책에 동전 모형과 다양한 놀이판, 스티커가 들어있어 읽으면서 직접 활동해 볼 수 있다.

생각을 나누는 질문
1. 열 번째 풍선껌 가게의 풍선껌은 크기도 같고 색깔도 같은데, 값이 다른 이유는 무엇일까?
2. 빵야는 고민이 생기자 어떻게 했는가?
3. 빵야가 마녀를 찾아가 신발장을 정리한 이유는 무엇일까?

배움이 깊어지는 활동

1. **100원짜리 동전으로 돈의 가치 알아보기** ⋯▶ 100원짜리 동전, 500원짜리 동전, 1000원찌리 지폐 등 우리가 실제로 사용하는 여러 가지 돈의 종류를 알아보고 서로의 관계를 파악하며 돈의 가치를 배운다.
2. **빵야의 용돈기입장 작성하기** ⋯▶ 그림책을 다시 꼼꼼하게 살펴보고 빵야의 용돈 기입장을 작성한다. 처음에 가진 돈은 5000원이라고 가정한 뒤 기록한다.
3. **시장 놀이** ⋯▶ 100원짜리 모형 돈을 오려서 시장 놀이를 한다. 시장 놀이를 하는 물건은 알뜰시장 형태로 실제 물건으로 하거나 아이들이 물건을 그림으로 표현해서 활용한다.

경제금융

돈은 나무에서 열리지 않아

히스 매켄지 글·그림 ‖ 루이제 옮김 ‖ 에듀앤테크

돈의 유한성과 노동의 대가

"돈이 나무에서 열리지 않아"라는 표현은 영어권 나라에서 돈은 쉽게 얻을 수 없다는 뜻으로 자주 쓰인다. 요즘은 현금보다 카드나 계좌이체를 많이 이용하여 아이들에게는 돈이 화수분처럼 나오는 것처럼 느껴질 수 있다. 이 책은 아이들의 눈높이에서 왜 모든 것을 살 수 없는지, 왜 돈은 한정되었는지를 알려준다. 마트에 가면 사고 싶은 것이 많은 아이와 늘 안 된다고 말하는 부모 사이의 갈등을 자주 볼 수 있는데, 책에도 그 상황이 등장하여 독자에게 많은 공감을 일으킨다.

또 어른들이 돈을 어떻게 얻는지, 돈을 어디에 쓰는지 궁금해하는 아이들에게 재치 있는 글과 그림으로 답을 해 준다. 그리고 아이들이 어떻게 돈을 벌 수 있는지, 그 돈으로 무엇을 사야 할지를 쉽게 설명하고 있다. 이 책을 통해 아이들은 부모의 돈을 조건 없이 받기만 하는 것이 아니라 내가 노력한 만큼 용돈을 받는 것을 통해 돈에 대한 소중함과 감사함도 배울 수 있다.

생각을 나누는 질문
1. 우리는 왜 갖고 싶은 걸 다 살 수 없을까?
2. 돈은 어디에서 나오는 걸까?
3. 마지막에 등장하는 아이는 왜 돈이 열리는 나무가 자랄 때까지 기다린다고 했을까?

배움이 깊어지는 활동

1. **하루 동안 돈을 사용한 곳 나열하기** ⋯› 하루 동안 자신이 돈을 사용하는 곳을 나열하며 돈이 중요한 일, 재미난 일에 사용된다는 것을 깨닫고 직접 돈을 쓰지 않아도 우리 생활 곳곳에서 돈을 사용하고 있음을 알게 된다.
2. **내가 가진 돈보다 비싼 물건을 사고 싶을 때 내가 할 수 있는 일** ⋯› 가진 돈보다 비싼 물건을 사고 싶은 상황에서 자신이 어떻게 해야 사고 싶은 물건을 살 수 있는지 방법을 떠올려 본다.
3. **용돈을 얻는 다양한 방법 실천해 보기** ⋯› 용돈을 얻을 수 있는 여러 가지 방법 중에 1가지 이상을 실천하고 느낀 점을 나누며, 내가 한 노력만큼 용돈을 받는 것에 대한 성취감을 느껴본다.

100원이 작다고?

강민경 글, 서현 그림 ‖ 창비

경제금융

아이의 눈높이에 맞춘 돈의 가치

돈은 우리에게 꼭 필요하지만, 삶의 모든 가치를 돈으로 따지게 되면 인간관계 등 다른 소중한 가치를 소홀히 여길 수 있다. 그렇기 때문에 아이들이 돈에 대해 바른 생각을 가질 수 있도록 아이의 눈높이에 맞춰 돈에 대해 교육하는 것은 중요하다. 『100원이 작다고?』는 아이들이 재미있는 판타지 이야기로 돈의 가치를 바르게 알고 올바른 경제 습관을 가질 수 있도록 도와주는 그림책이다.

모두가 잠든 밤, 준선이의 방에서 동전들과 지폐들이 깨어나면서 서로 제가 잘났다고 수다를 떨기 시작한다. 각자의 이야기를 들어보면 어느 누구도 하찮지 않고 모두가 가치가 있다는 것을 알 수 있다. 페이지마다 흥미로운 그림 요소가 많아서 넘기는 재미도 있고, 경제에 필요한 개념인 투자, 소득 등을 대사 속에 자연스럽게 녹여내어 무겁지 않게 경제에 대해 접근할 수 있다. 이야기가 모두 끝나고 나면 돈을 바르게 잘 쓰는 법 등을 좀 더 자세히 알아볼 수 있는 부록이 따로 구성되어 '아는 재미'와 '노는 재미'를 함께 누릴 수 있다.

생각을 나누는 질문
1. 카드를 많이 사용하는 요즘, 동전으로 무엇을 할 수 있을까?
2. 내가 할 수 있는 투자는 무엇이 있을까?
3. 준선이는 1,000원으로 어떻게 6,000원을 만들었을까?

배움이 깊어지는 활동

1. **돈의 종류와 가치** … 우리나라 돈의 종류와 가치를 살펴보고, 돈 사이의 관계를 알아본다. 더 큰 단위의 돈도 있지만, 그림책에 등장한 돈까지만 다룬다.
2. **각각의 돈으로 할 수 있는 일** … 10원부터 50,000원까지 각 돈으로 할 수 있는 일을 찾아본다. 그림책에서 언급한 내용을 찾아 적어도 좋고, 자신의 경험을 반영하여 새롭게 적어도 된다.
3. **나만의 화폐 디자인하기** … 우리나라 화폐에 그려진 위인과 물건의 의미를 고려하여 100,000원짜리 지폐가 새로 생긴다면 어떤 위인과 물건을 넣고 싶은지를 생각하며 나만의 화폐를 디자인해 본다.

또 마트에 간 게 실수야!

엘리즈 그라벨 글·그림, 정미애 옮김 ∥ 토토북

올바른 소비 습관 기르기

대형 마트에 가면 수많은 물건과 현란한 할인 광고를 보며 꼭 필요하지 않아도 물건을 사게 된다. 왜 우리는 충동구매를 하는 걸까? 주인공 봅은 고장 난 자전거를 고치기 위해 멍키 스패너가 필요하다. 분명 집에 멍키 스패너가 있었는데 보이질 않아 사기 위해 마트를 간다. 하지만 친절한 마트 씨에게 설득당해 필요 없는 신기한 물건들을 사서 돌아온다. 이런 일을 여러 번 반복하고 새로 산 물건을 정리장에 넣다가 엉망진창으로 쌓여 있던 물건 사이에서 멍키 스패너를 발견한다. 친절한 마트 씨의 꼬임에 넘어가 엉뚱한 물건만 사는 봅의 이야기를 통해 잘못된 소비 습관을 재치 있게 비판한다. 그리고 충동구매로 꼭 필요한 물건을 사려할 때 돈이 없어서 당황해하는 봅을 보며 올바른 소비 습관의 필요성도 깨닫게 한다.

올바른 소비 습관은 하루아침에 생겨나는 것이 아니다. 봅의 엉뚱한 쇼핑을 보며 자연스럽게 자신을 되돌아보고 올바른 소비 습관과 정리 습관까지 기를 수 있다.

생각을 나누는 질문
1. 봅은 얼음땡모자, 랄랄라 잠옷, 우르릉 확성기를 왜 샀을까?
2. 친구들이 마트에 다녀온 봅에게 소리를 친 까닭은 무엇일까?
3. 봅이 또 마트에 간 게 왜 실수일까?

배움이 깊어지는 활동
1. **충동구매의 경험 떠올리기** … 꼭 필요할 것 같아서 샀는데 한 번도 쓰지 않는 물건이 있는지, 필요하지 않았는데 충동적으로 물건을 산 적이 있었는지 각자의 경험을 떠올린다.
2. **올바른 소비 방법 정리하기** … 봅의 소비 생활을 되돌아보며 미리 돈 쓸 계획 세우기, 가진 돈의 범위 안에서 소비하기 등의 올바른 소비 방법을 정리하고 실천 의지를 다진다.
3. **쇼핑 목록 정하기** … 새 학기를 맞이하여 준비물을 사야 한다고 가정하고, 꼭 사야 하는 물건을 3가지 고르고 그 이유를 적는다. 꼭 사야 하는 물건은 개인의 상황을 고려한다.

최고의 차

다비드 칼리(코르넬리우스) 글, 세바스티앙 무랭 그림 ‖ 바람숲아이 옮김 ‖ 봄개울

경제금융

소비 욕구와 진정한 행복의 관계

여러 매체에 나오는 광고를 보며 우리는 '갖고 싶다'라는 소비 욕구를 느낀다. 주인공 자크 아저씨도 낡고 작은 자동차를 타다가 세련되고 멋진 최고의 차 '비너스' 광고를 본 뒤 사고 싶어 한다. 월급만으로는 가질 수 없어 밤낮없이 자동차 조립에 몰두하고 결국 '비너스'를 갖게 된다. '비너스'를 사는 데 성공하지만, 최신형 자동차 '아프로디테' 광고를 보고 자크 아저씨는 다시 밤낮없이 부업을 시작한다. 원하는 걸 얻었으니 행복하기만 해야 하는데 왜 자크 아저씨는 다시 최고의 차를 사기 위해 부업을 시작한 걸까?

우리가 새 물건을 사는 순간, 새 물건은 바로 헌 물건이 되고 최고의 ○○는(은) 빠르게 바뀐다. 오직 '비너스'만을 위해 자신의 생활을 포기한 주인공을 보며 우리의 소비 습관을 생각해 볼 수 있다. 빠르게 유행이 바뀌고, 최고의 가치가 쉽게 변하는 사회에서 우리는 어떻게 행동해야 할지 생각해 볼 수 있는 그림책으로 소비 욕구에 사로잡혀 진정한 행복이 무엇인지를 잊고 사는 현대인들을 유머 있게 표현했다.

생각을 나누는 질문
1. 자크 아저씨가 '비너스'를 사기 위해 부업으로 자동차 조각을 조립한 이유는 무엇일까?
2. 자크 아저씨는 원하던 비너스를 사고도 왜 행복하지 않았을까?
3. 아프로디테를 산 자크 아저씨는 행복했을까?

배움이 깊어지는 활동

1. **주인공 인터뷰하기** ⋯▶ 기자와 자크 아저씨 역할을 번갈아 맡으며 인터뷰를 한다. 예상 질문과 답을 미리 적은 뒤, 인터뷰를 진행하며 불필요한 소비의 문제점에 관해서도 이야기 나눈다.
2. **현재 내가 가장 원하는 것** ⋯▶ 자크 아저씨가 멋진 새 자동차를 원해서 밤낮없이 부업을 하며 노력했던 것처럼 현재 내가 가장 원하는 것과 그것을 얻으려면 어떤 노력을 해야 하는지 생각해 본다.
3. **진정한 행복의 의미와 가치** ⋯▶ 그렇게 원하던 '비너스'를 샀지만 행복하지 않았던 자크 아저씨의 이야기를 나누며, 진정한 행복의 의미는 무엇이며 진정한 행복을 얻기 위해 필요한 가치나 노력을 생각해 본다.

미미의 스웨터

정해영 글·그림 ‖ 논장

환경도 살리고 개성도 살리는 착한 소비

패스트패션은 생태전환 교육에서 꾸준히 다뤄지는 중요한 주제이며, 유행을 좇는 소비는 환경을 망친다. 따라서 환경을 살리는 착한 소비 방법은 앞으로 우리 아이들의 지속 가능한 미래를 위해 꼭 필요하다. 주인공 미미는 옷 한 벌을 사더라도 이것저것 따지고, 얼룩진 옷은 새로운 천을 덧대 가리며 해지고 늘어진 부분은 색실로 매듭을 지어 입고, 작아진 옷은 벼룩시장에 내놓는다.

이 책은 스웨터의 구매부터 새로운 주인을 만나기까지 과정을 보여주며 착한 소비, 따뜻한 소비가 무엇인지 생각하게 한다. 입을 옷이 많지만 또 사고, 멀쩡한 옷을 버리는 나쁜 소비 습관을 돌아보며 미미의 스웨터 한 벌로 착한 소비를 제시한다. 작가가 직접 바느질해 콜라주 한 옷들과 명화를 패러디한 그림들이 읽는 재미를 주고, 의생활에 대해 꼭 알아야 할 지식을 꼼꼼하게 정리하여 알려준다. 우리 생활에서 큰 부분을 차지하는 '의생활'과 나아가 '소비'에 대한 개념을 넓혀 주는 매력적인 책이다.

생각을 나누는 질문
1. 미미가 옷을 사는 기준은 무엇일까?
2. 미미는 왜 얼룩진 옷을 버리지 않고 리폼해서 입었을까?
3. 미미의 스웨터는 왜 해지고 늘어져 버렸을까?

배움이 깊어지는 활동

1. **옷을 살 때 가장 중요하게 생각하는 조건** ⋯▶ 옷을 구매한 경험을 떠올리며, 옷을 살 때 가장 중요하게 생각하는 조건이 무엇인지 적어 본다. 친구들과 자신의 경험을 나누며 옷을 구매할 때 고려해야 할 다양한 조건을 알아본다.
2. **똑똑한 의생활 지침서 만들기** ⋯▶ 미미의 의생활을 살펴보고, 환경도 살리면서 멋도 살리는 똑똑한 의생활 방법을 정리한다. 그림책 속 방법과 개인적인 방법을 함께 정리하며 환경과 경제를 모두 고려하는 의생활에 대해 배운다.
3. **세상에 단 하나뿐인 티셔츠** ⋯▶ 이제 더 이상 입을 수 없는 얼룩진 티셔츠가 있다고 가정한 뒤, 버리지 않고 멋지게 고쳐 입을 수 있도록 디자인을 해 본다.

꼬마 악어의 지갑

리지 핀레이 글·그림, 김호정 옮김 ‖ 책속물고기

경제금융

올바른 선택과 현명한 소비 습관

길을 가다가 우연히 지갑을 줍는다면 어떻게 할 것인가? 갑자기 돈이 생긴다면 어떻게 어디에 사용할 것인가? 어릴 때부터 건전하고 합리적인 소비 습관을 길러주어야 한다. 이 책은 재미있는 스토리를 통해 올바른 선택의 중요성과 현명한 소비 습관을 즐겁게 배울 수 있도록 도와준다. 주인공 꼬마 악어는 주운 지갑을 여러 가지 유혹에도 불구하고 주인을 찾아주려고 경찰서에 가져다주고, 주인에게 뜻하지 않게 지갑과 돈을 선물 받는다. 꼬마 악어는 선물 받은 돈을 어떻게 쓸지 고민하다가 혼자 쓸 돈, 함께 쓸 돈, 저축할 돈으로 나누어 나, 타인, 미래를 위해 돈을 어떻게 쓸지 계획하고 사용한다.

돈은 사람을 기분 좋게도 만들지만, 나쁘게도 만들고 인간의 양심을 흔들어 선택의 기로에 서게도 한다. 이 책으로 돈을 사용하는 목적에 따라 어떻게 잘 나누어 사용할 것인가에 관해 생각해 볼 수 있을 뿐만 아니라 아이들과 정직의 중요성, 배려와 나눔의 기쁨에 관해서도 이야기해 볼 수 있다.

생각을 나누는 질문

1. 꼬마 악어가 여러 가지 유혹에도 불구하고 주운 지갑을 경찰서에 가져다준 이유는 무엇일까?
2. 둘랄리 부인은 왜 지갑과 돈을 꼬마 악어에게 선물했을까?
3. 꼬마 악어가 선물 받은 돈을 혼자 쓰지 않고 다른 악어들을 위해 쓴 이유는 무엇일까?

배움이 깊어지는 활동

1. **등장인물 역할극** ⋯▶ 책에 나오는 꼬마 악어, 매독스, 셜록, 세드릭, 악어 아저씨, 머독, 경찰, 둘랄리 부인, 해설로 나누어 역할을 정한다. 맡은 역할이 되어 그림책을 함께 실감 나게 읽은 뒤, 소감을 적어 본다.
2. **주인공과 다른 선택을 했다면 달라질 결과 예상하기** ⋯▶ 주인공과 다르게 지갑에 있는 돈을 친구들과 나누어 가졌거나 경찰서에 가는 도중에 여러 가지 유혹에 빠져 돈을 다른 곳에 사용했다면 어떻게 이야기가 바뀌었을지 자유롭게 상상해 본다.
3. **돈을 어떻게 쓸지 계획 세우기** ⋯▶ 만약에 내가 지갑의 주인을 찾아 준 선물로 5만 원이 생긴다면 어떻게 사용할지 계획을 세워본다. 혼자 쓸 돈, 함께 쓸 돈, 저금할 돈으로 나누어 돈을 어떻게 사용할지 생각해 본다.

경제금융

왜 저축해야 돼?

오시창 글, 오유선 그림 ‖ 꿈터

올바른 저축 습관과 용돈 관리

아이들이 원하는 대로 용돈을 마구 주면 어떻게 될까? 내가 쓸 수 있는 돈이 얼마인지 따져보지 않고 마음대로 소비하게 되어 정작 큰돈이 필요할 때 어려움을 느끼게 될 것이다. 아이들은 미래를 위해 현명하게 자산을 관리하는 방법을 배워야 하며, 따라서 어릴 때 저축과 용돈 관리를 직접 해 보는 것이 중요하다. 『왜 저축해야 돼?』를 함께 읽으며 바른 저축 습관과 용돈 관리에 대해 배워 볼 수 있다.

계획 없이 돈을 생기는 대로 막 쓰는 가영이와 건이가 아빠를 기쁘게 해 드리기 위해 생일 선물을 사려고 계획한다. 사고 싶은 선물은 만원인데, 둘이 가진 돈은 3,200원뿐이다. 가영이와 건이는 그제야 돈을 왜 모아야 하는지, 어떻게 용돈을 쓰는 것이 바람직한지 배운다. 이 책은 돈을 잘 모으는 것만큼이나 중요한 것이 바로 잘 쓰는 것이라는 점을 알려준다. 그뿐만 아니라 용돈 기입장을 직접 써 봄으로써 자기관리 능력까지 키울 수 있다.

생각을 나누는 질문
1. 용돈을 아무 계획 없이 마구 쓰면 어떻게 될까?
2. 삼촌은 왜 용돈 기입장을 써야 한다고 했을까?
3. 저축을 하면 어떤 점이 좋을까?

배움이 깊어지는 활동

1. **용돈을 잘 관리하는 방법** ⋯› 그림책을 다시 읽으며 용돈을 잘 관리하는 방법을 3~5가지 정리해 본다. 용돈을 잘 관리하는 방법에 저축, 기부, 용돈 기입장 등 다양한 방법이 있음을 알 수 있다.
2. **용돈 사용 계획서 작성하기** ⋯› 합리적인 소비를 하려면 계획이 필수이므로, 용돈 사용 계획서를 작성해 본다. 용돈을 정기적으로 받지 않는 아이들에게는 금액을 정해주고 작성하게 한다.
3. **용돈 기입장 기록하기** ⋯› 일주일 동안 용돈 기입장을 기록하며 어느 부분에 돈을 많이 사용했는지, 쓸데없는 곳에 돈을 쓰지 않았는지 확인하며 용돈을 잘 관리하는 방법을 실천해 본다.

세금 내는 탐지견 장군이

황근기 글, 제이넵 외자탈라이 그림 ǁ 스마일북스

경제금융

세금은 왜 내야 할까?

헌법에 명시된 국민의 6대 의무 중 하나가 납세의 의무이다. 왜 우리는 세금을 내야 할까? 인천공항에서 탐지견으로 일하는 장군이는 사람들처럼 월급을 받고 싶었다. 기다리던 월급날, 장군이는 회사가 월급을 훔쳐 갔다며 화가 난다. 장군이는 월급을 받으면 세금을 내야 한다는 것도, 물건을 사기만 해도 세금이 나가는 걸 알지 못한 것이다. 세금에 대해 잘 알지 못하던 장군이가 어떻게 세금을 내는지, 세금은 어디에 쓰이는 지를 배우며 세금 내는 탐지견으로 거듭난다.

세금은 국민의 의무인 만큼 꼭 필요한 교육이므로 관련 용어들이 다소 어렵지만, 아이가 이해할 수 있게 쉽고 재미있는 이야기로 풀어내어 자연스럽게 접하게끔 하는 것이 필요하다. 이 그림책을 통해 아이들은 단순히 세금을 납부하는 방법과 종류만 배우는 것이 아니라 세금을 내야 하는 이유, 납세자의 권리 등도 배울 수 있다. 아이들에게 세금의 개념과 활용을 주인공 장군이의 시선으로 보다 쉽게 접근할 수 있으며, 세금이 우리 생활과 밀접한 관계가 있음을 알 수 있는 책이다.

생각을 나누는 질문
1. 인천공항에 월급을 받는 사람들은 누가 있을까?
2. 월급을 많이 받으면 왜 세금을 많이 내야 할까?
3. 세금을 내지 않으면 어떻게 될까?

배움이 깊어지는 활동

1. **세금 관련 용어 정리** ⋯▶ 그림책과 국세청의 세금교육 동영상을 보며 세금의 정의와 국세청, 세금의 종류 등에 대해 알아보고 간단히 정리한다.(https://www.youtube.com/watch?v=G1hdi-4Re9I '국세청과 함께 배우는 세금 이야기' 국세청)
2. **우리가 세금을 내는 방법** ⋯▶ 물건을 구매하고 받는 영수증을 살펴보며 부가가치세를 확인한다. 아이들은 자기도 모르는 사이에 세금을 내고 있음을 알 수 있다.
3. **세금이 쓰이는 곳을 찾아보기** ⋯▶ 그림책에 언급한 곳뿐만 아니라 스마트기기로 검색하며 우리 생활 곳곳에 세금이 쓰이고 있음을 깨닫는다. 세금이 쓰이는 다양한 곳을 살펴보고, 세금을 내야 하는 필요성에 대해 인식한다.

창의성

상상 여행

리우나 비라르디 글·그림, 마음물꼬 옮김 ‖ 빨간콩

관찰하고 상상하는 즐거움

상상은 인류의 문명이 시작됨과 동시에 만들어진 신화, 전설, 전래동화 등 모든 문학 작품의 원동력이다. 지금도 상상력이 많은 작가들 덕분에 새로운 이야기가 나오고, 가 볼 수 없는 곳을 여행한다. 독일의 철학자 칸트는 우리가 상상 속에서 점을 찍고, 그걸 그어 선을 만들고, 선을 움직여 면과 공간을 만들면서 우리의 기본적인 인식틀을 만든 다고 주장했다. 무언가를 인식하는 데 상상력은 필수 조건인 셈이다.

매일 아침 어린 소녀는 지하철을 타고 학교에 간다. 소녀는 주변 다른 사람들을 관찰한다. '흰 수염을 가진 할아버지의 직업은 무엇일까?', '모자를 쓴 남자는 무슨 일을 할까?' 소녀는 모든 것이 궁금하다. 그리고 그들의 모습과 삶을 연결 지어 독특한 상상을 한다. 해당 페이지를 위로 넘기면 소녀가 상상한 내용을 확인할 수 있다. 플랩을 여는 순간 우리의 판단이 얼마나 편협한지 깨닫게 된다. 정답에 얽매이지 말고 보이는 것 너머 타인의 존재를 있는 그대로 받아들이는 법을 배울 수 있다.

생각을 나누는 질문
1. 표지의 아이는 왜 노란 안경을 쓰고 있을까?
2. 눈을 감은 소녀는 무슨 꿈을 꾸고 있을까?
3. 플랩을 열기 전에 상상한 것과 같은 사람은 누구인가?

배움이 깊어지는 활동

1. **나도 상상 작가** ⋯▶ 그림책의 한 장면을 보고 그 사람에 대해 상상한 것을 그림으로 표현한다. 내가 상상한 그림과 작가의 그림을 비교하면서 어떤 특징이 있는지 이야기 나눈다.
2. **혼자만의 상상 여행** ⋯▶ 처음 보는 인물 사진을 자세히 관찰하면서 이 사람은 어디에 사는지, 무슨 일을 하는지, 어떤 취미가 있는지, 무엇을 좋아하는지 상상하는 글을 써 본다.
3. **나의 미래 상상하기** ⋯▶ 나의 미래가 어떻게 펼쳐질지 자유롭게 상상해 본다. 1년 후, 3년 후, 10년 후 등 시점을 정하면 좀 더 구체적으로 상상할 수 있다.

창의성

파란 의자

클로드 부종 글·그림, 최윤정 옮김 ‖ 비룡소

틀에 박힌 생각에서 벗어나는 방법

신선한 아이디어나 새로운 발상을 가로막는 것 중 하나가 고정관념이다. 고정관념이란 마음속에 굳어 있어 변하지 않는 생각이나 지나치게 당연한 것처럼 알려진 것을 말한다. 그 생각이 잘못되어 누군가 설득을 하거나 상황이 바뀌어도 당사자가 스스로 수정하지 않는 한 항상 동일하게 유지된다. 고정관념은 후천적 학습에 의한 결과이므로 고정관념을 없애기 위해서는 학생들의 사고가 특정한 방식으로 굳어지기 전에 다양한 관점이 존재함을 보여줄 필요가 있다.

이 책의 주인공은 사막을 걷다가 파란 의자를 발견한다. 어른이라면 당연히 '의자'는 앉는 것이라고 생각하겠지만, 아이들은 그렇지 않다. 의자는 숨을 수 있는 공간도 되고, 개썰매, 구급차, 무대도 될 수 있다. 아이들의 유연한 상상력을 그림책 속 낙타로 표현된 어른의 고지식함과 대비시켜 유쾌한 웃음을 준다. 사막에 홀로 덩그러니 의자에 앉아 있는 낙타가 되지 않으려면, 당연하게 떠오르는 생각을 잠시 잊고 여러 관점에서 사물을 이해하려는 노력이 필요하다.

생각을 나누는 질문
1. 왜 파란색 의자일까?
2. 에스카르빌과 샤부도가 상상하지 못한 의자의 다른 면을 발견한 것이 있다면 무엇인가?
3. 에스카르빌과 샤부도가 사막을 걸어간 이유는 무엇일까?

배움이 깊어지는 활동

1. **나만의 파란 의자 사용법** ⇢ 그림책에 나오는 파란 의자를 여러 가지 면(의자의 등, 앉는 부분, 다리)으로 10분 정도 관찰한다. 의자는 앉는 물건이라는 고정관념을 깨고 나라면 어떻게 활용할지 방법을 적는다.
2. **우리 주변의 '낙타' 찾기** ⇢ 그림책의 낙타는 고정관념과 정답, 틀에 박힌 생각을 고집하는 사람을 빗댄 것이다. 주변에 이런 사람이 있는지 또는 내가 그런 경험이 있었는지 이야기해 본다.
3. **당연한 것을 당연하지 않게 보기** ⇢ 숟가락은 밥을 먹는 것, 컵은 음료를 마시는 것 등 당연하게 여기는 것을 다른 설명과 바꾸어서 전혀 생각하지 못했던 관점을 찾아본다. 예를 들면, '컵'을 '타는 것'과 연결하여 새롭게 정의해 본다.

생각

이보나 흐미엘레프스카 글·그림, 이지원 옮김 ‖ 논장

비유를 통해 창의적으로 표현해 보는 생각

'나는 생각한다, 고로 존재한다'라는 말에서 생각이란 목표에 이르는 방법을 찾으려고 하는 정신 활동을 말한다. 호기심을 가지고 뭔가를 헤아리고 판단하는 과정이다. 이 사고 과정을 말로 설명하기란 쉽지 않다. 그래서 아이들에게 비유, 은유의 방법을 통해 이야기해 보도록 한다.

이 책은 생각이라는 추상적인 단어를 여러 구체적 사물에 비유해서 그림과 함께 독자가 창의적으로 상상하게 한다. 생각은 '머릿속에서 뭉게뭉게 피어나는 연기 아닐까?', '끝없는 하늘로 열린 창 아닐까?', '커다랗고 깜깜한 장롱 아닐까?' 등 사물에 빗대어 연상하고, 이유를 설명한다. 작가 특유의 개성이 돋보이는 다양한 질감의 천과 종이를 이용한 콜라주 기법은 감각적 표현을 통해 '생각'에 대한 자유로운 상상을 돕는다. 마지막의 '아무것도 아닌 것 같지만 모든 것이 될 수 있는 게 바로 생각이에요' 부분은 비유적 표현의 대표적인 문장으로 글 속에 숨겨진 의미를 찾아보면서 사고의 범위를 확장시킬 수 있을 것이다.

> 생각을 나누는 질문
> 1. 생각을 마법의 유리로 만든 투명한 그릇으로 비유한 까닭은 무엇인가?
> 2. 작가가 비유한 표현 중 가장 마음에 든 표현은 무엇인가?
> 3. '생각'을 비유로 표현해 본다면 어떻게 표현하고 싶은가?

> **배움이 깊어지는 활동**
>
> 1. **비유를 들어 '생각' 한 줄 쓰기** ⋯ 그림책의 표현을 살펴보고 '생각'을 사물에 빗대어 표현해 본다. 그리고 그렇게 생각한 이유를 근거를 들어 설명한다.
> 2. **'생각' 글자 꾸미기** ⋯ 그림책의 맨 뒷장에 '생각'을 자음, 모음으로 구분하여 여러 가지 모양으로 제시되어 있다. 이 그림 자료를 활용하여 단어를 재미있게 꾸며 본다.
> 3. **같은 사진 다른 생각** ⋯ 떨어진 목련꽃 사진 자료를 보고 떠오르는 생각을 자유롭게 적는다. 모둠별로 모여 자기 생각을 발표하면서 어떤 생각이 가장 창의적인지, 같은 사진을 보고도 생각이 서로 다름을 이야기한다.

창의성

우다다다 달려 마을!

야동 글, 마이크 샤오쿠이 그림, 류희정 옮김 ∥ 한림출판사

부딪히며 탄생하는 새로운 발명의 세계

창의적 아이디어로 지금까지 없던 새로운 물건을 만들거나 새로운 방법을 생각해 내는 것이 발명이다. 발명은 이 세상에 없는 것을 만들거나 생각하는 것이라지만, 불편한 것을 찾아 고치거나 기존에 있는 것을 조합하여 발전시킨 것도 발명이라고 부른다. 학교에서 선생님들의 건강과 편의를 위해 분필 대신 물 백묵을 사용하게 된 것도 그 예라고 할 수 있다. '우다다다 달려 마을'에서는 두 개의 사물이 서로 부딪히면 쨍! 하고 새로운 물건이 탄생한다. 빵과 소시지가 달려가다 부딪히면 소시지 빵이 되고, 생쥐와 양탄자가 부딪히면 날다람쥐가 된다.

부딪힌다는 의미가 부정적인 느낌을 주기도 하지만, 이 책에서는 사물들의 부딪힘을 통해 번쩍하며 새로운 아이디어가 떠오르고, 특이한 발명이 이루어짐을 의미한다. 한글을 모르는 아이들도 그림들이 서로 만나는 순간 그 다음은 어떻게 변할지 상상하는 재미가 있다. 책을 다 읽은 뒤에는 실제 생활에서 흥미 있는 물건을 찾아 서로 부딪혔을 때 어떤 물건이 만들어질지 상상해 보자.

> 생각을 나누는 질문
> 1. 표지의 아이는 왜 노란 안경을 쓰고 있을까?
> 2. 눈을 감은 소녀는 무슨 꿈을 꾸고 있을까?
> 3. 플랩을 열기 전에 미리 상상해 본 것과 같았던 사람은 누구였나?

> 배움이 깊어지는 활동
> 1. **물건과 물건이 만나 새롭게 탄생하는 것 상상하기** ⇢ 물건 2개가 서로 부딪히면 어떤 물건으로 탄생할지 상상해 본다. 그리고 새롭게 창조된 물건을 글이나 그림으로 표현해 본다.
> 2. **글자와 글자를 연결하여 단어 만들기** ⇢ 한 음절로 된 글자를 여러 장 펼친 다음 그중 2개를 서로 연결하여 단어를 만든다. 순서는 앞뒤 자유롭게 놓을 수 있으며 두 글자를 다 만들면 세 글자로 된 단어도 만든다.
> 3. **불편함을 해결해 줄 물건 만들기** ⇢ 연필과 지우개의 불편함을 해결하기 위해 지우개 달린 연필이 나왔듯이 주변에서 겪을 수 있는 불편함을 찾아보고, 그것을 해결해 줄 물건을 상상해 본다.

창의성

이상한 화요일

데이비드 위즈너 글·그림 ‖ 비룡소

잠이 없는 친구들을 위한 신나는 밤 상상 여행

화요일 밤 8시가 되면 지루한 표정으로 꾸벅꾸벅 졸고 있는 개구리들이 화들짝 잠에서 깨어난다. 그리고 그 누구도 상상해 본 적이 없는 개구리들의 신나는 비행이 시작된다. 연잎을 타고 아침 해가 밝아올 때까지 마을 이곳저곳을 제멋대로 돌아다닌다. 새들은 깜짝 놀라고 빨랫줄의 빨래는 장난감이 된다. 노부인의 거실은 놀이터로 변신한다. 낮에는 무서웠던 강아지가 밤이 되면 개구리들의 추격을 받는 모습에서 작가의 위트와 상상력을 엿볼 수 있다.

이 책은 글 없이 그림으로만 상황을 전달하여 마음껏 상상의 날개를 펼치게 한다. 개구리의 생동감 있는 표정을 크게 그린다거나, 가로로 긴 그림, 원경을 포착한 그림 등 초현실적 화풍은 독자가 작품을 자유롭게 해석하도록 한다. 그림책의 한 장면을 보여주고 이야기를 꾸며 본다거나, 어두운 밤에 할 수 있는 놀이 등을 이야기하다 보면 뜻밖의 마술 같은 이야기를 만날지도 모른다. 또한, 이상한 '화요일'이 아닌 이상한 '금요일'에 만나는 밤 여행은 어떨지 상상해 보자.

> **생각을 나누는 질문**
> 1. 개구리들은 왜 '화요일' 밤에 여행을 할까?
> 2. 개구리들의 여행 중에서 어떤 여행이 가장 재미있었나?
> 3. 밤에 잠이 안 올 때 주로 무엇을 하는가?

배움이 깊어지는 활동

1. **상자 안의 물건 상상하기** ⇢ 빈 상자에 그림책에서 본 것 중 하나가 들어있다고 각자 상상한다. 그 물건에 대한 설명 3가지를 만들어 이야기해 주면, 친구들은 그 물건이 무엇인지 맞힌다.
2. **하늘을 나는 방법** ⇢ '아라비안나이트'의 주인공은 양탄자를 타고 날아다니고, 주인공 개구리는 연잎을 타고 밤하늘을 날아다닌다. 나는 어떤 물건을 타고 하늘을 날고 싶은지 상상하여 그림을 그린 후 설명한다.
3. **똑똑! 상상의 나라 문 두드리기** ⇢ 잠이 없는 두꺼비가 밤 비행을 하듯 잠이 안 오면 할 수 있는 놀이를 브레인스토밍한다. 현실에서는 할 수 없는 활동도 허용하며 가능한 한 많이 상상한다.

질문의 그림책

이은경 글 · 그림 ‖ 보림

창의성

상상 그 이상의 이야기

'질문은 어디에서 오는 걸까?'로 시작해서 '수많은 질문은 어디로 사라질까?'로 끝나는 질문 그림책이다. 어떤 현상을 보면서 지금까지 아무도 묻지 않았던 것들을 질문하며 독자를 상상의 세계로 이끈다. 만두를 보면 연상되는 만두 기차, 마치 아기 병아리의 솜털처럼 부드러운 무화과 껍질 속, 딸기의 까만 씨는 마치 외계인이 심어놓은 암호처럼 해석될 수도 있다. 이처럼 어떤 사물을 보거나 듣거나 생각할 때 그것과 관련 있는 사물이 머릿속에 떠오르는 것을 '연상'이라고 한다. 하나의 관념이 다른 관념을 불러일으키는 것이다.

이 그림책은 평범해 보이는 사물을 다른 각도에서 바라보고, 전혀 새로운 물건과 연상 지어 표현함으로써 독창적이고 재미있는 내용으로 구성되어 있다. 장면마다 등장하는 동물들을 찾아보고, 그들과 연상되는 것은 무엇인지 생각해 보는 것도 재미있다. 교실에서도 흔히 볼 수 있는 연필, 칠판, 지우개 등을 보면서 연상되는 것을 그리고 질문을 덧붙여 질문의 그림책을 만들 수도 있다.

> 생각을 나누는 질문
> 1. 어떤 그림과 질문이 가장 놀라웠는가?
> 2. 주변의 물건을 보며 엉뚱한 상상을 한 경험이 있는가?
> 3. 질문은 어디에서 올까?

배움이 깊어지는 활동

1. **최고의 엉뚱한 그림이나 장면 모으기** ⋯▶ 상상력이 뛰어난 초현실 그림이나 내가 이해하지 못한 장면, 사진 등을 모아 모둠별로 이야기 나눈 후 가장 엉뚱하고 재미있는 것을 골라본다.
2. **나도 글 작가 – 질문 바꿔 만들기** ⋯▶ 그림책을 다시 천천히 읽고 가장 인상적인 장면을 고른다. 고른 장면 속에 있는 질문 대신 내가 상상한 질문을 만들어 본다.
3. **나도 그림 작가 – 그림 바꿔 표현하기** ⋯▶ 그림책의 여러 질문을 가지고 친구들과 묻고 답하기 놀이를 한 후 가장 마음에 드는 질문을 골라 그 내용에 어울리는 그림을 그린다.

창의성

붙여 볼까?

카가미 켄 글·그림 ‖ 상상의 집

나도 피카소처럼 멋진 창작가!

피카소는 '어린아이는 누구나 예술가'라고 말했다. 아이들 마음속에 잠재된 순수한 감각과 산발적인 생각들을 종이로 오려 붙이고, 그림을 그리고, 광고를 만들고, 이야기를 꾸며보는 등 마음껏 표현하게 해야 한다. 창작은 새로운 것을 만드는 것이다. 창작을 백지를 놓고 머릿속에 있는 것을 그대로 표현하는 것으로 생각하는 사람들이 있으나 이것은 오직 자신의 기억과 경험에 한정되는 단점이 있고, 없는 것을 생각해 내는 과정에서 어린아이들은 쉽게 포기하는 경우가 종종 있다. 그래서 상상력을 자극하는 주변의 사물이나 현장, 사건 등을 참고하여 창작하는 방법을 활용한다.

이 그림책은 두 개의 사물을 결합하여 이전에 존재하지 않았던 새로운 물건을 만들어 낸다. 야옹이와 미니카를 결합하면 '야옹카'가 된다. 단어뿐만 아니라 그림도 새롭게 창작될 수 있다. 베개와 시계가 만난 '베시계'는 베개 모양의 시계로 태어난다. 창작은 아이들이 세상을 배우는 일인 동시에 자신의 생각을 세상에 표현하는 하나의 방법이다.

생각을 나누는 질문
1. 그림책 속 물음표의 수는 무엇을 의미하는 것일까?
2. 가장 인상적인 창작은 무엇인가?
3. '화살표'와 '거북이'를 붙여서 만들 수 있는 새로운 단어는 어떤 것이 있을까?

배움이 깊어지는 활동

1. **단어와 단어를 붙여서 새로운 단어 만들기** ⋯➡ 단어와 단어의 글자를 재배열하여 새로운 단어를 만든다. 예를 들어, 화살표와 거북이를 붙여서 화살거북, 거북표 등 이미 알고 있는 단어를 먼저 생각해 보고, 새로운 단어도 만들어 본다.
2. **그림과 그림을 붙여서 새로운 그림 그리기** ⋯➡ 사과 그림과 안경 그림을 붙여서 눈 부분이 사과 모양인 안경을 그리듯이 관심 있는 그림 두 개를 섞어서 새로운 그림을 창작해 본다.
3. **주변의 창작물 찾아보기** ⋯➡ 학교, 집, 우리 마을 등 주변에서 볼 수 있는 특이한 창작물이나 재미있는 재활용 아이디어 작품 등을 찾아서 사진을 붙이거나 글, 그림으로 표현한다.

수박 수영장

안녕달 글·그림 ‖ 창비

창의성

모두가 꿈꾸는 시원하고 달콤한 상상 놀이

상상하는 것만큼 재밌는 놀이가 또 있을까? 누군가에게 인정받을 필요도 없고, 눈치 볼 이유도 없다. 머릿속에 떠오르는 공상은 나만 알 수 있고, 나만 즐길 수 있다. 이처럼 '상상 놀이'는 오감을 사용하여 이리 저리 혼자서 만들어 내면 된다. 유난히 더운 여름날, 잘 익은 수박 한 통을 식탁 위에 올려놓고 상상의 나래를 펼쳐본다. 쪼개진 수박 위로 할아버지가 수영복을 입고 사다리를 타고 수박 앞에 서 있다. 가장자리를 지나 수박 알맹이와 씨를 빼내고 욕조에 몸을 누이듯 수박 수영장에 몸을 담근다. 상상만 해도 온몸에 닭살이 돋을 정도로 시원하다. 수박 미끄럼틀에 몸을 맡기며 수영을 즐기다 보니 어느새 가을이 찾아오고 수영장 문을 닫을 때가 된다.

한계와 제한이 없는 '상상 놀이'는 뇌를 자극하여 아이디어를 더 풍부하게 하고, 사회, 심리, 정서적 능력을 키우는 데 도움이 된다. 수박 수영장은 먹는 과일이라는 고정관념을 넘어 무엇이든 즐거운 놀이 도구, 놀이터가 될 수 있음을 보여 준다.

생각을 나누는 질문
1. 아무도 없는 수영장에 처음으로 발을 담그면 어떤 기분이 들까?
2. 구름을 살 수 있다면 어떤 구름을 사고 싶은가?
3. 수박 수영장이 아닌 내가 놀고 싶은 수영장은 어떤 수영장이 있을까?

배움이 깊어지는 활동

1. **공깃돌 과녁 맞추기** ⋯▸ 동심원 3개가 그려진 원의 가장자리에 서서 공깃돌(수박씨 대신 활용)을 던져 원의 중심에 가장 가까운 곳에 맞으면 10점, 가운데 원은 5점, 바깥 원은 1점을 받는다.
2. **과일 광주리 놀이** ⋯▸ 원으로 둘러앉아 4개의 과일을 순서대로 말한다. 노래 하나를 다 같이 부르며 노래가 끝나기 전에 하나의 과일을 말한다. 그 과일에 해당하는 사람은 자리를 옮기고, 술래는 빈자리를 재빨리 앉는다.
3. **수박씨 떼기 놀이** ⋯▸ 수박씨 모양으로 색종이를 잘라 얼굴에 붙이고 얼굴 근육만 움직여 정해진 시간에 수박씨 떼기 놀이를 한다. 어디에 어떻게 수박씨를 붙여야 잘 떨어지는지 생각한다.

> 창의성

문제가 생겼어요!

이보나 흐미엘레프스카 글·그림, 이지원 옮김 ∥ 논장

실수를 예술로 바꾸는 아름다운 상상

살면서 누구나 실수를 한다. 그 실수를 받아들이고, 그것을 사정과 형편에 따라 적절하게 처리하면 우리는 '융통성'이 있다고 표현한다. 융통성은 고정관념이나 편견에 사로잡히지 않고 다양한 관점에서 사물을 바라볼 수 있고, 자기 생각이나 행동을 상황에 따라 바꿀 수 있는 능력을 말한다. 융통성이 있는 사람들은 변화에 잘 적응하고, 누구도 생각하지 못한 새로운 기회를 만들어 내기도 한다.

그림책의 아이는 다림질을 하면서 잠깐 딴생각을 하다가 엄마가 아끼는 식탁보에 눌어붙은 자국을 만들어 버린다. 엄마에게 혼날 걱정에 아이는 이런저런 변명할 방법을 찾아보지만, 딱히 마땅한 방법이 떠오르지 않는다. 그러는 사이 엄마가 돌아와 식탁보의 얼룩에 새로운 얼룩을 더해 창의적이고 멋진 그림을 완성한다. 문제를 바라보는 엄마의 융통성에 아이는 안심하고 더 멋진 상상의 날개를 펼친다. 아이는 식탁보를 볼 때마다 엄마와의 추억이 떠오르고, 실수를 실패로 보지 않고, 다른 방향에서 새롭게 재창조하는 방법을 배운다.

생각을 나누는 질문
1. 누군가의 실수로 내가 가장 아끼는 물건에 문제가 생긴다면 어떤 기분이 들까?
2. 내가 그림책 속 엄마라면 다리미 자국을 무엇으로 바꾸고 싶은가?
3. 예상하지 못한 문제가 생겼을 때 어떻게 해결하는가?

배움이 깊어지는 활동

1. **상처 자국을 예술로 표현하기** ⇢ 그림책 속 다리미 자국을 갖가지 모양으로 변형시켜 새로운 작품이 되도록 꾸며본다. 그리고 작품 아래 설명하는 글을 적는다.
2. **최고의 실수를 찾아라!** ⇢ 지금까지 자신이 한 실수 한 가지를 돌아가면서 발표한다. 그중 가장 독특하고 재미있는 실수를 뽑아 돌아가면서 응원하고 격려하는 말을 해 준다.
3. **실수를 아름답게 바꾸기** ⇢ 양쪽 눈의 크기를 서로 다르게 잘못 그린 얼굴 그림을 보고 어떻게 바꾸면 좋을지 상상하여 그림을 완성한다.

뭐든 될 수 있어

요시타케 신스케 글·그림, 유문조 옮김 || 위즈덤하우스

창의성

생각나는 대로 상상하고 표현하는 창의성 수업

　엄마는 집안일을 하지만 어린 나리는 심심하다. 빨래를 개는 엄마에게 자신의 동작을 맞혀보라며 퀴즈 게임을 시작한다. 이불을 뒤집어쓰기도 하고 온몸을 이용하여 문제를 내지만, 번번이 틀리는 엄마 때문에 나리는 답답하기만 하다. 작가 특유의 기발한 상상력과 귀여운 캐릭터가 돋보이는 그림책이다. 주변의 물건을 활용해 무궁무진 변신을 하는 아이를 따라가다 보면, 나도 모르게 답을 상상하기도 하고, 정답이 궁금해 얼른 페이지를 넘기고 싶어진다.

　매사에 무관심하고 생각하기 싫어하는 학생들과 이 그림책을 읽고 다양한 동작을 만들어 보면 호기심을 가지는 데 도움이 될 수 있다. 마치 주인공이 된 듯 흉내를 내보기도 하고, 자신이 상상한 동작을 친구들 앞에서 발표해 보는 것이다. 모범적인 답에만 익숙한 아이들에게 상상의 즐거움과 표현의 자유로움을 줄 수 있다. 가능하면 조건이나 제약을 두지 말고 생각나는 대로 표현해 보자. 상상을 움직임으로 표현하는 신체 활동의 즐거움도 느낄 수 있을 것이다.

생각을 나누는 질문
1. 나리와 동작 맞추기 게임을 하는 엄마의 마음은 어땠을까?
2. 나리가 내는 문제 중 가장 상상력이 돋보이는 것은 무엇인가?
3. 내가 만약 엄마와 게임을 한다면 어떤 게임을 만들 수 있을까?

배움이 깊어지는 활동

1. **나의 동작 표현하기** ⋯ 친구들 앞에서 먼저 어떤 동작을 할지 궁리한다. 창문을 닦는 모습, 공부를 하는 모습, 무거운 물건을 드는 모습 등 표현하고 싶은 동작을 그림으로 그려 본다.
2. **친구의 동작 맞히기** ⋯ 다른 사람의 상상에 내 상상을 더하는 활동이다. 친구의 동작을 보고 친구가 상상한 동작이나 물건을 맞힌다. 언어가 아닌 몸으로 다른 사람의 생각을 읽는 소통의 중요성도 알게 된다.
3. **나만의 상상 놀이 그림책 만들기** ⋯ 내가 상상한 동작을 사진을 찍어 붙이거나 그림을 그려 미니 그림책을 만들어 본다. 동작의 제목과 소개글을 써 보며 상상을 글로 표현하면 책이 될 수 있음을 자연스럽게 알게 된다.

낱말 공장 나라

아네스 드 레스트라드 글, 발레리아 도캄포 그림, 신윤경 옮김 ‖ 세용출판

책을 이루는 언어

'낱말 공장 나라'에서는 말을 하고 싶으면 돈을 주고 낱말을 사야 하는데, 중요한 말일수록 비싸다. 필레아스는 가난해서 하고 싶은 말을 마음껏 할 수 없어서 사람들에게 버려져 떠다니는 세 개의 낱말 '체리, 먼지, 의자'를 곤충망으로 잡아 간직했다가 좋아하는 시벨의 생일날 선물한다. 부잣집 오스카도 시벨에게 사랑한다는 말을 하지만, 시벨은 필레아스의 볼에 입을 맞춘다. 아무 연관성이 없는 낱말 세 개를 듣고 시벨은 필레아스의 마음을 받아들인다. 생각이나 마음을 전하는 데 언어가 중요함을 생각해 보게 하는 그림책이다. 언어를 어떻게 사용하느냐에 따라 이해의 방식이 달라진다는 것도 알 수 있다.

책을 만드는 데는 필요한 것이 많지만, 가장 중요한 것이 언어다. 생각과 감정을 글자를 통해 전달하기 때문이다. 언어만이 가진 특성을 먼저 이해하고 전달하려는 사람이 무엇을 말하는지, 어떤 의미를 담아 쓴 것인지, 글의 형식은 왜 달라지는지 이 책을 읽으며 책을 이루는 언어의 역할에 관해 생각해 보자.

> **생각을 나누는 질문**
> 1. '체리, 먼지, 의자' 대신 필레아스가 하고 싶은 말은 무엇이었을까?
> 2. 시벨이 필레아스를 선택한 이유는 무엇일까?
> 3. 낱말이 하나도 없는 나라에 산다면 어떻게 생각을 전달할 수 있을까?

배움이 깊어지는 활동

1. **갖고 싶은 세 개의 낱말** ⋯▶ 만약, 하고 싶은 말을 마음대로 다 할 수 없을 때 세 개의 낱말만 가질 수 있다면, 어떤 낱말을 선택할지 정하고 그 낱말이 소중한 이유를 써 본다.
2. **글의 내용에 어울리는 낱말 골라보기** ⋯▶ 국어사전을 이용하여 비슷한 의미의 낱말이 가진 차이를 알아보고 주어진 글에 가장 어울리는 낱말을 골라본다.
3. **시의 구절 순서에 맞게 정리하기** ⋯▶ 순서가 섞인 시의 구절을 차례대로 정리해 본다. 시인의 마음을 생각하며 읽으면서 처음 글과 비교해 본다. 모둠별로 진행할 수도 있다.

이 작은 책을 펼쳐봐

제시 클라우스마이어 글, 이수지 그림, 이상희 옮김 || 비룡소

독서

책 읽는 즐거움

제목부터 아이들의 호기심을 자극하는 그림책이다. 책장 하나하나가 제각기 책 속 책들의 표지 역할을 하는데 '조그만 빨간 그림책'부터 펼쳐나가면 무당벌레는 개구리 이야기책을, 개구리는 토끼 이야기책을, 토끼는 곰 이야기책을, 곰은 거인 이야기책을 읽고 있다. 한 장씩 넘길수록 책 표지가 점점 작아진다. 책이 너무 작아서 넘기지 못하는 거인을 위해 친구들이 책을 읽는 장면 다음부터는 뒤표지 형식의 책장이 이어져서 여러 권의 책을 읽은 느낌을 받는다. 점점 작아지는 독특한 형식의 책장을 넘기며 책을 읽어나가는 과정이 재미있고, 각각의 동물이 보는 책의 표지를 보고 다음에 나올 동물을 상상해 보는 재미도 있다.

책을 읽는 것을 필요에 의한 의무처럼 생각하는 아이가 많다. 이 책은 독특한 구조로, 다른 책을 펼쳐보고 싶은 마음을 갖게 하여 책 읽기를 싫어하는 아이들에게 좋다. 모든 동물이 모여 책을 읽는 즐거운 마지막 장면에 아이들도 동참하는 기쁨을 얻을 것이다.

> **생각을 나누는 질문**
> 1. 책 제목에서 왜 작은 책을 펼쳐보라고 했을까?
> 2. 책 표지를 넘길 때와 마지막 장을 덮을 때의 느낌은 어떻게 달라졌을까?
> 3. 이 책이 다른 책과 다른 점은 무엇일까?

배움이 깊어지는 활동

1. **등장인물들이 들고 있던 물건 찾아보기** ⋯→ 동물들이 가지고 있던 물건들을 누구에게 선물했는지 찾아본다. 그림책을 꼼꼼히 보며 책 속의 책을 펼칠 때 물건을 가진 동물과 책을 덮은 후 물건을 가진 동물을 찾아본다.
2. **책을 다른 것에 빗대어 정의해 보기** ⋯→ 책이란 무엇이라고 생각하는지 사물에 빗대어 그림과 글로 표현해 본다. 추상적인 느낌을 구체적으로 설명할 수 있는 사물을 선택한다.
3. **재미있는 모양의 책 만들기** ⋯→ 재미있는 모양의 책을 상상해서 만들어 본다. 다양한 형태의 책을 보여준 후 아이디어를 정리하고, 직접 만들기는 재료를 준비해 와서 따로 진행한다.

독서

브루노를 위한 책

나콜라우스 하이델바흐 글·그림, 김경연 옮김 ‖ 풀빛

독서 경험 살펴보기

책 읽기를 좋아하는 울라는 자주 놀러 오는 브루노와 함께 책을 읽고 싶다. 브루노는 시시하고 무섭지도 않다며 울라가 권하는 책을 읽으려 하지 않는다. 울라가 책 속의 뱀에게 물려서 목에 반창고를 붙였다고 하자 그때서야 브루노는 책을 읽기 시작한다. 이제 브루노는 빨간 줄을 타고 책 속으로 들어가 괴물에게 잡혀간 울라를 구하는 모험을 시작한다. 홀로 배를 타고 험난한 바위산을 올라가 무서운 괴물에게 먹힐뻔한 울라를 구해낸다. 책에서 빠져나온 브루노는 울라에게 책 속 여행을 또 해 달라고 부탁한다.

울라가 펼쳐놓은 큰 책 속으로 빠져들어 가는 브루노를 보면서 자기 마음에 쏙 드는 책을 만났을 때의 감정을 떠올리게 하는 책이다. 독서의 경험은 아이들에게 자기만의 상상의 세계로 빠져드는 재미와 자신의 다른 모습을 발견하고 변화해 가는 기쁨을 준다. 아이마다 좋아하는 책이 있고, 좋아하는 책 읽기 방식도 있다. 어떤 식으로 책을 읽고 재미를 느끼는지 스스로 살펴보는 즐거운 독서가 될 것이다.

> **생각을 나누는 질문**
> 1. 브루노는 왜 책 읽기를 재미없어할까?
> 2. 브루노가 울라에게 책 속으로 다시 여행을 떠나자고 부탁한 이유는 무엇일까?
> 3. 책 속으로 여행을 떠난다는 것은 어떤 느낌일까?

배움이 깊어지는 활동

1. **그림만 있는 장면 글로 써 보기** ⋯▶ 주인공이 책 속으로 들어갔다가 나오는 부분은 그림만으로 구성되어 있다. 그림만 있는 그 장면들을 하나의 이야기로 만들어 본다.
2. **독서 경험 살펴보기** ⋯▶ 독서 경험과 관련된 가치, 정서를 알아보는 질문에 답하면서 그동안 독서 활동을 어떤 식으로 해왔는지 돌아보고 독서에 대한 자기 생각을 정리해 본다.
3. **독서 경험 나누기** ⋯▶ 독서와 관련된 다양한 경험을 가진 친구들을 찾아 이야기를 나누어 본다. 교실을 돌아다니며 활동지에 제시된 조건에 맞는 독서 경험을 한 친구를 찾아 이야기를 나눈 후 자기 경험과 비교해 본다.

그래, 책이야!

레인 스미스 지음, 김경연 옮김 ∥ 문학동네

독서

디지털 시대에 책이 필요한 이유

노트북을 옆에 끼고 다니는 동키는 몽키가 읽고 있는 책에 호기심을 보인다. 마우스도 없고, 스크롤도 하지 않는 낯선 물건이라 질문이 많다. 하지만 몽키는 '책이야'라는 짧은 대답만 자꾸 한다. 책으로는 뭘 할 수 있냐는 질문에도 답을 하지 않는다. 말로는 설명되지 않는, 글자만 너무 많은 것이라고 생각했던 책을 읽기 시작하면서 동키는 시간 가는 줄을 모르게 된다. 결국, 책을 돌려달라는 데도 주지 않는 동키. 쓸모가 없을 것 같은 책을 읽느라 노트북은 덮여 있다.

각종 전자기기가 발달하고 다양한 매체가 가득한 생활 속에서 아이들에게 책의 필요성을 생각해 보게 하는 책이다. 필요한 모든 것을 디지털 매체를 통해 얻을 수 있다고 생각하는 요즘의 아이들과 이야기를 나누어 보기에 좋다. 시간이 흘러가는 데 꼼짝도 하지 않고 앉아 귀를 쫑긋거리며 책을 읽는 동키를 보며 전자기기로는 할 수 없는 책의 역할을 생각해 보게 될 것이다. 디지털 시대에 책의 가치와 힘을 느낄 수 있을 것이다.

> 생각을 나누는 질문
> 1. 몽키는 동키의 질문에 왜 말로 설명하지 않고 책을 건네주었을까?
> 2. 책을 읽은 후 동키의 기분은 어떨까?
> 3. 책으로는 무엇을 할 수 있을까?

배움이 깊어지는 활동

1. **책이 필요한 이유** ⋯▶ 책이 필요한 이유를 생각해 보고 친구들의 의견을 들어본다. 내 생각을 먼저 적은 다음 친구들의 의견을 듣고 정리한다.
2. **'책은 사라질 것인가?' 토론하기** ⋯▶ '책은 30년 안에 사라질 것이다'를 주제로 찬성과 반대 중 하나의 입장을 선택한다. 적절한 근거를 3개 작성하고 다른 입장을 가진 친구와 토론해 본다.
3. **책과 동영상의 특징 비교** ⋯▶ 책과 영상매체는 어떤 차이와 특징이 있는지 방사형 그래프를 이용해 비교해 본다. 다른 색깔의 필기구를 이용하여 그래프를 그려보며 각각의 쓰임새와 역할에 대해 생각해 본다.

독서

산책 Promenade

이정호 글 · 그림 ‖ 상출판사

독서의 의미

표지에 큰 책의 열린 문을 향해 등불을 들고 한 사람이 서 있다. 열린 문으로 보이는 하늘에는 작은 별들이 반짝이며 표지를 보는 사람들을 끌어당기고 있다. 책장을 넘기면 매 장마다 책이 등장하는 그림이 펼쳐지고 짧은 글이 있다. 각 장의 글과 그림은 다음 장면과 독립적이어서 읽는 사람이 장면마다 다른 생각을 펼쳐보게 한다. 다양한 방식으로 등장하는 비현실적인 공간과 비유적으로 이해되는 문장들이 책으로의 산책을 이끈다. 각 장면은 책과 연관되어 있어서 한 구절 한 구절 의미를 생각해 보게 한다.

사람마다 책을 대하는 태도나 마음가짐이 다르고 책을 통해 얻는 느낌이나 배움도 다르다. 그림책의 한 장 한 장을 천천히 읽어 가면 마음에 와닿는 글과 그림이 있고, 그 장면에서 자신만의 책의 의미를 찾아볼 수 있을 것이다. 산책을 하면서 여러 생각을 하듯이 책장을 넘기며 그동안 읽은 책과의 추억, 마음에 간직하고픈 책의 장면들, 깊은 영향을 받았던 책을 떠올리며 독서의 의미를 찾아보자.

생각을 나누는 질문
1. 가장 마음에 드는 장면은 무엇인가? 그 이유는 무엇인가?
2. 그림책을 읽으며 떠오르는 책은 무엇인가? 왜 그 책이 떠올랐을까?
3. 책은 읽은 사람들에게 어떤 영향을 줄까?

배움이 깊어지는 활동

1. **그림책의 한 장면 만들어 보기** ⋯ 자신만의 책의 의미를 생각하여 책을 소재로 한 장면을 만든다. 그림책의 다른 장면과 어울리도록 그림을 그리고 글을 써 본다.
2. **독서를 통해 얻은 변화 살펴보기** ⋯ 책을 읽어 변화된 생각이나 행동이 있었던 의미 있는 책을 떠올리고 그 변화가 어떤 것이었는지를 생각해 본다.
3. **책 읽기에 어울리는 음악 추천하기** ⋯ 천천히 책을 읽으며 내용을 생각해 보기에 어울리는 음악을 골라본다. 고른 음악을 들으면서 책을 읽어 본 후에 친구들에게 추천한다.

산딸기 크림봉봉

에밀리 젠킨스 글, 소피 블래콜 그림, 길상효 옮김 || 씨드북

독서

질문하며 읽기

오래된 서양 디저트의 하나인 산딸기 크림봉봉을 만드는 과정이 어떻게 변해왔는지 알려주는 그림책이다. 300년 전 직접 산딸기를 따고 모든 요리 과정을 손으로 직접 했던 시절부터 아빠와 아들이 슈퍼마켓에서 산딸기와 크림을 사와 전기 거품기로 저어 만들어내기까지 시대의 흐름이 잘 나타나 있다. 책을 읽으며 아이들은 많은 질문을 한다. 이 책은 요리 과정과 기술이 변하는 객관적인 정보뿐 아니라 사회 현상에 대한 작가의 생각을 살펴볼 수 있어서 질문의 여러 방식을 적용하여 질문하며 읽기에 좋다. 질문을 통해 깊이 있는 이해와 감상을 할 수 있다. 그냥 질문하라고 하면 아이들이 어려워하므로 다양한 시각에서 질문을 할 수 있도록 질문을 분류해서 제시하면 좋다. 단순한 사실을 묻는 것부터, 내용을 추론, 평가, 비판하는 질문까지 책을 좀 더 다양한 시각에서 이해하고 자기 삶과 연결시켜 보는 질문을 만들 수 있다. 아이들이 질문을 만들고 대답해 보면서 적극적인 읽기를 하고 생각하는 힘이 자라게 될 것이다.

생각을 나누는 질문
1. 산딸기 크림 봉봉은 언제, 어느 나라에서 처음 만들어졌을까?
2. 100년 전, 보스턴 도시의 엄마와 딸은 산딸기 크림 봉봉을 어떤 식으로 만들었을까?
3. 가족과 함께 음식을 만들어 본 경험이 있는가? 그때의 기분은 어땠는가?

배움이 깊어지는 활동

1. **자유롭게 질문 만들기** ⋯▸ 궁금한 것, 생각해 볼 것, 친구들과 이야기 나누고 싶은 것 등 자유롭게 질문을 만들어 본다. 열린 분위기에서 어떤 질문이든지 제약이 없이 만들어 본다.
2. **질문의 종류에 맞게 질문 정리하기** ⋯▸ 활동 1에서 만든 질문을 질문의 종류에 맞게 정리한다. 자신이 만든 질문 중에서 책을 이해하는 데 더 필요하다고 생각되는 질문을 골라 적어 본다.
3. **친구의 질문에 답하기** ⋯▸ 친구들의 질문 중에서 종류별로 질문을 하나씩 골라 답을 해 본다. 교실을 돌아다니며 자기 마음에 드는 질문을 골라 적어 와서 답을 쓴다. 모둠별로 진행할 수도 있다.

독서

아름다운 책

클로드 부종 글·그림, 최윤정 옮김 ‖ 비룡소

공감하며 읽기

 우연히 책을 발견한 토끼 에르네스트는 한 번도 책을 본 적이 없는 동생 빅토르와 함께 그 책을 읽는다. 둘이 읽는 책 속의 토끼들은 구슬치기를 하고, 하늘을 날아다니기도 하며, 심지어 초록용을 때려눕히기도 한다. 책 속 토끼들의 마음에 공감하고, 함께 즐거워하는 빅토르에게 에르네스트는 책을 다 믿지는 말라고 충고하지만, 어느새 둘은 책에 빠져든다. '믿는 척하면서 재미있어하는 것'이 즐거운 독서라는 것을 알기 때문이다. 등장인물이나 작가의 생각에 공감하고 느낄 때 책 읽기가 더 즐거워질 수 있음을 알려 주는 그림책이다.
 공감하며 읽는 것은 인물의 상황이나 생각을 알아보고, 그 감정을 같이 느끼고 반응하는 것이다. 책에 빠져드는 토끼 형제의 느낌과 상상, 생각을 추측해 보면서 자기 경험도 떠올리는 동안 독서의 즐거움을 알게 되고 작가의 마음과 소통하는 재미도 얻을 수 있다. 타인의 마음과 자신의 마음을 이어 보고, 자기감정을 돌아보며 일상에서 공감하는 태도를 배우는 기회가 될 것이다.

생각을 나누는 질문
1. 에르네스트는 왜 빅토르에게 책을 다 믿지 말라고 했을까?
2. '책은 정말 쓸모 있는 거야'라는 말은 무슨 뜻일까?
3. 에르네스트와 빅토르가 생각하는 '아름다운 책'은 어떤 책일까?

배움이 깊어지는 활동

1. **등장인물의 마음 추측해 보기** ⋯▶ 토끼가 읽는 그림책 속의 장면을 3개 골라 그 장면을 보는 빅토르의 감정을 적어 본다. 인물의 감정을 최대한 공감하는 마음으로 써 본다.
2. **작가가 되어 질문에 답하기** ⋯▶ 책의 작가가 되어 독자의 질문에 답을 해 본다. 질문은 짝이 써주고 대답한 내용을 서로 바꾸어 읽어 보며 작가의 생각을 알아본다.
3. **공감하는 대화 나누기** ⋯▶ 누군가에게 공감받고 싶었던 경험을 떠올려 보고 말하듯이 써 본다. 짝과 바꾸어 서로 공감하는 말을 해 준다. 둘의 대화 내용을 직접 발표해 본다.

책 속에 사는 개미

세진 마비오글루 글, 괴체 아이텐 그림, 오세웅 옮김 ∥ 아름다운사람들

독서

상상하며 읽기

개미 한 마리가 먹이를 찾다 무시무시한 청소기 괴물에게 쫓겨 책 속에 숨게 된다. 개미는 그 안에서 다양한 낱말 친구들을 만난다. '용기, 희망, 사랑, 기쁨' 같은 낱말 '부끄러움, 절망, 미움, 슬픔, 분노, 불안' 같은 낱말도 만난다. '호기심'과 '상상력'을 만나 글을 쓰게 되고, '생각'을 만나 '질문'을 알게 되며 이야기의 섬으로 여행을 떠나기도 한다. 책 속에 사는 개미는 계속 새로운 것을 배우며 책의 세계에서 즐겁고 재미있는 날들을 보낸다. 이 그림책을 읽으며 아이들은 개미와 함께 책 속 세계를 탐험하는 상상의 날개를 펼치게 된다.

상상하며 읽기는 마음속에 책의 내용과 관련된 이미지를 떠올리며 읽는 것이다. 주인공의 감정, 한 장면 뒤에 이어질 내용, 책에서 생략된 부분, 나라면 어떻게 했을지 등을 상상하면서 읽다 보면 책은 더 많은 것을 보여 준다. 상상을 하며 읽기를 통해 아이들은 책이 전하고자 하는 것을 더 잘 이해하고 독서를 사랑하는 마음을 갖게 될 것이다.

생각을 나누는 질문
1. 무서운 괴물 같은 청소기를 만났을 때 개미의 기분은 어땠을까?
2. 개미는 무엇을 배웠을까?
3. 개미에게는 또 어떤 일이 일어나게 될까?

배움이 깊어지는 활동

1. **표지 보고 이야기 상상하기** ⋯› 표지를 보고 보이는 장면을 쓰고 어떤 이야기가 나올지 상상하며 내용을 추측해 본다. 표지 그림의 상황은 구체적인 인물, 사건, 배경이 잘 드러나게 써 본다.
2. **등장인물 조사하기** ⋯› 주인공에 대해 상상해 본다. 책에서 직접 찾을 수 있는 사실과 추측을 통해 상상해 본 내용을 잘 연결한다.
3. **등장인물이 되어 엽서 쓰기** ⋯› 책 속에 살고 있는 개미가 친구에게 놀러 오라는 내용의 엽서를 쓰는 것을 상상하여 써 본다. 책 속 나라의 모습이 잘 드러나게 쓴다.

독서

프랭클린의 날아다니는 책방

젠 캠벨 글, 케이티 하네트 그림, 홍연미 옮김 ‖ 달리

이야기 구조 파악하며 읽기

프랭클린은 책 읽기를 좋아하는 용이다. 자신이 읽은 책의 수많은 이야기를 다른 동물들에게 큰소리로 읽어 준다. 사람들에게도 이야기를 들려주고 싶은 프랭클린은 책을 좋아하는 루나의 도움을 받아 날아다니는 책방을 만든다. 처음엔 무서워하던 마을 사람들도 다른 동물들과 함께 하늘을 날아가는 프랭클린의 등에 올라타 책을 읽고 이야기를 듣는다. 책 읽기가 너무 좋아서 다른 사람들에게도 알려 주고 싶은 마음을 한 편의 이야기 형식을 통해 전해주는 책이다.

이야기는 인물, 사건, 배경이 얽혀 일정한 구조를 이루어 진행되는 형식을 가진다. 주인공인 프랭클린이 가진 고민과 그것이 해결되어 가는 과정이 어떤 식으로 펼쳐지는지 사건의 흐름을 살피며 읽으면 이야기의 구조를 이해할 수 있다. 또한, 이야기가 전달하고자 하는 주제에 다가가기 위해서 인물을 분석하고 사건의 의미를 파악하며 배경의 역할을 살펴보아야 한다. 그 과정을 통해 이야기 속 인물의 삶을 이해하고 공감하거나 자기 삶의 태도를 돌아보는 책 읽기가 될 것이다.

> **생각을 나누는 질문**
> 1. 프랭클린은 왜 사람들에게 이야기를 전해주고 싶었을까?
> 2. 루나가 프랭클린을 도와준 이유는 무엇일까?
> 3. 날아다니는 책방에서 프랭클린의 이야기를 듣는 사람들은 어떤 기분일까?

> **배움이 깊어지는 활동**
>
> 1. **줄거리 정리하기** ⋯› 사건의 흐름에 따라 진행되는 그림책의 줄거리를 정리해 보면서 이야기를 구성하는 요소들이 무엇인지 이해하고, 중요한 역할을 하는 사건을 알아본다.
> 2. **등장인물의 일기 써 보기** ⋯› 이야기가 정리되는 마지막 장면을 택해 등장인물 중 한 명을 골라 일기를 써 보면서 인물의 마음을 미루어 짐작해 본다. 일기 제목을 써서 글의 주제가 드러나게 한다.
> 3. **책 띠지 만들기** ⋯› 띠지가 무엇이며 띠지에 들어갈 내용이 무엇인지 직접 보여주거나, 이야기를 나눈 후 디자인을 해 본다. 디자인을 할 띠지는 책의 크기에 맞춰 미리 준비한다.

> 독서

나는 도서관입니다

명혜권 글, 강혜진 그림 ‖ 노란돼지

도서관이 필요한 이유

  도서관 스스로가 화자가 되어 도서관이 어떤 곳인지 말해주는 그림책이다. 사람들이 오기 전부터 도서관에서는 청소를 하고, 책을 정리하고 사람들을 맞을 준비를 한다. 사람들은 도서관에 와서 책을 읽기도 하고, 빌리기도 하고, 무언가 쓰기도 하면서 책 속으로 빠져드는 시간을 보낸다. 조용히 책을 읽는 사람들의 모습, 바쁘게 오가며 책을 정리하는 사서의 움직임, 여기저기에 꽂혀있는 수많은 책과 그 앞을 서성이는 발걸음을 통해 도서관이 존재하는 이유를 보여준다. 도서관을 가본 아이들은 직접 책을 골라 빌려 읽었던 즐거운 경험을 떠올리고, 가보지 못한 아이들도 도서관의 어느 곳에 앉아 편안하게 책을 읽고 싶어질 것이다.

  도서관은 아이들이 가장 쉽게 많은 책을 만날 수 있는 공간이다. 그곳에서 아이들은 책과 만나 상상의 나래를 펼치기도 하고, 배우는 기쁨도 느끼면서 독서의 경험을 채워간다. 책을 읽기 싫어하거나 힘들어하는 아이도 독서에 다가갈 기회가 될 것이다.

> 생각을 나누는 질문
> 1. 도서관은 어떤 일을 하는 곳일까?
> 2. 도서관에서 볼 수 있는 모습은 어떤 것이 있을까?
> 3. 멋진 도서관이 만들어지려면 어떤 것들이 필요할까?

배움이 깊어지는 활동

1. **'도서관' 하면 떠오르는 장면** ⋯ '도서관' 하면 떠오르는 다양한 도서관 속의 장면을 느낌과 함께 써 본다. 자신이 경험한 도서관을 떠올리면서 도서관의 역할을 자연스럽게 생각해 본다.
2. **만들고 싶은 도서관 이름 붙이기** ⋯ 원하는 도서관의 모습을 잘 나타내는 도서관 이름을 정하고 이유를 쓰면서 도서관이 존재하는 이유와 좋은 도서관의 모습을 생각해 본다. 먼저, 교사가 도서관의 다양한 이름들을 소개해 주면 좋다.
3. **도서관 서가에 꽂고 싶은 책 정리하기** ⋯ 재미있게 읽은 책 중에 친구들에게 빌려주고 싶은 책을 골라 도서관의 서가처럼 정리해 본다. 제시된 서가의 책등에 제목과 지은이를 써 본다.

세계문화

특별하고 흥미로운 세계의 명절과 축제

캐런 브라운 글, 이펙 코나크 그림 ‖ 사파리

불빛으로 숨은 그림을 찾으며 즐기는 세계여행

열다섯 가지의 세계 명절과 축제를 소개하는 지식 그림책이다. 세계 곳곳에서 행해지는 축제와 명절 그리고 생각을 더하는 질문이 담겨 있다. 나라와 민족마다 고유문화와 풍습을 간직한 다양한 명절과 축제가 있다. 중국의 춘절, 일본의 하나미처럼 특정한 나라의 명절도 있고, 유월절처럼 종교적인 축제가 있다. 또 크리스마스처럼 이제는 종교와 상관없이 전 세계가 즐기는 축제도 있다.

이 책에는 한 가지 비밀이 있는데 바로 책장에 불빛을 비춰야 볼 수 있는 그림이다. 숨겨진 그림을 불빛으로 비춰가며 각각의 축제장면과 명절의 모습에 집중할 수 있다. 낯설고 잘 모르는 축제와 명절을 재미있게 살펴볼 수 있도록 구성한 것이 이 책의 장점이다. 신나는 축제현장 속 사람들의 모습과 풍경을 살펴보며 그림책이 건네는 질문에 대해 생각해 본다. 책장 뒷면을 불빛을 비추면 질문의 답을 발견하는 동시에 입체적인 독서를 할 수 있을 것이다.

생각을 나누는 질문
1. 그림책에 소개된 축제 중에서 가장 마음에 드는 것은 무엇이고, 그 이유는 무엇인가?
2. 그림책에 나온 여러 가지 명절과 축제에서 핵심 단어라고 생각하는 3가지는 무엇인가?
3. 다른 문화의 사람들에게 소개하고 싶은 우리나라 명절이나 축제는 무엇인가?

배움이 깊어지는 활동

1. **숨은 이름 찾기** ⋯ 그림책에 나오는 축제와 명절과 이와 관련된 물건의 이름을 찾아보며, 축제와 명절에 대해 정확히 기억하고 되새긴다.
2. **세 고개 놀이** ⋯ 그림책에 소개된 축제와 명절 중에서 하나를 골라 핵심 단어로 문제를 내며 다양한 명절과 축제에 대한 정의를 내려 본다.
3. **우리나라 명절과 축제 소개하기** ⋯ 우리나라의 명절과 축제 중에는 본래 우리나라의 문화가 아닌 것이 많다. 우리나라의 명절과 축제를 조사해 보고, 소개하는 글을 써 보며 우리 문화에 대한 관심과 주체성을 기를 수 있다.

세계의 친구들은 어떻게 살아갈까요?

세계문화

트레이시 터너 글, 오사 길랜드 그림, 서남희 옮김 ‖ 사파리

다양한 환경에서 살아가는 친구들을 만나는 세계 여행

　사람의 삶은 어디에서 사는지, 자연환경과 사회문화적 여건에 따라 달라진다. 사하라 사막에 사는 사람과 알래스카에 사는 사람은 집의 모습과 먹는 음식이 다르며, 학교에 가는 방법도 다르다. 책에 그려진 세계지도에는 스무 명의 아이와 그들이 사는 지역이 나와 있다. 대부분의 학생은 다른 곳에 사는 낯선 사람들의 삶을 구체적으로 알기 어렵다.

　책 속의 친구들은 자기소개를 하고, 마을 지명 유래부터 그곳에서 어떻게 살아가는지, 지역의 대표적 공간이나 유명한 동식물의 이야기도 들려준다. 우기가 되면 몇 달 동안 집이 물에 잠기는 친구, 집라인을 타고 계곡을 가로질러 학교에 가는 친구. 이들의 삶은 지정학적 위치, 자연환경에 따라 다르며, 각자 고유한 가치와 의미가 있음을 시사한다. 또한, 쉽게 갈 수 없거나 들어본 적 없는 생소한 곳에서도 사람들이 열심히 살아가고 있음을 느낄 수 있다. 나와 다른 사람의 삶을 따뜻한 시선으로 바라보고, 다양한 삶의 방식을 이해할 수 있을 것이다.

생각을 나누는 질문
1. 책에 나온 친구들의 집은 어디에 있을까?
2. 그림책에 소개된 지역 중에서 가보고 싶은 곳은 어디인가?
3. 다른 나라의 친구들에게 자신이 사는 마을에 대해 소개한다면 무엇을 말해주고 싶은가?

배움이 깊어지는 활동

1. **세계의 친구들이 사는 곳 찾아보기** ···· 그림책에 등장한 친구들이 사는 곳을 떠올리며 세계지도에서 직접 찾아본다. 어느 대륙인지, 어디에 있는지 친구들의 삶과 연관 지어 생각해 본다.
2. **내가 가고 싶은 곳 조사하기** ···· 그림책에 소개된 친구들의 마을 중에서 가고 싶은 곳과 그 이유를 생각해 본다. 책이나 인터넷을 통해 가고 싶은 지역을 더 자세히 조사하여 글을 쓴다.
3. **내가 사는 마을 소개하기** ···· 자기소개를 하며, 다른 나라의 친구들에게 자신이 사는 마을을 소개해 본다. 마을의 특징이나 유명한 문화유산, 일상의 이야기도 마을의 정보가 될 수 있다.

오늘의 식탁에 초대합니다

펠리치타 살라 지음, 권지현 옮김 ∥ 씨드북

맛있는 음식이 가득한 정원의 거리 10번지로 초대합니다

　음식에는 그 나라만의 고유한 문화와 풍습이 담겨 있다. 그 나라에서 나는 재료를 사용하여 오랫동안 전해오는 방식으로 만든 음식에는 그곳 사람들의 삶이 녹아 있다. 어딘가에 있을 것만 같은 '정원의 거리 10번지'에는 이른 아침부터 맛있는 음식 냄새가 풍긴다. 모처럼 모여 함께 음식을 나누어 먹는 날, 서로 다른 나라에서 온 열다섯 명의 사람이 열심히 음식을 만드는 장면이 차례대로 이어진다. 설레는 표정으로 음식을 만들거나 갓 완성한 음식을 뿌듯하게 들고 있는 사람들. 그 옆에는 각 음식에 사용된 재료가 아기자기한 삽화로 표현되어 있고, 그 밑에는 요리법이 정갈하게 정리되어 있다. 우리에게 익숙한 재료를 보면 친근함이 느껴지고, 육두구나 샬롯처럼 낯선 재료는 더 알고 싶은 호기심이 생긴다.

　음식을 만들어 나누어 먹는 것은 정을 나누고 서로 친해지는 좋은 방법이다. 아이들과 함께 다양한 나라의 일상적인 요리법을 만나며 여러 문화를 맛있고 정겹게 접할 수 있을 것이다.

생각을 나누는 질문
1. 그림책에 소개된 음식 중에서 마음에 드는 음식은 무엇인가?
2. 장면에서 각 나라의 특징이나 문화를 나타내는 것은 무엇인가?
3. 다른 사람들에게 소개하고 싶은 우리나라 음식이 무엇인가?

배움이 깊어지는 활동

1. **세계의 음식 중에서 3가지를 골라서 퀴즈 만들기** ⋯ 그림책에 등장한 세계의 음식 재료나 나라 이름, 만드는 방법 중에서 핵심 내용을 떠올린다. 내용을 정리하여 퀴즈 문제를 만들어 친구들과 퀴즈 놀이를 한다.
2. **맛보고 싶은 세계 음식** ⋯ 음식에는 그 나라의 문화적인 요소가 함축되어 있다. 소개된 음식 중에서 더 알고 싶거나 먹어보고 싶은 음식을 골라 자세히 조사해 본다.
3. **나의 레시피 소개하기** ⋯ 우리나라 음식 중에서 다른 나라의 친구들에게 소개하고 싶은 것을 생각해 본다. 알리고 싶은 음식을 정하여 준비물, 요리 시간, 만드는 방법 등 나만의 레시피를 만들어 본다.

세계문화

세계를 한눈에 아롱다롱 민족의상

마츠모토 리에코 글, 다케나가 에리 그림, 김소연 옮김 ∥ 천개의바람

민족의상에 담긴 역사와 전통

세계에는 다양한 민족이 있다. 민족은 오랜 세월 동안 일정한 지역에서 함께 생활하며 공통된 문화를 지닌 공동체를 의미한다. 민족의 고유한 옷을 민족의상이라고 하며, 민족의상에는 역사와 전통이 고스란히 녹아 있다. 우리나라의 민족의상은 한복이다. 한복에도 저고리나 치마, 바지 외에 조바위나 노리개와 같은 장신구가 있듯이 민족의상에는 각양각색의 장신구와 신발도 포함된다.

이 책에는 45개국 50개의 다양한 민족의상이 색연필화로 섬세하게 그려져 있다. 민족의상의 소재와 의상과 함께 착용하는 장신구의 쓰임과 명칭도 빼놓지 않았다. 또한, 대륙별 지도에 나온 민족의상을 통해 같은 대륙의 다른 나라의 의상을 비교하며 살펴보는 재미가 있다. 각 나라의 풍습과 지리적 이유를 토대로 민족의상에 관해 알기 쉽게 설명한다. 또한, 나라의 국기나 생소한 소수민족에 관한 정보도 하단에 담고 있다. 다양한 민족의상을 통해 통합적으로 세계의 문화와 역사를 이해할 수 있을 것이다.

생각을 나누는 질문
1. 기후나 종교에 따라 민족의상의 형태는 어떻게 다른가?
2. 자수나 머리 장식, 액세서리에는 어떤 문화와 풍습이 담겨 있는가?
3. 그림책에서 소개된 나라나 민족의상 중에서 가장 흥미로운 것은 무엇인가?

배움이 깊어지는 활동

1. **인상적인 민족의상을 골라 특징에 따라 정리하기** ⋯ 기억에 남는 민족의상을 하나 골라서 생김새와 모습을 그린다. 그리고 민족의상의 특징을 여러 가지 기준에 따라 정리해 본다.
2. **따로 또 같이 찾아보기** ⋯ 대륙별 민족의상 중에서 비슷하다고 생각하는 것을 찾아보고 공통적인 부분과 서로 다른 점을 벤다이어그램에 그린다.
3. **숨은 민족의상 찾기** ⋯ 다양한 민족의상과 장신구를 퍼즐을 통해 찾아보며 낯설고 복잡한 명칭을 다시 한번 기억하고 되새겨 본다.

세계문화

지구가 100명의 마을이라면

데이비드 J. 스미스 글, 셸라 암스트롱 그림, 노경실 옮김 ∥ 푸른숲주니어

더 구체적으로 접근하는 지구촌 이야기

지구에는 다양한 인종과 종교, 문화를 가진 사람들이 살고 있다. '지구촌'이라는 말은 오래전부터 존재해 왔지만, 어린아이들은 자신이 사는 곳과 눈에 보이는 것을 기준으로 세상에 대해 생각한다. 이 책은 지구를 딱 100명이 사는 마을로 상상할 것을 제안한다. 이는 실제 숫자로 접했을 때 와닿지 않는 문제들을 더 쉽게 파악할 수 있게 해 준다. 먹을 것이 부족해 굶주리거나 배가 고파 죽게 될지 모르는 사람들을 11억여 명이라고 하는 것보다 100명 중 44명이라고 하는 게 더 이해하기 쉽다.

그림책에는 나라, 언어, 종교와 같은 문화적인 요소부터 환경, 교육, 부, 에너지와 건강 등 지구가 직면한 문제가 구체적이고 알기 쉬운 숫자로 나와 있다. 우리가 사는 지구를 이해하는 것은 당면한 지구의 문제를 해결하는 데 가장 기본적인 출발점이다. 이 책을 통해 건강한 가치관으로 지구의 문제를 바라보고, 세계의 일원으로서 어떤 일을 해야 할 것인지 생각할 수 있을 것이다.

생각을 나누는 질문

1. 식량이 모자라지 않는데도 굶주리거나 먹지 못해 죽는 사람들이 생기는 이유는 무엇일까?
2. 그림책을 통해 시급하다고 생각하는 지구마을의 문제는 무엇인가?
3. 지구가 처한 문제를 해결하기 위해 개인, 국가 그리고 세계는 어떠한 노력을 할 수 있을까?

배움이 깊어지는 활동

1. **원그래프로 표현하기** ⋯→ 그림책으로 살펴본 지구마을의 이야기 중에서 인상적인 내용은 무엇인가요? 정보를 원그래프로 나타내고 글로 정리한다.
2. **지구마을 OX 퀴즈** ⋯→ 기억에 남는 내용을 정리하여 퀴즈 문제를 만든다. 친구들과 함께 퀴즈 놀이를 하며 지구와 세계의 문제에 대해 더욱 잘 이해할 수 있다.
3. **우리가 할 수 있는 일** ⋯→ 그림책에서 본 다양한 지구의 문제 중에서 시급한 일은 무엇인가? 그 문제를 해결하기 위해 개인, 나라 그리고 세계가 어떠한 노력을 해야 하는지 생각한다.

산타에게 편지가 왔어요

엠마 야렛 글·그림, 이순영 옮김 ‖ 북극곰

가장 특별하고 따뜻한 크리스마스 선물을 찾아서

전 세계적인 축제 크리스마스(Christmas, 성탄절)는 12월 25일이다. 예수의 탄생을 기리며, 기원후 4세기경부터 시작되었는데 당시 사람들은 하루를 전날의 해질 때부터 다음 날의 해질 때까지로 생각했다. 그래서 크리스마스이브를 더욱 중요시했는데, 이날을 기다리며 많은 어린이가 마음속에 간직한 소원이나 받고 싶은 선물을 편지에 적어 산타클로스에게 보내기도 한다.

크리스마스 5일 전에 가까스로 도착한 에이미의 편지로 이야기가 시작한다. 편지가 굴뚝으로 떨어지면서 군데군데 불타버려 에이미가 받고 싶은 선물이 무엇인지 도통 알 수 없다. 산타는 요정, 북극곰 그리고 루돌프에게 급히 편지를 보내 도움을 요청하지만, 그마저도 힘들어진다. 이 책은 놀이처럼 친구들의 편지와 선물을 직접 펼쳐보며, 상상하는 재미를 느낄 수 있다. 또한, 친구들이 에이미를 위해 준비한 선물을 보면 웃음이 나기도 한다. 에이미가 받고 싶었던 선물은 무엇이었을까? 상상하는 재미 속에 숨겨진 따스한 감동을 맛볼 수 있다.

생각을 나누는 질문

1. 처음에 황당한 선물이라고 여겨졌던 요정, 북극곰 그리고 루돌프가 준 물건들이 산타의 선물 속에서 어떤 역할을 했을까?
2. 진정한 선물이 갖추어야 하는 조건은 무엇일까?
3. 내가 산타가 된다면 누구에게 어떤 선물을 주고 싶은가?

배움이 깊어지는 활동

1. **에이미의 선물 예측하기** ⋯ 산타는 에이미에게 무엇을 선물로 주었을까? 산타의 선물꾸러미를 잘 관찰하고, 에이미가 받은 선물을 상상하여 그려 본다.
2. **진정한 선물은 무엇일까?** ⋯ 내가 생각하는 진정한 선물이 갖춰야 하는 조건을 적어보고, 피라미드 토론을 통해 친구들과 진정한 선물에 대한 의견을 나눠본다.
3. **산타에게 쓰는 비밀 편지** ⋯ 산타에게 하고 싶은 말이나 받고 싶은 선물이 있는가? 마음속에 간직한 소원이나 꼭 받고 싶은 선물을 떠올려보고, 나만의 비밀 편지를 만들어 본다.

세계문화

세상의 모든 감사

클레어 손더스 글, 켈시 개리티 라일리 그림, 이계순 옮김 ‖ 씨드북

사람들의 소중한 마음을 전하는 메시지, 따뜻한 세계 감사여행

　이 책은 50가지가 넘는 세계의 언어로 감사를 전하는 방법을 담고 있다. 손짓, 몸짓으로 나타내는 감사와 여러 대륙과 다양한 민족의 언어로 전하는 감사의 말이 나온다. 아울러 각 대륙과 여러 나라의 소개를 곁들이며 감사에 담긴 문화를 엿볼 수 있다. 세계인들이 감사를 전하는 방식과 그 이면에 담긴 문화적 차이를 살펴보면서 세계를 이해하는 폭이 넓어진다. 진심을 담아 건네는 감사는 나뿐만 아니라 다른 사람의 마음을 풍요롭고 행복하게 해 준다.

　9월 21일은 세계 감사의 날이다. 감사는 우리 삶에서 크든 작든 좋은 일을 알아차리고 고맙게 여기는 마음이다. 언어와 환경 그리고 문화는 다르지만, 소중한 대상에게 고마움을 전하고 싶은 마음은 같다. 그림책에 실린 다양한 언어로 표현된 감사의 말을 익히고 직접 소리 내어 따라 읽는 것만으로도 낯선 세계와 더욱 가까워진 느낌이 든다. 아울러 책에 구체적으로 소개된 감사하는 습관을 기르는 방법을 실천해 보며 삶에서 감사의 힘을 경험할 수 있을 것이다.

생각을 나누는 질문
1. 일상에서 감사함을 느끼는 순간은 언제인가?
2. 대륙별로 감사를 표현하는 인사법의 차이점은 무엇인가?
3. 그림책에서 인상적이었거나 기억나는 감사의 표현은 무엇인가?

배움이 깊어지는 활동

1. **감사 카드 나누기** ⇢ 여러 언어로 감사의 말이 적힌 카드를 살펴보고 직접 읽어본다. 그런 다음 친구들과 함께 감사 카드를 나누며 감사 인사를 한다.
2. **인상적인 감사 인사** ⇢ 그림책으로 살펴본 세계인의 감사 표현 중에서 인상적인 것은 무엇인가? 학습지에 여러 가지 감사의 표현을 적으며 친구들과 나누어 본다.
3. **감사 일기 쓰기** ⇢ 그림책에 소개된 감사 습관을 기르는 방법 중에서 감사 일기를 직접 써 본다. 크든, 작든 내게 일어난 좋은 일을 떠올리며 일상에서 감사가 주는 힘을 느낀다.

세계와 만나는 그림책

세계문화

테즈카 아케미 그림, 무라타 히로코 글, 강인 옮김∥사계절

함께 사는 지구, 서로 다르니까 더 재미있어요!

숲에 여러 나무와 동물이 함께 어울려 살듯이 세계에 다양한 사람들이 살아가고 있음을 밝히며 시작하는 이 책은 이해하기 쉬운 그림과 글로 의상, 집, 종교와 예절 등 세계 여러 나라의 다양한 문화와 가치를 보여 준다. 여러 가지 문화를 소개하는 장면을 자세히 살펴보면 나라 이름 앞에는 번호가 있고, 같은 대륙이 나라끼리는 번호 색깔이 같다. 이는 면지의 세계지도에 있는 번호와 같아서 각 나라의 지리적 위치 등을 쉽게 비교할 수 있다.

다양한 지역에 사는 세계인들은 각자 피부색뿐만 아니라 코와 눈의 모양, 머리카락 색깔이 다르다. 이러한 외형적인 차이뿐만 아니라 지리적 위치에 따라 집의 형태, 먹는 음식 그리고 주로 이용하는 교통수단도 다르다. 문화적인 차이를 제대로 이해하지 못하면, 그것은 편견이 되고 배척하는 마음이 생기기도 한다. 다른 나라의 문화가 저마다 가치가 있다고 인정할 때 비로소 올바른 세계 시민의식을 지닐 수 있다.

생각을 나누는 질문
1. 세계인들은 어떤 종교를 믿고 있으며, 각 종교는 어떤 차이점이 있을까?
2. 사람들이 사는 집의 재료와 형태와 지리적 위치는 어떠한 연관이 있을까?
3. 같은 놀이를 즐기는 여러 나라 사람의 모습에는 어떤 특징이 있을까?

배움이 깊어지는 활동

1. **주제별 생각 그물** ⋯ 그림책에 제시된 문화 주제 중에서 한 가지를 고른다. 그리고 4개 나라를 선택하여 그 문화 요소와 관련된 생각 그물을 완성한다.
2. **세계 문화 말판 놀이** ⋯ 짝꿍과 가위바위보를 하여 순서를 정하고 2개의 말과 1개의 주사위를 준비한다. 서로 돌아가며 말판을 이동하며 세계 문화를 이해하는 미션을 수행한다.
3. **여행 티켓과 여행 가방 꾸미기** ⋯ 그림책을 보고 여행을 가고 싶은 나라를 고르고, 그 이유를 생각해 본다. 그곳에 가서 보고 싶은 것과 하고 싶은 일을 여행 가방에 그려보며 나만의 여행계획을 세워본다.

세계문화

국기는 재미있다

보코공방 그림 ‖ 스마트베어

국기에 숨은 비밀을 알면 세계가 한눈에 보여요

　세계의 모든 나라는 저마다 각양각색의 국기를 갖고 있다. 여러 가지 모양이나 색, 그림 또는 글자로 표현된 국기는 나라의 특징과 역사를 담고 있다. 나라의 개수만큼이나 다양한 국기들을 살펴보면, 그중에서 유독 비슷한 모양이나 같은 그림이 들어 있는 국기들이 보여 머리를 갸웃하게 한다.

　국기에는 어떤 비밀이 숨어 있는 걸까? 이 책은 세계지도를 한눈에 보여주며 시작한다. 그리고 국기에 그려진 도형이나 줄무늬, 동물 등을 기준으로 세계의 국기를 분류하여 소개한다. 공통점이 있는 나라의 국기들을 살펴보며 보다 알기 쉽게 세계와 만날 수 있다. 단순히 국기의 모양이나 특징을 암기하는 것이 아니라 유래와 의미를 살펴보며 이해할 수 있다. 모양으로 세계 국기의 특징을 익히고 나서 대륙별 국기를 한눈에 살펴보며 대륙별 국기의 특징과 나라별 위치도 익힐 수 있다. 후반부에는 나라별 국기와 수도를 한 번 더 정리하여 게임이나 놀이로 반복하며 학습과 재미를 골고루 잡을 수 있다.

생각을 나누는 질문
1. 그림책에 나온 국기를 나누는 기준은 어떤 것이 있는가?
2. 내가 가고 싶은 나라의 국기의 특징은 무엇인가?
3. 국기의 모양이 비슷한 나라들에는 어떠한 역사와 문화 배경이 있는가?

배움이 깊어지는 활동

1. **다양한 기준에 따라 국기 분류하기** ⋯ 그림책에는 국기를 분류하는 다양한 기준이 나온다. 그중 원하는 기준을 골라 비슷한 모양을 가진 나라를 알아보고 정리해 본다.
2. **세 고개 놀이** ⋯ 마음에 드는 나라를 정하여 국기에 숨은 정보를 살펴본다. 나라와 국기에 담긴 핵심 내용을 정리하여 세 고개 문제를 만든다. 그 나라의 국기를 직접 그려보고 친구들과 함께 퀴즈 놀이를 한다.
3. **내가 만들고 싶은 국기** ⋯ 국기를 이루는 다양한 요소를 살펴본 후 선택하여 직접 나만의 국기를 디자인한다. 자신이 만든 국기를 친구들에게 소개한다.

다른 나라 아이들은 무슨 놀이를 할까?

세계문화

니콜라 베르거 글, 이나 보름스 그림, 윤혜정 옮김 ‖ 초록개구리

모든 아이를 연결해 주는 놀이로 이해하는 세계 이야기

21개국 나라의 아이들이 즐겨 하는 놀이가 담겨 있다. 놀이를 설명하기 전에 각 나라의 특색과 환경을 알려주어 왜 그 놀이를 즐기는지 이해할 수 있다. 놀이 인원, 준비물, 방법 등을 차근차근 소개하며, 그곳 아이들이 노는 모습을 생생한 그림으로 표현하고 있다. 준비물이 없거나 돌멩이, 공, 동전 등 주변에서 쉽게 구할 수 있는 놀이가 대부분이다. 특정 나라에서만 즐기는 생소한 놀이도 있지만, 언젠가 해 본 듯한 놀이도 보인다. 각 나라의 특수성을 이해하고, 우리나라와 닮은 점을 찾아가며 조금 더 가까워지고 친숙해지는 기분이 든다.

책을 읽고 나면 금방이라도 직접 놀고 싶은 마음이 가득하다. 아이들은 저마다 다양한 환경에서 자란다. 공통점이 있다면 모두 놀이를 하며 지낸다는 것. 아이들에게 놀이는 곧 삶이다. 이 책을 통해 세계 아이들이 즐기는 놀이를 살펴보며 여러 나라의 문화를 이해할 수 있을 것이다.

생각을 나누는 질문
1. 그림책의 친구들이 하는 놀이와 각 나라의 환경은 어떤 관련이 있을까?
2. 책에 나온 여러 놀이 중에서 서로 비슷해 보이는 놀이에는 어떤 것이 있을까?
3. 다른 나라 친구들에게 소개하고 싶은 우리나라의 놀이는 무엇이 있을까?

배움이 깊어지는 활동

1. **브레인라이팅 놀이** ⋯ 그림책에서 만난 놀이 중에서 생각나는 것을 제한된 시간 안에 마음껏 적는다. 친구들과 함께하고 싶은 놀이를 골라 직접 놀이한 후 소감을 나눠본다.
2. **다른 점과 같은 점** ⋯ 다른 나라 아이들이 즐기는 놀이 하나를 고른다. 그리고 내가 알고 있는 놀이와 어떤 점이 다르고 같은지 찾아 서로 비교한다.
3. **나는야, 놀이 전문가** ⋯ 우리나라 민속놀이나 전래놀이 중에서 다른 나라 아이들에게 소개하고 싶은 놀이를 생각한다. 놀이 인원과 준비물, 방법을 적으며 놀이 설명서를 만들어 발표한다.

5장

계절
세시풍속
우리나라
우리나라 지역
우리나라 역사

계절

봄의 방정식

로라 퍼디 살라스 글, 미카 아처 그림, 김난령 옮김 ‖ 나무의말

방정식으로 표현한 봄

　봄에 볼 수 있는 다양한 자연현상에 더하기, 빼기, 곱하기 같은 수학 기호와 함축적인 시어가 담긴 '방정식 시' 그림책이다. 봄의 아름다움과 계절 변화에 따른 자연의 모습을 콜라주로 잘 표현했다. 초봄에서 봄, 늦봄으로 변화하는 다양한 자연현상을 관찰한 그대로 보여주는 데서 한 걸음 더 나아가 상상력을 대입시켜 시적으로 표현해 봄을 새로운 시각으로 보게 한다.

　3월부터 시작되는 새 학년에 학교 주변을 꾸준히 산책해 보자. 매주 힘들면 2주일에 한 번씩이나 한 달에 한 번씩 지속해서 실천하면 계절의 변화를 직접 느낄 수 있다. 계절 교육에서 우선시되는 것은 이론 공부가 아니라 실제 자연으로 들어가는 것이다. 계절별로 달라지는 자연과 교감하며 감성을 기르고 자연을 소중히 여기고 자연과 조화를 이루며 살아가는 것의 중요성을 알게 해줘야 한다. 봄에 만나는 자연을 오감으로 느끼고 날씨와 자연의 변화를 직접 관찰하고 탐구할 수 있는 경험을 아이들에게 주자.

생각을 나누는 질문
1. '봄의 방정식'으로 제목을 지은 이유는 무엇일까?
2. 글 작가, 그림 작가, 번역가처럼 방정식으로 자신을 소개한다면 어떻게 할 수 있을까?
3. 봄을 상징하는 것들에는 어떤 것이 있을까?

배움이 깊어지는 활동

1. **마지막 장면 완성하기** ⋯▶ 봄을 탐험할 때 나의 몸과 마음에 일어나는 변화를 생각해서 그림책의 마지막 장면에 나오는 방정식을 완성하고 그 이유를 발표한다.
2. **봄의 방정식을 표로 정리하기** ⋯▶ 그림책을 읽고 봄에 대해 내가 이미 알고 있는 것(K), 봄에 대해 알고 싶은 것(W), 새롭게 알게 된 것(L)을 정리한다.
3. **나만의 봄의 방정식 시** ⋯▶ 학교 주변에서 찍은 봄의 풍경 사진 중에서 한 장을 골라 그림책처럼 방정식으로 표현하고 방정식을 3~4행 정도에 맞춰서 풀어 써 본다.

봄 선물이 와요

도요후쿠 마키코 글·그림, 김소연 옮김 ∥ 천개의바람

계절

봄에 나누는 따뜻한 친구 이야기

봄이 되자 겨울잠에서 깨어난 고슴도치는 숲속 친구들이 서로 껴안으며 반갑게 인사하는 데도 가시가 친구들을 찌를까 봐 다가가지 못한다. 그런 고슴도치를 곰이 위로하고 고슴도치는 가시를 뜨개바늘로 사용하여 친구들이 겨울을 따뜻하게 보낼 수 있게 목도리를 떠서 선물한다. 동물 친구들도 고슴도치를 위한 깜짝 선물을 준비한다. 선물을 주고받는 기쁨과 서로 위로하고 좋은 것을 주고 싶은 친구 간의 마음이 봄 풍경에 담겨 있어 읽기만 해도 따뜻해지는 그림책이다.

봄은 자연에 새로운 시작과 활력을 불어넣는 계절이다. 봄이 오면 겨울잠을 자는 동물들이 깨어나고 나무들이 녹색으로 변하고 꽃들도 피어난다. 날씨와 자연의 변화에 맞추어서 사람들의 생활 모습도 달라진다. 봄에 바뀌는 사람들의 생활 모습과 봄에 할 수 있는 활동이나 놀이를 이 책을 통해 유추해 보면 좋겠다. 아이들에게 친구들 간의 관계는 물론 자연스럽게 흘러가는 계절의 변화를 느끼게 하고 봄에 보이는 날씨와 자연의 변화에 호기심과 관찰력을 길러주었으면 한다.

> 생각을 나누는 질문
> 1. 이 그림책에서 '봄 선물'은 결국 무엇일까?
> 2. 고슴도치의 가시로 또 무엇을 할 수 있을까?
> 3. 고슴도치처럼 겨울잠을 자다가 봄에 깨는 동물은 무엇이며, 왜 봄에 잠을 깰까?

배움이 깊어지는 활동

1. **친구에게 주고 싶은 선물** → 선물을 주고 싶은 친구를 한 명 정하고 무엇을 줄지 그리고 그 선물을 주는 이유를 쓴다. 가장 필요한 것이 무엇일지 친구의 입장에서 생각한다.
2. **고슴도치처럼 나의 단점을 장점으로 바꾸기** → 나의 단점을 쓰고, 짝 활동이나 모둠 활동으로 그 단점을 장점으로 바꿔본다. 친구들과 이야기하면서 자신의 단점을 긍정의 눈으로 바라본다.
3. **봄꽃 잎과 풀잎, 나뭇가지로 선물 꾸미기** → 봄꽃 잎과 풀잎, 나뭇가지 등 자연물로 친구에게 선물할 것을 꾸며서 목공풀로 붙이고 편지글과 함께 전한다. 야외 활동이 힘들면 색종이 접기나 꾸미기로 꽃다발 등을 만들어 붙여도 좋다.

계절

여름,

이소영 글 · 그림 ‖ 글로연

새롭게 바라보는 여름

　푹푹 찌는 뜨거운 여름을 다양하게 정의하면서 더위에 지친 사람들에게 여름의 모습을 새롭게 바라보자고 하는 그림책이다. 잠시 멈추라고 여름은 더웠고, 눈을 감아보라고 여름 해는 뜨거웠으며, 들어와 쉬라고 여름 나무는 무성했다. 더위에 대한 생각이 바뀌자 온몸으로 들어온 여름의 색과 세찬 빗줄기는 여름의 선으로 살아나 아름다운 기억을 만들고 익어가는 복숭아 위에 달콤함으로 남는다. 뜨거운 여름을 캐릭터로 잘 형상화했고 더위의 절정을 빨간색 물감으로 시각적으로 잘 표현했다.

　여름은 아이들이 가장 좋아하는 계절이다. 학교와 학원을 오가는 쳇바퀴 같은 생활에서 여름방학이 있어 그나마 마음껏 놀 수 있고 쉴 수 있다. 무덥기만 한 여름이 아니라 가족과 여행을 가고, 신나는 물놀이를 하고, 맛있는 여름 과일을 먹으면서 즐거운 여름이라는 생각의 전환을 해보자. 여름이라는 계절의 특성에 따른 자연환경과 생활 모습의 변화를 알아보고, 이를 토대로 건강하고 즐거운 여름을 보낼 수 있게 하는 책이다.

‖ 생각을 나누는 질문
1. 제목 '여름' 뒤에 왜 쉼표(,)가 있을까?
2. 여름에 더위를 피하는 가장 기발한 방법은 무엇일까?
3. 여름에 가장 하고 싶은 것과 그 이유는 무엇일까? ‖

배움이 깊어지는 활동

1. **여름을 비유로 나타내기** … 여름이 무엇인지 비유로 정의한 그림책의 장면에서 가장 와닿는 비유는 무엇인지 찾고, 내가 생각하는 여름을 비유로 정의해 보고 그렇게 정의를 한 이유를 발표한다.
2. **여름 띠빙고 놀이** … 여름과 관련된 낱말을 음식, 놀이, 자연, 기후 등으로 분류하여 마인드맵으로 표현하고, 낱말을 8개만 골라서 띠빙고 놀이를 한다.
3. **여름 캐릭터 만들기** … 여름과 관련된 자연환경과 인문환경에서 여름을 상징하는 것들을 찾아보고 캐릭터로 디자인하여 이름을 짓고 소개한다.

여름맛

천미진 글, 신진호 그림 ∥ 발견

계절

여름에 만나는 다양한 맛

여름이 되면 만나는 자연풍경, 기후, 놀이, 경험을 맛으로 표현한 그림책이다. 미각으로만 느끼는 맛이 아닌 우리의 모든 감각, 즉 온몸으로 느끼는 맛이 간결한 글과 어울리는 그림으로 잘 표현되었다. 가로로 긴 판형에 주조색인 파랑, 초록의 시원한 그림이 가득 차 있어 파노라마사진처럼 멋진 풍경을 감상할 수 있다. 소리나 모양을 흉내 내는 꾸며주는 말을 사용한 비유적 표현을 통해 감각적인 언어사용을 익힐 수도 있다.

나의 여름에서 너와 함께하는 여름으로 확장하기 위하여 여름이라는 계절의 아름다움을 함께 찾아보고 여름에 하는 놀이를 다 같이 해보자. 삶에서 여름을 감각적으로 만나는 경험을 하고 교과서에서 벗어나 교과서 밖으로, 창의적 생각이 확장되도록 다양한 체험 기회를 아이들에게 만들어 준다. 학교에서 친구들과 할 수 없는 활동은 가족과 할 수 있도록 적절한 체험과제를 주어 아이들에게 여름을 아름답고 특별한 순간으로 기억할 수 있게 한다.

생각을 나누는 질문
1. 그림책에서 가장 마음에 드는 여름맛은 무엇인가?
2. '나의 여름'과 '너와 함께하는 나의 여름'은 어떻게 다를까?
3. '하나도 잊고 싶지 않은 매일매일 아까운 맛'은 어떤 뜻일까?

배움이 깊어지는 활동

1. **꾸며주는 말 찾기** ⋯▸ 그림책에 나오는 꾸며주는 말을 찾아보고 소리를 흉내 내는 말과 모양을 흉내 내는 말로 구분해 본다. 꾸며주는 말을 생략하고 읽어 보면 실감 나고 생생한 느낌을 확인할 수 있다.
2. **'여름이 오면' 놀이** ⋯▸ 여름에 할 수 있는 것들을 떠올려 보고 '시장에 가면' 놀이와 같은 방법으로 4박자 박수에 맞춰서 '여름이 오면' 놀이를 한다.
3. **나의 여름맛** ⋯▸ 꾸며주는 말을 넣어 나의 여름맛을 글과 그림으로 표현하고 그렇게 표현한 이유를 쓴다. 그림을 그리는 대신 사진을 찍거나 어울리는 장면을 책이나 잡지에서 찾아서 오려 붙여도 된다.

계절

가을 아침에

김지현 글·그림 ‖ 위즈덤하우스

가을 아침에 쓰는 편지

　누구나 만날 수 있는 여느 동네의 가을 아침의 일상이 잘 표현된 따뜻하고 다정한 편지 그림책이다. 출근하는 엄마와 등교하는 아이가 손을 잡고 나가며 만나는 시원한 공기와 곱게 물든 단풍잎, 활짝 핀 코스모스, 높고 파란 하늘이 어느새 여름이 가고 가을이 곁에 와있음을 느끼게 한다. 그리고 엄마와 헤어져 학교로 가서 하루를 보내는 아이를 응원하는 엄마의 마음도 잘 담겨 있다.

　가을이 수확과 결실의 계절이라고 하지만, 도시의 아파트에 살고 있는 아이가 대부분인지라 가을 날씨의 변화에 따라 바뀌는 자연환경과 생활 모습을 크게 실감하지 못할 수도 있다. 아침 활동 시간에 가을 그림책을 먼저 만나보고 학교 주변을 산책하면서 가을이 오면 바뀌는 모습을 직접 찾아보고 여름과 어떻게 달라졌는지 그 변화를 느끼게 해보자. 맑은 가을하늘과 시원해진 날씨만으로도 기분이 좋아지고 익어가는 열매, 단풍 든 나뭇잎, 사각거리는 낙엽 밟는 소리, 빨간 고추잠자리와 가을에 피는 꽃들을 보며 풍성한 가을을 만나보게 한다.

생각을 나누는 질문
1. 가을이 온 것을 무엇을 보고 알았을까?
2. 그림책에서 가장 마음에 드는 가을풍경은 무엇인가?
3. 누가 내 소중한 하루를 응원해 주고 있을까? 그렇게 생각한 이유는 무엇인가?

배움이 깊어지는 활동

1. **가을에 볼 수 있는 것 찾기** ⋯▶ 교사 컴퓨터로 이미지 공개 사이트에 접속하여 가을 관련 사진을 준비해서 업로드하고 교사가 숫자 타일을 클릭해 공개하고 아이들은 사진의 일부를 보면서 정답을 맞히는 놀이를 한다. (https://www.classtools.net/reveal/)
2. **가을 동요 부르기** ⋯▶ 가을을 주제로 한 동요를 악보와 영상을 보며 다 함께 불러보고 가사를 보면서 가을의 특징을 알아본다.(예 : 동요 '가을길' 영상 https://www.youtube.com/watch?v=H_A6ywlTOck)
3. **가을 아침에 쓰는 편지** ⋯▶ 예쁜 편지지에 하루를 응원해 주고 싶은 사람을 정해 가을에 어울리는 계절 인사가 들어간 편지를 써 본다.

계절

낙엽 다이빙

강은옥 글·그림 ∥ 위즈덤하우스

가을이 주는 특별한 선물

가을이 되면 낙엽이 되어 떨어지는 갖가지 나뭇잎들을 다이빙대회 하는 것으로 상상하여 만든 그림책이다. 낙엽마다 기술과 특징을 별점으로 표시하여 아이들이 좋아하는 게임 캐릭터처럼 능력치를 표시했고, 스포츠 생중계를 하는 듯한 잠자리의 대사로 이야기가 진행된다. 다이빙대회 선수들의 등장과 경기를 보여주는 반복적인 구조가 지루하지 않도록 프레임의 배치에 변화를 주면서도 나뭇잎 관중들의 응원이나 동물 심판진 등 주변 등장인물의 대사나 장면에도 유머가 가득하다. 예상하지 못한 반전을 거듭하며 경기를 끝까지 흥미진진하게 관전할 수 있게 해주면서도 일등 낙엽이 받는 특별한 선물로 따뜻하게 마무리한다.

다양한 나뭇잎을 수집하고 관찰하면서 나뭇잎이 낙엽이 되기까지의 자연현상을 이해하고, 저마다의 색깔과 모양을 뽐내며 다이빙하듯 떨어지는 낙엽들을 보며 상상력을 기를 수 있다. 일등 낙엽이 되기 위해 봄비도 견디고 여름 햇살도 이겨내며 열심히 대회를 준비하는 나뭇잎들을 보면서 아이들도 힘과 용기를 가질 것이다.

> 생각을 나누는 질문
> 1. 가을이 되면 나뭇잎들이 낙엽이 되어 떨어지는 이유는 무엇일까?
> 2. 어떤 나뭇잎이 일등 낙엽이 되길 바라는가? 그 이유는 무엇인가?
> 3. 일등 낙엽만이 받을 수 있는 특별 선물은 무엇인가?

배움이 깊어지는 활동

1. **소원이 이루어지는 나뭇잎 폭죽놀이** ⋯ 종이컵을 이용한 풍선 폭죽을 영상을 참고하여 만들어서 주워 온 낙엽을 잘게 부수어 날리며 친구의 소원을 물어보고 소원을 빌어준다.(https://www.youtube.com/watch?v=w2NTsCcuKOQ '종이컵 폭죽 만들기' 잔별쌤쓰사부작)
2. **나뭇잎 책갈피 만들기** ⋯ 예쁘게 물든 단풍잎을 주워서 책 사이에 눌러 말린 후 다양한 펜을 사용하여 이루고 싶은 소원(목표)이나 좋은 글을 써서 코팅하여 책갈피로 사용한다.
3. **나뭇잎으로 꾸민 세상** ⋯ 다양한 나뭇잎들을 주워서 나뭇잎의 특징을 잘 살려서 동물, 식물, 물건, 집 등이 담긴 다양한 세상을 콜라주로 표현한다.

계절

눈 아래 비밀 나라

케이트 메스너 글, 크리스토퍼 실라스 닐 그림, 노은정 옮김 ‖ 사파리

눈 아래 비밀 나라 이야기

　아이가 아빠와 함께 스키를 타고 숲을 누비며 눈 아래 비밀 나라에 사는 동물들의 이야기를 들려주는 지식 그림책이다. 겨울 숲의 풍경을 아름답고 독특하게 표현하고, 눈 위와 눈 아래의 모습을 동시에 보여주어 동물 생태계를 생생하게 살펴볼 수 있다. 뒷부분에는 그림책에서 만난 동물들의 특징과 겨울을 나는 방법을 따로 정리하여 겨울잠을 자는 동물과 겨울잠을 자지 않는 동물을 구분할 수 있게 했다.

　땅이 얼고 눈으로 덮이는 겨울이 오기 전 동물도 식물도 우리도 모두 겨울을 나기 위한 준비를 한다. 겨울은 동물들에게 특별한 적응과 보호가 필요한 시기이다. 동물들이 겨울을 나는 다양한 모습을 알아보고 겨울잠을 자는 동물과 겨울잠을 자지 않는 동물을 구분해 보며 동물들을 보호하는 활동을 해 보자. 아이들이 생명을 존중하는 마음을 갖고 동물들이 겨울을 나는 것처럼 우리도 겨울을 나기 위해 어떤 일을 해야 할지 생각해 보게 한다.

생각을 나누는 질문
1. 왜 '눈 아래 비밀 나라'라고 제목을 붙였을까?
2. 동물들이 겨울잠을 자는 이유는 무엇일까?
3. 겨울잠을 자지 않는 동물들은 겨울을 어떻게 보낼까?

배움이 깊어지는 활동

1. **빙고 놀이** ⋯▶ 그림책에 나오는 동물과 내가 알고 있는 동물 중에서 겨울잠을 자는 동물과 겨울잠을 자지 않는 동물로 구분해 보고 빙고 놀이를 한다.
2. **가위바위보 진화 놀이** ⋯▶ 겨울잠을 자는 동물과 겨울잠을 자지 않는 동물 중에서 한 가지를 선택하여 동물의 진화 단계를 정하고 가위바위보로 진화 놀이를 한다.
3. **동물 보호 캠페인** ⋯▶ 동물들의 겨울나기를 돕는 방법을 살펴보고 글과 그림으로 동물 보호 포스터를 꾸며서 캠페인 활동을 한다. 고학년은 캔바나 미리캔버스 등 프로그램을 사용하여 만들어도 좋다.

눈이 들려주는 10가지 소리

캐시 캠퍼 글, 케나드 박 그림, 홍연미 옮김 ‖ 길벗어린이

계절

겨울이 들려주는 소리들

 눈이 들려주는 10가지 소리를 눈 내린 아침의 아름다운 풍경과 함께 담아낸 감각이 살아 있는 그림책이다. 아주머니가 삽으로 보도에 덮인 눈을 퍼내는 소리를 시작으로 눈 밟는 소리, 나뭇가지에 쌓인 눈이 떨어지는 소리, 자동차에 앉은 눈을 빗자루로 쓸어내는 소리 등 리나는 할머니를 보러 가는 길에서 다양한 소리들을 만난다. 그 소리와 풍경도 아름답지만, 앞이 잘 보이지 않는 할머니와 리나가 함께 와락 에납을 만들며 나누는 따뜻한 이야기는 더욱 아름답다.

 눈은 겨울이 아이들에게 주는 최고의 선물이다. 날씨가 아무리 추워도 아이들은 온 세상이 하얗게 덮인 눈 오는 날을 손꼽아 기다린다. 몸은 춥고 손은 시린데도 아이들은 눈싸움과 눈사람 만들기로 시간 가는 줄 모르고 계속 놀려고 한다. 아이들과 함께 눈에서 할 수 있는 다양한 놀이를 하면서 평소에 쉽게 지나쳤던 겨울이 들려주는 소리에 귀 기울여보자. 평범하게 보이던 아무것도 아닌 것들도 아름답고 새롭게 보이는 의미 있는 것으로 바뀔 것이다.

생각을 나누는 질문
1. 리나는 왜 혼자서 할머니를 만나러 가고 싶었을까?
2. 앞이 보이지 않는 느낌은 어떤 것일까?
3. 눈이 들려주는 10번째 소리를 왜 '고요함'이라고 했을까?

배움이 깊어지는 활동

1. **겨울 소리 모으기** → 눈이 들려주는 10가지 소리를 그림책에서 찾아 정리하고, 모둠활동으로 친구들과 겨울에 찾을 수 있는 다양한 소리를 모아 본다.
2. **겨울이 들려주는 소리를 몸으로 표현하기** → 활동 1에서 찾은 겨울이 들려주는 소리 중 하나를 골라 한 모둠씩 나와서 소리와 동작으로 발표하고 다른 모둠은 어떤 상황인지 맞춰본다.
3. **흉내 내는 말을 넣어 다른 감각으로 겨울 표현하기** → 청각이 아닌 다른 감각(시각, 미각, 촉각, 후각)으로 겨울과 관련된 자연, 물건, 놀이, 음식 등을 흉내 내는 말을 넣은 글과 그림으로 표현한다.

계절

사계절

퍼트리샤 헤가티 글, 브리타 테큰트럽 그림, 서소영 옮김 ∥ 키즈엠

숲에서 만나는 사계절

　겨울부터 시작해 봄, 여름, 가을을 지나 다시 겨울을 맞이하고 또 봄이 올 것을 기대하게 되는 계절의 순환을 잘 표현한 그림책이다. 커다란 나무와 부엉이가 장면마다 등장하여 큰 변화가 없는 듯 보이지만, 그 안에서 계절에 따라 바뀌는 숲과 나무의 무수한 변화와 계절의 변화에 적응하며 살아가는 동물들의 다양한 모습을 화사하고 아름다운 색감의 그림으로 잘 보여주고 있다. 책에 구멍을 내어 동물들의 움직임을 입체감 있게 보여주고 있어 아이들의 호기심을 자극한다.

　계절은 자연의 아름다움과 다양성을 느끼는 기회이기도 하다. 모든 생물은 자연에 순응하면서 살아가고 계절에 따라 적응하는 모습도 다 다르다. 주변의 생물들이 계절의 변화에 어떻게 순응하는지를 알면, 그들과 함께 어떻게 살아가야 할지를 이해하게 된다. 사계절이 뚜렷한 우리나라에서 계절의 순환을 이해하고 계절에 따라 무엇이 변하는지 살펴보면서 아이들이 우리 주변을 어떻게 보호하고 아름답게 가꿔야 할지를 이 그림책으로 자연스럽게 이해하게 하자.

생각을 나누는 질문
1. 계절이 바뀌면서 무엇이 달라지고 있을까?
2. 계절이 바뀌어도 변하지 않는 것은 무엇일까?
3. 가장 마음에 와닿는 장면(또는 계절)은 무엇이고 그 이유는 무엇인가?

배움이 깊어지는 활동

1. **계절의 특징 알아보기** ⋯▶ 봄, 여름, 가을, 겨울에 따라 달라지는 날씨, 자연, 음식, 옷차림, 과일, 놀이 등 자연환경과 생활 모습을 접착 메모지에 쓰고 칠판에 구분하여 붙여 계절의 특징을 알아본다.
2. **계절에 따라 변하는 나무의 모습을 입체 북으로 표현하기** ⋯▶ 그림책의 장면처럼 모둠별로 A4 도화지 4장으로 봄, 여름, 가을, 겨울에 나무와 주변 자연환경의 변화 모습을 표현한다. 3장은 구멍을 만들고 부엉이 대신 다른 동물을 보이게 배치해도 좋다.
3. **계절 중 하나가 되어 편지 쓰기** ⋯▶ 내가 계절 중 하나가 되었다고 상상하고 그 계절의 자연환경과 인문환경의 특징을 살려 자신을 소개하고, 사람들에게 하고 싶은 말을 편지로 쓴다.

살랑살랑 봄바람이 인사해요

김은경 글·그림 ‖ 시공주니어

계절

숲에서 놀아요

　자연물로 놀고 있는 아이들의 모습을 사랑스럽고 생생하게 글과 그림으로 표현했다. 세밀하게 그린 동식물이 자연 도감의 역할을 하고 뒷부분에는 숲에서 만나는 동물들, 식물들, 신나는 자연 놀이까지 소개하는 훌륭한 숲 놀이 지침서이다. 이 책이 포함된 '네버랜드 숲 유치원 그림책' 시리즈는 사계절 아름다운 숲의 모습과 아이들의 생태 이야기를 담았다. 『촉촉한 여름 숲길을 걸어요』(김슬기 글·그림), 『울긋불긋 가을 밥상을 차려요』(김영혜 글·그림), 『겨울 숲 친구들을 만나요』(이은선 글·그림)가 있다.

　아이들은 신나게 뛰어다니고 소리 지르고 마음껏 놀아야 하는데, 아파트나 학교에서 지켜야 할 공동생활 규칙 때문에, 입시경쟁으로 인한 공부 압박 때문에 영상 보는 것과 게임으로 휴식 시간을 보낸다. 이런 아이들에게 숲 놀이는 더욱더 필요하다. 도심에서 자연을 접할 기회가 적은 아이들에게 숲 놀이의 기회를 일부러라도 만들어 주자. 아이들은 자연에서 많은 것을 배운다.

생각을 나누는 질문
1. 숲에서 만난 동물이나 식물 중에서 가장 좋아하는 것과 그 이유는 무엇인가?
2. 내가 해 본 자연 놀이 중에서 가장 기억에 남는 놀이는 무엇인가?
3. 그림책에 소개된 놀이 중에서 가장 해보고 싶은 놀이와 그 이유는 무엇인가?

배움이 깊어지는 활동

1. **자연물 소꿉놀이** ⋯ 자연에서 얻은 나뭇잎, 꽃잎, 풀잎, 작은 열매, 솔방울, 나뭇가지나 껍질, 예쁜 돌 등을 모아 보자기에 올려놓고 이야기를 나눈 뒤 자연물로 계절 밥상 차리기 등을 하고 친구들과 소꿉놀이를 한다.
2. **세밀화 그리기** ⋯ 숲 놀이에서 만난 곤충(벌레)이나 식물의 사진을 찍고, 그 사진을 보면서 특징을 잘 살려 세밀화로 정확하고 자세하게 그려 본다.
3. **숲 놀이 관찰 일기 쓰기** ⋯ 숲 놀이를 하고 난 뒤 숲에서 만난 동물, 식물, 놀이한 것 등을 관찰한 것을 바탕으로 글과 그림으로 표현한다.

세시풍속

연이네 설맞이

우지영 글, 윤정주 그림 ‖ 책읽는곰

한 해의 시작, 설날

 설날은 음력 1월 1일로 새해가 시작되는 첫날이다. 이 책에서 옛날 사람들이 전통적인 설날을 지내는 모습과 이야기를 볼 수 있다. 옷이 넉넉하지 않았던 시절 새해 첫날을 맞이하며 설빔을 만들어 입었다. 차례상에 올릴 음식을 사는 사람들로 시장이 북적이고, 떡국을 끓여 먹으면서 나이를 한 살 더 먹었다. 대청소를 하고 지난해 묵은때를 벗기면서 새로운 한 해를 맞이했다. 아이들은 모여서 연 날리고 윷놀이하고 노느라 바쁘다. 설날 아침, 설빔을 입고 차례도 지내고, 떡국도 먹고 어른들께 세배하면서 덕담도 나눈다.
 그림책을 읽으면서 예전 설날을 지내는 모습을 살펴보고, 설에 하는 여러 일과 의미를 알아본다. 옛날과 요즘 설날을 지내는 모습에서 같은 점과 다른 점을 알아보고, 설을 지내는 다양한 모습에 관해 이야기를 나눈다. 설날을 지내는 모습이 예전과 달라진 부분도 있지만, 오늘날에도 여전히 새해 첫날 가족이 모여 함께 밥을 먹고 덕담을 주고받는다. 그 모습에서 설을 지내던 의미가 변하지 않고 계속 이어져 내려오고 있음을 아이들과 이야기한다. 음력 새해 첫날 가족이 함께 모여 보내는 설의 의미가 변하지 않고 계속 이어져 내려오는 것에 관해 다른 아이들과 이야기 나눈다.

생각을 나누는 질문
1. 연이가 보낸 설날과 내가 보낸 설날 모습의 같은 점과 다른 점은 무엇일까?
2. 옛날과 오늘날에 설날을 보내는 모습이 달라진 이유는 무엇일까?
3. 미래에는 설날을 지내는 모습이 어떻게 달라질까?

배움이 깊어지는 활동

1. **설빔 한복 접어보기** ⋯ 새해 첫날인 설날 새로운 마음, 새출발을 하며 새 옷인 설빔을 입었다. 영상을 보면서 색종이로 남자, 여자 한복을 접고, 활동지에 붙이고 만든 후 느낌을 적어 본다.(https://www.youtube.com/watch?v=-ejZAE1fiMA '한복 종이 접기' 네모아저씨)
2. **설날에 먹는 떡국 그려 보기** ⋯ 떡 외에 넣고 싶은 재료를 넣은 나만의 떡국을 생각해 보고 그려 본다. 떡국을 먹으면서 한 해의 건강과 행운을 기원하던 의미를 되새겨 볼 수 있다.
3. **윷놀이** ⋯ 옛날에는 가족이 한자리에 모여 윷놀이를 하면서 한 해 풍년을 기원하고, 가족 간의 화목을 다졌다. 모둠 대항으로 3~4개의 말을 가지고 윷놀이를 해 본다.

누렁이의 정월 대보름

김미혜 글, 김홍모 그림 ‖ 비룡소

세시풍속

풍성한 우리 명절, 정월 대보름

정월 대보름은 한 해의 농사가 시작되는 정월, 첫 보름달이 뜨는 날에 지내던 명절이다. 예전에는 이날을 중요하게 여겨 마을 사람들과 맛있는 음식을 먹고 풍성한 놀이를 즐겼다. 정월 대보름에는 남에게 더위를 팔면 여름 더위를 피할 수 있다고 여겨 '더위 팔기'를 하고, 여러 다리(교각)를 밟으면 한 해를 건강하게 지낼 수 있다고 믿어 '다리밟기'를 했다. 빈 깡통에 손잡이를 만들고 나무 조각이나 솔방울을 넣은 후 빙글빙글 돌리면서 들에 불을 붙여 해충알을 없애는 쥐불놀이를 했다. 생솔가지 등을 쌓아 올린 무더기에 불을 지르며 노는 '달집태우기', 호두, 잣, 밤, 땅콩, 은행 등 딱딱한 열매인 부럼을 깨물면서 부스럼도 예방하고 이를 튼튼하게 했다.

이 책에는 득이네 마을 사람들이 정월 대보름을 지내는 모습이 누렁이의 관점으로 그려진다. 요즘 정월 대보름을 지내는 모습이 점점 줄어들고 있는데 이유를 함께 찾아본다. 정월 대보름 풍습에서 찾아볼 수 있는 조상의 지혜를 알아보고, 그 의미와 지혜를 이어나갈 방법을 생각해 볼 수 있다.

> 생각을 나누는 질문
> 1. 최근 정월 대보름을 지내는 모습이 줄고 있는 까닭은 무엇일까?
> 2. 옛날과 오늘날 정월 대보름을 보내는 모습에서 달라진 점은 무엇일까?
> 3. 정월 대보름에 하는 풍습에서 엿볼 수 있는 우리 조상의 지혜는 무엇일까?

> **배움이 깊어지는 활동**
>
> 1. **소원 엽서 적기** ⋯▶ 엽서에 보름달을 그려 보고 한 해 소원을 생각해 보고 적는다. 아이들이 만든 엽서를 함께 볼 수 있도록 교실에 게시한다.
> 2. **다리 밟기** ⋯▶ 활동하기 편한 넓은 장소에 고깔이나 마커로 곧은 다리, 굽은 다리, 짧은 다리, 긴 다리 등 다양한 모양의 다리를 만든다. 아이들이 일렬로 줄을 서서 다양한 다리를 지나가면서 건강을 기원해 본다.
> 3. **더위팔기** ⋯▶ 색종이 한 장에 '내 더위 사려~'를 쓰고, 다른 색종이 2장에는 '더위를 피했어요'라고 쓴다. 세 장의 색종이를 구기고, 교실 곳곳에 놓는다. 자신의 것 이외의 구겨진 색종이 3개를 가져와 펼쳐 보고 몇 개의 더위를 얻었는지 확인한다.

봄이다

정하섭 글, 윤봉선 그림 ‖ 우주나무

봄의 시작을 알리는 입춘

봄의 시작을 알리는 절기인 입춘. 입춘은 양력 2월 4일로 봄의 시작이지만 꽃을 피우고 동물과 사람이 본격적인 활동을 시작하기에는 날씨가 아주 따뜻하진 않다. 그림책 속 민들레, 개구리, 반달곰, 네발나비, 진달래 그리고 연이는 따뜻한 봄을 기다린다. 민들레는 노란 꽃물을 들이고, 개구리는 팔짝 뛰며 돌아다니고 싶다. 반달곰은 갓 돋아난 새싹 냄새를 맡고 싶고, 네발나비는 날아다니며 봄소식을 전하고 싶다. 진달래는 분홍 꽃망울을 보여주고 싶어 봄을 기다린다. 연이는 가벼운 옷으로 갈아입고 나들이를 가고 싶다.

예전에는 입춘이 되면 봄이 온 것을 기리고 축하하며 기원하는 '입춘대길, 건양다경' 글을 적은 입춘첩을 대문에 붙였다. 각자 자신이 하는 일을 아홉 번을 하라는 '아홉차리'라는 세시 풍속도 있었다. 입춘첩을 만들고, 아홉차리를 체험해 보면서 예전에 지냈던 풍습의 의미를 떠올려 본다. 다른 아이들과 입춘 하면 떠오르는 것, 따뜻한 봄이 오면 하고 싶은 일을 나누어 본다.

생각을 나누는 질문
1. 입춘을 생각하면 떠오르는 것은 무엇인가?
2. 입춘에 입춘첩을 쓰고, 아홉차리를 한 이유는 무엇일까?
3. 연이와 친구들이 봄을 기다린 이유는 무엇일까?

배움이 깊어지는 활동

1. **아홉차리 체험하기** … 옛날에는 입춘이 되면 자신이 맡은 일을 9번씩 반복했다. 각자 학교에서 하는 일 중에서 반복할 수 있는 간단한 일을 하나 고른다. 고른 일을 아홉 번을 반복해서 한 후 느낌을 적어 본다.
2. **입춘첩 만들기** … 입춘이 되면 봄이 시작되었으니 크게 좋게 경사스러운 일이 많이 생기라는 의미에서 '입춘대길 건양다경'을 쓴 입춘첩을 현관문에 붙였다. 종이로 입춘첩을 만들어 본다.
3. **봄이 오면 하고 싶은 것** … 그림책 속 동식물처럼 추운 겨울이 지나 봄이 오면 각자 하고 싶었던 것을 떠올려본다. 떠올려본 것을 글로 표현하며 봄을 기다린 자신의 마음을 표현해 본다.

달래네 꽃놀이

김세실 글, 윤정주 그림 ‖ 책읽는곰

세시풍속

연분홍빛 봄기운이 한가득 삼월 삼짇날

뱀이 겨울잠에서 깨어나고 제비도 강남에서 돌아오는 따뜻한 봄의 한가운데 삼월 삼짇날. 삼월 삼짇날은 음력 3월 3일로 옛날에는 홀수가 겹치는 날을 좋은 날이라고 하여 일을 쉬고 잔치를 벌였다. 그림책 속 달래네 여자 식구들이 산으로 들로 나들이 가서 꽃 구경하며 놀이도 하는 화전놀이를 간다. 소복소복 피어있는 진달래도 따고 쑥도 캐고, 근처 산에서 딴 봄꽃으로 알록달록 화전도 만들어 먹는다. 진달래 화전, 돌나물무침, 진달래 화채까지 봄빛 가득한 상을 차려 먹고, 꽃싸움도 하고 꽃구경도 다녀오면서 봄을 온몸으로 느껴본다.

『달래네 꽃놀이』는 봄기운 가득한 삼월 삼짇날을 보내던 예전 모습이 봄 풍경과 함께 잘 표현된 책이다. 그림책을 읽으면서 삼월 삼짇날에 관해 알아보고, 봄 풍경과 삼짇날을 보내던 예전 모습을 살펴본다. 요즘 우리가 삼월 삼짇날 즈음 봄 꽃 구경을 가는 모습이 예전과 비교하여 같은 점과 달라진 점을 알아보고, 달라진 점이 있다면 이유에 관해 이야기 나누어볼 수 있다.

생각을 나누는 질문
1. 그림책의 꽃놀이 모습과 오늘날 꽃놀이를 하는 모습의 달라진 점은 무엇일까?
2. 최근에는 그림책과 같이 삼월 삼짇날을 지내는 모습을 찾아보기 어려운 까닭은 무엇일까?
3. 그림책 속 삼월 삼짇날에는 여자들만 봄나들이는 갔다. 그 이유는 무엇일까?

배움이 깊어지는 활동

1. **화전 만들기** ⋯ 삼월 삼짇날에는 봄에 피는 예쁘고 다양한 꽃들로 화전을 해 먹었다. 그림책에 나온 화전을 참고하여 하얀색 점토와 색깔 점토를 이용해서 다양한 꽃 화전을 만들어 본다.
2. **봄꽃으로 만드는 책갈피** ⋯ 아이들이 미리 준비해 온 봄꽃을 책갈피 크기의 도화지에 붙이고, 자신이 읽은 책에서 좋았던 문장을 적어 꾸민다. 만든 것을 코팅하여 책갈피로 사용한다.
3. **꽃싸움 하기** ⋯ 주변에 피어있는 꽃의 꽃술을 따서 온다. 두 명이 짝이 되어 짝의 꽃술과 자신의 꽃술을 서로 엇걸고 잡아당겨서 꽃싸움을 해 본다. 먼저 끊어지는 쪽이 지는 놀이이다.

얼쑤 좋다, 단오 가세!

이순원 글, 최현묵 그림 ‖ 책읽는곰

강릉 할아버지가 들려주는 단오 이야기

감꽃이 노랗게 피어나고 앵두가 빨갛게 익어가는 초여름날, 상준이는 할아버지와 강릉 단오제에 다녀온다. 씨름판, 그네뛰기도 구경하고 창포물에 머리도 감아보고, 단오 부채도 만들어 본다. 『얼쑤 좋다, 단오 가세!』는 강릉 단오제를 할아버지와 함께 둘러보고 체험해 보는 이야기로 단오에 관해 알아보기 좋다. 단오는 양력 5월~6월 모내기가 끝난 시기로 한 해의 풍년을 기원하고 여러 가지 놀이도 하면서 휴식을 하는 날이다. 여름이 시작되는 시기로 몸을 단련하는 행사나 놀이를 하고 더위를 쫓아주는 부채도 선물하며, 계절 음식인 수리취떡도 만들어 먹었다.

유네스코 지정 세계 무형 유산으로 지정된 강릉 단오제에서 단오의 풍습을 재현하고 의미를 이어오고 있다. 옛날 사람들이 단오를 지냈던 이유를 생각해 보면서 단오의 여러 활동을 체험하고 그 의미를 되새겨 볼 수 있다. 옛날에는 큰 명절로 지냈던 단오를, 최근 가정에서는 잘 지내지 않는 이유에 관해 아이들과 생각을 나누어 볼 수 있다.

> **생각을 나누는 질문**
> 1. 옛날에는 단오가 큰 명절이었던 이유는 무엇일까?
> 2. 강릉 단오제가 유네스코 세계 무형 유산으로 지정된 것은 어떤 의미일까?
> 3. 최근에는 가정에서 단오를 지내는 모습을 찾기 어려운 이유는 무엇일까?

배움이 깊어지는 활동

1. **단오 부채 만들고, 짝꿍과 부채질 놀이하기** ⋯▶ 색칠 도구로 꾸며 단오 부채를 만든다. 짝꿍과 가위바위보를 하고, 이긴 사람이 진 사람에게 5~10번 정도 부채질을 해 준다.
2. **돼지 씨름** ⋯▶ 두 사람이 짝이 된다. 매트 위에 앉아 손을 무릎 뒤로 넣어 허벅지를 안는다. 이 상태로 몸을 움직여 발을 써서 상대방이 매트 밖으로 나가게 하거나 쓰러지게 하면 이기는 놀이다.
3. **스피드 퀴즈** ⋯▶ 단오 관련 단어를 스피드 퀴즈의 형식으로 설명하고 맞힌다. 3~4명이 단어를 설명하고, 나머지 학급 아이들이 맞히는 놀이다. 모르는 단어가 나오면 패스할 수 있고 패스는 한 번만 가능하다.(단오 관련 단어 예시 : 단오, 씨름, 수리취떡, 그네뛰기, 창포물, 단오 부채, 강릉 단오제)

맴

장현정 글·그림 ‖ 반달

세시풍속

매미가 들려주는 여름 소리

소서는 양력 7월 초로 매미가 울기 시작하면서 본격적인 여름을 알려주는 절기이다. 그림책에는 녹음이 짙어지는 여름 풍경과 매미 우는 소리가 들리고, 본격적인 여름이 시작되는 신호들이 나온다. 숲의 매미 울음소리는 도시의 높은 빌딩으로, 꽉 막힌 도로로 가서 사람들에게 여름을 알린다. 더운 날씨에 거리 위 사람들은 지치고 힘들어진다. 매미가 울고 날씨가 더워진 후 장맛비도 내린다. 장맛비가 끝나면 본격적인 무더운 여름이 시작된다. 이 책은 여름을 더 여름답게 하는 매미가 우는 소리와 여름 풍경에 관한 그림책으로 소서 절기에 관해 이야기 나누기 좋다.

7월 소서 절기 즈음 학교 주변에서 매미 소리가 들리기 시작하면, 아이들과 매미 소리를 들으면 떠오르는 생각에 관해 이야기하고 관련된 다양한 경험을 나누어 본다. 더워지는 날씨에 냉방 기구 사용으로 인한 지구 온난화 문제와 여름을 지내는 친환경적인 방법에 대해 나누고 실천해 봄으로써 환경에 관한 교육도 할 수 있는 좋은 기회이다.

생각을 나누는 질문
1. 여름을 생각하면 떠오르는 것은 무엇일까?
2. 매미 소리가 들리기 시작하면 어떤 생각이 떠오를까?
3. 옛날보다 오늘날의 여름 기온이 더 높아진 이유는 무엇일까?

배움이 깊어지는 활동

1. **색종이로 매미 접기** ⋯▸ 색종이로 매미를 접고 꾸미면서 소서 절기에 더운 날씨를 알려주는 것 중 하나가 매미 소리인 것을 떠올려 볼 수 있다.
2. **종이 매미로 여름 동산 꾸미기** ⋯▸ 아이들이 만든 종이 매미를 여름 동산 게시판에 붙이고, 말풍선 종이에 매미 소리가 알려주는 여름 소식을 상상하여 적어 본다. 예를 들어, '맴맴, 여름이야!', '더운 여름이 시작되었어!', '더워! 더워!' 등과 같이 매미 소리가 알려주는 다양한 여름 소식을 적어 나눠본다.
3. **더운 여름을 보내는 방법 공유하고 실천하기** ⋯▸ 더운 여름을 보내는 나만의 방법을 생각해 보고, 다른 친구와 의견을 나눈다. 여름을 보내는 친환경적인 방법을 공유하고 실천해 보며, 지구 환경을 보호하는 마음을 다져볼 수 있다.

세시풍속

칠월 칠석 견우 직녀 이야기

김미혜 글, 백은희 그림 ǀ 비룡소

까마귀 까배가 들려주는 칠월 칠석 이야기

　칠석은 음력 7월 7일로 장마가 지나고 무더위가 한풀 꺾이는 때이다. 칠월 칠석에는 일 년에 한 번 직녀와 견우가 만나는 날이라는 예부터 전해져 오는 민간 설화가 있다. 하늘에 죄를 짓고 임금님에게 쫓겨난 견우와 직녀는 벌로 일 년에 딱 한 번 까마귀들과 까치들이 하늘로 올라가 다리를 놓아 줄 때만 만날 수 있다.

　『칠월 칠석 견우 직녀 이야기』는 오작교를 만드는 아버지 까마귀가 새끼 까마귀 까배에게 칠월 칠석에 얽힌 이야기를 쉽고 자세히 알려주는 그림책이다. 예전에는 칠석이 되면 장마 끝 무렵이라 장마 동안 눅눅해진 옷, 가구, 책을 말리는 세시 풍습인 '포쇄'를 했다. 또 칠석이 지나 찬 바람이 불기 시작하면 밀에서 냄새가 난다고 하여 그해 마지막으로 밀로 음식을 만들어 먹었다. 최근에는 칠월 칠석 견우 직녀 이야기는 전해 내려오지만, 관련된 세시 풍습을 대부분 하지 않는데, 그 이유에 대해 아이들과 이야기를 나누어 본다. 예전과 오늘날의 달라진 칠석 모습과 그 까닭도 이야기해 본다.

생각을 나누는 질문
1. 일 년에 한 번만 만날 수 있는 견우와 직녀의 마음은 어떨까?
2. 칠석에 했던 세시 풍습을 최근에는 하지 않는 이유는 무엇일까?
3. 칠월 칠석 견우 직녀 이야기에서 얻을 수 있는 교훈은 무엇일까?

배움이 깊어지는 활동

1. **책 말리기(포쇄)** ⋯ 칠월 칠석 전은 장마철이기 때문에 장롱이나 책에 습기가 많았다. 칠월 칠석 후 장마가 지나가면 책이나 가구 등을 햇볕에 말렸다. 교실에서 배우는 교과서를 햇볕에 말려보며 포쇄를 체험해 본다.
2. **견우 직녀 오작교 놀이** ⋯ 교실이나 강당에서 종이나 마커 10~20개로 오작교를 만든다. 견우 팀과 직녀 팀으로 나누고, 오작교 양쪽에 서서 오작교를 하나씩 건너가 가운데에서 만난다. 견우와 직녀가 만나서 각각 왼손과 오른손으로 하트를 만들고, 맨 뒤로 가면 다음 아이들이 출발한다.
3. **칠월 칠석 이야기를 순서대로 정리하기** ⋯ 최근에는 칠월 칠석 관련 세시 풍습을 지내는 경우가 적어 견우 직녀 이야기를 모르는 아이가 많다. 견우와 직녀 이야기의 사건을 순서대로 정리해 본다.

솔이의 추석 이야기

이억배 글·그림 ∥ 길벗어린이

세시풍속

더도 말도 덜도 말고 한가위만큼만!

　추석은 매해 음력 8월 15일, 풍요로운 가을에 지내는 민족 대명절이다. 추석에는 오랜만에 만난 가족이 한자리에 모여 음식도 하고 차례도 지내며, 도란도란 이야기를 나눈다. 솔이네 가족은 추석을 보내기 위해 새 옷을 입고, 고속버스를 타고 고속도로를 지나 시골 할머니 댁으로 간다. 할머니 댁에 모인 친척들은 송편을 빚고 음식을 하고, 차례를 지내고 성묘도 한다. 동네 농악대의 신명 난 놀이 한판도 벌어진다. 솔이는 사촌들과 즐겁게 놀고, 보름달에 소원도 빌어본다.
　『솔이의 추석 이야기』는 시골 할머니 댁에서 가족이 모여 추석을 보내는 이야기가 농촌 풍경과 함께 담겨 있어 예전의 추석 풍경을 살펴볼 수 있다. 요즘 가정마다 추석을 지내는 모습은 다르지만, 함께 모여 음식을 하거나 이야기하면서 가족 간의 정을 나누는 추석의 의미는 이어져 오고 있다. 그림책을 읽고 활동을 통해 추석을 보낸 다양한 경험을 나누고 추석의 의미를 되새겨 본다.

생각을 나누는 질문
1. 추석 하면 떠오르는 것은 무엇인가?
2. 솔이가 보낸 추석과 내가 보낸 추석의 같은 점이나 다른 점은 무엇일까?
3. 추석을 보내는 모습이 예전과 달라지고 있는데, 왜 그럴까?

배움이 깊어지는 활동

1. **송편 만들기** ⋯▶ 추석에는 함께 모여 햇곡식으로 송편을 만든다. 수확이 잘 되어 송편을 빚을 수 있음에 감사함을 생각해 볼 수 있도록 점토로 자신만의 송편을 만들어 보거나 송편을 그림으로 그려 꾸며 본다.
2. **보름달에 소원 빌기(달맞이)** ⋯▶ 예전에는 추석날 저녁 마을 뒷산이나 높은 곳에 올라 보름달을 보며 소원을 빌었다. 보름달 그림에 소원을 적고 꾸며보면서 소원을 비는 추석 달맞이를 간접적으로 체험해 본다.
3. **나의 추석 이야기** ⋯▶ 시대가 변하면서 추석을 지내는 모습이 다양해졌다. 자신이 보냈던 추석을 떠올려 보고 나의 추석 이야기를 글로 쓰고 나누면서 추석을 지내는 다양한 모습을 살펴본다.

겨울잠 자니?

도토리 기획, 문병두 그림 ‖ 보리

동식물의 겨울나기

입동은 음력 10월로 겨울이 시작되고 물이 얼기 시작하는 시기로 사람, 동식물이 추운 겨울을 대비하기 시작한다. 입동 추위로 기온이 영하의 날씨로 내려가기도 하고, 한파주의보가 발효되기도 하면서 본격적인 추운 날씨가 시작된다. 또한, 풀도 열매도 없고, 벌레 한 마리도 보이지 않아 동물은 겨울잠을 준비한다. 사람들은 두꺼운 옷을 꺼내 입고, 난방기구를 점검하며 겨울 준비를 시작한다. 겨울이 오면 변화하는 날씨와 모습에 관해 이야기 나누고, 사람, 동식물들이 겨울을 준비하는 것에 대해 알아본다.

『겨울잠 자니?』에는 곤충, 산속 동물들, 새들, 달맞이꽃 등 여러 동식물이 겨울을 준비하는 모습을 그린 세밀화와 자세한 설명이 담겨 있다. 아이들과 함께 읽으며 동식물들이 겨울잠을 자는 모습, 특징을 자세히 살펴볼 수 있다. 겨울잠을 자는 동식물의 모습에서 같은 점과 다른 점을 찾아보고, 동식물이 추운 겨울을 견디어 내는 지혜에 관해 이야기 나누어 본다.

> 생각을 나누는 질문
> 1. 입동이 되면 동물들이 겨울잠을 자는 이유는 무엇일까?
> 2. 겨울잠을 자는 동물의 모습에서 같은 점과 다른 점은 무엇일까?
> 3. 겨울이 시작되면 달라지는 사람들의 모습은 무엇일까?

배움이 깊어지는 활동

1. **겨울잠 자는 동물 찾아보기** ⋯ 그림책에 나온 동식물 이외에도 입동이 되면 겨울잠을 자는 동물과 그 모습을 태블릿 검색이나 관련 도서를 참고하여 찾아본다.
2. **겨울잠 자는 동물로 빙고 놀이** ⋯ 활동 1에서 찾은 내용을 참고하여 겨울잠을 자는 동물을 3×3칸에 적는다. 3줄 빙고를 학급 전체나 모둠별로 놀이한다.
3. **겨울잠 가위바위보** ⋯ 모든 아이가 1/4 크기의 색종이 3장씩 가지고, 개구리로 시작한다. 서로 만나 가위바위보를 하고, 진 개구리가 이긴 개구리에게 종이를 하나 건넨다. 종이가 모두 떨어지면 30초 간 그 자리에 서서 움직이지 않고 겨울잠을 잔다. 30초 후에는 교사로부터 종이 한 장을 추가로 받는다. 다른 개구리를 만나 가위바위보를 하면서 종이를 모은다.

팥죽 할멈과 호랑이

박윤규 글, 백희나 그림 ∥ 시공주니어

세시풍속

팥죽을 먹으며 가족의 건강과 행복을 바라는 동지

어느 봄날 호랑이가 할머니를 찾아와 잡아먹겠다고 한다. 할머니는 겨울에 팥죽을 만들어 줄 테니 그때까지만 기다려 달라고 한다. 시간이 흘러 동짓날이 오고 슬퍼하는 할머니를 위해 집안 물건들이 호랑이를 물리치는 옛이야기이다.

동지는 12월 20일 즈음 일 년 중 밤이 가장 길고 낮이 짧은 날이다. 예부터 밤이 길어 나쁜 기운이 많아진다고 생각했고, 붉은색은 나쁜 기운을 쫓는 힘이 있다고 믿었다. 그래서 동지에 붉은색 팥으로 팥죽을 쑤어 먹었다. 동짓날 팥죽을 먹고 나쁜 무리를 물리치는 옛이야기를 통해 동짓날 팥죽을 먹던 풍습을 알 수 있다. 동지 다음날부터는 해가 길어져 새해의 시작을 알리는 '작은 설날'이라고 하여 달력을 주고받기도 했다. 오늘날에는 가족이 함께 모여 팥죽을 먹으며 건강과 안녕을 기원하고 친목을 다지면서 동지를 보낸다. 『팥죽 할멈과 호랑이』를 읽고 동지의 유래와 풍습에서 조상의 지혜를 알아보고, 옛날과 오늘날 동지를 보내는 달라진 모습에 관해 이야기 나눈다.

생각을 나누는 질문
1. 집안의 물건들이 할머니를 도운 이유는 무엇일까?
2. 할머니와 물건들이 호랑이를 물리쳤을 때 어떤 마음이나 생각이 들었는가?
3. 옛날과 오늘날 동지를 보내는 모습이 달라진 이유는 무엇일까?

배움이 깊어지는 활동

1. **팥죽 그림 그리기** ⋯▶ 동지에 먹는 팥죽을 그려 보면서 나쁜 기운을 물리치고 가족의 건강과 행복을 기원하는 마음을 담아본다. 팥과 새알 외 재료를 넣은 나만의 팥죽을 그려 본다.
2. **동지에 관한 퀴즈 풀기** ⋯▶ 그림책 뒷 부분의 동지에 관한 내용을 읽고, OX 퀴즈를 풀고 함께 답을 맞추어 본다. 퀴즈를 풀면서 동지의 의미, 풍습, 옛날과 오늘날의 동지를 지내는 달라지는 모습에 대해 익힌다.
3. **동지에 주고받는 달력 만들기(다음 해 1월)** ⋯▶ 달력을 주고받던 동지의 풍습을 떠올리며 다음 해 1월 달력을 만들어 친구에게 선물하며 건강하고 행복한 새해가 되길 빌어준다.

우리나라

태극기 다는 날

김용란 글, 강지영 그림 ‖ 한솔수북

아름다운 의미를 품은 태극기

면지를 펼치면 어디선가 굴러온 빨간 공과 파란 공이 또르르 구른다. 구르고 구르던 두 개의 공은 어느새 서로 만나 하나가 된다. 아이의 손에 잡힌 빨강, 파랑 공은 태극이 되어 둥둥둥 북이 되었다가 궁궐 대문을 아름답게 꾸며주는 무늬가 되고 눈 깜짝할 사이에 살랑살랑 부채 속으로 숨는다. 그리고 드디어 태극은 우리나라 최초의 태극기로, 6·25와 같은 중요한 순간에 우리 민족과 함께한 역사 속 다양한 태극기로 태어난다.

그림책 속 아이를 따라 삼일절, 제헌절, 광복절, 국군의 날, 개천절, 한글날의 의미를 알아보고 태극기의 아름다운 의미를 살피다 보면 태극기의 멋진 모습에 푹 빠져버린다. 얇은 그림책 한 권에 우리가 꼭 알고 기억해야 할 태극기에 대한 많은 이야기가 녹아 있다. 태극기와 관련한 많은 사실을 흥미롭게 알려 주는 이 그림책은, 태극기를 이미 알고 있는 아이는 물론 태극기를 모르는 아이에게도 태극기에 대한 호기심을 불러일으키면서 깊이 있고 넓은 지식을 심어줄 것이다.

생각을 나누는 질문
1. 우리 주변에서 태극 문양을 찾을 수 있는 곳이나 태극기를 볼 수 있는 곳은 어디인가?
2. 역사 속 태극기의 다양한 모양 중에서 가장 마음에 드는 태극기와 이유는 무엇인가?
3. 태극기 외에 우리나라를 대표할 수 있는 것은 무엇이 있을까?

배움이 깊어지는 활동

1. **모둠 협력 태극기 퍼즐 만들기** ⇢ 모둠별로 협력하여 태극기 퍼즐을 오리고 다 함께 퍼즐을 조립한 후 알게 된 점, 느낀 점 등을 이야기한다.
2. **태극기에 담긴 의미 알아보기** ⇢ 태극기의 흰 바탕과 태극의 의미, 사괘의 이름과 의미를 찾아보고 빈칸에 알맞은 이름, 태극기에 담긴 의미를 쓴다.
3. **우리 반을 상징하는 반기 만들기** ⇢ 우리 반 선생님과 친구들의 특징, 우리 반만의 멋진 의미를 담아 반기를 그리고 반기의 의미를 친구들에게 소개한다.

아름다운 우리 옷

우리나라

김미혜 글, 서선미 그림 ∥ 꿈꾸는달팽이

우리 옷의 아름다움에 빠지다

우리는 왜 옷을 입을까? '옷이 날개'라는 말처럼 옷은 우리를 아름답게 꾸며줄 뿐만 아니라 그 시대의 자연과 정치, 경제, 문화생활 등을 알 수 있는 척도이기도 하다. 이 책은 우리 전통 의상인 한복에 대해 소개한다. 배내옷, 풍차바지, 색동저고리 등 어린아이가 입는 옷부터 혼례복, 상복 등 특별한 날 입는 옷까지 우리 옷의 아름다움과 역사를 풍부한 그림과 함께 설명한다. 한복의 다양한 디자인, 색상, 구성 요소에 대한 설명과 함께 한복이 한국인의 정체성과 아름다움을 상징하는 중요한 문화유산임을 잘 보여준다. 전통 의상과 함께 수록해 둔 동시를 읽다 보면 누구라도 낯선 우리 옷의 이름과 쓰임에 친숙해진다. 그뿐만 아니라 한복의 종류와 특징, 착용하는 방법 등을 재미있는 텍스트와 아름다운 그림으로 설명하고 있어 우리 한복의 이름과 쓰임에 생소한 어린아이들에게 쉽고 재미있게 다가갈 수 있다. 잊혀 가는 우리 옷의 이름을 기억하고 한복의 아름다움을 알리는 기회가 되면 좋겠다.

생각을 나누는 질문
1. 우리 옷 중에서 가장 마음에 드는 옷과 이유는 무엇인가?
2. 내가 발견한 한복의 아름다움은 무엇인가?
3. 옷은 우리 생활에서 어떤 역할을 할까?

배움이 깊어지는 활동

1. **우리 옷 이름 알아보기** ⋯ 생소하지만 아름다운 우리 옷의 이름을 하나하나 알아가면서 우리말의 아름다움과 우리 옷에 대해 알아본다.
2. **소개하고 싶은 한복을 찾아 전시회 열기** ⋯ 우리 가족 한복 사진 또는 책이나 잡지에서 알리고 싶은 한복을 찾아보고 아름다운 우리 옷을 알리는 한복 전시회를 연다.
3. **나도 한복 디자이너** ⋯ 내가 입어 보고 싶은 한복을 상상하면서 나만의 무늬와 색을 넣어 한복을 꾸미고 한복에 대해 좀 더 알아본다.

우리나라

아름다운 우리 한옥

신광철 글, 김유경 그림 ∥ 마루벌

자연과 사람을 함께 품은 한옥

한옥에는 자연과의 조화를 중요하게 생각한 우리 선조들의 지혜와 과학적인 건축기법이 오롯이 녹아 있다. 이 책은 한국의 전통 주택 양식인 한옥의 아름다움과 특징을 다양한 그림과 설명을 통해 소개한다. 한옥의 건축 구조부터 내부 디자인 그리고 한옥 주변의 자연환경까지 다양한 측면을 다룬다. 전통적인 한국 문화와 철학이 녹아 있는 한옥의 아름다움을 담은 이 책은 학생들에게 한국의 고유한 건축 양식과 문화를 경험할 기회를 제공할 것이다. 또 가족들이 한옥에서 생활하는 모습을 그려내어 한옥과 함께 생활한 우리 조상의 삶을 생생하게 들여다볼 수 있다.

조상들은 한옥을 지을 때 인체의 길이나 크기를 기준으로 삼아 마루와 방의 크기나 높이 등을 결정했다고 한다. 그뿐 아니라 산과 주변 환경으로 인해 생기는 착시현상까지도 고려했다고 하니 아이들에게 자연과 과학이 만난 최고의 집, 한옥에 담긴 선조들의 삶과 지혜를 느끼도록 하기에 더없이 좋은 책이다.

생각을 나누는 질문
1. 한옥에 담긴 조상의 지혜는 무엇일까?
2. 곡선으로 이루어진 한옥의 처마에는 조상들의 어떤 마음이 담겨 있을까?
3. 사람 중심으로 설계된 한옥의 정신을 오늘날 우리 삶에 적용할 수 있는 방법은 무엇일까?

배움이 깊어지는 활동
1. **우리 한옥 색칠하기** ⋯▸ 자연을 담고 그 속에 살아갈 사람들의 편리를 고려하여 한옥을 지은 우리 조상의 지혜를 생각하며 한옥을 색칠해 본다.
2. **합각 장식하기** ⋯▸ 우리 선조들은 지붕 위의 양옆에 있는 합각에 집안의 가문이나 바람을 담아 무늬나 문자를 새겼다. 우리 가족의 특징을 나타내는 무늬나 나의 바람을 담아 합각을 디자인해 본다.
3. **한옥 마당에서 잔치(파티) 열기** ⋯▸ 우리 조상은 이웃과 함께하기 위해 마당을 넓게 지었다. 한옥 마당에서 열고 싶은 잔치(파티)를 계획해 본다.

우리 한과 먹을래요

김영미 글, 김규택 그림 ‖ MiraeN아이세움

우리나라

몸에 좋고 맛도 좋은 한과의 매력 속으로

한과는 오랜 세월 우리 조상들과 함께해 온 전통 과자로, 인공 색소와 감미료로 맛과 색을 낸 요즘 과자와는 사뭇 다르다. 대부분 영양 높은 곡물과 꿀, 씨앗, 열매 같은 자연 재료, 제철 재료로 만들어 맛뿐 아니라 몸에도 좋다. 그뿐만 아니라 자연을 닮은 은은한 색과 섬세한 모양은 무척 아름답다. 조상들은 한과를 주로 차와 함께 즐겼는데, 요즘에는 다양한 서양식 디저트에 밀려 그 모습을 찾기가 쉽지 않다. 이 책은 전통 과자인 한과의 역사적인 배경뿐만 아니라 한과의 다양한 종류와 제조 방법을 소개한다. 한과 마을에 사는 할머니를 만나러 간 주인공을 따라가다 보면, 한과에 담긴 조상들의 맛과 멋, 지혜를 배울 수 있다.

아이들이 우리의 맛을 기억하려면 명절 같은 특별한 날이 아니어도 한과를 맛볼 수 있어야 한다. 책을 읽고 주변에서 쉽게 구할 수 있는 한과를 아이들과 함께 먹어본다. 또 한과를 높이 쌓으며 건강과 복을 빌었던 조상들처럼 놀이 도구로 높이 쌓기 놀이를 해도 좋다.

생각을 나누는 질문
1. 가장 먹어보고 싶은 한과와 그 이유는 무엇인가?
2. 한과의 좋은 점은 무엇인가?
3. 한과 이야기에 담긴 우리 조상의 멋과 지혜는 무엇이라고 생각하는가?

배움이 깊어지는 활동

1. **한과 이름 알아보기** ⋯ 그림책에 나오는 다양한 한과의 종류를 알아보고 아이들에게 다소 생소한 한과의 이름을 하나하나 직접 써보면서 한과의 이름을 알아본다.
2. **다식 만들기** ⋯ 주변에서 구하기 쉬운 가루를 활용하여 간단하게 다식을 만들고 먹어보면서 재료에 따라 다식의 맛이 얼마나 다른지 이야기 나눈다.
3. **한과의 재료와 영양소 알아보기** ⋯ 그림책에 나오는 다양한 한과의 재료를 알아보고 각각의 재료에 어떤 영양소가 들었는지 조사학습을 통해 알아본다.

우리나라

무궁화꽃이 피었습니다

천미진 글, 강은옥 그림 ‖ 키즈엠

우리 떡의 매력 속으로 풍덩!

가위바위보를 시작으로 인절미, 꿀떡, 무지개떡 등 우리 전통 떡이 모여 '무궁화꽃이 피었습니다' 놀이를 하면서 이야기가 시작된다. 내로라하는 전통 떡이 모두 등장하여 놀이하는 동안 하나씩 자신만의 매력을 고스란히 발산한다. 각각의 떡이 자신만의 매력을 발산하는 바로 그 순간 술래에게 잡히고 만다. 작가의 기발한 아이디어와 재치가 돋보이는 명장면이기도 하다. 앙증맞고 귀여운 떡 캐릭터 덕분에 책을 덮은 후에도 떡의 이름과 특징이 생생하게 기억에 남을 것이다.

내가 만약 그림책 속 주인공이 된다면 어떤 떡이 되고 싶은지, 각 장면에서 어떤 마음이 들었을지 이야기 나눈다. 그림책에 등장하지 않는 떡을 알고 있다면 재료와 이름을 친구들에게 소개하고, 떡 이름 빙고 놀이를 하면서 떡의 특징을 떠올려본다. 떡을 먹거나 만들어 본 경험 등 떡에 얽힌 다양한 이야기를 나누고 그림책에 나오는 떡의 동작도 따라 해 보면서 떡뿐 아니라 우리나라의 다른 전통 먹거리에 대한 이야기를 함께 나누어도 좋다.

생각을 나누는 질문
1. 팥고물이 뚝뚝 떨어지는 바람에 술래에게 걸린 시루떡은 어떤 마음이 들었을까?
2. 만약 내가 그림책의 주인공이 된다면 어떤 떡이 되고 싶은가? 그 이유는 무엇인가?
3. 내가 먹어본 떡의 맛을 그림으로 표현한다면 어떤 모양과 색깔일까?

배움이 깊어지는 활동

1. **떡 이름 찢기 빙고** ⋯ 가로 한 칸, 세로 여덟 칸(1×8)으로 종이를 접고 각 칸에 떡 이름을 하나씩 적는다. 바깥쪽에 적은 두 개의 떡 이름 중 일치하는 것이 나오면 적힌 부분의 종이를 찢는다. 모든 떡 이름을 찢으면 빙고를 외친다.
2. **우리 떡 만들기** ⋯ 내가 만들어 보고 싶은 떡이 무엇인지 생각해 보고 클레이를 이용하여 아름다운 우리 떡을 만들고 소개한다.
3. **우리 떡 홍보 대사 되기** ⋯ 우리 떡에 대해 모르는 다문화 친구에게 영양 좋고 맛도 좋은 우리 떡의 특징이 잘 드러나도록 소개하는 홍보물을 만든다.

아무도 모를거야 내가 누군지

우리나라

김향금 글, 이혜리 그림 ‖ 보림

탈아! 내 마음 좀 알아줄래?

　우리 탈과 탈놀이를 소재로 한 그림책으로 바쁜 일이 생긴 건이의 엄마가 건이를 외갓집에 맡기면서 이야기는 시작된다. 엄마가 약속한 날에 건이를 데리러 오지 않자 건이는 심통이 나서 어른들이 상상하지 못할 엄청난 장난을 친다. 자신이 한 일을 알아차린 순간 덜컥 겁이 난 건이는 외갓집 다락방을 발견한다. 그곳은 건이에게 잠깐이지만 완전한 은신처가 되어 준다. 그리고 그곳에서 건이도 독자도 이전에 상상하지 못했던 멋진 모험의 세계로 초대된다. 건이의 이야기를 따라가다 보면, 나도 모르게 큰 사고를 치고 숨었던 나만의 은신처를 떠올리게 될 수도 있다.

　이 책은 우리 전통 탈에 관한 여러 정보를 담고 있다. 네눈박이 탈, 소탈, 양반탈, 말뚝이탈, 각시탈, 할미탈을 차례대로 써보는 건이와 함께 한바탕 모험을 하고 나서 책장을 덮을 때쯤에는 우리 탈의 이름, 각 탈의 느낌과 역할 뿐만 아니라 우리 탈에 애정과 관심을 갖게 될 것이다. 탈을 만들어 쓰고 건이처럼 한바탕 신나게 놀아보아도 좋다.

생각을 나누는 질문
1. 혼날까 봐 외갓집 다락방에 숨은 건이에게 해 주고 싶은 말은 무엇인가?
2. 그림책에 나오는 의성어와 의태어를 찾아서 읽어보고 어떤 느낌이 드는가?
3. 그림책에 나오는 여러 가지 탈의 특징을 살려서 새로운 이름을 지어본다면?

배움이 깊어지는 활동

1. **마음에 드는 탈 색칠하기** ⋯▸ 각 탈의 특징을 알아보고 여러 가지 탈 중에서 마음에 드는 탈을 골라서 탈의 특징이 드러나게 색칠한다.
2. **내가 쓰고 싶은 탈** ⋯▸ 건이네 외갓집 다락방에 가서 탈을 써 볼 수 있다면 어떤 탈을 써 보고 싶은지, 그 이유는 무엇인지 이야기 나눈다.
3. **가면 놀이** ⋯▸ 도화지에 얼굴을 그리고 눈 자리에 구멍을 낸 후 다양한 색칠 도구, 스티커를 이용해서 자유롭게 가면을 꾸미고 가면 놀이를 한다.

우리나라

날아라! 똥제기

임서하 글, 여기 그림 ǀǀ 키큰도토리

도전! 나도 제기왕

용골 마을 제기차기 꼴찌인 동제는 제기차기 왕 명한이에게 '꼴제기'라고 놀림을 받는다. 하지만 어느 날 할아버지가 주워 오신 알록달록한 깃털 제기 하나가 동제의 제기 인생을 뒤바꾸어 놓는다. 친구들의 놀림에도 아랑곳하지 않고 동제는 동네 여기저기를 쏘다니며 깃털 제기로 열심히 연습한다. 그리고 마침내 동제가 명한이에게 도전장을 내밀면서 이야기는 한층 재미를 더해간다. 제기차기를 소재로 한 아이들만의 다툼과 화해의 과정이 흥미진진하게 펼쳐진다. 온라인 게임에만 관심을 두는 요즘 아이들에게 꼭 추천해 주고 싶은 책이다. 제기차기를 통해 온라인 게임에서는 도저히 맛볼 수 없는 또 다른 재미와 우정을 경험하게 될 것이다.

제기차기는 재미뿐 아니라 몸의 균형을 유지하고 발의 힘과 방향을 조절하는 데도 도움을 준다. 몸의 다양한 부위를 사용하며 승부를 겨루기 때문에 유연성 및 집중력 향상에도 도움을 줄 수 있다. 책을 다 읽고 나면 작은 제기 하나 들고 밖으로 나가서 신나게 한번 놀아보기를 제안한다.

생각을 나누는 질문
1. 내가 만약 동제라면 '꼴제기'라고 놀림 받았을 때 어떤 마음이 들었을까?
2. '꼴제기', '똥제기'라며 동제를 놀린 명한이에게 해 주고 싶은 말은 무엇인가?
3. 동제는 어떻게 '꼴제기'에서 '제기 왕'이 되었을까?

배움이 깊어지는 활동

1. **나만의 제기 디자인하기** ⋯▶ 면지에 나오는 다양한 제기를 관찰한 후 자신이 좋아하는 모양이나 자신만의 특징이 드러나게 제기를 디자인하고 소개한다.
2. **제기 만들고 다양한 방법으로 제기차기** ⋯▶ 폐비닐이나 한지를 이용하여 직접 제기를 만들어 보고 친구들과 여러 가지 제기차기 놀이를 한다. 놀이에서 질 경우 종들이기도 해 본다.
3. **어떤 일을 잘 하기 위해 해야 할 일** ⋯▶ 자기가 잘해 보고 싶은 일과 그 일을 잘 하기 위해 무엇을 해야 하는지 토의하고 자신이 하고 싶은 일을 잘 하기 위해 해야 할 일을 실천해 본다.

한지돌이

우리나라

이종철 글, 이춘길 그림 ‖ 솔거나라

세계가 주목한 종이, 한지

　세계가 주목한 한지를 만드는 방법부터 한지의 특징과 다양한 쓰임새에 관해 알려주는 그림책으로, 한지를 돌돌 말아서 만든 주인공 한지돌이의 여행을 따라가다 보면 종이에 얽힌 우리나라의 다양한 문화와 전통을 경험하게 된다. 조상들에게 한지는 떼려야 뗄 수 없는 삶의 필수품이었다. 나무를 기계로 부수어 만드는 서양의 종이에 비해 품이 많이 들어가는 한지는 얼핏 보기에 편리함과는 거리가 멀다. 하지만 최근에는 고서나 문화재 복원에 사용될 만큼 전 세계에서 인정받는 종이다. 또한, 국내의 유명 기업에서 가장 혁신적인 첨단 소재로 칭송할 만큼 우수성을 자랑한다.

　재미있는 그림과 꼼꼼한 내용으로 엮은 그림책을 읽고 나면 한지 한 장을 만드는 데 얼마나 많은 공정과 정성이 들어가는지 알고 사뭇 놀라게 될 것이다. 그런 과정을 거쳐 만들어지기에 천 년이 지나도 변치 않는 것이 아닐까 하는 생각도 든다. 전 세계가 인정한 우리 종이 한지에 대해 누구보다 우리가 먼저 애정과 자긍심을 가지면 좋겠다.

생각을 나누는 질문
1. 한지의 우수성은 무엇일까?
2. 한지가 만들어지는 과정에서 가장 중요하다고 생각하는 과정과 이유는 무엇인가?
3. 우리 조상들이 처음으로 종이에 그림을 그리고 글을 썼을 때 어떤 마음이 들었을까?

배움이 깊어지는 활동

1. **한지 옷 만든 후 한지의 느낌 표현하기** ⋯▶ 다양한 색깔의 한지를 찢거나 잘라서 내가 입고 싶은 옷을 디자인해 보며 한지와 일반 종이의 느낌을 비교해 본다.
2. **한지로 종이 물들이기** ⋯▶ 도화지에 흰색 크레파스로 그림을 그린 다음 색한지를 잘라서 도화지에 붙이고 분무기로 물을 뿌려 한지 물을 들여 본다.
3. **후손에게 남기고 싶은 글귀** ⋯▶ 천년을 가는 한지에 딱 한 문장의 글만 적어서 후손에게 남길 수 있다면 어떤 글귀를 적고 싶은지 생각한 후 붓펜을 이용해서 한지에 적는다.

우리나라

나라꽃 무궁화 이야기

윤주복 글, 류은형 그림 ‖ 진선아이

피고 지고 또 피어 무궁화라네

무궁화는 우리나라 국화로서 매우 중요하고 상징적인 꽃이지만, 주변에서 찾기가 쉽지 않다. 무궁화를 소재로 한 그림책도 드문데, 식물생태 연구가인 윤주복 선생의 책을 통해서 무궁화를 자세히 만나볼 수 있다. 이 책은 새순이 돋는 이른 봄부터 매서운 추위를 이겨 내는 한겨울까지 사계절 동안 무궁화가 살아가는 모습을 오롯이 담아냈다. 무궁화를 가장 쉽고 재미있게 설명한 어린이를 위한 지식 그림책이다. 초등학교 저학년부터 고학년까지 초등학생을 위한 맞춤 생태 도감이라고 해도 될 만큼 무궁화의 생태를 자세히 알려준다.

무궁화는 한밤중에 피었다가 저녁에 지지만, 여러 개의 꽃봉오리가 준비되어 있다가 7월부터 10월까지 꽃이 피고 지기를 반복하며 꾸준히 꽃을 피우는 모습이 우리 민족과 닮았다. 숫자 8을 옆으로 눕히면 무한대 기호(∞)가 되는데 무궁화의 의미와 같아서 8월 8일을 무궁화의 날로 정했다. 책을 읽고 나서 '무궁무궁 무궁화 무궁화는 우리 꽃'으로 시작하는 동요를 부르면서 무궁화에 담긴 의미를 되새겨 본다.

생각을 나누는 질문
1. 무궁화는 '끝이 없다'는 의미를 담고 있는데 '끝이 없다'는 것이 나에게 어떻게 다가오는가?
2. 『나라꽃 무궁화 이야기』에서 찾을 수 있는 무궁화의 정신은 무엇인가?
3. 외국인에게 무궁화를 소개한다면 무궁화의 어떤 점을 소개하고 싶은가?

배움이 깊어지는 활동

1. **무궁화 색칠하기** ⋯▶ 무궁화의 생김새와 특징을 생각하며 무궁화를 색칠한다. 무궁화에 대해 새롭게 알게 된 것이 무엇인지 이야기 나눈다.
2. **무궁화 지도 만들기** ⋯▶ 애국가의 한 구절인 '무궁화 삼천리 화려강산'처럼 우리나라 방방곡곡에 무궁화가 피어있는 상상을 하며 무궁화 지도를 만든다.
3. **우리 집을 상징하는 꽃 정하기** ⋯▶ 나라꽃을 무궁화로 정한 것처럼 우리 주변에서 쉽게 찾을 수 있는 꽃 중에서 우리 집을 상징하는 꽃을 정하고 소개한다.

한들한들 바람 친구 부채

최은영 글, 이광익 그림 ‖ 꼬마이실

우리나라

부채에 담긴 우리 조상의 얼

부채는 아주 오랜 역사가 있다. 고구려 고분 벽화에도 등장하는 부채는 시원한 바람을 일으킬 뿐만 아니라 파리나 모기를 쫓기도 하고 흥을 돋우는 데 사용하기도 했다. 지금은 휴대용 선풍기에 밀려 그 쓰임을 잃어가고 있으나 우리 조상들에게는 필수품과 마찬가지였다. 책에는 까치 깃털로 만든 '지우선', 여름을 시원하게 보내라는 의미로 단옷날 선물하는 '단오 부채', 신랑 각시가 행복하게 잘 살라는 의미로 부귀영화를 의미하는 모란을 수놓은 '혼선' 등 다양한 우리 부채를 소개한다. 낡은 부채 하나도 허투루 하지 않고 생활에 활용했던 우리 조상들의 부채 사랑을 통해 작고 보잘것없는 소품 하나에서도 조상의 얼과 정신을 배울 수 있다.

다양한 부채의 모습을 글과 그림으로 볼 수 있다. 짧고 단순하지만, 리듬감이 느껴지는 글에는 부채의 이름과 특징이 고스란히 담겨 있어 아이들도 쉽고 재미있게 읽을 수 있다. 시간 여행을 떠난 아이의 시선으로 그림책을 따라가다 보면 나도 모르게 부채에 대한 애정이 생길 것이다.

생각을 나누는 질문
1. 주변의 물건 중에서 부채처럼 여러 가지 용도로 사용할 수 있는 물건은 무엇일까?
2. 휴대용 선풍기 대신 부채를 사용하면 어떤 점이 좋을까?
3. 휴대용 선풍기 대신 환경친화적인 부채를 많이 사용하게 하는 방법은 무엇일까?

배움이 깊어지는 활동

1. **부채로 나뭇잎 멀리 보내기** ⇢ 부채 하나도 다양한 용도로 사용했던 조상들의 지혜를 떠올리면서 부채로 바람을 일으켜 나뭇잎 멀리 보내기 놀이를 한다.
2. **단오 부채 선물하기** ⇢ 한여름 더위를 날리는 데 도움이 되는 문구나 그림을 활용하여 부채를 만들고 더위를 잘 이겨내라는 마음을 담아 친구나 가족에게 단오 부채를 선물한다.
3. **부채로 그림 그리기** ⇢ 가정에서 사용하지 않는 부채를 활용하여 가장자리에 물감 묻혀 찍기, 물감 떨어뜨리고 바람 일으키기 등의 방법으로 부채의 형태와 면을 이용한 그림을 그린다.

우리 독도에서 온 편지

윤문영 글·그림 ‖ 계수나무

우리 땅 독도 사랑

군대 간 삼촌에게 편지를 받은 허일은 삼촌이 독도 경비대가 되었다는 것을 알게 된다. 삼촌은 편지로 안부를 전하며 독도의 지리적 위치, 지형, 생태 등에 관하여 알려 준다. 허일은 편지를 읽으며 독도에 사는 식물과 동물, 푸른 독도 가꾸기 모임, 오징어잡이 이야기 등도 알게 된다. 이를 통해 바다 건너 멀리 있는 외딴 섬 독도에 관하여 자세히 알게 되고 친숙하게 느끼게 된다.

독도는 분명 우리 땅인데 지정학적 위치와 자원생태적 가치 때문에 이웃 나라가 소유권을 주장하고 있다. 우리는 그 끈질기고 집요한 억지에 대응하여 독도를 지켜야 한다. 국가와 국민 모두가 독도를 사랑하고 지키려는 마음을 갖고 실천하는 것이 필요하다. 이 그림책을 통해 독도에 대한 지식과 정보를 알고, 독도를 왜 빼앗기지 않아야 하는지 깨달을 수 있을 것이다. 다른 나라 친구들에게 독도는 우리 땅이라는 사실을 알리고 주장하는 편지를 써 보면 독도와 우리나라를 사랑하는 마음도 키울 수 있을 것이다.

생각을 나누는 질문
1. 독도에 관하여 알고 있는 것은 무엇인가?
2. 이웃 나라가 독도를 빼앗으려는 이유는 무엇일까?
3. 왜 우리 땅 독도를 지켜야 할까?

배움이 깊어지는 활동

1. **독도 바로 알기** ⋯▶ 그림책을 읽고 독도의 위치와 독도에 살고 있는 식물과 동물, 독도 경비대로 활동하는 삼촌이 전해주는 독도 이야기를 정리한다.
2. **독도 지킴이 활동** ⋯▶ 독도 지킴이 활동에 관하여 알아본 후 우리의 땅과 문화, 정신 등을 빼앗기지 않기 위해서 무엇을 해야 할지 조사하고 실천 방법도 찾아본다.
3. **다른 나라 친구들에게 편지 쓰기** ⋯▶ 다른 나라 친구들에게 독도의 위치와 특징을 소개하고, 독도가 대한민국의 땅이라는 사실을 알리는 편지를 형식에 맞게 쓴다.

나는 지하철입니다

김효은 글·그림 ‖ 문학동네

우리나라 지역

지하철 2호선을 타고 다니는 사람들

 매일 같은 시간, 같은 길을 달리는 지하철 이야기이다. 사람들을 싣고 한강을 두 번 건너며 땅 위와 아래를 오르내리는 2호선은 마디마디마다 기다리는 사람들을 싣고 달린다. 합정역에서는 완주 씨, 시청역에서는 할머니, 성수역에서는 정유선 씨와 아이들, 구의역에서는 재성 아저씨, 강남역에서는 나윤이, 뭐든지 파는 구공철 씨, 신림역에서는 이도영을 싣고 신도림역에 도착하면 서울을 한 바퀴 돌게 된다.

 지하철은 보이지 않는 이야기를 가득 싣고 매일 쉬지 않고 덜컹덜컹 달린다. 같은 노선을 돌며 태웠던 사람들을 태우고 또 태우기에 그 사람들의 이야기까지 함께 싣고 달린다. 우리나라의 수도 서울에는 다양한 사람들이 살아간다. 사람들이 일상생활을 하며 이용하는 지하철이라는 공간을 중심으로 서울이라는 도시를 이해하고, 서울에서 살아가는 사람들에 대해 생각해 볼 수 있다. 서울 곳곳을 지나는 지하철 노선도를 보며 서울에 대하여 알아보자.

생각을 나누는 질문
1. 지하철이 없으면 어떤 일이 일어날까?
2. 매일 같은 장소에서 같은 시간에 마주치는 사람이 있는가?
3. 반복되는 일상에서 가장 소중한 것은 무엇인가?

배움이 깊어지는 활동

1. **지하철 2호선을 타는 사람을 알아보기** ⋯→ 그림책에서 지하철 2호선이 태우는 사람들이 누구인지, 그 사람들은 어떤 이야기를 갖고 있는지 알아본다.
2. **이웃에게 관심 갖기** ⋯→ 지하철 2호선이 태운 사람 중 가장 인상적인 인물을 고르고, 그 인물이 인상적인 이유를 말해 본다.
3. **이웃들의 이야기 상상하기** ⋯→ 서울 지하철 노선도를 살펴보며 지하철역 한 군데를 골라 거기에서 탈 사람이 어떤 이야기를 간직하고 살아가는지 상상해 본다.

수원화성

우현옥 글, 김기철 그림 ‖ 미래아이

정조 임금과 수원화성 이야기

수원화성에 얽힌 재미있는 글과 열여덟 점의 그림이 실려 있다. 정조 임금이 서술자가 되어 화성성역의궤에 실린 화성전도를 통해 수원화성을 짓게 된 계기를 들려준다. 그리고 장안문, 화홍문, 동북각루(방화수류정), 동장대(연무대), 동북공심돈, 창룡문, 치성·북동치, 봉돈, 팔달문, 서남암문, 서장대(화성장대), 서북각루, 화성행궁, 화서문, 서북공심돈, 북서포루 등 수원화성의 곳곳을 보여주며 화성을 건설하는 과정과 그때의 생각이나 마음을 들려준다.

수원화성은 조선의 제22대 임금 정조가 아버지 사도세자의 묘를 수원으로 옮기면서 만든 성이다. 1794년에 착공하여 1796년에 완공했는데, 실학자와 예술가, 건축 전문가 등과 일반 백성이 함께 만들었다. 군사적 기능과 상업적 기능을 함께 갖춘 성으로, 1997년 12월 유네스코 세계문화유산으로 등재된 자랑스러운 문화유산이다. 이 그림책을 통해 정조 임금이 효성과 애민 정신으로 건설한 수원화성의 의미와 가치를 알고 수원에 대해서도 관심을 갖게 될 것이다.

> 생각을 나누는 질문
> 1. 수원화성은 왜 만들었을까?
> 2. 수원화성의 역사적 가치는 무엇일까?
> 3. 우리 지역에는 어떤 문화재가 있을까?

배움이 깊어지는 활동

1. **수원화성 알아보기** ···▸ 정조 임금이 들려준 이야기를 바탕으로 수원화성에 관한 정보를 알아보면서, 건축 과정과 가치를 이해한다.
2. **수원화성의 건축물 파악하기** ···▸ 수원화성의 대표적인 건축물의 이름과 역할을 바르게 연결해 수원화성의 역할과 가치를 파악하고 이름에 익숙해진다.
3. **수원화성 쌓기** ···▸ 모둠별로 수원화성의 건축물 중 하나씩 골라 쌓으며 성 축조 방식을 재밌게 익히고, 쌓은 건축물을 연결하여 수원화성을 완성한다.

안녕, 나는 인천이야

이나영 글, 박정은 그림 ‖ 상상력놀이터

다 같이 돌자, 인천 한 바퀴

인천이 가이드가 되어 자신을 소개하고 안내하는 그림책이다. 인천 이름의 유래, 행정 구역, 역사적인 건물과 명소, 과거에 겪은 사건과 아픔을 소개한다. 바다에 접해 있어 아름다운 해변과 섬 등 자연도 덧붙인다. 역사, 문화, 교통, 먹거리, 특색 있는 여행지 등을 사진과 함께 설명해 준다. 스티커를 부록으로 제공하여 '나만의 인천'을 만들어 보도록 한 것도 흥미를 유발한다.

'동화로 읽는 인천 여행 정보 이야기'라는 부제를 보면 알 수 있듯이 인천 여행 정보를 자세하게 알려준다. 또, 워크북이 특별부록으로 제공되어 현장체험 학습 계획 수립과 보고서 작성, 사전 활동과 사후 퀴즈 및 놀이까지 할 수 있어 실용적이다. 이 시리즈는 인천뿐만 아니라 서울, 부산, 경주, 전주, 강릉, 대구, 제주, 강원도, 해외 등도 소개하고 있어서 이들 지역에 대한 교육 자료로 활용할 수 있다. 그림책의 구성과 워크북의 구성 방식을 활용하여 학생들이 자신이 살고 있는 고장에 관한 여행 정보 이야기를 직접 제작해 보도록 하는 것도 의미 있을 것이다.

생각을 나누는 질문
1. 인천을 생각하면 무엇이 떠오르는가?
2. 도시는 어떻게 형성될까?
3. 내가 살고 있는 지역의 가장 큰 매력은 무엇이라고 생각하는가?

배움이 깊어지는 활동

1. **인천에 관하여 알아보기** ⋯ 인천의 별명인 항구도시, 국제도시, 공업도시, 역사도시, 관광도시, 생태도시 중 하나를 골라 별명이 생긴 이유를 알아보며 인천의 특징을 파악한다.
2. **인천 매력 김밥 만들기** ⋯ 인천의 매력을 다양하게 경험할 수 있는 장소들을 골라 인천 매력 김밥을 만들고 인천이 얼마나 넓고 다양한 매력이 있는 곳인지 알아본다.
3. **인천 매력 주사위 놀이** ⋯ 주사위 놀이판에 학생들이 고른 인천의 매력을 채워 넣고 김밥으로 주사위를 만들어 인천 여행을 떠난다. 놀이판을 만들 때는 지름길, 뒤로 한 칸, 앞으로 두 칸 등도 만들어 재미를 더한다.

경주를 그리는 마음

김종민 글·그림 ‖ 키위북스

천 년의 시간을 거슬러 경주 여행 떠나요

천 년 전 신라의 수도 경주 여행을 가면 무엇을 꼭 보아야 할까? 아빠가 율이에게 신라의 숨결을 느낄 수 있는 곳들을 소개한다. 감포 바다와 문무대왕릉, 감은사지 삼층석탑, 석굴암, 불국사, 석가탑과 다보탑, 동궁과 월지, 왕릉과 봉황대, 천마총, 첨성대 등 경주의 대표적인 유적지를 여행하며 소개한다. 사실적이면서도 아름다운 그림이 경주의 시간을 신라 시대로 돌려놓는다.

이 그림책은 유적지를 소개하며 그곳이 가장 아름다울 때와 꼭 살펴봐야 할 점, 유의 사항 등을 마치 여행 가이드가 조목조목 짚어주는 것처럼 친절하게 알려준다. 제목 '경주를 그리는 마음'은 경주를 그리워하는 마음과 경주의 구석구석을 그림으로 그리는 마음 두 가지를 의미한다. 그래서 그림책을 읽고 나면 경주가 그립고 꼭 한 번은 경주에 가고 싶어진다. 경주 여행을 처음 간다면 이 그림책 한 권을 읽고 가도 충분히 알찬 여행을 할 수 있을 것이다. 실제로 여행을 가지 못하더라도 그림책을 읽고 여행 기분을 느낄 수 있을 것이다.

생각을 나누는 질문
1. 문무대왕릉은 왜 바다 가운데 있을까?
2. 경주에 탑, 절, 암자 등이 많은 이유는 무엇일까?
3. 천 년이 넘도록 유적지가 남아 있는 것은 무엇 때문일까?

배움이 깊어지는 활동

1. **경주의 유적지 알아보기** ⋯ 그림책에 나온 경주의 대표적인 유적지 사진을 보고 이름을 짝지으며 유적지에 관해 알아본다.
2. **그림책에 나오지 않은 경주의 유적지 조사하기** ⋯ 그림책에 나오지 않은 유적지 중에서 한 곳을 찾아 특징을 조사하고 그림도 그려 본다. 조사한 자료를 게시판에 붙여 정보를 공유한다.
3. **꼭 가보고 싶은 경주의 유적지 정하기** ⋯ 그림책과 자료 조사를 통해 알게 된 경주의 유적지 중에서 꼭 가보고 싶은 곳과 그 이유를 적어 보며 경주와 친숙해진다.

막두

정희선 글·그림 ‖ 이야기꽃

부산 자갈치시장 막두 할매와 영도다리

막두 할매는 부산 자갈치시장에서 생선을 판다. 육십 년 가까이 생선을 팔며 살아온 삶은 유쾌, 상쾌, 통쾌하고 거침없지만, 한편으로는 구수하고 따뜻한 정이 넘친다. 그런 할머니가 장사를 마치고 나면 들르는 곳이 영도다리이다. 열 살 때 전쟁이 나서 피란길에 식구들을 잃어버리고 영도다리에서 '오마니'와 '아바이'를 가슴 아프게 외쳐 불렀던 어린 막두는 가족과 영영 만나지 못한 채 세월만 흐른다. 영도다리는 벽이 되어 우뚝 솟아 막두를 무섭고 숨 막히게 만들었다.

1950년 6월 25일 북한의 침략으로 일어난 한국전쟁으로 인하여 부산은 피난민으로 가득 차게 되었다. 막두 할머니처럼 가족과 이별하고 힘들고 고달프게 살아온 이들이 부산에 넘쳐날 것이다. 혈혈단신으로 타향에서 살아가기가 얼마나 힘들었을까? 그렇게 모진 세월을 이기고 씩씩하게 살아남아 영도대교가 재개통되는 모습을 보며 스스로를 대단하다고 다독이는 막두 할머니는 부산의 역사 그 자체이다. 그것은 우리 모두의 슬픔인 동시에 아픔을 이겨낸 긍지다.

생각을 나누는 질문
1. 한국전쟁이 일어났을 때 부산은 어떤 모습이었을까?
2. 전쟁을 경험한 사람들은 어떻게 살아갈까?
3. 전쟁은 우리 삶에 어떤 영향을 끼칠까?

배움이 깊어지는 활동

1. **막두 할머니의 삶 이해하기** ⋯ 막두 할머니의 삶을 과거와 현재로 구분하여 파악하고 전쟁을 겪은 할머니가 어떻게 살아왔을지 이해한다.
2. **영도다리의 과거와 현재 알아보기** ⋯ 1950년대 영도다리의 모습과 현재 재개통한 영도대교의 모습을 찾아보고 그림으로 그려 비교한다.
3. **부산의 전쟁 관련 건축물이나 장소 찾아보기** ⋯ 영도다리 이외에 부산에 남아 있는 한국전쟁 관련 건축물이나 장소를 찾아봄으로써 부산에 관해 좀 더 알고 이해한다.

우리 동백꽃

김향이 글, 윤문영 그림 ‖ 파랑새

울산 동백꽃, 우리 동백꽃

울산 동백꽃은 '오색팔중산춘'이라는 이름을 갖고 있었다. 가슴 아프게도 이 이름은 일본 이름이다. 흰색, 붉은색, 연분홍색, 진홍색, 분홍색의 다섯 빛깔 꽃이 여덟 겹의 꽃잎으로 소담히 피어나고, 한 잎씩 흩날리듯 떨어지는, 세상에 단 하나뿐인 동백나무를 뜻하는 말이다. 너무 예쁘고 귀해서 임진왜란 때 조선을 침략한 왜군이 빼앗아 일본 사찰에 옮겨 심었다. 고향을 떠나 바다 건너 일본에서 살게 된 울산 동백꽃은 딸 동백꽃에게 고향 이야기를 들려주며 사무치는 그리움을 달랜다.

이 그림책은 울산에만 자생하는 동백꽃 이야기다. 동백꽃은 남해에서 겨울부터 봄까지 피지만 대부분 빨간색, 진홍색, 분홍색 등으로 단색을 띤다. 이에 비해 울산 학성에서 자생하는 동백꽃은 다섯 가지 색깔이 알록달록 섞여 있는 것이 특징이다.

일본은 조선을 짓밟고 식물까지 약탈하였다. 빼앗긴 것을 되찾기 위한 이들의 끈질긴 노력으로 1992년 울산 동백나무 세 그루가 고향으로 돌아왔다. 우리가 되찾은 것은 우리의 역사이자 정신이었다.

> **생각을 나누는 질문**
> 1. 동백꽃을 빼앗길 때 울산에서는 무슨 일이 일어났을까?
> 2. 울산 동백꽃을 되찾기 위해 애쓴 사람은 누구일까?
> 3. "남의 것을 함부로 빼앗는 것은 죄악이고, 자기 것을 힘없이 빼앗기는 것은 부끄러움이다"라는 말은 무슨 뜻일까?

배움이 깊어지는 활동

1. **울산 동백꽃 그리기** ··→ 그림책과 정보 검색으로 울산 동백꽃의 특징을 파악하고 흰색, 붉은색, 연분홍색, 진홍색, 분홍색의 다섯 가지 색깔을 활용하여 그려 본다.
2. **울산 동백꽃의 삶 알아보기** ··→ 울산 동백꽃이 일본으로 건너가게 된 과정과 삶을 알아보고, 일본에서 반환된 울산 동백꽃이 울산에 돌아와 어떻게 살고 있는지 알아본다.
3. **빼앗긴 것과 되찾을 방법 알아보기** ··→ 울산 동백꽃처럼 타국에 빼앗긴 문화재 등에 어떤 것들이 있는지 알아보고 되찾기 위한 방법이 무엇일지 찾아본다.

세상에서 가장 따뜻한 극장

우리나라 지역

광주극장 · 이상희 기획, 김영미 글, 최용호 그림 ‖ 보림

광주극장에서 광주를 보다

 1968년 추운 겨울에 잿더미가 된 광주극장 이야기다. 1935년에 태어나 일제 강점기 변사 공연부터 해방 기념 축하 공연과 연극, 악극, 권투 시범 경기 등이 펼쳐졌던 광주극장이 불에 타 버렸다. 광주극장이 곧 광주 시민의 삶이었기에 사람들은 광주극장을 다시 살려낸다. 이후로 광주극장은 같은 자리를 지키며 광주의 역사가 된다. 시대가 변해도 광주극장만의 정체성을 지키며 '예술영화전용관'으로 선정되고, '영화의 집'이라는 이름으로 시민과 함께하고 있다.
 복합상영관이 일반화되면서 편리하고 규모가 큰 영화관을 찾는 시대에 박물관 같은 광주극장이 존재하고 유지될 수 있는 것은 누군가의 노력이 있기 때문이다. 광주 시민이 한마음으로 지켜온 광주극장의 역사를 통해 광주라는 지역이 어떤 곳인지 알 수 있다. 극장이지만 영화만 상영하지 않고 예술 전시, 음악회 등 다양한 문화 행사를 개최하며 시민과 함께 살아간다. 광주의 역사와 함께한 광주극장을 통해 광주라는 지역에 대하여 깊이 이해할 수 있을 것이다.

생각을 나누는 질문
1. 광주에서 일어난 역사적인 사건에는 어떤 것들이 있을까?
2. 광주 사람들에게 광주극장은 어떤 의미일까?
3. 광주극장이 사라지지 않는 이유는 무엇일까?

배움이 깊어지는 활동

1. **광주극장 알아보기** ⋯▶ 그림책을 읽고 광주극장의 설립과 화재 발생, 광주극장이 함께한 광주의 역사와 극장의 역할 등에 대하여 알아본다.
2. **고양이 '씨네'와 광주 탐방하기** ⋯▶ 광주의 대표적인 명소를 찾아보고 모둠별로 한 군데를 정해서 그림책에 등장하는 씨네와 함께 인터넷으로 탐방한다.
3. **광주극장에서 상영하기** ⋯▶ 고양이 씨네와 함께한 탐방 이야기를 그림으로 그리고 글을 써서 광주극장에서 상영할 수 있도록 영상으로 제작하고 친구들과 관람한다.

순천만

김윤이 글 · 그림 ‖ 초방책방

순천만의 사계절

　전라남도 순천시 오천동 일대에 있는 순천만의 사계를 그리고, 풍경을 간략하게 시적으로 표현한 그림책이다. 삭막하던 순천만에 봄이 오고, 갈대가 올라와서 초록이 가득하다. 때로는 비바람이 몰아치기도 하지만 자연의 순리대로 여름과 가을, 겨울을 차례로 맞이하는 순천만의 모습이 시시각각 다채롭게 펼쳐진다. 작가는 한 곳에서 움직이지 않고, 항아리 모양의 순천만을 바라보며 그려 계절과 시간의 변화를 더욱 잘 느낄 수 있게 했다.

　2015년 9월 5일 국가정원 1호로 지정된 순천만에 대하여 잘 알고 있는 사람은 많지 않다. 순천만은 고흥반도와 여수반도로 둘러싸여 있는 남해 여자만의 일부에 해당되며, 다양한 생물이 살고 있는 생태계의 보고이다. 사람들의 노력으로 아름답게 보존되는 순천만을 보며 자연이 얼마나 아름답고 우리 삶에 필요한지 알 수 있다. 발전과 개발이라는 이유로 사라져가는 아름다운 자연 환경에 대하여 안타까운 마음을 갖고 생태계와 환경 보호의 필요성을 깨닫게 할 수 있을 것이다.

생각을 나누는 질문
1. 순천만은 어떻게 생겨난 지형일까?
2. 작가는 왜 순천만의 사계절을 그렸을까?
3. 순천만을 지키고 가꾸어야 하는 이유는 무엇일까?

배움이 깊어지는 활동

1. **순천만의 지형과 사계절** ⋯→ 항아리 모양의 독특한 지형으로 이루어진 순천만을 직접 그리고 계절별로 달라지는 색깔을 파악하여 색칠해 본다.
2. **순천만 더 알아보기** ⋯→ 그림책으로는 알 수 없는 순천만의 위치, 순천만에서 살고 있는 동물과 식물 등 정보를 찾고 순천만의 중요성과 가치를 알아본다.
3. **우리 동네 풍경 그리기** ⋯→ 동네 공원, 호수, 산, 강, 언덕, 나무, 꽃 등 순천만처럼 아름다운 우리 동네 풍경을 찾아 도화지에 그림을 그리고 수채화로 표현해 본다.

우리나라 지역

나의 할망

정은진 글·그림 ‖ 반달

제주로 감수광?

제주도에서 태어나 평생을 살아온 할머니의 마지막 산책 이야기를 아름다운 섬 풍경을 배경으로 담담하게 들려준다. 손녀는 고래 등처럼 웅크리고 조용히 누워있는 할머니를 휠체어에 태우고 바다로 나간다. 지붕 낮은 집들과 돌담, 오름과 말, 야자수에 이는 바람, 바다에 떠 있는 섬들 그리고 바다를 자유롭게 헤엄치는 돌고래가 보인다. 많은 이야기를 나누지도 들려주지도 않는다. 다만, 바다를 그리워하는 할머니와 바다가 가득한 풍경을 통해 섬에 대한 애정을 짐작할 수 있을 뿐이다.

아름다운 제주의 풍경 속에서 삶의 마지막 시간을 보내는 할머니의 이야기이자 할머니를 떠나보내는 손녀의 이야기이다. 가을에서 겨울로 이어지는 섬 풍경은 제주의 본모습을 보여준다. 가슴 아픈 과거를 들추지도 않는다. 외부인들로 북적이는 관광지가 아닌 제주 토박이들의 삶의 터전, 제주라는 섬 자체를 만나게 해 준다. 이국적이면서도 정겨운 풍경을 한 장 한 장 넘기다 보면 제주의 아름다움에 스며들게 된다.

> **생각을 나누는 질문**
> 1. 제주도를 생각하면 무엇이 떠오르는가?
> 2. 섬에서 사는 것을 어떻게 생각하는가?
> 3. 삶의 끝에서 마지막으로 눈에 담고 싶은 풍경은 무엇인가?

배움이 깊어지는 활동

1. **제주도의 특징 파악하기** ⋯▸ 그림책에 나타나 있는 제주도의 문화적, 지형적 특징을 파악하고 제주도에 대하여 알아본다.
2. **제주도 알아보기** ⋯▸ 그림책에 나와 있지 않은 제주도에 관한 정보를 지형적, 기후적, 생태적 특징으로 구분하여 알아보고 대표 관광지와 문화적 특징도 알아본다.
3. **2박 3일 제주도 여행 일정 짜기** ⋯▸ 제주도 온라인 관광 지도를 바탕으로 주제를 정하고, 여행하고 싶은 장소와 맛집, 숙박 시설 등을 고려하여 2박 3일 여행 일정을 작성해 본다.

한국을 빛낸 100명의 위인들

박성연 글, 려하 그림 ‖ M&Kids

오천 년 한반도 역사의 뛰어난 자질을 가진 우리 선조들

　이 책은 처음 우리나라를 세운 단군왕검부터 삼국 중 가장 넓고 강한 나라를 만든 광개토대왕 그리고 독립운동가 안중근, 유관순, 화가 이중섭, 시인 윤동주를 비롯한 100명의 뛰어난 자질을 가지고 태어난 선조들 이야기다. 노래 가사로도 잘 알려져 있을 만큼 학생들이 꼭 기억해야 할 인물들로, 웅녀의 아들로 태어나거나 알에서 태어나는 등 태어날 때부터 비범했다.

　이런 사람들은 훗날 양반들이 백성을 못살게 구는 일을 막기 위해 신문고를 부활한 영조도 있고, 규장각을 세워 조선 팔도의 인재를 고루 등용하고 수많은 책을 편찬하며 문화를 꽃피웠던 정조도 있다. 그 외에도 서양 열강이 쳐들어왔다며 척화비를 세운 흥선대원군이 있는가 하면, 시대에 따라 조선의 자주독립과 근대화를 위하는 갑신정변의 김옥균과 33인의 민족 대표가 모여 독립선언서를 낭독하고 3·1만세운동으로 나라를 위기에서 구하는 손병희 같은 사람도 있다. 이들 삶을 돌아보며 우리는 민족의 역사를 바로 알고 바로 세워야 하는 지혜와 용기와 나아갈 방향을 세운다.

생각을 나누는 질문
1. 협상의 달인 서희는 어느 나라 누구와 어떻게 협상하여 나라를 위기에서 구했을까?
2. 삼국사기와 삼국유사는 누가 썼으며 무엇이 다를까?
3. 사육신과 생육신은 누구누구일까? 다른 점은 무엇일까?

배움이 깊어지는 활동

1. **김정호의 대동여지도** ⋯▶ 김정호가 양반인지, 평민인지, 당시 개인이 지도를 제작하는 일이 가능했을지, 전국을 돌아다녔다 어떤 방법으로 다녔을지, 혹시 대동여지도가 완성되도록 도움이 된 자료가 있는지 찾아 설명한다.
2. **신문고를 부활시킨 영조의 업적 알기** ⋯▶ 영조는 어떻게 왕위에 올랐는지, 탕평책은 무엇인지, 왜 실시했는지, 신문고 부활의 배경엔 영조의 어떤 마음이 있는지 등을 정리한다.
3. **규장각을 세운 정조를 깊이 알기** ⋯▶ 사도세자의 아들이었던 정조는 순수한 마음에서 왕실의 도서관으로 규장각을 설치했을지, 규장각의 신하들은 정조와 어떤 관계였을지, 서자들을 기용한 이유와 목적 등을 찾아 정리한다.

> 우리나라 역사

단군신화

이형구 글, 홍성찬 그림 ‖ 보림

널리 인간을 이롭게 하는 환웅, 사람과 세상을 잇다

'단군신화'는 고조선의 건국 이야기다. 신화는 먼 옛날 사람들의 생각이 담긴 신성한 이야기지만, 믿기 어려운 일이 많다. 곰과 호랑이가 환웅을 찾아와 사람이 되게 해 달라고 간청하는 모습이나, 100일 동안 햇빛을 보지 않고 마늘과 쑥을 먹으면 사람으로 환생한다는 얘기는 신화기 때문에 가능하다. 하늘에서 내려온 환웅은 인간이 된 웅녀와 결혼하여 단군을 낳고 단군은 고조선을 세운 어진 임금으로 역사에 남는다. 이를 단군신화라 하고 우리 겨레가 처음으로 나라를 세웠던 역사의 출발점으로 본다. 물론, 신화는 실제 있었던 일이라고 보기는 어렵다. 그렇지만 우리는 신화를 통해 당시 고조선의 모습을 상상할 수 있다. 그런데 왜 곰이 웅녀로 환생했다고 기록했을까? 주변에 곰을 섬기는 부족과 하늘을 섬기던 부족들이 환웅을 중심으로 힘을 합쳐 나라를 세우고 세력을 키워 조선이라고 불렀음을 짐작할 수 있다. 신화가 목적을 가지고 탄생한다는 것과 그 이전 사람들의 생활 모습을 엿 볼 수 있다.

생각을 나누는 질문
1. 역사가 오래된 나라에 신화가 있는 이유는 무엇일까?
2. 곰을 웅녀로 환생시킨 이유는 무엇일까?
3. 제정일치 사회란 어떤 사회일까?

배움이 깊어지는 활동

1. **우리나라 건국 신화 조사하기** ⇢ 고구려를 세운 왕은 누구인지 어디서 어떻게 태어났는지, 신라의 왕은 왜 알에서 태어났다고 기록했는지, 왜 우물가에 놓여 있었는지 신기한 신화의 형성 과정을 상상하며 찾아본다.
2. **단군신화에서 환웅과 웅녀의 혼인 의미 찾기** ⇢ 단군신화는 삼국유사에 실렸는지 아니면 삼국사기에 실렸는지, 환웅은 누구인지, 웅녀는 어떻게 만났는지 환웅과 웅녀의 혼인에 담긴 고조선의 사람들의 삶을 찾아본다.
3. **고조선이 '제정일치 사회'였다는 근거 찾기** ⇢ 제정일치 사회란 무슨 뜻인지, 단군왕검의 이름엔 어떤 의미가 들어 있는지 그 근거를 그림책에서 찾아 고조선 사람들의 삶을 설명한다.

나는 돌로 만든 달력 첨성대입니다

한영미 글, 이용규 그림 ‖ 개암나무

찬란한 천년의 역사를 품은 첨성대

이 책은 선덕여왕이 첨성대를 만든 이유와 신라의 찬란한 문화가 천년을 이어오게 된 이야기를 동화처럼 품고 있다. 신라시대에 문화를 꽃피울 수 있었던 배경엔 김춘추의 뛰어난 외교와 화랑도를 이끈 전략가 김유신과 선덕여왕의 섬세함이 있었다. 선덕여왕은 날씨와 계절을 미리 알아 백성의 농사에 도움을 주고, 홍수나 가뭄 같은 자연재해를 대비해야겠다고 마음먹고 별을 관측하는 천문대를 만든다. 첨성대는 우주와 해와 달의 원리를 적용하여 만들었기 때문에 신라 사람들은 첨성대 안에 우주의 철학이 있을 거라 믿었다.

선덕여왕이 첨성대를 건축한 것을 두고 왕권 강화라고 주장하는 이들도 있으나, 하늘의 별을 관측하여 자연재해를 막고 풍년을 기원하며 백성을 보살피려는 마음에서 시작된 왕권 강화라는 설이 힘을 얻는다. 이 책을 통해 신라시대의 역사와 김춘추·김유신과 골품제도 화랑도들의 활약뿐만 아니라 선덕여왕이 나라의 부국강병을 위해 천문대를 축조했다는 사실을 알 수 있다.

생각을 나누는 질문
1. 첨성대를 천문학적인 수의 의미를 담은 이유는 무엇일까?
2. 김춘추와 김유신은 어떤 업적을 남겼을까?
3. 찬란했던 신라의 문화재에는 또 무엇이 있을까?

배움이 깊어지는 활동

1. **신라시대 골품제도 알아보기** ⋯ 신라의 골품제도는 어느 왕 때 만들어졌는지, 몇 단계로 나누었는지, 일반 귀족과 평민은 어느 계급에 속하는지 구체적으로 설명한다.
2. **화랑도 설립 배경과 역할 정리하기** ⋯ 신라의 진흥왕은 왜 화랑도라는 단체를 만들었는지, 화랑들은 평민도 가입할 수 있었는지, 또 화랑도가 지켜야 할 다섯 가지 정신은 무엇인지 생각하며 설립 배경과 역할을 써 본다.
3. **신라 화백회의 알아보기** ⋯ 화백회의에 참석하는 사람들의 신분은 무엇인지, 몇 명이 모이는지, 언제부터 존재했는지, 어떤 결정을 하는지 등 찾아본다.

우리 책 직지의 소원

최은영 글, 심수근 그림 ∥ 개암나무

우리나라 역사

프랑스 국립도서관에 보관 중인 직지심체요절

2001년 세계 기록 유산으로 유네스코에 등재된 직지심체요절 이야기다. 직지심체요절은 세계에서 가장 오래된 금속활자본으로 고려시대 불교가 정치에 깊이 관여하여 나라가 혼란에 빠졌을 때 백운화상 스님이 부처님과 스님들의 가르침을 골라 정리한 두 권의 책이다. 내용은 마음을 갈고 닦아 도를 깨우치면 누구나 세속의 욕망에서 벗어나 바른 길을 갈 수 있다는 의미를 담고 있다. 문화재의 수난은 나라의 역사와 함께 가듯이 1905년 을사늑약으로 우리나라가 외교권을 빼앗기면서 프랑스 외교관과 함께 프랑스로 국립도서관에 보관된다. 직지는 세계에서 가장 오래된 금속활자본으로 매우 정교하며 여러 번 찍어도 글자의 모양이 변하지 않아 인류 역사에 지대한 영향을 끼쳤다는 것과 우리나라는 700여 년 전부터 인쇄기술이 발달되어 중국과 일본의 인쇄문화에도 큰 영향을 주었다는 걸 알고 자랑스럽게 여기길 바란다. 직지심체요절이 우리나라로 환수되지 못하고 프랑스에 남아 있어야 하는 것이 안타깝다.

생각을 나누는 질문
1. 직지심체요절의 원래 이름과 그 뜻은 무엇인가?
2. 고려시대의 불교문화가 번창했다는 것을 알 수 있는 불교 행사 두 가지는 무엇일까?
3. 직지심체요절에 쓰인 금속활자는 어떻게 만들어졌을까?

배움이 깊어지는 활동

1. **직지를 발견한 박병선 박사 조사하기** ⋯→ 박병선 박사(사서)는 우리나라 최초의 프랑스 유학생이다. 그가 병인양요 때 약탈당한 문화재를 찾기 위해 프랑스 국립도서관에서 13년간 몰두하여 직지를 발견하는 과정을 정리해 본다.
2. **우리나라 인쇄 기술 발전 과정을 정리하기** ⋯→ 통일신라시대 목판 인쇄술은 어떤 과정을 거치는지, 조선시대 금속활자 인쇄 기술과 어떻게 다른지 차이점을 그림책에서 찾아 조사한다.
3. **직지심체요절이 돌아오려면** ⋯→ 골동품 수집가 앙리 베베르가 경매장에서 직지심체요절을 70만 원에 구입했고, 그가 세상을 떠나자 프랑스 국립도서관에 기증했다. 반환받을 수 있는 방법에 대한 각자의 생각을 적어 본다.

우리나라 역사

정약용을 찾아라

김진 글, 장선환 그림 ‖ 천개의바람

비밀스런 암행어사 임명장을 받은 정약용

이 책은 정약용이 정조로부터 비밀리에 암행어사 임명장을 받고 지방관들을 살피러 떠난 이야기다. 암행어사는 지방 관리들이 백성을 어떻게 보살펴 이끌고 관리하는지 몰래 살피기 때문에 임명도 비밀스럽게 한다. 고을 사또는 매일 낮부터 술과 음식으로 정자에서 기생들과 잔치를 벌이고 있다. 나졸은 암행어사 정약용이 떴다고 호들갑이고 사또는 그동안 자신이 백성에게 저지른 횡포가 두려워 이방과 나졸들에게 암행어사를 찾으라고 명한다. 한편, 신분을 위장한 정약용은 마을 곳곳에서 백성의 어려운 생활을 보고 듣고 관아로 향한다. 정약용은 발명가로는 거중기를 만들었고 실생활에 도움이 되는 공부를 좋아해서 많은 책을 썼다. 이 책에선 정약용의 뛰어난 애민 정신을 발견할 수 있고, 나라에서 필요한 곳이면 어디서든 기용할 수 있는 유능한 인재였다는 점과 그 시대의 다양해진 직업을 찾아볼 수 있어 흥미롭다.

생각을 나누는 질문
1. 사또가 백성에게 했던 나쁜 행동에는 어떤 것들이 있을까?
2. 이방과 나졸들의 시선을 통해 정약용의 어떤 모습을 발견할 수 있었나?
3. 왜 하필 암행어사 기간이 짧았던 정약용의 이야기를 담았을까?

배움이 깊어지는 활동

1. **정약용에게 암행어사 임명장을 수여하는 역할극** ⋯▶ 정약용의 뛰어난 애민정신이 무엇인지 찾아보고, 이를 바탕으로 개성 있는 임명장을 만들어 친구에게 임명장 수여식을 한다.
2. **정약용의 생애 정리하기** ⋯▶ 정약용의 생애를 애민 정신이 뛰어났던 시기를 중심으로 조사하는데 유년기, 청년기, 노년기 순으로 정리하면서 정약용이 실행한 애민 정신의 예를 2~3줄 소개한다.
3. **죽첨(竹籤)에 사또의 횡포 적어보기** ⋯▶ '매일 낮에 술을 먹었으니(직무유기)는 곤장 열 대와 파직을 명한다'와 같이 사또의 횡포를 막대에 하나씩 적은 후 그의 상응하는 형벌을 정해 본다.

용맹호

권윤덕 그림책 ‖ 사계절

우리나라 역사

베트남전쟁에선 우리가 가해자였다

1963년에 베트남에서 일어난 전쟁을 다룬 그림책이다. 박정희 정부는 군사를 파병하여 돈을 벌어들이는데 이를 우리는 월남전이라 부른다. 월남전에 다녀온 용맹호는 정비소로 출근해 온종일 자동차 일곱 대를 수리한다. 출근할 때 베트남 여인이 안은 아이와 눈이 마주치자 갑자기 숨이 막힌다거나, 잠자리에 들 때 꿈틀거리며 떠오르는 정글의 생명체들 때문에 깊은 잠을 이루지 못하는 등 용맹호의 기억과 현실을 중첩되게 그리고 있다. 전쟁에 참여했던 용맹호는 가족이 둘러앉아 아침밥을 먹는 아기엄마를 향해 총을 발사했고 마을에 불을 지르며 주민을 참혹하게 학살한 가해자다. 활활 타오르는 불길 옆에 그려진 베트남 민간인들의 고통스러운 얼굴은 전쟁의 야만적인 모습과 부도덕한 모습을 그리고 있으며, 중대장 명령에 복종하는 군인들의 모습은 군사정권의 불통과 오만함과 한국 사회의 모순을 분명하고 명확하게 그려내고 있다. 전쟁은 권력의 민낯으로 생명의 가치를 훼손한다는 점에서 어떤 명분으로도 정당화될 수 없다.

> 생각을 나누는 질문
> 1. 용맹호가 '온종일 자동차 일곱 대를 수리한다'는 것은 무엇을 의미할까?
> 2. 용맹호의 환영에서 베트남 여인과 아기가 보이는 이유는 무엇일까?
> 3. 베트남전쟁은 우리가 기억해야 할 어두운 우리 역사인 이유가 뭘까?

배움이 깊어지는 활동

1. **누구나 참여하는 질문 토크방** ⋯ 그림책 내용에 부합하는 아무 말을 던져 사전지식을 끌어내거나, 처음부터 나의 지식을 활용하거나, 낙서를 하는 등 다양한 방법으로 핵심 질문을 생성하여 그 질문으로 토의하고 기록한다.
2. **가해자 입장에서 100분 토론자로 참여했을 때 하고 싶은 말** ⋯ 만약 내가 100분 토론의 토론자로 출연한다면 피해자의 입장일지, 가해자의 입장을 정리한 후 나의 의견을 대본처럼 적어 100분 토론 형식의 토론을 해 본다.
3. **마인드맵으로 깊고 넓게 알기** ⋯ 마인드맵 줄기에 따라 전쟁의 찬반을 핵심어로 쓴다거나, 보도된 당시 신문기사나 뉴스 내용 중 내 생각에 부합하는 기사를 쓰거나 당시 사회 상황을 써서 모둠별로 마인드맵을 만든다.

백년아이

김지연 글 · 그림 ‖ 다림

평범했던 나의 일상이 우리 민족의 역사가 되다

 대한민국 임시정부 수립 100주년을 맞아 1919년에서 2019년까지 근현대사를 그리고 쓴 책이다. 3·1운동을 거쳐 해방과 분단과 전쟁을 겪으며 민주주의가 5월 광주를 넘어 6월 민주 항쟁으로 번졌다. 그리고 경제위기를 넘기며 촛불혁명을 지나 새로운 시작을 알리는 2018년에도 자식들 잘살기를 바라는 마음에서 광장으로 나갔던 우리들의 평범한 삶이 대한민국의 역사에 고스란히 담겨 있다. 대한민국 100년의 역사는 국민의 자유와 인권을 억압하며 민주주의 가치를 훼손했고 국민에게 피로 헌신하기를 강요했다. 그러는 동안 세계 이목은 대한민국 민주주의를 관심 있게 지켜보고 우리는 역사가 반복되지 않도록 노력하고 있다. 몇 차례 남북정상회담을 통해 나라의 지도자가 두 손을 잡았지만, 이산가족 문제를 비롯하여 민족 통합의 실현은 아직 멀게만 느껴진다. 앞으로 민주가 걸어가야 할 대한민국 역사엔 모든 형태의 억압이 해방을 맞아 국민의 생명과 사람의 존엄을 지켜줄 수 있는 명예로운 국가로 존재하길 바란다.

생각을 나누는 질문
1. 제목이 왜 '백년아이'일까?
2. 백년아이와 함께한 대한민국 100년에서 1948년의 주요 사건과 그 의미는 무엇일까?
3. 우리나라 1960년과 1961년에 일어난 사건이 훗날 우리 민주주의 어떤 영향을 미칠까?

배움이 깊어지는 활동

1. '이산가족 찾기' 알기 ⋯› 1983년 KBS가 138일 동안 진행한 이산가족 찾기 특별 프로그램은 대한민국 100년의 역사에서 어떤 의미인지 정리한다.(집안에서 들은 이야기가 있으면 정리하는 것도 권장)
2. 면지 인물들의 활약을 연대별 사건별 분류하기 ⋯› 활동지 참고 자료에 면지 속 인물들의 활약이 정리되어 있다. 이를 연대별, 사건별로 20~25명씩 정리한다.
3. 면지 속 인물들로 기억의 리플릿 만들기 ⋯› 백년아이와 함께한 대한민국 100년 내용(또는 위 2번의 인물들)을 장소도 찾고 영화도 소개하고 신문 내용도 찾아 기억의 리플릿을 만들어 발표 후 친구들과 교환한다(미니 책자도 가능).

꽃할머니

권윤덕 글 · 그림 ‖ 사계절

'위안부' 문제를 세상 밖으로 불러낸 꽃할머니의 행동하는 용기

꽃할머니는 일본군 '위안부'였다. 일본군 위안부는 1930년부터 패망하는 1945년까지 국가의(?) 승인으로 위안소를 설치하고 힘없는 여성들에게 군인들의 성폭력을 조장하거나 묵인, 방조한 범죄에 희생된 여성들이다. 꽃할머니가 열세 살 무렵 우리나라는 일본의 식민지였다. 총독부는 젊은 남자들은 전쟁터로 내몰고 여성들은 위안부로 끌고 갔다. 곡식까지 거두어 가던 시절, 꽃할머니는 언니랑 나물을 캐러 나갔다가 이유도 모르고 어딘지도 모른 채 끌려갔다. 규칙에 따라 생활하던 위안소에서 싫다고 반항하면 군홧발로 차고 머리채를 땅바닥에 들이박으며 죽으라고 팼다. 위안부였던 사실을 숨긴 채 50년 세월을 살아가던 꽃할머니는 인터뷰에서 위안부들의 삶은 생지옥이었고 내가 살아 있는 증인이라며 세상을 향해 소리쳤다.

국가가 국권을 상실했을 때 국민의 삶이 얼마나 참혹하고 처참한지 열세 살 꽃할머니의 삶을 보며 느끼고, 위안부였던 꽃할머니도 소중한 우리 국민이었고 역사라는 사실을 기억해야 할 것이다.

생각을 나누는 질문
1. 군위안소 안에서의 규칙은 무엇인가?
2. 꽃할머니가 위안부가 된 사회적 배경에는 무엇이 있었을까?
3. 위안소 규정을 정해 놓은 이유는 무엇일까?

배움이 깊어지는 활동

1. **꽃할머니 인터뷰** ⋯⋯▶ 강일출, 바필근, 김복동, 김양주, 김복득, 김복선, 이옥선, 이용수, 박숙이 김군자 할머니 인터뷰 내용을 검색하여 꼼꼼히 읽고 활동지에 정리해 본다.
2. **위안부 할머니들께 헌화하기** ⋯⋯▶ 일본군 위안소가 있던 나라를 직접 그리거나 각자 정하고 압화로 헌화하며 할머니들의 마음을 헤아려본다.
3. **KWL(Know.Want. Learned)** ⋯⋯▶ 꽃할머니를 읽고 이미 알고 있었던 것, 알기를 원했던 것, 새롭게 알게 된 것 전쟁을 반대하는 입장에서 정리하고 할머니 입장에서 하고 싶은 말을 덧붙여 본다.

동백꽃이 툭

김미희 글, 정희성·천복주 그림 ‖ 토끼섬

제대로 알고, 잊지 않아야 할 역사 '제주 4·3'

이 책은 제주 4·3 사건을 어린 섭이의 시선으로 전달한다. 제주 4·3 사건은 1947년 3월 1일부터 1954년 9월 21일까지 7년 7개월 동안 무장대와 토벌대 간의 무력 충돌과 진압 과정에서 제주도민이 희생당한 사건이다. 섭이는 시집간 누나가 보고 싶어 엄마 몰래 담을 넘는다. 그러나 그 길엔 누나 대신 사건에 희생당한 주민들의 주검이 어린 섭이를 기다리고 있다. 섭이는 누나를 만나러 가는 길목에서 소소한 일상을 살아가던 택이 아버지와 식이 큰형님, 찬이 할아버지가 마지막 말을 묻은 곳에 동백꽃을 놓으며 헌화한다. 남한 단독정부 수립을 반대하며 4월 3일에 봉기를 주도한 사람들이 있었다. 이들과 연루되었을 거라는 추측으로 평범한 시민까지 집단으로 학살했던 사건은 한국사 전체를 통틀어 참으로 잔혹하고 비극적인 사건이다. 그 후로도 연좌제와 국가보안법으로 유가족을 힘들게 했고 고문 피해로 후유장애 등 정신적 상처가 더 깊었던 제주 4·3 사건을 기억해야 한다. 이 책은 제주도민의 아픔이 치유되어 평화와 화합의 꽃으로 마침표를 찍는 날이 오길 기다리는 마음을 담고 있다.

> 생각을 나누는 질문
> 1. 제주 4·3 사건이 일어난 배경은 무엇일까?
> 2. 동백꽃을 밟고 있는 군홧발은 무엇을 말하려는 것일까?
> 3. 제목에서 마침표가 아닌 쉼표를 사용한 이유는 무엇일까?

배움이 깊어지는 활동

1. **4월 달력을 제주 4·3 사건 도서로 큐레이팅 하기** ⋯ 도서관에서 4·3 사건 관련 도서를 찾아 제주 4·3 사건을 어떻게 기술하고 있는지 3~5줄 정도로 정리 소개하여 4월 한 달 도서관 또는 교실에 전시한다.
2. **제주 4·3 연관 검색어 찾기** ⋯ 제주 4·3 사건을 날짜별로 인터넷 검색, 관련 도서, 제주 신문, 제주문화원 등을 검색하여 정리한다.
3. **군홧발들에게 섭이의 입장에서 편지 쓰기** ⋯ 군홧발을 따로 지칭하는 국가가 있는지, 있다면 어느 나라라고 생각하는지, 그렇게 생각한 이유는 무엇인지, 가족을 국가폭력으로 상실했을 때 감정을 섭이 입장에서 편지를 써 본다.

봄꿈

고정순 글 · 그림, 권정생 편지 ‖ 길벗어린이

우리나라 역사

"정말 우리는 아무것도 몰랐다"고 말해도 될까?

이 책은 '5 · 18 민주화 운동' 이야기다. 이날은 신군부가 권력을 잡기 위해 광주시민을 열흘 동안 닥치는 대로 무참히 학살한 날이다. 천호도 이날 아빠를 잃었다. 천호는 아빠를 무척 좋아했고, 나무처럼 쑥쑥 자라 아빠같이 큰사람이 되고 싶었다. 햇볕에 등이 따가워도, 술래가 되도 울지 않겠다던 천호는 5월만 되면 아빠의 영정사진을 안은 다섯 살 어린 모습으로 TV 화면 속에서 울고 있다. 사회에 많은 변화를 일으킨 이 사건을 우리는 '5 · 18 민주화 운동'이라고 부른다.

이 책은 국가폭력이 국민의 평범한 일상을 얼마나 잔혹하고 무자비하게 짓밟아 놓을 수 있는지 잘 보여준다. 영정사진을 안고 있는 다섯 살 천호의 모습에서 리더의 국정 운영 철학이 국민을 보호하기도 하지만 버릴 수도 있다는 것을 학생들은 깨닫게 된다. "천호야, 정말 우리는 아무것도 몰랐다고 말해도 되겠냐고" 묻는 권정생 선생님의 편지는 천호 같은 광주시민의 희생을 담보로 우리가 오늘을 살고 있음을 기억하게 한다.

생각을 나누는 질문
1. 제목이 왜 '봄꿈'일까?
2. 권정생 작가는 왜 8년이나 지나서 천호에게 편지를 쓸까?
3. 이날 이후 사회에 큰 변화가 찾아오는 가장 대표적인 변화는 뭐였을까?

배움이 깊어지는 활동

1. **1980년대 광주 시내 모습 그리기** ⋯▶ 전남대학교와 금남로를 거쳐 전남도청을 중심으로 광주적십자병원, 광주고등학교, 전남대병원 등을 그려 본다.
2. **5 · 18 민주화 운동 깊게 알기** ⋯▶ 5월 18일부터 27일까지 있었던 항쟁의 과정을 신군부가 계획하고 의도를 가지고 저지른 폭력과 시민들의 격렬한 저항으로 나누어 날짜별로 정리한다.
3. **신문 기사 찾기** ⋯▶ 권정생 선생님이 조천호 군을 발견했던 신문과 5 · 18 관련 광주 지역신문이나 독일 기자의 기록물을 찾아 우드록에 붙이고 발표한다.

6장

한글
국어
수학
과학
음악
미술

한글

고구마구마

사이다 글·그림 ‖ 반달(킨더랜드)

고구마구마 말놀이

이 책에는 둥근 고구마, 길쭉한 고구마, 큰 고구마, 작은 고구마, 배 불룩한 고구마, 털 난 고구마 등 다양한 고구마들이 재미있는 캐릭터로 등장한다. 모양이 각기 다른 고구마들의 특징이 재미있는 '~ 하 구마'의 문장으로 반복되어 표현된다. 다양한 고구마들을 재료로 하여 요리조리 도구를 활용한 고구마 요리가 시작된다.

이 그림책은 문장이 입말이 살아 있고 말끝에 '구마'를 넣은 사투리의 느낌으로 낭독하면서 즐겁게 책을 읽을 수 있다. 그림책에 나오는 '구마' 문장을 사용하여 말하는 수업을 통해 학생들은 다양한 상황을 '구마'라는 문장의 형식에 맞게 표현하게 된다. 또한, '구마'를 정확한 서술어로 바꾸어 보면서 동사, 형용사를 자연스럽게 익힐 수 있다. 이는 정확한 서술어를 찾는 데 어려움이 있는 학생들에게 도움이 된다. 반복되는 말에서 읽는 재미를 찾고 말놀이 활동을 통하여 배운 내용을 활용하여 창의적인 문장으로 만드는 활동을 하기에 적절한 그림책이다.

생각을 나누는 질문
1. 그림책에서 가장 인상 깊은 고구마는 무엇인가?
2. 책에 나오는 고구마 중 내 친구와 닮은 고구마는 무엇인가?
3. 친구의 장점을 그림책에 나오는 말투로 하면 어떻게 말할 수 있을까?

배움이 깊어지는 활동

1. **친구의 장점 찾아보기** ⋯› 친구를 자세히 관찰한 후 친구의 장점, 외모의 특징을 떠올리면서 어울리는 동사, 형용사를 생각하고 바른 글씨로 쓴다.
2. **친구의 장점을 담은 나만의 친구구마 만들기** ⋯› 친구의 특징과 관련이 있는 친구구마의 이름을 적고 친구의 장점을 '~구마'로 표현하는 문장을 적는다. 이때 긍정적이고 격려하는 표현을 쓰도록 한다.
3. **내가 만든 친구구마 선물하고 서로 칭찬샤워하기** ⋯› 내가 쓴 문장과 어울리는 친구구마를 선물하며 '~구마' 문장으로 말놀이를 한다. 그림책에 나온 지역 사투리를 써서 재미를 높일 수 있다.

꿀떡을 꿀떡

윤여림 글, 오승민 그림 ∥ 천개의바람

한글

동음이의어로 동시 쓰기

낱말 하나에 뜻이 여러 개인 동음이의어를 활용한 동시 그림책이다. 이 책에는 순우리말 동음이의어 27개가 실려 있다. '다리'처럼 명사 동음이의어 뿐 아니라 '부치다', '달다', '쓰다'처럼 동사, 형용사 들이 상상력 넘치는 글과 그림으로 흥미롭게 표현되어 있다. 따라서 재미있는 상황에서 소리가 같은 낱말이 각각 어떻게 다른 뜻으로 쓰이는지 살펴보며 동음이의어를 배우는 데 적합하다. 작가는 동음이의어의 특징을 부각하기 위해 각각의 내용을 동시로 표현했다. 동시에 소리가 같은 낱말이 반복되면서 저절로 리듬감과 운율이 살아난다. 아이들은 동시를 읽으며 말놀이를 하는 듯 재미를 느낄 수 있기 때문에 자연스럽게 동음이의어를 구별하고 익숙해질 수 있다.

동음이의어 학습 활동의 후속으로 '다르다'와 '틀리다' 등 헷갈리는 낱말을 학습하는 과정이 연계되면 좋다. 동시 그림책이므로 상황에 맞게 선택해서 읽어 주거나 한번에 전체를 읽지 말고 여러 날에 걸쳐 읽어 주는 것도 좋다.

생각을 나누는 질문
1. 표지를 보며 떠오르는 단어들은 무엇인가?
2. 같은 소리를 가지면서 다른 뜻을 가진 낱말에는 무엇이 있을까?
3. 동음이의어를 사용한 낱말은 어떻게 읽어야 할까?

배움이 깊어지는 활동

1. **같은 음, 다른 뜻을 가진 낱말(동음이의어) 구별하기** ⋯▶ 책 속 동음이의어 문장을 읽고 그림으로 표현한다. '타다'의 경우 말을 타다, 얼굴이 타다, 밀가루를 물에 타다 등 3가지의 의미가 있다는 것을 먼저 이해하고 표현하게 한다.
2. **동음이의어로 짧은 이야기 만들기** ⋯▶ 책에 나오는 동음이의어를 모은 표를 보고, 그중 3개의 낱말을 골라 이야기를 만든다. '눈'을 예로 들면 '하늘에서 펑펑 눈이 내렸어요. 눈을 보는 내 눈이 커다랗게 커졌어요'라고 만들 수 있다.
3. **동음이의어를 활용하여 동시 짓기** ⋯▶ 그림책에서 배운 동음이의어를 두 개 이상 활용하여 재미있게 동시를 쓴다. 이때 책에 나온 동음이의어를 찾아 다시 읽어 보고, 먼저 뜻과 쓰임을 다시 확인하면 좋다.

한글

숨바꼭질 ㄱㄴㄷ

김재영 글·그림 ǀ 현북스

자음으로 시작하는 동물 낱말 쓰기

낱글자 모양을 연상할 수 있는 동물 친구들이 등장해 처음 한글을 접하는 아이들이 자음을 익힐 수 있게 한 그림책이다. 자음 모양으로 뚫린 구멍을 통해 숨은 글자와 그 자음이 들어간 동물을 찾아보고, 글자 모양을 익힐 수 있게 한다. 처음 나오는 그림은 노란 바탕에 얼룩덜룩한 갈색 무늬, 오른쪽으로 시선을 옮기면 ㄱ자 모양의 검은 구멍이 보이고 '키다리에 목이 긴 너는'이라는 문장이 있다. 책장을 넘기면 ㄱ자 모양의 구멍과 앞장의 무늬가 합쳐져 귀여운 기린이 나타난다. 이때 '길쭉길쭉 기린.'이라는 어구가 보이며 앞 페이지와 조화롭게 연결된다.

이 외에도 '나풀나풀 나비', '도란도란 다람쥐'처럼 등장하는 동물의 이름 첫 글자와 초성이 같은 의성어, 의태어가 동물 단어를 꾸며주는 표현이 반복된다. 이 책의 가장 눈에 띄는 특징은 낱글자 모양으로 뚫린 구멍이다. 아이들은 책장을 넘기며 구멍으로 보이는 그림의 변화에 흥미를 느끼고 한글 자음과 낱말을 쉽게 익힐 수 있다.

생각을 나누는 질문
1. 표지에서 무엇을 찾을 수 있을까?
2. 책에 나오는 동물 단어 중 쓰기 어려운 것은 무엇인가?
3. 책에 나오는 동물 외에 내가 쓸 수 있는 단어는 무엇인가?

배움이 깊어지는 활동

1. **자음 바르게 읽기** ⋯ 'ㄱ'에서 'ㅎ'까지 낱글자를 천천히 읽으며 순서대로 활동지에 있는 자음(ㄱㄴㄷㄹ)에 색칠을 한다. 색칠을 하면서 다시 한번 글자 모양을 확인한다.
2. **교실의 물건에서 자음 찾기** ⋯ 교실을 돌아다니며 책상, 의자, 창문 등 주변의 물건에서 자음자의 모양을 찾는다. 물건의 모양을 그리고 거기에 숨어 있는 자음을 그림으로 표현한다.
3. **의성어와 의태어를 넣어 동물 글자 쓰기** ⋯ 의성어와 의태어를 넣어 동물 낱말을 글자로 쓰고 어울리는 그림으로 표현한다. 의성어와 의태어를 생각하기 어려운 경우는 동물들의 울음소리나 특징을 생각하여 단어를 적어도 된다.

내 마음 ㅅㅅㅎ

김지영 글·그림 ‖ 사계절

초성으로 나의 마음 표현하기

사계절 그림책 대상 수상작으로 초성 ㅅㅅㅎ을 사용하여 어린이의 마음을 그려내고 있다. 마음이 너무나 이상해진 아이는 갑자기 모든 게 시시하고, 뭘 해도 싱숭하다. 이야기는 초성 ㅅㅅㅎ을 사용하여 '심심해', '싱숭해', '수상해' 등으로 표현된다. ㅅㅅㅎ은 이제 방향을 돌려 ㄱㄱㅎ으로 변하면서 이야기는 더 풍부하게 전개된다.

초등 교육과정은 계속 개정되고 있지만 1, 2학년 국어에는 '말놀이' 단원이 항상 유지된다. 한글 문해력을 높이는 데 말놀이는 매우 중요하고 즐거운 학습 방법이다. 말놀이의 재미를 표현한 그림책은 매우 다양한데, 그중 이 책은 초성 ㅅㅅㅎ으로 표현할 수 있는 단어를 생각해 보면서 자연스럽게 몰랐던 표현, 단어의 뜻을 배우게 된다. 주인공 아이가 한글 초성을 활용하여 자신의 마음을 표현하는 과정이 참신한 문장과 그림으로 기발하게 그려지고 있다. 초성을 조합하여 단어를 만드는 활동을 통하여 한글 문해력을 높일 수 있는 그림책이다.

생각을 나누는 질문
1. 감정에는 어떤 것들이 있을까?
2. 'ㅅㅅㅎ'로 내 마음을 표현할 수 있는 단어는 무엇일까?
3. 이 책에서 가장 기억에 남는 감정 단어는 무엇일까?

배움이 깊어지는 활동

1. **초성으로 시작하는 단어 알아보기** ⇢ 제시한 초성으로 '해'로 끝나는 단어를 찾는다. 마지막 빈 칸에는 내가 적고 싶은 초성을 적고 마음상태를 잘 표현하는 감정단어를 생각하여 쓴다.
2. **내 마음 퀴즈 만들기** ⇢ 활동 1의 초성을 보고 내 마음을 감정단어로 만든다. 단어를 ~해로 적고 언제 이런 마음이 드는지 간단하게 적는다.
3. **내 마음 맞히기 퀴즈** ⇢ 교실을 돌아다니며 내 마음 맞히기 퀴즈를 한다. 초성을 활용한 나의 감정을 동작 힌트로 알려주면 설명을 한 친구의 감정을 맞춘다.

한글

모모모모모

밤코 글·그림 ‖ 향출판사

다섯 글자 이야기 만들기

벼의 한살이를 의성어도 의태어도 아닌 낱말을 말놀이하듯 배치해 유쾌하게 표현한 그림책이다. 모를 심고, 벼가 자라고, 피(잡초)도 자라고, 벼가 바람에 넘어지고, 또 넘어진 벼를 다시 일으켜 세우고, 황금빛 들판으로 익어가고, 벼를 베고, 탈곡을 하고, 새와 소가 남은 벼와 여물을 먹고, 마침내 쌀이 되어 우리 식탁에 올라오는 벼의 한 살이가 다섯 글자의 문장으로 다양하게 표현된다. 작가는 실제 부모님과 어릴 때 벼농사를 한 경험을 바탕으로 간단한 그림체 속에 특징적인 부분을 잘 살려내고 있어 보는 즐거움이 있다.

그림책에 나오는 어휘는 알쏭달쏭 수수께끼 같은 낱말도 많다. 예를 들어, 우리가 잘 알지 못하는 피(잡초)와 벼가 같이 자라는 장면을 '벼피벼피벼피'라고 쓰고 연한 녹색의 벼와 진한 녹색의 피(잡초)를 그림으로 표현한다. 수수께끼 같기도 하고 의성어, 의태어 같기도 한 말들이 반복되면서 말놀이를 통해 글을 즐겁게 배울 수 있는 그림책이다.

생각을 나누는 질문
1. 책에 나오는 '모'는 무슨 뜻일까?
2. 그림책의 다섯 글자 중 내가 알고 있는 표현은 무엇인가?
3. 그림책의 문장 중 가장 기억에 남는 표현은 무엇인가?

배움이 깊어지는 활동

1. **벼의 재배과정 알아보기** ···▶ 우리 밥상에 올려지는 쌀밥, 쌀이 어떤 과정으로 재배되는지 생각하며 벼가 익어가는 과정을 예상하여 그림책에 나오는 표현을 벼가 자라는 순서대로 배열한다.
2. **그림 글자 만들기** ···▶ 그림책에 나오는 그림체를 자세히 살펴보고 '벼' 글자를 황금빛으로 익어가는 장면을 상상하며 그림 글자로 표현하고 채색한다. 내가 디자인한 의도를 간단히 적는다.
3. **다섯 글자 4컷 만화 만들기** ···▶ 배운 내용을 생각하며 다섯 글자로 재미있는 문장을 만들어 나만의 이야기를 4컷 만화로 표현한다. 주제는 벼의 성장과정에 한정하지 말고 하고 싶은 주제로 만든다.

바다 반대말

천미진 글, 솜띵 그림 ∥ 키즈엠

반대말 동시 쓰기

바다를 주제로 재미있게 반대말을 익힐 수 있는 그림책이다. 알록달록한 그림과 짧은 한 문장으로 되어 있어 반대말을 이해하기에 쉽다. 예를 들어 '얕다, 깊다'의 차이를 바닷가와 바다 깊은 곳으로 표현하고, '낮다, 높다'의 차이를 파도로 표현하여 낮고 높음을 이해할 수 있도록 하였다. '크다, 작다'는 고래와 물고기의 크기로, '많다, 적다'는 물고기의 수로 표현해서 서로 반대되는 낱말을 직관적으로 이해하고 배울 수 있다.

아직 반대말의 개념이 잘 형성되지 않은 아이들은 반대말을 사용할 때 '안 길어, 안 짧아' 등 '안'이라는 말을 앞에 붙이는 경향이 있다. 반대말을 배우기 시작하면 어휘력이 풍부해지고 낱말들의 관계를 더 잘 이해할 수 있다. 또한, 저학년은 비슷한 의미의 단어들이 나열된 경우 반대말을 찾는 데 어려움을 겪는다. 아이들의 눈길을 사로잡는 그림과 흥미진진한 이야기가 가득한 이 그림책은 다양한 어휘를 사용하여 낱말의 의미를 잘 이해하고 반대말을 쉽게 학습할 수 있다.

생각을 나누는 질문
1. 표지에서 찾을 수 있는 반대말은 무엇일까?
2. 그림책에 나오는 반대말은 어떤 것들이 있을까?
3. 책에 나오는 표현 외에 바다에서 찾을 수 있는 반대말은 무엇일까?

배움이 깊어지는 활동
1. **그림책에 나오는 서로 반대되는 말 찾기** ⋯▶ 책에 나오는 서로 반대되는 말을 이해하고 두 단어를 선으로 서로 연결한다. 예를 들어 '크다'의 경우 '작다'와 연결한다.
2. **내가 알고 있는 반대말을 생각하여 적기** ⋯▶ 그림책에 나오지 않는 단어와 반대되는 말을 생각하여 적는다. 단어를 생각하기 어려우면 모둠별 또는 짝과 함께 교실 주변의 물건을 살펴보며 단어를 생각하여 적는다.
3. **반대말 동시 쓰기** ⋯▶ 배운 반대말을 활용하여 동시를 쓴다. 이때 주제를 바다 대신 하늘 또는 아이들이 하고 싶은 것으로 정하여 쓰고 어울리는 그림을 그린다.

한글

왜 띄어 써야 돼?

박규민 글·그림 ‖ 길벗어린이

바른 띄어쓰기로 일기 쓰기

띄어쓰기가 왜 중요한지를 흥미 있고 재미있는 이야기로 알려주는 즐거운 그림책이다. 면지를 보면 마치 정말 우리 집 아이가 쓴 게 아닐까 싶은 주인공의 일기가 나온다. 띄어쓰기를 잘 못해서 선생님께 혼이 난 주인공은 집에 와서 일기를 쓰면서 띄어쓰기를 어려워한다. 주인공 아이가 '엄마가 방에 들어가신다'라고 쓰니 진짜 엄마가 여행용 가방 속으로 들어가 버리고, '아빠가죽을 드신다'라고 쓰니 식탁에는 갑자기 가죽 벨트가 나타난다. 계속 띄어쓰기를 잘못할 때마다 주인공 주변의 인물들에게 어처구니없는 상황이 벌어진다. 마지막에 주인공은 띄어쓰기의 중요성을 이해하고 앞으로는 띄어쓰기를 잘하겠다고 다짐한다. 빨간 색연필을 들고 자신을 혼내던 선생님을 떠 올리며 선생님께 써 줄 이야기가 아주 많다고 장난기 가득한 웃음을 짓는 아이의 얼굴을 보여주며 그림책은 끝이 난다. 학생들은 그림책 속 아이의 일기를 보면서 자연스럽게 띄어쓰기의 중요성을 알게 되고 띄어쓰기를 바르게 하는 방법을 익히게 된다.

> 생각을 나누는 질문
> 1. 띄어쓰기는 왜 중요할까?
> 2. 띄어쓰기를 잘못했을 때 뜻이 달라지는 경우는 어떤 것이 있을까?
> 3. 나에게 특히 어려운 띄어쓰기는 무엇일까?

> 배움이 깊어지는 활동
>
> 1. **띄어쓰기 바르게 고쳐 쓰기** ⇢ 그림책에서 주인공이 잘못 띄어 쓴 문장을 바른 문장으로 고쳐 쓴다. 예를 들어 '엄마 가방에 들어가신다'라는 문장을 '엄마가 방에 들어가신다'라고 바르게 쓴다.
> 2. **바른 띄어쓰기로 고치기** ⇢ 활동지에 제시된 문장을 읽고 바른 띄어쓰기로 고쳐 쓴다. 예를 들어 '벚꽃구경을갔다.'의 경우는 '벚꽃 구경을 갔다.'와 같이 네모칸 학습지에 바르게 쓴다.
> 3. **오늘 일기를 바른 띄어쓰기로 쓰기** ⇢ 배운 내용을 생각하며 오늘 하루를 뒤돌아보면서 바른 띄어쓰기로 일기를 쓴다. 쓰기를 어려워하는 경우에는 모든 칸을 다 적지 않고 자신의 수준에 맞게 쓴다.

우리 엄마 ㄱㄴㄷ

전포롱 글·그림 ‖ 파란자전거

한글

우리 가족 ㄱㄴㄷ 그림책 만들기

『우리 엄마 ㄱㄴㄷ』은 ㄱ부터 ㅎ까지 단어가 나오고 우리 엄마와 관련된 이야기가 차례로 나오는 그림책이다. 맨 먼저 ㄱ 고양이가 페이지 왼쪽에 나오고 오른쪽에는 '엄마는 고양이를 싫어해. 내가 그린 고양이 그림은 좋아해'라는 문장이 나온다. 또 ㅁ의 경우에는 미역국이 나오고, '엄마가 끓여 준 미역국은 참 맛있어. 어른이 되면 내가 엄마 생일날 끓여 줄게'라고 되어 있다. 이 책에는 주변에서 흔히 볼 수 있는 엄마들의 모습이 진솔하게 표현되어 있다. 아이들이 좋아하는 귀여운 그림체로 되어 있어 인기가 높다.

또한, 그림책 뒷부분에는 자음별로 엄마의 이야기를 채워갈 수 있는 공간이 있다. 이 부분은 각 초성에 맞게 우리 엄마 또는 우리 가족을 생각하면 떠오르는 단어를 적어 보고 그에 어울리는 그림으로 표현할 수 있다. 우리 가족의 이야기를 함께 나눠보며 가족의 소중함을 다시 한번 새겨 볼 수 있다. 또한, 가족의 특징을 ㄱㄴㄷ 자음을 활용하여 문장으로 표현하여 우리 가족의 이야기를 만드는 활동에 적합한 그림책이다.

생각을 나누는 질문
1. 그림책 속 우리 엄마가 좋아하는 것은 무엇일까?
2. 우리 엄마와 그림책 속 엄마의 비슷한 점은 무엇일까?
3. 그림책에서 가장 기억에 남는 장면과 이유는 무엇일까?

배움이 깊어지는 활동

1. **그림책 속 우리 엄마와 관련된 단어 따라 쓰기** ⋯ 그림책 속 단어를 맞춤법에 맞게 글씨를 바르게 쓴다. 단어를 바르게 읽으며 천천히 따라 쓴다. 이때 친구와 짝을 지어 천천히 서로 속도를 맞추어 쓰면 좋다.
2. **우리 가족 ㄱㄴㄷ 단어 만들기** ⋯ 우리 가족이 좋아하는 것, 싫어하는 것, 우리 가족의 특징 등을 떠올리며 자음을 고르고 그에 어울리는 단어를 쓴다.
3. **우리 가족 ㄱㄴㄷ 그림책 만들기** ⋯ 배운 내용을 생각하며 '우리 가족 ㄱㄴㄷ' 그림책을 만든다. ㄱㄴㄷ 자음으로 시작하는 여러 단어 중 우리 가족에 어울리는 말을 찾아 문장을 쓰고 어울리는 그림으로 표현한다.

한글

가나다는 맛있다

우지영 글, 김은재 그림 ‖ 책읽는곰

가나다로 시작하는 음식 메뉴 배우기

리듬감이 살아 있는 유쾌한 말놀이 그림책이다. "가, 가, 가는 간질간질 감, 나, 나, 나는 나박나박 나박김치, ……." 아이들이 좋아하는 음식이 모든 페이지에 등장하고, 서른 가지가 넘는 군침 도는 음식을 보면서 즐겁게 가나다를 배울 수 있다. '간질간질, 영차영차, 으쓱으쓱'처럼 아이들에게 익숙한 의성어, 의태어부터 욜랑욜랑, 다르르, 유들유들 등 익숙하지 않은 새로운 말들이 등장한다. 그림 속 대사와 상황을 통해 각 의성어 의태어가 어떤 때 쓰이는지 자연스럽게 이해할 수 있다.

이 그림책을 소리 내어 읽으면 자연스럽게 반복되는 리듬을 통해 노래처럼 신나게 가나다를 배울 수도 있다. 또한 자음, 모음과 함께 된소리 표현까지 배울 수 있다. 마지막에는 지금까지 나온 의성어, 의태어가 낱말 풀이로 한눈에 알기 쉽게 정리되어 어려운 낱말의 뜻과 의미를 살펴보기 쉽다. 그림을 통해 글을 유추하고 짧은 글을 읽으며 내용을 이해하고, 의성어 의태어까지 다양한 표현을 배울 수 있는 그림책이다.

생각을 나누는 질문
1. 그림책의 음식 중 내가 좋아하는 음식은 무엇인가?
2. 등장인물들이 말하고 있는 단어는 무엇일까?
3. 음식을 꾸며주는 말 중 뜻을 모르는 단어는 무엇인가?

배움이 깊어지는 활동

1. **음식과 꾸며주는 말 연결하기** ⋯▸ 그림책에 나오는 음식 이름과 꾸며주는 말을 연결한다. 익숙하지 않은 의성어와 의태어에 주의하면서 단어를 바르고 정확하게 읽으며 천천히 연결한다.
2. **꾸며주는 말을 보고 그에 어울리는 음식 이름으로 빈칸 채우기** ⋯▸ 그림책에 나오는 음식과 음식에 어울리는 꾸며주는 말을 생각하며 활동지 빈칸에 알맞은 단어를 채워 쓴다. 뜻을 알지 못하거나 맞춤법을 어려워하는 경우에는 그림책을 보며 따라 쓴다.
3. **내가 만드는 가나다 음식 메뉴** ⋯▸ 배운 내용을 생각하며 가나다 또는 모음으로 시작하는 음식 메뉴를 생각하여 글과 그림으로 표현한다. 음식에 어울리는 꾸며주는 말은 그림책에 나온 단어 또는 내가 아는 단어를 사용한다.

책 청소부 소소

노인경 글·그림 ‖ 문학동네

한글

한글 그림 글자 디자인하기

  소소는 마음에 들지 않거나 싫어하는 장면을 지워주는 청소부이다. 전화를 걸어 마음에 들지 않는 곳을 이야기하면 소소가 지워준다. 어느 날 소소는 갑자기 지워지기를 거부하는 글자를 만난다. 주인공, 슬픔, 조각 등 지워지기를 거부하는 단어를 하나둘씩 모으게 되고 그렇게 모은 글자들이 어느 날 '소소야, 놀자!' 하고 말을 건다. 그때부터 소소와 글자들의 신나는 놀이가 시작된다.

  2012년 볼로냐 국제 어린이 도서전에서 '올해의 일러스트레이터'로 선정된 그림책이다. 세계적인 도서전 수상작인 만큼 그림과 글이 탄탄하게 잘 구성되어 있다. 그림책에서는 앞말 잇기, 끝말잇기, 단어 모으기, 자음 모음 놀이 등 다양한 한글 놀이가 제시되어 있어 학생들과 한글 수업을 하기에 좋다. 또한, 작가는 단어의 뜻에 어울리도록 각각의 글자들을 역동적이고 아름답게 표현하고 있다. 그림 글자 디자인을 해보며 한글의 아름다움을 느낄 수 있고 자연스럽게 단어를 학습할 수 있게 될 것이다.

생각을 나누는 질문
1. 책 청소부 소소는 어떤 일을 할까?
2. 책에서 지워지기를 거부하는 글자들은 무엇일까?
3. 내가 주인공이라면 어떤 단어를 지우고 싶을까?

배움이 깊어지는 활동

1. **끝말잇기** ⇢ 책 속 단어 중 하나를 골라 그 단어를 시작으로 끝말잇기 단어를 적는다. 연결하는 단어의 글자 수는 두 글자, 세 글자 등 자유롭게 정할 수 있다.
2. **그림 글자 디자인하기** ⇢ 단어의 뜻에 어울리는 그림 글자를 디자인한다. 그림과 단어의 뜻이 더 분명하게 연결이 될 수 있도록 색연필 등 채색 도구를 사용한다.
3. **나의 작품 소개하기** ⇢ 나의 작품에 제목과 이 단어를 디자인한 이유를 적고 친구들에게 소개한다. 친구의 작품을 감상하며 그린 친구의 의도와 재미있게 표현한 점을 찾는다.

국어

다니엘이 시를 만난 날

미카 아처 글·그림, 이상희 옮김 ‖ 비룡소

시에 다가가기

공원에 간 다니엘은 '일요일 6시에 공원에서 시를 만나요'라는 안내문을 읽는다. 거미, 참나무, 다람쥐, 개구리, 거북이, 귀뚜라미, 부엉이에게 시가 무엇인지 질문한 다니엘은 다양한 대답을 듣고 시가 무엇인지 생각한다. 드디어 일요일, 다니엘은 자신이 찾은 시를 나눈다. 이슬과 별, 풀빛과 달빛, 바스락거리는 나뭇잎 등 다니엘이 생각한 시는 주변 가까이에 있는 자연과 삶의 모습이다. 시에 다가가기 위해서는 시가 무엇인지 생각해 보는 경험이 필요하다.

문학 작품 중 아이들이 시가 어렵다고 말한다. 시를 읽으면서 문제 풀듯이 정답을 찾으려고 하기 때문이다. 시는 다른 문학의 갈래와 달리 운율이 잘 드러난다. 아이들이 시를 읽을 때 운율을 잘 살려 소리를 내서 읽도록 한다. 시에 쓰인 단어에 집중하며 시에 드러난 공간과 시간을 따라가다 보면 아이들은 말하는 이의 생각과 소통하는 경험을 갖게 될 것이다.

생각을 나누는 질문
1. 다니엘이 공원에서 시에 대해 질문했을 때 들은 답변 중 가장 마음에 드는 것은 무엇인가?
2. 다니엘이 청설모에게 시가 무엇인지 묻는 장면에서 왜 다니엘의 다리만 나올까?
3. 일요일, 다니엘이 시를 나눌 때 다니엘은 어떤 감정을 느꼈을까?

배움이 깊어지는 활동
1. **시가 무엇인지 생각해 보기** … 시는 다른 문학의 갈래와 달리 운율이 드러나는 글이다. 자신이 생각하는 시의 정의를 내려 보면서 운율이 어떻게 느껴지는지 생각하며 시를 낭독해 본다.
2. **시와 관련된 공간을 떠올려보기** … 시를 읽으며 특정한 장소를 떠올려 본다. 다니엘처럼 내가 시를 만난다면 어떤 장소와 언제가 좋을지 상상해 본다.
3. **시어의 의미에 집중하기** … 시에 쓰인 단어는 시의 분위기를 드러낸다. 다니엘이 요일별로 들은 내용 중에서 마음에 드는 시어를 찾아보며 자신만의 느낌을 표현해 본다.

리디아의 정원

사라 스튜어트 글, 데이비드 스몰 그림, 이복희 옮김 ‖ 시공주니어

국어

마음을 전하는 편지 쓰기

리디아는 일을 하기 위해 가족과 헤어져 도시로 떠난다. 가족이 그리운 리디아는 엄마, 아빠, 할머니, 외삼촌에게 편지를 쓰기 시작한다. 할머니로부터 받은 꽃씨와 알뿌리로 가게를 정원처럼 꾸미고 가게는 꽃으로 아름답게 뒤덮인다. 가족과 헤어졌지만 리디아가 슬픔에 빠지지 않고 용기를 낼 수 있었던 건 가족이 보내 준 편지 덕분이었다. 편지의 마지막에 '모두에게 사랑을 담아서'라고 쓰는 리디아에게 편지 쓰기는 자신의 마음을 위로하고 소중한 사람들과 대화하는 시간이 된 셈이다.

요즘 아이들은 길을 걸으면서도 휴대전화를 놓지 못한다. 줄임말과 메신저에 익숙한 아이들은 글쓰기를 부담스러워한다. 리디아의 편지는 다른 사람에게 마음을 어떻게 전해야 하는지 생각해 보게 한다. 자신의 손 글씨로 전하는 편지가 위로를 줄 수 있다는 점은 아이들에게 '글의 힘'을 깨닫게 할 수 있다. 사람이 하는 일을 기계가 하고 로봇과 같이 살아야 하는 세상이 되었지만, 마음을 전하는 편지의 힘은 사라지지 않을 것이다.

생각을 나누는 질문
1. 아버지의 실직으로 가족과 헤어져 도시로 떠나게 된 리디아의 심정은 어땠을까?
2. 도시에 있는 가게에서 일하게 된 리디아는 정원을 왜 가꾸었을까?
3. 도시를 떠나 곧 가족을 만나게 될 리디아에게 어떤 말을 해 주면 좋을까?

배움이 깊어지는 활동

1. **편지를 전하고 싶은 사람 떠올리기** ⋯▸ 편지는 평소에 하고 싶은 말을 전할 수 있는 기회이다. 가족이나 친구 등 누구에게 편지를 전달하고 싶은지 떠올려보고 짝과 편지에 쓸 내용을 서로 이야기해 본다.
2. **편지를 쓰는 목적과 전하고 싶은 내용을 간략하게 써 보기** ⋯▸ 편지를 쓰는 목적에 따라 내용이 달라짐을 이해한다. 목적을 정한 후 자신이 전하고 싶은 내용을 요약해 본다.
3. **마음을 전하는 편지 쓰기** ⋯▸ 편지는 '하고 싶은 말'을 글로 전하는 과정이다. 편지가 갖추어야 할 형식에 맞추어 자신이 전달하고자 하는 바를 솔직하게 생각해 본다.

국어

종이 봉지 공주

로버트 문치 글, 마이클 마첸코 그림, 김태희 옮김 ‖ 비룡소

주장하는 글쓰기

아름다운 엘리자베스 공주는 로널드 왕자와 결혼을 약속했다. 어느 날 용이 공주의 성을 부수고 왕자를 잡아간다. 옷이 다 타서 입을 옷이 없었던 공주는 종이 봉지를 입고 왕자를 구하러 간다. 꾀를 내서 용이 잠든 사이 왕자를 구하지만, 왕자는 더럽고 초라한 모습의 공주를 비난한다. 공주는 왕자에게 겉만 번지르르하다고 말하며 혼자서 길을 떠난다.

시대가 변해도 외모지상주의는 여전히 남아 있다. 성형 관광이라는 단어가 등장하고 SNS가 활발해지면서 겉모습을 중시하는 사람이 예전보다 더 많아졌다. 화장을 하고 성형하는 아이가 점점 늘어난다는 통계는 그 사실을 증명한다. 외모지상주의 사회에서 아이들이 스스로 중요하게 여기는 가치를 생각해 보기 위해서 자신의 주장을 펼칠 기회가 필요하다. 자신의 주장과 주장을 뒷받침하는 이유를 생각해 보는 시간은 논리적인 사고를 키우는 출발점이다. 외모지상주의를 비판하면서 자신의 주장을 펼치다 보면 아이들은 종이 봉지 공주의 목소리에 귀를 기울이게 될 것이다.

생각을 나누는 질문
1. 공주가 왕자를 구했을 때 공주의 겉모습을 본 왕자의 말을 듣고 공주는 어떤 생각을 했을까?
2. 공주가 왕자에게 "넌 겉만 번지르르한 껍데기야!"라고 말한 장면을 보고 든 생각은 무엇인가?
3. 공주가 해를 향해 걸어가는 모습을 보며 떠오르는 낱말은 무엇인가?

배움이 깊어지는 활동

1. **공주와 왕자가 어떤 점에서 다른지 생각해 보기** ⋯ 말과 행동은 관계를 변화시킨다. 공주와 왕자의 말과 행동에 집중하면서 두 사람이 어떤 점에서 다른지 생각해 본다.
2. **첫 장면과 마지막 장면을 비교하기** ⋯ 첫 장면과 마지막 장면을 통해 느낀 감정을 한 단어로 써 본다. 그 단어를 떠올린 이유를 그림과 관련지어 정리해 본다.
3. **주장하는 글쓰기** ⋯ 외모를 중시하는 태도가 드러난 왕자의 말과 행동을 찾아본다. 외모를 중시하는 태도의 문제점을 뒷받침하는 타당한 근거를 들어 주장하는 글을 써 본다.

어떤 약속

마리 도를레앙 글·그림, 이경혜 옮김 ∥ 재능교육

겪은 일 쓰기

여름밤, 엄마는 자는 아이들에게 "얘들아, 우린 약속이 있잖아?"라고 말한다. 잠에서 깬 아이들은 시골길을 지나며 메뚜기 노래도 듣고 마른 풀 냄새도 맡는다. 숲속 빈터에서 잠시 쉬다가 아빠가 "우리 약속은 기다려 주지 않으니까. 시간이 다 됐어"라고 말하자 다시 산에 오르기 시작한다. 산에 오른 후 기다림 끝에 가족은 드디어 눈부신 해가 떠오르는 장면을 맞이한다.

어릴 때 겪은 일은 청소년기와 어른이 된 후에도 긍정적, 부정적 영향을 미친다고 한다. 자신이 겪은 일을 글로 표현해 보는 경험은 다양한 상황을 이해하는 과정이 될 것이다. 겪은 일을 쓰기 위해서 가정이나 학교, 특정 장소에서 있었던 일을 떠올려 본 후 자신이 쓰고 싶은 글감을 고르도록 한다. 글감을 고른 후 그때의 상황을 시간의 흐름에 따라 정리해 본다. 아이들이 떠올린 장면을 쓸 때 본 것과 들은 것을 자세히 쓰도록 한다. 겪은 일을 통해 자신이 말하고자 하는 바를 정리하는 활동은 표현 능력을 키우는 과정이 될 것이다.

생각을 나누는 질문
1. 꽃향기가 풍기는 여름밤을 걷는다면 어떤 마음이 들까?
2. 약속의 시간이 다가올 때 주인공은 가족에게 어떤 말을 하고 싶었을까?
3. 숲속에서 쉴 때 아빠가 말한 "우리 약속은 기다려 주지 않으니까"는 어떤 의미일까?

배움이 깊어지는 활동

1. **주인공이 이동한 공간을 정리하기** ⇢ 시간의 흐름에 따라 공간이 바뀌면 느낌이 달라진다. 주인공의 움직임에 따라 다양한 공간에서 받은 느낌을 정리해 본다.
2. **내가 겪은 일을 통해 말하고자 하는 바를 쓰기** ⇢ 경험한 일을 떠올리면서 경험을 통해 무엇을 깨달았는지 생각해 본다. 그 경험을 통해 자신이 말하고 싶은 바를 한 문장으로 써 본다.
3. **겪은 일 쓰기** ⇢ 겪은 일 쓰기는 주제를 통해 글쓴이의 개성이 잘 드러난다. 주제에 맞게 처음-중간-끝의 내용에 유의하며 짧은 글을 쓴다.

국어

세상에서 가장 힘이 센 말

이현정 글, 이철민 그림 ‖ 달달북스

말의 힘

내가 듣고 싶은 말은 무엇일까? "괜찮아, 멋지다, 힘내, 사랑해, 보고 싶어요." 등은 누구나 듣고 싶어 하는 말이다. 들으면 기분이 좋아지지만, 학교와 가정에서 아이들이 항상 좋은 말만 들을 수는 없다. 어른에 비해 아이들은 학교에서 친구가 하는 말에 영향을 많이 받는다. 친구의 말 한마디로 상처를 입고 마음을 닫는 경우도 있다. 통계에 따르면, 아이들이 부모님에게 가장 듣고 싶은 말은 "같이 놀러 갈까?"라고 한다.

내가 자주 하는 말과 듣고 싶은 말을 생각하다 보면 나의 마음을 들여다볼 수 있다. 말은 상대방에게 용기를 주기도 하고 좌절을 줄 수도 있다. 말은 관계를 변화시키는 힘도 있다. 갈등이 생겼을 때 말을 어떻게 하느냐에 따라 갈등이 해결될 수도 있고, 깊어지기도 한다. 세상에서 가장 힘이 센말이 무엇인지 생각한다면 자신이 하는 말의 의미를 한 번 더 생각할 수 있다. 내가 하는 말은 나와 상대방에게 긍정적이고 부정적인 영향을 줄 수 있다는 점도 알게 된다.

생각을 나누는 질문
1. 그림책에서 나온 말 중 내가 가장 좋아하는 말은 무엇인가?
2. '엄마'라는 말을 들으면 어떤 낱말들이 떠오르는가?
3. 마지막 장면에 나온 '사랑'의 의미는 무엇일까?

배움이 깊어지는 활동

1. **내가 가족이나 친구에게 자주 하는 말** ⋯▸ 가족이나 친구에게 자주 하는 말이 무엇인지 떠올려보면서 그런 말에 어떤 감정이나 생각이 담겨 있는지 정리해 본다.
2. **가족이나 친구에게 자주 듣는 말** ⋯▸ 가족이나 친구에게 자주 듣는 말은 아이들의 마음과 행동에 영향을 준다. 자주 듣는 말을 떠올리며 내가 어떻게 느끼는지 생각해 본다.
3. **가족이나 친구에게 듣고 싶은 말** ⋯▸ 말은 아이들에게 위로를 주기도 하고 상처를 주기도 한다. 말의 힘이 무엇인지 생각하면서 듣고 싶은 말을 써 본다.

공원을 헤엄치는 붉은 물고기

곤살로 모우레 글, 알리시아 바렐라 그림, 이순영 옮김 ‖ 북극곰

국어

상상하며 읽기

 면지에 붉은 물고기가 헤엄치고 있다. 붉은 물고기가 있는 12장의 그림을 넘기면 7편의 이야기가 전개된다. 아이들이 축구를 하고, 음악을 연주하는 사람도 보인다. 책을 읽고 있는 시인도 보인다. 힘이 빠져 길에 주저앉는 사람도 있다. 앞이 보이지 않아 개의 안내를 받는 사람도 있다. 다음 장면에서는 등장인물들의 표정과 행동이 계속 바뀐다. 그림을 따라가며 인물의 표정과 행동의 변화를 살펴보면 이야기의 흐름을 알 수 있다. 어떤 일이 일어날지 예측하는 재미도 느낄 수 있다.

 그림을 본 후 7편의 이야기를 자신이 예측한 내용과 비교하며 읽는 것도 흥미롭다. 예측하며 읽기는 능동적으로 읽는 방법이다. 능동적으로 읽기 위해서 읽기 전략 중 질문하는 방법을 활용하면 그림과 글에 집중할 수 있다. 읽기 전과 읽기 중 질문을 통해 자신의 배경지식이나 경험을 글과 관련짓는 방법이다. 같은 그림을 보더라도 다른 생각을 할 수 있다. 공원의 누군가를 따라가다 보면 자신만의 질문과 상상의 세계에 빠져들 수 있다.

생각을 나누는 질문

1. 의자에 앉아 책을 읽는 아이가 선물 받은 꽃을 바닥에 떨어뜨리는 장면에서 무엇을 느꼈는가?
2. 플루트 위에 앉은 참새를 보며 연주가는 어떤 말을 하고 싶었을까?
3. 일곱 가지 이야기를 통해 작가가 전하고자 하는 의미는 무엇일까?

배움이 깊어지는 활동

1. **첫 페이지에서 관심이 가는 인물을 골라 질문 만들기** ⇢ 그림 속 인물을 관찰하면 다양한 상황이 드러난다. 한 인물을 정해서 어떤 상황에 있는지 상상하며 질문을 만들어 본다.
2. **장면의 맥락에 맞게 질문 만들기** ⇢ 페이지를 넘기면 인물의 표정과 행동이 달라진다. 인물의 표정과 행동을 관찰하면서 사건의 흐름에 따라 질문을 만들어 정리해 본다.
3. **마지막 그림을 이야기로 만들기** ⇢ 같은 장면이라도 독자의 상상에 따라 이야기가 달라진다. 대화하는 장면을 떠올리며 이야기를 요약해서 정리해 본다.

국어

말이 씨가 되는 덩더꿍 마을

윤여림 글, 조원희 그림 ‖ 천개의바람

속담으로 표현하기

말이 씨가 되는 덩더꿍 마을은 조용할 날이 없다. 마을 사람들은 계속 싸우다가 아프기 시작하는데, 털손바닥과 털발바닥만 멀쩡하다. 아이들은 '털손바닥'과 '털발바닥'의 그림만 봐도 게으름뱅이란 것을 알 수 있다. 두 게으름뱅이가 산에서 만나는 신비로운 캐릭터 산신령과 청룡, 백호의 그림은 아이들의 눈길을 사로잡을 만하다. 결국, 산신령의 도움으로 마을 사람들은 친절하게 말하며 잘 지내게 된다. 말이 씨가 된다는 점을 속담으로 자연스럽게 익히는 과정은 아이들에게 말을 어떻게 해야 하는지 고민하는 시간을 갖게 할 것이다.

속담은 예로부터 한 민족이나 사회에서 굳어진 표현으로 공동체 의식을 반영하기도 한다. 속담을 상황에 맞게 활용한다면, 재치 있는 표현으로 의사소통을 활발하게 만들 수 있다. 속담에는 다양한 비유적 표현도 담겨 있어 문학적 소양을 키울 수 있고 어휘력을 늘리는 데도 좋다. 반복되는 문장과 생생한 캐릭터의 매력은 아이들이 이야기 속으로 들어가 즐겁게 읽도록 해 줄 것이다.

생각을 나누는 질문
1. 마을의 이름이 왜 '덩더꿍'일까?
2. 덩더꿍 마을 사람들이 매일 싸우다가 사이가 좋아진 이유는 무엇일까?
3. 산신령이 준 호리병 안에는 무엇이 들어 있었을까?

배움이 깊어지는 활동

1. **그림책에 나오는 속담 고르기** ⋯▶ 64개의 속담 중에서 두 개의 속담을 골라본다. 두 개의 속담에 담겨 있는 의미를 정리하며 어떤 교훈이 담겨 있을지 생각해 본다.
2. **상황과 연결해서 생각하기** ⋯▶ 그림책에 등장하는 호랑이, 용과 관련된 속담을 찾아보고, 속담사전을 만들어 본다. 1~2개의 속담을 골라 어떤 상황에서 사용할 수 있는지 정리해 본다.
3. **속담을 넣어 짧은 글쓰기** ⋯▶ 그림책에 나오는 속담 중 하나를 고른 후 적절한 상황과 관련지어 짧은 글을 써 본다.

국어

훨훨 올라간다
배삼식 글, 노성빈 그림 ‖ 비룡소

연극의 재미

 진안 마이산 탄생 설화를 바탕으로 지어낸 희곡 그림책이다. 하늘나라에서 죄를 지어 산이 된 부부가 다시 하늘로 올라가려고 한다. 물을 길러 온 아낙 때문에 놀라는 바람에 부부는 결국 산으로 굳어진다. 전설과 다르게 그림책에서는 아낙 덕분에 모든 생명이 잘살게 된다는 결말로 마무리된다. 작가는 도랑과 개울, 산과 나무도 생명이 있는 존재로 생각한다. 산이 하늘로 올라가려는 장면에서 남매가 한 행동은 독자에게 다양한 상상을 하며 이야기 속 인물에 몰입할 수 있도록 해준다. 역할을 맡아 아이들이 자신의 목소리로 감정을 살려 말하다 보면 작가의 의도대로 주변에 있는 자연에 의미를 부여하는 과정이 될 수 있다.

 희곡은 연극을 위한 글이므로 배역의 감정과 태도를 잘 살려 말하는 것이 중요하다. 리듬감을 살려 대사를 읽다 보면 우리말의 아름다움도 찾을 수 있다. 연극을 하기 전에 배경과 등장인물을 정리한 후 아이들이 맡은 배역에 어울리는 목소리로 말하도록 한다. 목소리의 높낮이, 크기는 분위기를 전개하는 데 영향을 주기 때문이다. 연극을 하며 소통하면서 자기 감정을 이해하고 다른 사람의 마음에 공감하는 기회를 얻을 것이다.

> 생각을 나누는 질문
> 1. 죄를 지어 산이 된 부부가 아낙 덕분에 맞이하게 된 결말은 무엇인가?
> 2. 내가 가장 해 보고 싶은 역할은 무엇인가?
> 3. 백단이와 송동이는 산들에게 왜 가지 말라고 말했을까?

배움이 깊어지는 활동

1. **진안 마이산 그리기** ⋯▶ 마이산 탄생 설화를 바탕으로 한 이야기이므로 진안 마이산을 찾아보고 그려 본다. 마이산의 형태에 관심을 가지고 그리도록 한다.
2. **희곡의 특징을 알고 때 장소, 등장인물 정리하기** ⋯▶ 희곡은 연극을 하기 위한 글로 인물, 배경, 사건을 구성요소로 한다. 대사를 감정을 살려 읽기 전에 때와 장소, 등장인물을 정리해 본다.
3. **대사를 실감 나게 표현하기** ⋯▶ 대사를 실감 나게 표현하려면 인물의 특징을 잘 파악해야 한다. 인물의 특징을 어떤 목소리로 표현해야 하는지 생각해 보고 자기 배역의 감정을 살려 말한다.

국어

남의 말을 듣는 건 어려워

마수드 가레바기 글·그림, 이정은 옮김 ‖ 풀빛

남의 말을 들을 때 무엇이 필요할까?

우리는 매일 많은 말을 듣는다. 듣기와 말하기는 밀접한 관련이 있지만, 정작 남의 말을 듣는 게 왜 중요한지 생각할 기회가 많지 않다. 듣기를 잘 하지 못하면 제대로 말할 수 없다. 어린 물총새의 일화는 듣는 활동이 왜 중요한지 알려준다. 잠시도 쉬지 않고 떠드는 물총새에게 아빠 물총새가 남의 말을 듣지 못하면 배울 수 없다고 말하지만 귀 기울여 듣지 않는다. 사냥꾼이 다가오자 물총새는 탈출 방법을 의논하고 싶었지만, 자기 말만 하는 앵무새 때문에 말할 기회를 놓치게 된다. 이처럼 듣기는 다른 사람과 제대로 소통하기 위해서 중요한 과정이다.

요즘은 말보다 인스턴트 메신저와 SNS로 소통하는 게 편해진 세상이다. 그러다 보니 같이 있어도 눈을 맞추고 상대방의 말에 귀를 기울일 기회가 별로 없다. 남의 말을 제대로 듣지 않는다면 어떻게 될까? 앵무새와 어린 물총새의 모습을 바라보며 그 대답을 찾을 수 있을 것이다. 아이들 스스로 듣기의 중요성을 깨닫는다면 대화를 나누는 방법도 알게 될 것이다.

생각을 나누는 질문
1. 어린 물총새처럼 남의 말을 듣지 않는다면 어떤 일이 일어날까?
2. 남의 말을 듣지 않는 앵무새들이 떠드는 말 중에서 가장 중요한 말은 무엇일까?
3. 앵무새들이 떠드는 소리를 새장 모양으로 그린 이유는 무엇일까?

배움이 깊어지는 활동

1. **아빠새의 심정 생각하기** ⋯ 아빠새의 말을 듣지 않는 어린 물총새를 보며 아빠새가 어떤 감정이 들었을지 생각해 본다. 다른 사람의 말을 잘 듣지 않았던 경험도 떠올려본다.
2. **앵무새를 보며 든 생각 정리하기** ⋯ 다른 사람이 나의 말을 귀기울여 듣지 않았던 때를 떠올려 본다. 앵무새처럼 나의 말을 듣지 않는 사람을 보면서 어떤 생각이 들었는지 정리해 본다.
3. **앵무새 말 속에서 물총새가 선별한 내용 정리하기** ⋯ 앵무새가 떠드는 말 속에는 중요한 정보가 들어있다. 남의 말을 듣지 않던 물총새가 중요한 정보를 선별하는 과정을 따라가면서 듣기의 중요성을 이해한다.

답답이와 도깨비

하수정 글·그림 ‖ 이야기꽃

국어

사투리의 즐거움

양말의 짝도 못 맞추는 답답이는 부모에게 떠밀려 짐을 메고 길을 떠난다. 답답이는 길에서 도깨비를 만나 일 년을 같이 지낸다. 도깨비는 "넌 좋아하는 게 뭐니?"라고 질문하며 답답이가 잘할 수 있도록 도와준다. 답답이에게 부자가 되는 보물도 주지만, 그때마다 주막 주인이 보물을 가로챈다. 번번이 속는 답답이를 보면서 도깨비는 답답이를 인정해 주며 같이 살자고 한다.

작가의 고향인 부산 사투리를 쓰는 답답이와 서울말을 쓰는 도깨비의 대화는 사투리에 흥미를 갖게 한다. 경상도 사투리도 흥미롭지만, 도깨비의 질문이 답답이에게 어떤 의미를 주는지 주목할 필요가 있다. 어릴 때 시골에서 서울로 전학을 온 아이들은 친구들과 자기 말이 다른 점을 이상하게 여긴다고 한다. 그래서 서울말을 빨리 흉내 내서 비슷해지고 싶어 한다. 사투리에 비해 서울말은 멋있다고 생각하는 점도 한몫한다. 경상도 사투리를 서울말로 바꾸어보면 사투리를 자연스럽게 받아들이면서 이야기의 재미에 빠져들 수 있다.

> **생각을 나누는 질문**
> 1. 제대로 할 줄 아는 게 없는 답답이에게 해주고 싶은 말은 무엇인가?
> 2. 답답이가 번번이 보물을 잃어버린 도깨비에게 질문을 하는 장면에서 어떤 생각이 드는가?
> 3. 서울말이 없고 지역마다 말이 다르다면 어떻게 소통할 수 있을까?

> **배움이 깊어지는 활동**
>
> 1. **경상도 사투리와 서울말을 비교하기** ⋯ 사투리는 지역의 특성을 이해하는 데 도움이 된다. 사투리를 소리 내어 읽어보고 서울말로 바꾸어 보면서 사투리와 서울말의 차이를 생각해 본다.
> 2. **도깨비의 질문을 생각해 보기** ⋯ 도깨비가 답답이에게 한 질문을 아이들이 자신에게 해 본다. 자신이 좋아하는 것이 무엇인지 질문하고 정리한 후 친구들과 이야기를 나눈다.
> 3. **마지막 장면, 둘의 상황을 원인과 결과로 요약하기** ⋯ 중요한 사건을 원인과 결과로 요약하는 활동은 글의 흐름을 이해하는 과정이다. 마지막 장면 인물의 표정을 잘 관찰하고 원인과 결과로 요약한다.

> 수학

수학에 빠진 아이

미겔 탕코 글·그림, 김세실 옮김 ‖ 나는별

수학도 열정의 대상이 될 수 있다

각자 자신이 좋아하는 것에 열정을 가지고 지내는 가족을 보며, 주인공은 자신도 푹 빠져 지낼 만큼 좋아하는 것을 찾는다. 좋아하는 것을 찾기 위해 많은 것을 해 보던 중 자신이 수학을 좋아한다는 것을 발견하게 된다. 그 이후로 날마다 수학을 생각하고 수학과 함께 하는 삶을 산다는 주인공의 이야기다.

학생들은 수학에 대해 부정적인 감정을 떠올리며 수학이 열정의 대상이 될 수 있다는 생각 자체를 못하는 경우가 많다. 주인공의 수학 노트를 보면 나무, 우유, 식빵, 안경 등 주변에서 흔히 볼 수 있는 여러 대상을 다양한 수학 주제로 묶어 분석한 것을 알 수 있다. 이처럼 책을 따라가 보면 일상에서 접하는 많은 소재가 수학과 맞닿아 있다는 것을 알게 되고, 수학 과목에 대한 선입견을 내려놓게 된다. 수학 자체가 열정의 대상이 될 수 있다는 것과 생각보다 수학의 첫걸음은 복잡하지 않고 내 삶과 가까이 있다는 것을 알게 된다. 학생들이 수학을 긍정적으로 느낄 수 있을 것이다.

생각을 나누는 질문
1. 주인공은 왜 좋아하는 것을 찾기 위해서 노력했을까?
2. 열정과 꿈(진로)을 연결하려면 어떤 과정이 필요할까?
3. 수학과 관련하여 좋았던 경험과 힘들었던 경험은 무엇인가?

배움이 깊어지는 활동
1. **내가 요즘 빠져있는 것 표현하기** ⋯▸ 주인공처럼 자신이 집중하고 있는 것이 무엇인지 표현한 후 집중하게 된 계기와 과정을 발표한다. 이를 통해서 반 학생들의 다양한 열정의 대상을 알 수 있다.
2. **내 주변에서 수학과 연결할 수 있는 소재 찾기** ⋯▸ 주인공처럼 내가 맞닿은 삶에서 수학과 연결할 수 있는 소재가 무엇인지 찾고 어떤 점이 수학과 연결되어 있는지 설명한다.
3. **나에게 특별하게 다가온 수학 주제** ⋯▸ 수학의 여러 영역 중 자신에게 특별하게 다가온 주제 한 가지를 선택하여 주인공의 수학 노트처럼 글과 그림으로 표현한다.

100층짜리 집

이와이 도시오 글·그림, 김숙 옮김 ‖ 북뱅크

수학

100까지 즐거운 수 세기

　100층짜리 집 꼭대기에 초대받은 도치는 지도를 보며 신비로운 100층짜리 집을 찾아간다. 도치는 10층씩 각기 다른 동물이 사는 재미있는 집을 차근차근 올라가며 마침내 꼭대기 층까지 올라가 초대장의 주인공을 만난다. 100층짜리 집은 1~10층에는 생쥐, 11~20층에는 다람쥐가 살고 있다. 이처럼 층별로 재미있는 이야기를 담은 동물들의 공간을 직접 보면서 자연스럽게 수를 세게 된다.

　아래에서 위로 펼치며 읽는 그림책이라 실제로 점점 계단을 올라가는 기분을 느낄 수 있고, 페이지별로 동물들의 모습도 재미있어서 즐거운 수 세기를 할 수 있다. 책 없이 1부터 100까지를 세어보는 것은 지루할 테지만, 이 그림책과 함께하면 즐겁게 느껴진다. 각 페이지가 10단위로 이루어져 있어서 책을 읽다 보면, 10씩 반복되며 늘어나는 수의 규칙도 알게 된다. 아이들에게는 상대적으로 큰 수로 느껴질 수 있는 100이라는 수가 좀 더 친숙하게 다가온다. 책과 연결하여 100보다 더 큰 수에 관해 알아보면 좋다.

생각을 나누는 질문
1. 100층짜리 집은 마지막에 왜 사라졌을까?
2. 작가가 아래에서 위로 책을 넘기게 만든 이유가 무엇일까?
3. 그림책처럼 페이지별로 수를 10단위로 세면 어떤 점이 좋을까?

배움이 깊어지는 활동

1. **숫자로 자기소개하기** ⋯ 1~100까지 중에서 자신을 소개할 수 있는 수를 몇 가지 선택한 후 선택한 숫자로 자기를 소개하는 글을 쓰고 발표한다.
2. **100층짜리 집 그림책 만들기** ⋯ 모둠별로 책의 주제를 정한 후 4명의 모둠원이 1~100의 수 중 각자 담당할 범위를 나누어 만든다. 4명의 모둠원의 작품을 합하여 그림책을 완성한다.
3. **큰 수 알아보기** ⋯ 삶에서 만나는 수들은 교과서에 나오는 수들보다 좀 더 크고 복잡하다. 우리 삶에서 쓰이는 큰 수는 어떤 것들이 있는지 알아본다.

> 수학

즐거운 이사 놀이

안노 미쓰마사 글·그림, 박정선 옮김 ‖ 비룡소

직관적으로 수 가르기

이사라는 생활 속 소재와 10을 시각적으로 10명의 사람으로 표현하여 숫자 10을 두 수로 다양하게 가를 수 있음을 표현한 그림책이다. 그림책을 펼쳤을 때 그림책 속 집의 창문이 뚫려있어 총 10명의 사람 중 몇 명이 남고, 몇 명이 이사했는지 알 수 있는 장치가 재미있게 다가온다. 수는 추상적이기 때문에 수를 처음 배울 때는 구체물을 이용하는 것이 도움이 된다. 특히, 구체적 조작기인 아이들은 수를 배울 때 구체물이 필요한데, 이 책은 그 역할을 톡톡히 해 낸다. 아이들은 책을 넘기면서 10을 1과 9, 2와 8, 3과 7, 4와 6등으로 가를 수 있음을 직관적으로 알게 되어 자연스럽게 수 모으기와 수 가르기를 깨닫게 된다. 또한, 그림책에 글이 없다는 점이 오히려 아이들에게 이야기보다는 수의 원리에 집중할 수 있게 한다. 책을 여러 번 반복해서 보기도 하고 뒤에서 앞으로 넘겨도 보며 덧셈, 뺄셈 등 다양한 수학 개념과 연결할 수 있다. 전체 인원, 건물 수 등의 요소들을 변형하여 수학적인 확장을 시도해 보면 좋다.

생각을 나누는 질문
1. 그림책의 소재와 관련된 수학적 개념은 무엇일까?
2. 이사처럼 수를 두 묶음으로 가르는 것을 표현하기 좋은 실생활 소재로 또 무엇이 있을까?
3. 4명의 아이가 3개의 집으로 이사를 간다면 어떻게 될까?

배움이 깊어지는 활동

1. **5를 세 묶음으로 나누어 보기** ⟶ 10을 두 묶음으로 나눴던 것을 응용하여 5를 세 묶음으로 나눈다. 두 묶음으로 나눈 것의 결과를 참고하여 같은 방식으로 찾아본다. 모든 경우를 빠짐없이 찾는다.
2. **20을 두 묶음으로 나누어 보기** ⟶ 그림책에서 찾은 원리를 적용하여 20을 두 묶음으로 나눌 수 있는 경우를 직접 찾아봄으로써 수 가르기를 확장하여 연습하고 경우의 수를 구한다.
3. **수를 두 묶음으로 나누는 것 추상화하기** ⟶ 활동 2의 결과를 보는 사람이 쉽게 이해할 수 있도록 표현한다. 괄호를 사용한 순서쌍의 형태나 가지치기 형태 등 다양한 방법을 생각하도록 독려한다.

할까 말까?

김희남 글, 윤정주 그림 ‖ 한솔수북

수학

경우의 수 배우기

주인공 '할까 말까'는 자신의 이름대로 할지 말지 고민만 하고 결정을 하지 못하는 아이다. 그로 인해 마을에 큰 피해가 생기게 된다. 할까 말까는 쉽게 결정을 못 하는 성격을 고치기 위해서 옆 마을 똑부리 할아버지를 찾아가게 된다. 똑부리 할아버지는 확률론에 자주 등장하는 도구들을 할까 말까에게 선물해 준다. 할까 말까는 도구를 이용해 의사결정을 하며 편안하게 생활하게 된다. 할아버지가 선물해 주신 것은 동전, 주사위, 카드 5장인데 이는 확률론에 등장하는 단골 소재이다. 이처럼 그림책을 통해 확률론에 자주 등장하는 소재를 자연스럽고 쉽게 익힐 수 있다. 또한, 할아버지를 찾아가는 과정에서 강을 건너는 경우의 수, 할아버지 집에 가는 경우의 수, 돌판을 건너는 경우의 수 등 경우의 수를 구하는 문제들을 자연스럽게 접하게 된다. 학생들은 그림책을 통해서 자연스럽게 확률에 등장하는 다양한 소재를 경험하며 경우의 수를 익힐 수 있다. 또한, 문제를 해결하며 수학의 유용성 느낄 수 있다.

생각을 나누는 질문
1. 주인공 할까 말까가 변하게 된 계기는 무엇인가?
2. 주인공처럼 쉽게 결정하지 못한 적이 있다면 그때 감정은 어땠는가? 그 상황을 어떻게 해결했는가?
3. 경우의 수를 알게 되면, 생활할 때 어떤 점이 좋을까?

배움이 깊어지는 활동

1. **경우의 수 문제 해결하기** … 그림책에 나오는 경우의 수 문제를 해결하고 풀이 과정을 설명한다. 풀이 과정을 쓸 때 글과 그림을 활용하여 보는 사람이 잘 이해할 수 있도록 한다.
2. **경우의 수 문제 만들기** … 그림책을 참고하여 경우의 수 문제를 직접 만들고 풀어본다. 문제를 만들기 어려우면 그림책의 문제 조건을 조금 변경하여 만들어도 좋다.
3. **경우의 수 소재 분석하기** … 그림책에는 동전, 주사위, 카드, 가위바위보 등이 나온다. 이러한 소재들의 공통점을 분석하고, 이런 소재가 쓰이는 이유를 발견한다. 또한, 확률에서 어떤 소재를 사용할 수 있는지 생각해 본다.

> 수학

도전 1분!

히어 디자인 글·그림, 이승숙 옮김 ‖ 한림출판사

1분 느껴보기

바쁘게 살다 보면 1분은 찰나처럼 느껴진다. 어른들은 1분뿐만 아니라 1시간, 하루, 일주일도 금세 지나가는 것처럼 느껴질 때가 많다. 학생들에게 1분은 어떻게 느껴질까? 학생들도 1분이 찰나같이 느껴질까? 이 책은 1분의 다양한 측면을 보여준다. 1분 동안 몇 번의 팔 벌려 뛰기를 할 수 있는지, 1분 동안 구슬을 몇 개나 꿸 수 있는지, 1분 동안 몇 가지 일을 기억해 낼 수 있는지 등 1분 동안 할 수 있는 다양한 것에 관해 이야기한다. 학생들과도 1분 동안 할 수 있는 것에 관해서 이야기를 나누고 직접 다양한 것들을 해 보면서 1분의 의미를 다방면으로 느낄 수 있다.

책에 나오는 여러 활동을 통해서 자칫 소홀히 여기기 쉬운 시간인 1분 동안 할 수 있는 것이 많음을 알게 되어 시간을 소중히 여기는 태도를 가질 수 있다. 실제로 자신이 쉽게 흘려보내는 시간에 대해서 표로 정리하고 분석해 보면서 평소 자신의 시간 사용에 대해서 반성하며 시간에 대한 생각을 새롭게 할 수 있다.

생각을 나누는 질문
1. 책에서처럼 1분 동안 도전할 수 있는 미션으로 어떤 것이 있을까?
2. 책에 있는 1분 도전 활동 중 의미 있게 다가오는 활동과 그 이유는 무엇인가?
3. 책을 읽기 전과 후를 비교해 볼 때 1분이라는 시간에 대해서 다르게 느껴진 점은 무엇인가?

배움이 깊어지는 활동

1. **도전 1분! 해보기** ⋯▶ 학생들과 함께 도전할 것을 찾아 실제로 함께 도전하면서 1분 동안 할 수 있는 것들에 대해 체감하고 소감을 나눈다.
2. **하루에 버려지는 시간 모아보기** ⋯▶ 1분처럼 짧은 시간을 허투루 보낸 경험을 떠올려 허비한 시간의 항목과 시간을 적어 본다. 다 적은 후 마지막으로 항목의 시간을 합하여 느낀 점을 적는다.
3. **자투리 시간 잘 쓰기 대회** ⋯▶ 10분 이하의 시간을 기발하게 잘 쓴 경험을 적어 본다. 모둠 친구들의 방법을 함께 읽어보고, 모둠별 가장 좋은 방법을 선정 후 이를 발표한다.

뾰족반듯단단 도형 나라의 비밀

가졸 & 크리쉬포름 지음, 김현아 옮김 || 한울림어린이

수학

다양한 도형 경험하기

뾰족반듯단단 도형 나라에는 온통 직선으로 된 도형뿐이다. 둥글거나 비정형적인 도형은 인정받지 못한다. 이 나라에서 도형이 인정받기 위한 기준은 너무나 명확하고 폭력적이다. 그러던 중 정삼각형의 공주가 태어나고, 공주의 결혼 상대를 찾는 과정에서 공주는 나라의 기준이 아닌 자기 생각대로 짝을 찾아 행복하게 살아간다. 그림책에서 뾰족반듯단단 도형 나라의 다양한 도형들을 만날 수 있다. 교과서에서 주로 만나는 볼록 다각형뿐만 아니라 교과서에서는 보기 힘든 오목 다각형들도 만날 수 있고, 곡선이 포함된 좀 더 복잡한 모양의 도형도 볼 수 있다. 다양한 도형에 관해서 학습하고 탐구하는 재미를 느낄 수 있다.

그림책의 다양한 도형들을 참고하여 학생들과 다양한 도형을 디자인해 보면 좋다. 기본 도형들을 바탕으로 이를 변형하여 창의적인 디자인을 할 수 있다. 또한, 다른 사람의 기준에 흔들리지 않고 자신의 소신대로 사는 공주의 모습을 자기와 연결하여 삶의 태도 측면에서 함께 이야기하기 좋다.

> 생각을 나누는 질문
> 1. 공주가 슬라임과 같이 떠난 나라의 이름은 무엇일까?
> 2. 만약, 자신이 공주라면 어떤 도형과 결혼했을까?
> 3. 마지막 장면에서 왕과 왕비에게 어떤 말을 해 주면 좋을까?

배움이 깊어지는 활동

1. **뾰족반듯단단 도형 탐구하기** ⋯▶ 뾰족반듯단단 도형 나라에 살고 있는 도형을 하나 선택한 후 수학적으로 탐구하고, 캐릭터를 부여한다. 도형에서 발견할 수 있는 수학적 사실을 최대한 많이 찾아본다.
2. **공주와 슬라임의 자녀 상상해 보기** ⋯▶ 공주와 슬라임의 자녀는 어떤 모습일지 상상하여 도형을 그린다. 자, 컴퍼스, 곡선자 등을 활용하여 다양한 도형이 나올 수 있도록 하고, 도형의 이름과 성격도 적어 본다.
3. **자신을 도형으로 표현하기** ⋯▶ 곡선, 직선, 다양한 형태로 자신을 도형으로 표현해 보고 이름을 붙인다. 디자인 후 자신의 모습, 성격 등과 연결하여 도형을 소개한다.

수학

세모의 완벽한 자리

나오미 존스 글, 제임스 존스 그림, 장미란 옮김 ∥ 책읽는곰

다양한 도형이 어우러지는 즐거움

　주인공 세모는 동그라미들, 네모들, 육각형들과 즐겁게 놀았지만, 자신이 도형들과 다른 점이 신경 쓰여 자신과 같은 세모들을 찾아 떠난다. 마침내 세모들을 만나게 되었지만, 같은 크기, 같은 모양인 세모들과의 만남에 허전함을 느낀다. 다른 도형들과 다양하고 재미있게 놀았던 기억을 떠올리고는 다시 이전의 도형 친구들을 초대하여 함께 어울려 논다. 때때로 학급 안에서 또는 모둠 활동에서 그림책과 비슷한 갈등이 생기기도 한다. 이처럼 다름에서 오는 갈등으로 힘든 순간에 필요한 그림책이다.

　그림책 끝부분에서 틈이나 포개짐 없이 평면을 도형으로 채우는 테셀레이션과 비슷한 그림을 볼 수 있다. 그림책 장면에서는 등장인물인 원이 포함되어 있기 때문에 평면을 꽉 채우는 테셀레이션은 아니지만, 원을 제외한 정삼각형, 정사각형, 정육각형으로는 테셀레이션을 만들 수 있다. 그림책 내용과 더불어 수학적으로 테셀레이션과 연결하여 학생들과 평면을 채우는 디자인을 할 수 있다.

생각을 나누는 질문
1. 나와 다른 점이 많은 친구와 놀 때 좋았던 점은 무엇인가?
2. 그림책에 만약 오각형이 나온다면 세모와 오각형이 함께 할 수 있는 놀이는 무엇이 있을까?
3. 주인공이 동그라미라면, 동그라미와 세모, 동그라미와 네모, 동그라미와 육각형이 만났을 때 할 수 있는 놀이는 무엇이 있을까?

배움이 깊어지는 활동

1. **도형들이 모두 함께 놀아요** ⋯▶ 마지막 페이지를 참고하여 다양한 도형이 나오는 편지지 디자인을 해 본다. 다양한 도형들이 함께 어우러지게 디자인하고 나와 다른 점이 많은 친구에게 편지를 쓴다.
2. **테셀레이션 하기** ⋯▶ 그림책에 등장하는 도형 중 원을 제외한 삼각형, 사각형, 육각형은 테셀레이션을 할 수 있는 도형이다. 테셀레이션을 할 수 있는 도형을 하나 또는 몇 가지 선택하여 평면을 채워 본다.
3. **실생활에서 테셀레이션 찾기** ⋯▶ 실생활에서 테셀레이션이 활용되는 예를 찾아보고, 테셀레이션이 일상생활에 쓰였을 때 어떤 점이 좋은지 적어 본다.

수학

할머니가 네모 빵을 구웠대!

와타나베 데츠타 글, 미나미 신보 그림, 한미숙 옮김 ∥ 천개의바람

반의 반의 반의 반의 반의 반의 반은 얼마일까?

할머니는 네모 빵을 남겨두며 할아버지께 딱 한 마디 부탁했다. "여보, 명심해요! 빵을 먹더라도 반은 남겨 둬요. 나도 먹을 거니까." 할아버지는 할머니의 부탁대로 딱 반만 드셨다. 하지만 할아버지 뒤로 강아지, 고양이, 암탉, 다람쥐, 사마귀, 꿀벌이 남은 것의 절반씩을 먹었다. 결과는 어땠을까? 빵은 할머니가 처음 만든 양의 반의 반의 반의 반의 반의 반의 반 밖에 남지 않았다. 할머니가 말한 절반은 처음 빵의 절반이라 할머니가 드시기 괜찮은 양이었다. 하지만 계속 반씩 줄어들면서 처음 양보다 매우 적은 양이 되어버렸다.

이 책을 통해 곱셈, 나눗셈이 반복 적용되면 어떤 결과가 나오는지 그림으로 확인할 수 있다. 그림으로 확인하는 것과 더불어 이를 식으로 나타내어 수학적으로 분석할 수 있다. 지수적 증가와 지수적 감소를 초등 수준에서 알 수 있는 그림책이다. 비슷한 소재를 다룬 그림책이나 옛이야기에서 지수적 증가와 감소를 다룬 이야기들을 비교해 보고 실생활 소재에서도 찾아보면 좋을 것이다.

생각을 나누는 질문
1. 할머니의 빵이 네모가 아닌 세모 모양이라면 어떻게 반으로 잘랐을까?
2. 할머니의 빵이 네모가 아닌 동그라미 모양이라면 어떻게 반으로 잘랐을까?
3. 처음 빵의 부피가 64라고 할 때 마지막 할머니가 드신 빵의 부피는 몇인가?

배움이 깊어지는 활동

1. **두 배로 늘어나는 이야기 만들기** ⋯ 그림책 내용을 참고하여 양이 2배로 늘어나는 이야기를 만든다. 양이 2배로 늘어나면 생기는 변화가 잘 나타나도록 글을 쓴다.
2. **식 세워서 구하기** ⋯ 할머니가 만드신 처음 빵의 부피를 □라고 할 때, 맨 마지막에 남은 빵의 부피를 □가 들어간 식으로 표현한다. (정답 : □ x ½ x ½ x ½ x ½ x ½ x ½ x ½)
3. **실생활 사례 및 비슷한 이야기 찾기** ⋯ 지수적 증가와 감소가 활용되는 실생활의 사례를 찾거나, 비슷한 내용을 담은 이야기를 찾는다. 그림책의 이야기와 비교하여 자신이 찾은 사례의 공통점과 차이점을 분석해 본다.

수리네 ÷ 자동차

서주희 글 · 그림 ‖ 북극곰

수학 수수께끼 해결하기

할머니께서는 변호사를 통해 세 남매에게 유언을 전했다. 유언은 본인이 평생 모은 명차 총 17대 중 $\frac{1}{2}$은 세 남매 중 첫째에게, $\frac{1}{3}$은 둘째에게, $\frac{1}{9}$은 막내에게 준다는 내용이다. 단순하게 17을 2와 3과 9로 각각 나눠보면 그 몫이 자연수로 딱 떨어지지 않는다. 왜냐하면 17은 소수이므로 1과 자기 자신인 17만을 약수로 가지기 때문이다. 그러므로 1과 17이 아닌 수로 나누면 몫이 자연수가 되지 않는다. 실제로 나눗셈을 해 보면 17÷2=8.5이고, 17÷3=5.666666…으로 소수점 아래 6이 무한히 반복되는 순환소수이다. 마찬가지로 17÷9=1.88888…으로 소수점 아래 8이 무한히 반복되는 순환소수임을 알 수 있다.

이처럼 이 문제는 단순하게 연산으로는 풀 수 없고, 아이디어가 필요하다. 문제를 해결하기 어려워하는 경우 소수와 최소공배수의 개념을 힌트로 줄 수도 있다. 이 그림책의 이야기는 고대 이집트에서 전해 내려온 수학 수수께끼에 유래하고 있다. 비슷한 수학 수수께끼가 많으므로 다양한 수학 수수께끼 문제를 함께 다루는 것도 좋다.

생각을 나누는 질문

1. 그림책에서 나오는 문제를 해결할 때 필요한 수학 개념은 무엇인가?
2. 세 수의 최소공배수를 구하는 방법은 무엇인가?
3. 할머니는 유언장을 통해서 세 남매에게 무엇을 남기고 싶어 하셨을까?

배움이 깊어지는 활동

1. **수학 수수께끼 해결하기** ⋯ 그림책 속 할머니의 유언 문제를 직접 풀어본다. 문제를 해결하기 어려워하는 경우 점차 소수와 최소공배수의 개념을 힌트로 제공한다.
2. **문제 만들기** ⋯ 그림책 속 수학 수수께끼 문제에서 수를 바꾸어 문제를 만든다. 새로운 문제를 만든 후 자신이 만든 문제를 풀어보며 수학적인 오류가 없는지 확인한다.
3. **수학 수수께끼 풀기** ⋯ 그림책 속 수학 수수께끼처럼 고대부터 내려오는 문제나 재미있는 수학 문제들을 찾아보고 친구들과 함께 풀어본다.

어디서나 필요한 수학의 원리

킴 행킨슨 글·그림, 강수진 옮김 ‖ 올리

수학

직업으로 만나는 수학

 수학을 좋아하는 학생보다는 싫어하는 학생을 더 많이 만난다. 수학 과목은 위계적이라 배우는 내용이 서로 연결되어 심화하고 확장된다. 1차 방정식을 풀 수 없다면, 2차 방정식을 풀기는 더욱 어렵다. 그래서 수학을 어려워하는 학생들은 일상생활에는 쓰임새가 없어 보이는 수학으로 인해 고통받고 힘든 것에 대한 불만을 표현하기도 한다. 이런 학생들에게는 수학 공부에 대한 동기부여가 중요하다.

 이 그림책은 수학이 우리 삶에 필요하다는 것을 알려준다. 추상적이고 이론적인 수학이 우리 삶에 어떻게 쓰이는지 학생들이 쉽게 이해하고 받아들일 수 있도록 직업과 연결해서 내용이 전개된다. 총 12가지 직업인 건축자, 의상 디자이너, 공원 관리사, 가게 운영자, 기상 예보관, 비행기 조종사, 수의사, 사진작가, 축구팀 감독, 디제이, 인테리어 디자이너, 요리사와 수학이 어떻게 연결되어 있는지 글과 그림으로 쉽게 설명되어 있다. 특히, 인포그래픽으로 표현된 그림이 이해를 돕는다. 12가지 직업과 연결하여 진로 교육으로 쓰면 좋다.

생각을 나누는 질문
1. 삶에서 수학을 활용해 본 경험이 있다면 어떤 것인가?
2. 책을 읽기 전 12가지 직업 중 가장 수학과 관련이 없어 보이는 직업과 그 이유는 무엇인가?
3. 책에서 소개된 12가지 직업 중 가장 관심이 가는 직업과 그 이유는 무엇인가?

배움이 깊어지는 활동

1. **수학과 연결되는 직업 찾기** ⇢ 수학과 연결되는 직업을 더 찾아본다. 커리어넷을 소개하고 관심과 흥미를 반영한 테마별 검색이나 적성유형별 검색 중 수학과 연결되는 능력을 선택하여 찾는다.
2. **주변의 수학자 찾기** ⇢ 저자는 매일 우리 주위에서 다양한 수학자를 만난다고 한다. 최근에 만난 사람 중에서 수학자라고 생각되는 사람과 그 이유를 적는다.
3. **나의 진로와 수학 연결하기** ⇢ 나의 진로와 수학과의 연결점을 찾아본다. 그림책의 형식을 참고하여 인포그래픽 형태의 그림과 글로 친구들이 잘 이해할 수 있도록 표현한다.

과학

로보베이비

데이비드 위즈너 글·그림, 서남희 옮김 ‖ 시공주니어

로봇 아기가 온 날

　로봇 가족이 사는 집에 아기 로봇이 배달되어 온다. 아기 로봇을 조립하기 위해 온 가족이 함께 나선다. 아기 로봇은 이미 이름이 있으며 조립이 어려운 엄마는 주변에 사는 남동생에게 도움을 요청하기도 한다. 로봇 가족은 아기가 온 것을 축하하고 음식도 함께 나눈다. 로봇 아기의 조립이 끝나고 작동 버튼을 눌렀으나 업데이트를 하지 않아 다시 분해하고 수리해야 하는 일도 벌어진다. 로봇 가족은 달아나는 아기 로봇을 잡아 와서 다시 조립하고 완성한다.

　이 그림책은 로봇이 조립되어 탄생하지만 마치 사람처럼 생각하고 대화하는 것을 보여준다. 녹슨 수프를 함께 먹고 축하하는 모습에 충분히 감정이입이 된다. 사람은 전혀 등장하지 않아 로봇이 살아가는 세상에 초대된 느낌마저 든다. 아기의 탄생이 배송과 조립으로 이루어지는 것이 매우 새롭고 로봇 세상에 대한 흥미를 불러일으킨다. 사람의 지시를 받아 생각하고 움직이는 존재가 아니라 혼자 말하고 행동하는 로봇 이야기는 다가올 미래 사회를 상상하게 한다.

생각을 나누는 질문
1. 로봇에게도 가족이 필요할까?
2. 로봇 가족과 사람 가족의 비슷한 점과 차이점은 무엇일까?
3. 로봇이 있어서 좋은 점은 무엇일까?

배움이 깊어지는 활동

1. **가족이 있어서 좋은 점** ⋯▸ 집에서 가족구성원과 함께 생활할 때 좋은 점은 무엇인지 다양한 각도에서 생각해 보고 친구들과 이야기 나눈다.
2. **우리 주변에 있는 로봇 조사하기** ⋯▸ 산업이 발달하면서 우리 주변에 로봇이 많아지고 있다. 사람의 생활을 편리하게 돕는 우리 주변의 로봇을 찾아 조사해 보고 어떻게 사용되는지 발표한다.
3. **우리 집에 로보베이비가 태어난다면** ⋯▸ 우리 집에 로보베이비가 태어난다면, 로봇은 어떤 기능이 있으며 어떤 모습일지 생각해 보고 그림으로 나타낸다.

모든 것을 끌어당기는 힘

제이슨 친 글·그림, 윤정숙 옮김 | 봄의정원

과학

끌어당기는 힘

책이 하늘에서 떨어지면서 이야기가 시작된다. 지구에서 사는 우리는 지구 밖의 모습이 생소하고 중력의 힘을 뚜렷이 느끼지 못한 채 살아간다. 여러 장소에서 중력이 있을 때와 없을 때 일어나는 일을 통해 모든 것을 땅으로 끌어당기는 힘이 있음을 보여준다. 모든 것을 끌어당기는 힘이 있기에 우리가 지구에서 물놀이도 하고 친구와 즐겁게 지낼 수 있다는 것을 생각해 볼 수 있다. 우리 주변에 일어나는 일들이 중력과 관련이 있으며, 태양과 달, 우주와도 관련이 있음을 알게 된다. 중력이 눈에 보이지 않으므로 일상에서 중력의 작용을 당연하게 받아들였을 텐데, 이 책을 통해 과학적 원리가 숨어 있음을 알게 된다.

질량과 무게의 차이를 생각해 보며 지구와 달의 크기를 비교할 수 있고 우주와 지구의 크기 차이를 생각해 볼 수 있다. 지구가 태양 주위를 돌고 달이 지구 주변을 도는 규칙성으로 인해 낮과 밤, 사계절이 생기는 것을 알면 지구에서 일어나는 일들에 궁금증을 갖게 될 것이다.

생각을 나누는 질문
1. 중력이 없다면 세상의 모든 것은 어떻게 될까?
2. 행성 사이에 작용하는 힘으로 어떤 일이 생기는가?
3. 중력이 있어서 좋은 점은 무엇인가?

배움이 깊어지는 활동

1. **우주에서 떨어지는 물건 알아보기** ⋯→ 그림책에서 물건들이 땅으로 떨어지는 모습처럼 우주에 있는 물체가 지구에 떨어지는 경우가 있는지 알아본다.
2. **중력이 없을 때 일어날 수 있는 모습을 그려보기** ⋯→ 물건이 끌어당기는 힘을 잃고 중력이 사라지고 없을 때 일어날 수 있는 일을 상상해 보고 그림으로 나타내 본다.
3. **중력에 대해 알게 된 것** ⋯→ 그림책에서 본 내용을 바탕으로 중력으로 인해 일어나는 일을 자유롭게 상상해 보고 중력에 대해 새롭게 알게 된 것을 적어 본다.

과학

그림자는 내 친구

박정선 글, 이수지 그림 ‖ 길벗어린이

그림자의 특별한 능력

주인공은 숨바꼭질하면서 애써 몸을 숨겨도 결국 그림자 때문에 들킨다. 그림자는 어디든지 주인공을 따라다니는 것처럼 보이고 누구에게나 있다. 주인공이 직접 실험해 보는 모습을 통해 그림자에 관해 궁금한 것을 하나씩 풀어나간다. 주인공은 빛과 그림자의 관계, 그림자가 생기는 까닭, 빛이 구부러지지 않는 까닭을 손전등으로 비추어 알아내기도 한다. 그림책의 양쪽 면에 대조적인 상황이 그림자에 대한 이해를 돕는다.

이 그림책은 주인공의 표정과 생기발랄한 동작으로 그림자에 집중하게 만든다. 대부분을 흑백으로 표현함으로써, 그림자는 색깔이 없고 표정이 없다는 것을 간접적으로 느끼게 하는 것이 특징이다. 빛도 나름의 성질이 있으며, 나아가 응용하여 놀이까지 할 수 있음을 보여준다. 그리고 그림자가 만들어지는 단순한 원리를 보여주는 데 그치지 않는다. 그림자로 만들어진 동물의 모양은 실제는 동물이 아니라 물건들이었음이 드러나면서 그림자를 더 이해하게 된다. 언제 어디서나 상상력을 펼치고 그림자를 가지고 즐겁게 놀 수 있게 될 것이다.

> 생각을 나누는 질문
> 1. 그림자가 없으면 어떤 일이 생길까?
> 2. 그림자가 휘어지면 어떻게 될까?
> 3. 그림자는 꼭 필요할까?

배움이 깊어지는 활동

1. **시간에 따라 그림자의 길이 비교하기** ⋯› 그림자의 길이가 시간마다 변하는 것을 알아보기 위해 3시간 간격으로 그림자의 길이를 재어 보고 시간에 따른 그림자의 길이를 비교해 본다.
2. **그림자의 특징 말하기** ⋯› 그림자와 관련된 경험과 평소에 생각해 본 그림자의 특징을 친구들에게 발표한다. 서로의 경험을 통해 여러 특징을 공유한다.
3. **여러 가지 물건으로 다양한 장면 만들어 보기** ⋯› 투명한 판 뒤에 여러 가지 물건을 준비하여 손전등으로 비추어 본다. 그림자가 나타내는 모습을 상상해 보고 친구들에게 설명한다.

과학

안녕, 물!

앙트아네트 포티스 글·그림, 이종원 옮김 ‖ 행복한그림책

새롭게 만나는 물

　세상 어디에나 있으면서 다양한 모습으로 변하는 물이 주인공이다. 개울, 강이 되었다가 모여서 바다, 호수로 이동하고 다른 이름으로 변한다. 물은 이슬방울, 눈물, 구름, 안개 등으로도 모습을 바꾼다. 더 나아가 물은 살아 있는 모든 것과 연관되어 있다. 이 그림책은 물이라는 물질에 관심을 갖게 한다. 물의 모양이 점차 확장되고 물의 힘이 드러난다. 생물을 포함하여 물이 지구를 구성하는 데 아주 큰 역할을 차지하는 것을 알 수 있다. 물이 한 가지 상태로만 유지되는 것이 아니라 온도에 따라 바뀌는 것도 알려준다. 또한, 물을 담는 그릇에 따라 형태가 달라지는 것을 통해 액체의 성질에 관해 생각해 보게 하고 고체로 변했을 때의 유용함과 성질에 대해서도 생각해 보게 한다. 이를 통해 우리 주변의 물을 새로운 시각으로 보고 관찰하는 태도를 기를 수 있을 것이다. 물이 얼마나 소중하고 광대한지 알게 될 것이며, 우리가 살아가는 데 꼭 필요한 물을 소중하게 잘 쓰고 잘 지켜야겠다는 생각을 해보는 기회가 될 것이다.

생각을 나누는 질문
1. 우리 주변에 물로 만들어진 것에는 어떤 것들이 있을까?
2. 물의 상태 3가지 무엇인가?
3. 물로 할 수 있는 놀이는 무엇인가?

배움이 깊어지는 활동

1. **물이 없어서 힘들었던 경험** ⋯▶ 물이 꼭 필요한 순간에 없으면 매우 힘든 상황이 생긴다. 생활에서 힘들었던 경험을 막상 떠올리기 힘들어하면, 생각의 단서가 될 만한 낱말을 제공하여 경험을 떠올려 쓰고 발표해 볼 수 있도록 한다.
2. **그림책에서 물의 다양한 모양을 찾아 정리하기** ⋯▶ 물이 액체, 기체, 고체 상태로 변화하는 원리를 생각해 본다. 그림책에서 찾은 물의 3가지 상태에 따라 이름도 달라지는데 그 이름을 적어 본다.
3. **물을 소중하게 잘 사용하는 방법 알아보기** ⋯▶ 우리 생활에 큰 도움을 주는 물을 잘 쓰기 위해 물을 어떻게 사용하는 것이 좋은지 생각해 보고 나의 주변에서부터 가정, 학교, 사회까지 범위를 확대시켜 적용해 본다.

과학

나는 화성 탐사 로봇 오퍼튜니티입니다

이현 글, 최경식 그림 ‖ 만만한책방

낯선 세계를 향한 호기심과 도전

화성 탐사 로봇인 오퍼튜니티는 우주를 날아 화성에 도착했다. 꼼꼼하게 화성의 모습을 촬영하고 바위 속까지 살피는 오퍼튜니티는 어려움을 이겨내며 탐사를 계속해 간다. 가 보지 않은 길로 계속 나아가며 포기하지 않는다. 2019년 2월 13일, 오퍼튜니티는 모든 작동을 멈추기까지 새로운 미지의 세계를 향해 나아가는 임무를 수행했다. 화성은 아직 사람이 탐사할 수가 없기에 탐사 로봇을 보냈다. 이후 화성 연구는 더욱 활발해졌다.

화성에서 발견을 위해 한 걸음씩 나아가는 오퍼튜니티의 이야기는 아이들에게 우주와 화성에 대한 호기심과 궁금증을 불러일으킨다. 또한, 미지의 세계에 대한 기대감과 탐구심을 갖게 한다. 어려움이 닥쳐도 끝까지 헤쳐 나가는 오퍼튜니티를 통해 학생들도 어려움을 이겨내며 다양한 방법으로 대처하는 자세를 배울 수 있다. 새로운 것에 도전하는 소중함뿐만 아니라, 호기심을 갖고 관심 있는 분야를 더욱 넓히는 기회가 될 것이다.

생각을 나누는 질문
1. 오퍼튜니티가 화성에 처음 도착했을 때 어떤 기분이었을까?
2. 화성의 바위에 콩알 같은 돌멩이가 붙어 있는 것을 찾아냈을 때 과학자들은 왜 좋아했을까?
3. 오퍼튜니티가 가 보지 않은 길로 계속 나아간 이유는 무엇일까?

배움이 깊어지는 활동

1. **오퍼튜니티가 되어 탐사 계획 세우기** ⋯ 화성의 환경은 지구와는 다를 것인데 낯선 화성에 도착한 오퍼튜니티가 되어 화성 탐사 계획을 세워본다.
2. **오퍼튜니티가 탐사한 것들 표현하기** ⋯ 화성에서 오퍼튜니티가 발견한 것들과 걸어간 길을 그림으로 그린다. 오퍼튜니티가 탐사한 화성이 어떤 모습을 하고 있는지 나타내 본다.
3. **내가 만든 화성 탐사 로봇 소개하기** ⋯ 내가 과학자가 되어 화성 탐사 로봇을 설계하고 특징을 살려 이름도 짓는다. 화성 탐사 로봇의 이름을 지은 이유도 함께 설명한다.

꽃이 필 거야

정주희 글·그림 ǁ 북극곰

과학

텃밭 꽃의 향연

주인공은 우아하게 춤을 추는 듯 보이는 무꽃을 시작으로 텃밭의 꽃의 생김새와 닮은 것을 떠올리며 이야기를 이어간다. 토마토꽃, 시금치꽃. 양파꽃, 당근꽃, 고구마꽃까지 텃밭에서 발견한 꽃들을 소개한다. 이 그림책은 우리가 관심 갖지 않고 지나쳤던 꽃들을 자세히 관찰하고 묘사했다. 꽃의 모습을 통해 연상되는 것들을 찾아내고 주인공을 작게 표현하여 주인공이 텃밭 꽃의 세상에서 뛰어노는 것처럼 보인다. 이를 통해 우리 또한 텃밭의 세계를 탐험하는 듯한 느낌을 받는다. 주로 우리가 먹는 음식으로 활용되는 꽃을 통해 꽃이 피고 열매와 잎이 있는 이유를 자세히 생각해 볼 기회를 준다. 여백과 주인공의 단순한 모습과 대조적으로 식물은 매우 세밀하다. 춤을 추기도 하고 걷기도 하며 꽃향기를 맡기도 하는 다양한 동작을 통해 자연과 어울리고 자연 속에서 노는 것의 즐거움이 어떤 것인지 알 수 있다. 주인공의 마음으로 채소밭을 관찰하다 보면 주변에 있는 식물에 관심을 갖게 될 것이다.

생각을 나누는 질문
1. 텃밭에서 볼 수 있는 것은 어떤 것들이 있는가?
2. 텃밭의 좋은 점은 무엇인가?
3. 식물은 왜 꽃이 필까?

배움이 깊어지는 활동

1. **'텃밭' 마인드맵** ⋯▸ 텃밭에 가 본 경험을 떠올려본다. 텃밭에서 본 것과 들은 것을 생각하며 텃밭 하면 떠오르는 것들을 마인드맵으로 자유롭게 적는다.
2. **내가 만들고 싶은 텃밭** ⋯▸ 나만의 텃밭이 생긴다면 어떨지 생각해 본다. 내가 만들고 가꾸고 싶은 텃밭의 이름은 무엇인지 쓰고 이름을 지은 이유를 적어 친구들에게 소개한다.
3. **내가 좋아하는 텃밭 식물** ⋯▸ 내가 좋아하는 텃밭 식물이 있다면 다양한 매체를 이용하여 텃밭 식물을 조사하여 특징을 적고 식물의 줄기, 잎, 꽃을 자세히 관찰하여 세밀하게 그려 본다.

과학

나 진짜 궁금해!

미카 알처 글·그림, 김난령 옮김 ‖ 나무의말

자연에 대한 궁금증

집 안에서 책을 읽고 고양이를 안고 있던 두 아이가 심심하다며 산책을 나간다. 주인공들은 집 밖, 이곳저곳을 다니며 아침부터 저녁까지 질문을 던진다. 아이들은 직접 만지고 밟으며 자연의 신비함을 온몸으로 느낀다. 이 그림책은 다양한 종이를 여러 겹 붙이고 유화물감으로 표현했다. 종이의 질감을 이용했으며 자연의 표면, 양감을 종이를 잘라 덧붙여 표현했다. 우리가 쉽게 만나는 자연 속에 신비함과 오묘함을 숨겨 놓은 듯하다. 섬세하고 오밀조밀하게 표현한 장면에서 아이의 질문에 아이가 만난 자연도 대답해 주는 듯하다. 물감의 색상이 매우 선명하고 강렬하여 장면마다 입체감과 생동감을 느낄 수 있다. 어린이들은 종이의 질감과 소리를 좋아하고 종이를 자르며 즐거워한다. 화면을 꽉 채운 풍경을 통해 그냥 지나쳐버린 자연환경을 유심히 관찰하고 궁금해하는 자세를 배울 수 있다. 온종일 자연을 뛰어다니는 주인공들과 함께 질문을 이어가며 질문하면서 답을 찾아가는 즐거움에 빠질 수 있다.

> 생각을 나누는 질문
> 1. 자연을 누군가와 함께 관찰해 본 적이 있는가?
> 2. 책 속 장면에서 자연의 질감을 잘 살펴 표현한 것은 무엇인가?
> 3. 궁금한 것이 생기면 어떻게 해결할 수 있을까?

배움이 깊어지는 활동

1. **책 내용 바꾸어 보기** ⋯▸ 해, 물안개, 산등성이 나무, 나뭇가지, 뿌리, 동굴, 조가비, 바다, 시내, 바람, 비, 달을 관찰해 보고 책 내용을 바꾸어 본다.
2. **종이를 이용하여 자연의 모습 표현하기** ⋯▸ 내가 표현하고 싶은 자연이나 식물의 질감은 어떨지 생각해 본다. 색종이, 한지 등을 잘라 표현하고자 하는 것의 질감을 살려 표현해 본다.
3. **자연에 대해 궁금해하는 것을 소개하기** ⋯▸ 내가 자연에 대해 궁금해하는 것을 떠올려본다. 친구들이 함께 '진짜 궁금한 것은 뭐니?'라고 물으면 내가 궁금해하는 것을 소개한다.

콩 심기

신보름 글·그림 ‖ 킨더랜드

과학

할머니가 들려주는 콩 심기

78세 옥님 할머니가 손녀에게 콩 심는 방법을 들려준다. 흙 슈아내기, 물 뿌리기, 비료 주기, 흙과 비료를 섞어 주기 등 콩을 심는 과정이 자세하다. 할머니는 비료를 주는 이유, 비닐을 덮는 이유와 흙을 세배로 덮는 이유, 그물을 치는 이유도 자세히 들려준다. 할머니의 보살핌으로 새싹이 나고 꽃이 핀다. 노린재의 방해를 물리치고 결국 콩 꼬투리가 열리고 손녀가 콩을 다 주우며 이야기는 끝난다.

이 그림책은 콩의 한살이를 다 볼 수 있게 일 년의 이야기를 담았다. 할머니의 입말을 그대로 옮겨 때때로 고개가 갸우뚱하기도 하지만, 이어지는 이야기와 그림을 보면 이해가 된다. 할머니가 손녀에게 들려주는 이야기에 콩을 심고 가꾸는 지식과 지혜가 담겨 있으며 자연의 질서가 느껴진다. 책이 병풍처럼 펼쳐져서 콩을 심고 난 후 일어나는 과정을 하나씩 펼쳐보기도 좋다. 농사와 식물의 성장을 직접 경험해 보지 못한 아이들이 식물을 심고 가꾸는 방법에 관심을 갖게 될 것이다.

생각을 나누는 질문
1. 왜 흙 위에 비닐을 덮을까?
2. 그물을 치는 이유는 무엇일까?
3. 콩을 심고 가꿀 때 어떤 태도가 필요할까?

배움이 깊어지는 활동

1. **할머니와 관련된 추억 베스트 3** ⋯▸ 할머니와 함께한 경험이나 추억을 떠올려본다. 그중에서 제일 좋았던 추억 3가지를 골라 추억이 잘 드러나게 친구들에게 소개한다.
2. **콩 심는 과정을 정리하기** ⋯▸ 할머니가 손녀에게 들려준 콩 심는 과정을 단계별로 살펴보고 정리하여 간략하게 순서대로 적어 본다.
3. **내가 좋아하는 콩 조사하기** ⋯▸ 여러 가지 콩 중에서 내가 특별히 좋아하는 콩은 무엇이며 콩의 꽃, 꼬투리, 열매의 모습을 조사하여 그림을 그리거나 사진을 붙여 소개한다.

과학

옛날에는 돼지들이 아주 똑똑했어요

이민희 글·그림 ‖ 느림보

똑똑했던 돼지들은 이제 춤을 추고 있네

돼지들은 멋진 건물도 지을 줄 알고 어려운 연구, 재미있는 춤도 출 줄 알았다. 할 일이 많아진 돼지들은 대신 일해 줄 사람들을 도시로 데려온다. 도시로 온 사람들도 춤추는 돼지들 대신 열심히 일을 하지만, 힘이 들자 척척로봇을 만든다. 결국, 일은 척척로봇에게 맡긴 채, 리모컨 단추를 누르게 된다는 이야기다. 사람들의 생활과 비슷해 보이는 장면은 돼지들에게 감정 이입하기 좋다. 유명한 작가들의 작품을 패러디하여 사람들이 이루어 놓은 문화와 생활 모습을 더욱 잘 전달하고 재미를 준다.

또한, 사람들이 똑똑하지만 로봇에게 많은 것을 의존하는 모습과 연결되며 큰 깨우침을 주고 있다. 장면을 가득 채운 그림과 강렬한 색감은 작가의 메시지를 깊이 고민하게 한다. 아이들에게 변화하는 세상에서 동물과 인간, 로봇 사이의 관계에 관심을 갖는 기회를 제공한다. 여러 직업과 모습을 통해 주변 사람들에게 관심을 가지고 우리 생활과 미래에 대해 생각해 볼 수 있을 것이다.

생각을 나누는 질문
1. 돼지들이 똑똑했다는 것을 무엇으로 알 수 있을까?
2. 사람들이 그림책의 돼지와 비슷한 점은 무엇인가?
3. 사람들이 로봇에게 일을 맡긴 채 리모컨 단추만 누르면 어떤 일이 생길까?

배움이 깊어지는 활동
1. **'돼지' 마인드맵** ⋯▸ 지금까지 돼지와 관련된 경험이나 알고 있는 지식 등을 떠올려보고 떠오른 것들을 자유롭게 마인드맵으로 표현한다.
2. **주변에 있는 똑똑한 것들 찾아보기** ⋯▸ 우리 생활을 편리하게 도와주거나 도움을 주는 것에 대해 생각해 본다. 내가 알고 있는 주변의 똑똑한 것들을 찾아보고 똑똑하다고 생각하는 이유를 적어 발표한다.
3. **돼지처럼 되지 않기 위해서 해야 할 일** ⋯▸ 급변하는 세상에서 내가 그림책의 돼지처럼 되지 않기 위해서 해야 할 일이 무엇인지 찾아보고 어떻게 노력할 것인지 발표한다.

우주로 간 최초의 고양이 펠리세트

과학

엘리사베타 쿠르첼 글, 안나 레스미니 그림, 이현경 옮김 ‖ 여유당

우주로 간 최초의 고양이

주인공은 파리의 거리에 사는 길고양이 펠리세트다. 1960년대 우주개발 경쟁이 한창이던 때, 우주로 고양이를 보내는 꿈을 이루기 위해 우주 정보를 기록할 전극을 이마에 심은 펠리세트를 우주로 보냈다. 펠리세트는 우주에서 지구로 다시 살아서 돌아온다. 길고양이라는 작은 존재가 우주까지 무사히 다녀오는 이야기가 안도감, 호기심과 모험심을 불러일으킨다. 펠리세트의 생김새는 그림자로만 나온다. 긴 꼬리와 수염으로 고양이의 형태를 알 수 있어서 펠리세트에 대한 궁금증을 더욱 유발한다. 사람들이 미지의 세계를 개척하여 나아가고 싶지만, 위험이 도사리고 있어 직접 갈 수 없는 상황이 많았다. 큰일을 계획할 때 사람을 대신하여 사람들에게 도움을 주었던 동물의 존재에 관해 생각해 보게 된다. 또한, 점점 더 가까워지고 있는 미래의 우주개발에 관해 생각해 볼 기회를 제공한다. 더불어 이 책은 우주는 어떤 곳이며 어떤 일이 일어날지 궁금증과 기대감을 갖게 한다. 추가로 우주탐험을 떠난 여러 동물과 우주개발을 통해 얻을 수 있는 이점에 관한 책을 찾아보면 도움이 될 것이다.

생각을 나누는 질문
1. 우주에 갈 수 있는 티켓을 받았다면 기분이 어떨까?
2. 우주에 가기 위해 필요한 능력은 어떤 것일까?
3. 내가 만약 펠리세트라면 어떤 생각이 들까?

배움이 깊어지는 활동

1. **우주에 가져가고 싶은 물건** ⋯▶ 우주에 가기 위해서는 시간이 걸리는데, 우주에 가서 생활할 때 사용하기 위해 가져가고 싶은 물건을 5가지 생각해 본다.
2. **우주에 다녀온 다른 동물들을 조사하기** ⋯▶ 우주개발이 한창이던 때 사람들이 우주에 대해 연구하면서 사람을 대신해 우주로 보낸 동물들을 조사하고 발표해 본다.
3. **우주에서 해보고 싶은 일** ⋯▶ 내가 우주에서 가보고 싶거나 해보고 싶은 일을 떠올려보고 우주에서 경험하거나 지어보고 싶은 건물이 있다면 무엇인지 적어 본다.

> 음악

피아노 소리가 보여요

명수정 글·그림 ‖ 글로연

피아노 연주를 눈으로 들어요

 소리를 들을 수 없으면 음악의 아름다움을 느낄 수 없을까? 소리를 들을 수 없는 사람에게 아름다운 음악을 들려주고 싶은 순간이 있다. 들을 수 없는 사람에게 소리를 전달하려면 어떻게 하면 좋을까? 들을 수 없지만 소리를 보게 할 수 있을까? 소리를 만지게 하면 어떨까?『피아노 소리가 보여요』는 청각 장애가 있는 사람도 음악의 아름다움을 느낄 수 있도록 피아노 음악을 시각적으로 보여주는 글이 없는 그림책이다.

 이 책은 음의 이미지를 시각적으로 보여주고 손의 촉각으로 음악을 만질 수 있도록 표현되었다. 바흐의 골드베르크 변주곡 아리아와 제1번에서 4번까지 총 다섯 곡의 피아노곡을 듣고, 보고 만질 수 있다. 그림책을 펼치면 첫 장면에서 피아노가 보인다. 그림책의 각 장면에서는 물방울의 높낮이, 크기의 변화가 곡의 셈여림, 음의 장단을 보여준다. 음악을 귀로만 듣는다고 생각했던 아이들은 음을 시각적 이미지로 표현하는 활동을 하면서 음에 대한 사고를 확장하고 촉각으로 표현하면서 창의력을 높일 수 있다.

생각을 나누는 질문
1. 그림책을 펼치면 피아노 뚜껑이 열리는 것 같다. 하얀색 건반과 검은색 건반을 볼 때와 만졌을 때 느낌은 어떠한가?
2. 음의 높낮이, 셈여림, 음의 길고 짧음인 장단, 음색이 물방울로 어떻게 표현되었는가?
3. 바흐의 골드베르크 변주곡 아리아와 제1번에서 4번까지 총 다섯 곡을 듣고 난 느낌은 어떠한가?

배움이 깊어지는 활동

1. **소리를 보고 만질 때 표현 요소 이야기 나누기** ⋯▶ 소리를 듣는 것뿐만 아니라 눈으로 보고 만질 때의 감각은 다르다. 다양한 감각을 활용하여 내가 표현하고 싶은 음악의 성질에 대해 이야기 나눈다.
2. **소리를 자유롭게 표현하기** ⋯▶ 바흐의 골드베르크 변주곡 아리아와 제1번에서 4번까지 총 다섯 곡의 피아노곡 중 하나를 듣고 자신이 느낀 점을 채색 도구를 활용하여 이미지로 표현해 본다.
3. **음악에 맞춰 춤추는 나의 생명체 소개하기** ⋯▶ 그림책에 나온 새처럼 음악에 맞춰 춤추는 생명체를 하나 정하고, 왜 그것을 선택했는지 말해 본다.

사물놀이 이야기

김동원 글, 곽영원 그림 ‖ 사계절

음악

자연을 닮은 한국의 사물(四物) 악기

예부터 우리나라 농촌에서는 공동체로 일할 때 농악을 연행했다. 농악은 타악기를 치며, 행진, 의식, 놀음 등을 벌이는 음악을 말한다. 그중 농악에서 쓰이는 대표적 타악기인 꽹과리, 장구, 북, 징의 음악적 요소만 강조하여 1970년대 후반에 공연으로 발전시킨 것이 사물놀이다. 흔히 꽹과리 소리는 천둥, 징 소리는 바람, 장구 소리는 비, 북소리는 구름에 빗대며 이 네 가지가 하나로 합쳐진 사물놀이의 소리는 폭풍으로 표현하기도 한다.

이 책은 어진 임금님이 다스리는 밝은 나라에 갑자기 잿빛귀신이 쳐들어와 병에 걸린 백성을 구할 방법으로 네 가지 보물인 꽹과리, 징, 장고, 북을 찾는 이야기다. 사물을 구해오면 백성을 구할 수 있다는 말에 임금님의 두 아들과 두 딸은 보물을 찾으러 나선다. 과연, 이들은 보물을 찾을 수 있을까? 이 책을 통해 우리나라 사물놀이의 네 가지 악기를 알아보고, 그 악기들이 자연의 소리를 어떻게 표현하는지 이해하고 감상할 수 있다.

생각을 나누는 질문
1. 잿빛 귀신 때문에 병이 든 밝은 나라의 백성을 구하기 위해 임금님의 두 딸과 두 아들이 찾은 네 가지 보물은 무엇인가?
2. 사물놀이에 쓰이는 네 가지 악기는 각각 어떤 자연의 소리를 표현하는가?
3. 현재 이 세상에 잿빛 귀신 같은 존재는 무엇인가?

배움이 깊어지는 활동

1. **자연의 소리를 흉내 낸 악기 이야기 나누기** ⋯⋯> 세상의 악기들은 자연의 소리를 흉내 낸 것이 많다. 그림책에 나온 이야기를 바탕으로 사물 악기와 악기가 표현한 자연의 소리에 대해 알아본다.
2. **사물놀이 외에 한국 악기에서 자연의 소리 찾기** ⋯⋯> 다양한 한국의 악기 종류를 찾아보고, 그 악기와 가장 유사한 자연의 소리를 발견한다. 우리가 알고 있는 악기 중에서 자연의 소리를 닮은 악기에 관해 이야기 나눈다.
3. **사물놀이 음악을 찾아 듣고, 자신의 느낌을 선으로 표현하기** ⋯⋯> 인터넷 검색창에 '사물놀이'를 검색하면 다양한 정보가 나온다. 유튜브에서 마음에 드는 사물놀이 연주를 찾아 듣고, 자신의 느낌을 선으로 표현하고 이야기 나눈다.

음악

줄타기 한판

민하 글·그림 ‖ 글로연

한국의 전통음악, 삼현육각

유네스코에 등재된 국가 무형문화재 제58호 줄타기 명인 김대균 선생님과 제자 한산하의 줄타기 재담과 삼현육각 음악 공연을 큐알코드를 통해 감상할 수 있는 그림책이다. 삼국시대부터 흥했던 전통 놀이 '줄타기'를 현대적으로 축약해 조형으로 나타내고, 책에서 줄을 실로 표현하여 줄타기를 입체적으로 보여주며, 줄광대와 어릿광대가 주고받는 재담을 타이포그래피로 표현한다. 줄타기의 음악 요소인 삼현육각(三絃六角)은 줄광대와 어릿광대의 종합 예술 공연의 반주를 담당한다. 그림책에서는 해금, 대금, 피리, 아쟁, 장구, 북 등 삼현육각의 연주를 악기별로 각각 다른 색의 선과 모양으로 표현하여 공연 전체에 리듬을 살려준다. 이 그림책으로 학생들이 한국 전통 음악 및 문화에 관해 관심을 가지고 지식을 얻도록 유도할 수 있다. 줄타기에 나오는 삼현육각에 대해 알고 감상하는 것은 서양음악과 한국음악의 차이를 인지하는 데 도움이 되고 우리 문화유산에 대한 자긍심을 고취할 것이다.

생각을 나누는 질문
1. 삼현육각의 연주에서 각 악기는 어떤 색과 모양으로 표현되고 있는가?
2. 줄타기의 삼현육각 반주자들에게 어떤 말을 해 주면 좋을까?
3. 우리나라 음악을 들을 때와 서양 음악을 들을 때의 느낌이 어떻게 다른가?

배움이 깊어지는 활동

1. **김홍도의 '무동'을 보고 반주 음악 상상해 보기** … 김홍도의 풍속도 '무동'에서 삼현육각을 찾아보고 무동춤의 반주음악을 상상해 본다.
2. **삼현육각의 음악을 선과 모양으로 표현하기** … 삼현육각을 이루는 각 악기 소리를 선과 모양으로 나타내면 어떻게 표현할 수 있을지 생각해 보고, 소리를 시각화해 보는 경험을 한다.
3. **내가 연주하고 싶은 악기** … 삼현육각의 악기 중에서 자신이 연주해 보고 싶은 악기를 하나 고르고, 그 이유를 모둠에서 이야기 나누어 본다. 타악기, 현악기, 관악기 중에서 자신이 선호하는 한국의 전통 악기 종류를 말해도 좋다.

꿈꾸지 않으면

양희창 글, 정하나 그림 ‖ 스푼북

음악

노랫말이 좋아 그림책으로 읽는 음악 수업

　대안학교인 간디학교의 교가로 배움과 가르침의 교육철학이 담긴 가사가 아름다운 그림책이다. 새로운 세상을 경험하고 배우는 아이들이 자신들의 꿈을 이루고 새로운 길을 걸어가는 것을 응원하는 마음이 잘 담겨 있다. 아름다운 노랫말에 고양이 일러스트레이터 정하나 작가의 첫째, 둘째, 셋째 고양이 그림이 인상적이다. 엄마 고양이가 잠시 자리를 비운 사이 세 고양이는 전혀 다른 세상으로 향하는 문에 뛰어들어 새로운 세상을 배운다. 성격이 다른 세 고양이가 동물학교에서 다른 동물들의 가르침에 반응하는 모습을 관찰하는 재미를 느끼면서 읽어도 좋다.

　가사와 그림을 연결해 보면서 세상을 배우고, 희망을 노래하고, 꿈을 꾼다는 것의 의미와 가치를 생각해 볼 수 있다. 우리는 일상에서 노래를 듣다가 좋은 가사에 감동 받기도 한다. 모둠원과 함께 좋아하는 곡을 찾는 활동을 해 보자. 그중 그림책으로 표현하고 싶은 노랫말을 하나 골라서 모둠별 그림책을 만드는 활동을 할 수 있다.

생각을 나누는 질문
1. '꿈꾸지 않으면' 노랫말 중에서 가장 마음에 드는 구절은 무엇이고, 그 이유는 무엇인가?
2. '배운다는 건 꿈을 꾸는 것, 가르친다는 건 희망을 노래하는 것'이라는 가사는 어떤 의미일까?
3. '꿈꾸지 않으면'의 가사를 그림책으로 그린다면 어떤 내용으로 구성하고 싶은가?

배움이 깊어지는 활동

1. **내가 좋아하는 노래 찾아서 모둠에서 나눈 후 하나의 곡 선정하기** ⋯ 노랫말이 좋아서 그림책으로 만들고 싶은 노래를 하나 찾아서 음원을 찾아 들어보면서 이야기 나눈 후 모둠원들이 동의하는 하나의 노래를 고른다.
2. **모둠원 각자가 좋아하는 노랫말 중 한 문장을 골라서 네 컷 그림 중 한 장씩 그리기** ⋯ 좋아하는 노랫말 중에서 중요한 네 문장을 골라서 네 명의 모둠이 콘셉트를 정하고, 등장인물과 줄거리를 정한 후 자신이 느낌대로 한 장면씩을 그려 본다.
3. **하나의 작품으로 완성하기** ⋯ 모둠원이 하나의 곡을 네 파트로 나누어 그림을 그린 후 네 장면을 모두 모아서 하나의 그림책으로 만든다. 모둠원이 협동해서 만든 하나의 그림책을 넘기면서 노래를 불러본다.

> 음악

안녕 리틀 뮤지션

남빛 글, 곽명주 그림 ∥ 후즈갓마이테일

악기를 배우고 싶어요

어린이들이 악기를 배우는 것은 설레기도 하지만, 용기가 필요한 일이다. 이 그림책은 10명의 악기 연주자와 1명의 성악가를 포함해 총 11명의 세계적인 음악가들의 이야기를 담았다. 연주자들은 피아노, 바이올린, 플루트, 기타, 첼로, 트럼펫, 콘트라베이스, 드럼, 하프, 아코디언 등 10개 악기 연주자와 한 명의 성악가다. "어려운 건 없어. 다만 새롭거나 익숙하지 않은 것들이 있을 뿐이지." 아코디언 연주자 리 랄리베르테의 말이다. 11명의 음악가가 어렸을 적 악기를 처음 만났을 때의 이야기가 편지 형식으로 들어있어 악기를 배우기 시작한 어린이들에게 용기를 준다. 책에는 큐알코드가 있어서 각 음악가의 연주 영상을 볼 수 있다. 우리나라의 자랑스러운 사라 장을 비롯한 세계적인 음악들이 악기를 배우게 된 계기와 직접 했던 말들이 실려 있어서 악기를 처음 배우고자 하는 어린이들에게 영감을 줄 수 있다. 마라카스와 트라이앵글을 연주하는 친구들처럼 이 책을 통해 악기를 배우는 데 용기를 얻기를 바란다.

생각을 나누는 질문
1. 그림책에 등장하는 열 개의 악기는 무엇인가?
2. 10개의 악기 중에서 내가 배우고 싶은 악기는 무엇인가?
3. 11명의 음악가의 말 중에서 내 마음에 가장 다가오는 말은 무엇인가?

배움이 깊어지는 활동

1. **배우고 싶은 악기 하나 정하고 이유 적기** ⋯ 건반악기, 현악기, 관악기, 타악기 등 여러 악기 중에서 자신이 평소에 관심이 있고 배우고 싶은 악기를 하나 골라서 그 이유를 적어보면 악기 연주자로서의 자기 모습을 상상할 수 있다.
2. **배우고 싶은 악기에 관해 알아보기** ⋯ 실제 악기를 연주하려고 할 때는 사전 지식이 필요하다. 내가 배우고 싶은 악기를 하나 골라 조사하면서 자신에게 알맞은 악기를 찾는 데 도움이 된다.
3. **악기를 배우는 나에게 용기를 주는 말 찾기** ⋯ 11명의 음악 예술가가 한 말들 중에서 가장 마음에 간직하고 싶은 말을 골라 내가 듣고 싶은 말로 바꾸어 보면 악기를 시작할 때 스스로 용기를 줄 수 있다.

> 음악

산의 노래

신유미 글·그림 ‖ 반달

사계절에 따른 산의 변화를 노래한 그림책

작가는 계절에 따른 산의 변화를 노래한 이 그림책을 만든 후 책에 어울리는 음악곡을 만들었다. 신유미 작가는 그림책을 읽어줄 때 직접 작곡한 피아노 연주를 하면서 책을 낭송해 준다. 그림책에서 계절을 따라 흐르는 배를 따라가다 보면 계절의 색이 변해가는 것을 볼 수 있다. 작가는 봄은 초년기, 여름은 청년기, 가을은 장년기, 겨울은 노년기로 각각 시작, 꿈, 사랑, 이별을 의미한다고 했다. 산의 모습은 데칼코마니 기법으로 강물에 반영되어 있어서 산과 강이 연결되어 있는 것처럼 보인다. 작가의 그림책과 피아노곡도 연결되어 있다. 피아노곡을 들어보면서 작가가 그림책에 어울리는 장면을 음악으로 어떻게 표현했는지 생각해 볼 수 있다.

사계절의 시간 흐름을 그림으로 나타낸 작가처럼 우리도 하루라는 시간을 음악으로 표현해 보자. 아침, 점심, 저녁의 시간을 파동으로 나타내고, 색으로 표현하면서 하루의 소리를 악기로 즉흥 연주해 보면 하루의 의미를 재발견할 수 있을 것이다.

생각을 나누는 질문
1. 그림책에서 표현한 봄, 여름, 가을, 겨울의 색은 어떤 색일까?
2. 그림책에 등장하는 배는 어디에서 어디로 가고 있는 것일까?
3. 산 주위에서 날아다니는 새들의 몸짓은 무엇을 의미할까?

배움이 깊어지는 활동

1. **하루를 1악장-아침, 2악장-점심, 3악장-저녁으로 나누기** ⋯▸ 그림책에서는 봄, 여름, 가을, 겨울의 시간 변화를 볼 수 있다. 이처럼 하루의 시간을 1악장-아침, 2악장-점심, 3악장-저녁으로 나누어 각 시간의 의미에 대해 생각하고 써 본다.
2. **아침, 점심, 저녁의 시간을 파동으로 나타내기** ⋯▸ 하루의 시간을 시각화하여 파동으로 나타내어 본다. 아침, 점심, 저녁의 시간을 파동으로 나타내어 그려 본다.
3. **아침, 점심, 저녁의 시간을 표현하고 싶은 악기로 즉흥 연주하기** ⋯▸ 파동과 색으로 나타낸 아침, 점심, 저녁의 시간을 표현하고 싶은 악기로 즉흥 연주해 본다. 각자가 즉흥 연주한 후 느낌을 나눈다.

음악

여름이 온다

이수지 글·그림 ∥ 비룡소

계절이 보이는 그림책

비발디의 사계를 들으면 각 계절의 모습이 눈앞에 펼쳐진다. 그중 여름 하면 생각나는 것은 무엇인가? 더운 날씨, 소나기, 천둥번개, 바다, 물놀이 등 다양하다. 이수지 작가의 『여름이 온다』는 비발디의 '사계' 중 '여름'을 그림으로 형상화한 작품이다. 더운 여름날, 아이들이 집 마당에서 노는 장면을 1악장, 2악장, 3악장으로 나누어 표현했다. 1악장은 너무 빠르지 않게, 2악장 느리게-빠르게, 3악장 빠르게의 속도로 진행되는 비발디의 음악을 그림으로 감상하면 음악이 저절로 들리는 듯하다. 초록색 마당에서 물놀이하는 아이들의 신나는 여름을 그림으로 보다 보면 독자도 그림책에 빠져들어 함께 물놀이를 하고 있다는 느낌이 들게 한다.

그림책에 등장하는 오케스트라와 물놀이하는 아이들이 음악의 변화에 따라 어떤 모습인지 살펴보는 것도 좋다. 비발디 사계 중 '여름' 외에 다른 계절의 악보도 상상해 보고, 그림으로 표현해 보면서 음악 감상의 방법을 시각적으로 확장해 나갈 수 있다.

> 생각을 나누는 질문
> 1. 오케스트라 구성원의 연주와 아이들의 물놀이의 공통점과 차이점은 무엇인가?
> 2. 오케스트라 연주자들과 물놀이하던 아이들이 함께 무대에서 인사할 때 어떤 느낌이 들었는가?
> 3. 그림책에는 우산이 처음부터 끝까지 움직인다. 음악을 처음부터 끝까지 들은 그 우산에게 하고 싶은 말은 무엇인가?

배움이 깊어지는 활동

1. **비발디의 사계 중 봄, 가을, 겨울 듣고 하나의 계절 고르기** … 비발디의 사계 중 여름을 감상해 본 경험을 바탕으로 다른 음악인 봄, 가을, 겨울을 듣고 그림으로 표현하고 싶은 하나의 계절을 고른다. 그 계절에 생각나는 이미지들을 떠올려본다.
2. **내가 고른 계절의 음악을 듣고 악보 그리기** … 그림책의 몇 장면에는 오선지에 그려진 악보가 등장한다. 내가 그리고자 하는 계절을 상상하며 악보를 하나 그려 본다.
3. **하나의 장면으로 탄생시키기** … 내가 선택한 계절에 떠오르는 이미지와 악보로 하나의 장면을 그린다. 다 그린 후 자신의 이미지에 대해 친구들과 이야기 나눈다.

음악

어린 음악가 폭스트롯

헬메 하이네 글·그림, 문성원 옮김 ‖ 달리

소리를 채집하고 흉내 내는 음악 수업

지금 여기에서 내 주변의 소리에 귀를 기울여 보자. 무슨 소리가 들리는가? 세상에서 가장 고요한 땅속, 말 없는 부모님 집에서 태어난 아기 여우 폭스트롯은 어느 날 바깥세상에서 만난 온갖 동물과 자연의 소리를 듣고 깜짝 놀란다. 집에 돌아온 폭스트롯은 밖에서 들었던 갖가지 소리를 흉내 내다가 사냥에 방해된다며 엄마, 아빠에게 야단을 듣는다. 근심거리였던 시끄러운 아기 여우는 자신의 아름다운 목소리로 위기에 빠진 가족을 구하고 세계적인 가수로 유명해진다. 어린 음악가 폭스트롯이 아름다운 노래로 가족을 죽이려고 했던 산지기를 감동시킬 수 있었던 것은 폭스트롯이 바깥 소리에 귀 기울이면서 흉내 내는 연습을 많이 했기 때문일 것이다.

사람들은 자연의 소리를 흉내 내기 위해서 가장 가까운 소리를 내는 악기를 만들기도 한다. 그림책에서 폭스트롯이 바깥에서 채집하고 흉내 내었던 소리를 찾아보고, 우리도 주변에서 들을 수 있는 소리를 채집하고 흉내 내어 보면서 자연의 소리를 닮은 악기를 만들어 볼 수 있다.

생각을 나누는 질문
1. 폭스트롯의 부모님은 왜 폭스트롯에게 화를 내고 폭스트롯을 걱정했을까?
2. 누군가의 목소리에 감동받은 경험이 있는가?
3. 내가 하고 싶은 일을 주변에서 반대할 때 내 꿈을 이루기 위해 가져야 할 마음가짐은 무엇일까?

배움이 깊어지는 활동

1. **폭스트롯이 발견한 자연의 소리 찾기** ⋯▶ 폭스트롯이 집 밖으로 나와 시끌벅적한 바깥세상에서 찾은 갖가지 소리를 그림책에서 찾아 쓴다.
2. **우리 주변의 소리 채집하기** ⋯▶ 집이나 학교 등 우리 주변에서 들을 수 있는 자연의 소리를 찾아서 그 소리와 출처를 적어 본다.
3. **채집한 소리를 주변의 사물을 활용하여 흉내 내기** ⋯▶ 우리가 주변에서 들은 소리를 적어서 헝겊 주머니나 바구니에 모은다. 각자가 채집한 소리를 주변에 있는 사물을 활용하여 흉내 내어 보고, 무슨 소리인지 알아맞힌다.

천 개의 바람 천 개의 첼로

이세 히데코 글·그림, 김소연 옮김 ∥ 천개의바람

서로 위로하고 마음을 나누는 음악

사람들은 음악을 왜 연주할까? 즐거움을 위해서? 슬픔을 극복하기 위해서? 『천개의 바람 천개의 첼로』는 1995년에 있었던 고베 대지진의 아픔을 위로하기 위해 1998년 11월에 열린 '천 명의 첼로 음악회'가 열린 일을 배경으로 그린 그림책이다. 열세 살 때부터 첼로를 연주한 이세 히데코는 실제 고베 대지진 복구 지원 음악회에 참가해 연주를 하고 이 책을 만들었다.

이 책에는 사랑했던 강아지를 잃은 한 소년, 고베 대지진의 현장에 있었던 소녀와 할아버지가 등장한다. 소녀는 자신이 아끼는 새들을 하늘로 날려 보내야 했고, 할아버지는 지진으로 첼로와 친구를 잃었다. 상실의 아픔을 간직한 세 사람은 대지진 복구 지원 콘서트에서 천 명의 일원이 된다. 그림책에는 이런 구절이 나온다. "한 사람, 한 사람 이야기는 다 달라도 마음을 합하면 노래는 하나가 되어 바람을 타고 흐른다. 그리고 틀림없이 누군가에게 닿는다." 이 그림책을 통해 음악으로 치유받고 위로받는 경험을 할 수 있을 것이다.

> 생각을 나누는 질문
> 1. 그림책에 등장하는 소년, 소녀, 할아버지가 잃어버린 것은 무엇인가?
> 2. 대지진 복구 지원 음악회처럼 누군가의 아픔을 위로하는 음악회를 본 경험이 있는가?
> 3. 다른 사람의 소리를 듣고 마음이 하나 되게 연주한다는 의미는 무엇인가?

배움이 깊어지는 활동

1. **음악으로 위로받았던 경험 떠올리기** ⋯ 음악은 사람의 마음에 영향을 주어 기쁨을 주기도 하고, 슬픈 마음을 위로해 주기도 한다. 마음이 아팠을 때 음악을 통해 위로받은 경험을 떠올려본다.
2. **주변에서 위로하고 싶은 사람 찾기** ⋯ 내가 음악을 통해 위로받은 것처럼 주변에서 음악으로 위로해 주고 싶은 사람을 찾아본다. 그리고 그 사람을 위로하고 싶은 이유를 적어 본다.
3. **위로하고 싶은 사람에게 들려주고 싶은 음악 찾기** ⋯ 위로하고 싶은 사람에게 들려주고 싶은 음악을 고른다. 그 사람의 상황에 어울리는 음악과 가사를 찾아본다. 그리고 그 이유를 적어 본다.

> 음악

노란 우산

류재수 지음, 신동일 곡 ‖ 보림

13개의 장면, 13개의 피아노곡

비 내리는 날의 노란 우산의 이야기를 류재수 작가가 그렸고 그림에 어울리는 곡을 신동일 작곡가가 만든 책이다. 첫 장면에서 회색 아스팔트 길에 노란 우산을 받쳐 든 아이가 보인다. 학교 가는 길에 아이가 만나는 친구들과 동네 풍경을 한 장 한 장 넘기면서 음악을 들으면 그 풍경이 어떤 모습인지 상상할 수 있다. 노란 우산을 든 아이를 따라가다 보면 노란 우산과 빗방울 서주, 친구, 하나·둘·셋, 방울방울, 놀이터 행진곡, 빗방울 왈츠, 층층대, 건널목, 비 오는 거리, 종종걸음, 물결처럼, 힘차게, 노란 우산으로 이루어진 13장면의 그림에 어울리는 13개의 피아노곡을 감상할 수 있다. 글은 없지만, 각 장면이 음악과 어우러지면서 어떤 이야기가 그림책에 흐르는지 알 수 있다. 13개의 장면 중에서 자신이 표현하고 싶은 장면을 선택해 새롭게 바꾸어 보면서 자신만의 이야기로 재창조할 수 있다. 노란 우산을 든 아이가 마주치는 다른 우산들의 색은 모두 다르다. 곡의 첫 두 마디는 단순한 세 음인 '도, 미, 솔'로 만들어졌으나 나중에는 변주된다. 그림책에서 색의 조화, 음의 조화를 찾아보는 재미를 즐기기를 바란다.

생각을 나누는 질문
1. 제목이 왜 '노란 우산'일까?
2. 13개의 장면과 13개의 피아노곡 중에서 어떤 곡이 가장 빠르게 느껴지나요?
3. 13개의 장면과 피아노곡 중에서 가장 마음에 다가오는 것은 무엇인가?

배움이 깊어지는 활동

1. **13개의 장면과 13개의 피아노곡의 제목에 대한 나의 느낌** ⋯▶ 그림책에서는 장면이 전환되면서 각 그림에 어울리는 음악이 나온다. 13개의 장면을 보고 13개의 피아노곡을 들으면서 각 장면의 제목을 보고, 자신의 느낌을 적어 본다.
2. **가장 마음에 다가오는 그림과 음악 고르기** ⋯▶ 13개의 곡 중 가장 마음에 다가오는 그림과 음악은 무엇인지, 그 이유를 적어 본다.
3. **한 장면 골라서 음악에 맞게 나만의 그림으로 표현해 보기** ⋯▶ 13개의 곡 중 하나를 골라 나라면, 어떤 그림으로 표현하고 싶은지 그림으로 표현해 본다.

미술

느끼는 대로

피터 H. 레이놀즈 글·그림, 엄혜숙 옮김 ∥ 문학동네

느끼는 대로 표현하는 미술 수업

뭐든 그리기를 좋아하는 레이먼은 자신이 그린 그림을 보고 비웃는 형 때문에 의기소침해지고, 그리기에 흥미도 잃게 된다. 하지만 레이먼의 그림을 있는 그대로 봐주는 동생 덕분에 다시금 그림을 좋아하게 되고, 진정한 그림의 의미를 찾아간다. 그림 그리는 것을 어려워하거나 부담스러워하는 아이들에게 멋진 그림은 똑같이 그리는 것이 아니라 자기 느낌대로 그리는 것임을 보여주는 그림책이다.

미술 수업을 해 보면, 미술에 소질이 있고 좋아하는 아이도 물론 있지만, 그렇지 못해 어려워하는 아이도 많다. 아이들은 친구의 작품과 비교하면서 자기 작품을 부끄럽게 여기기도 하고 스스로 '나는 미술에 소질이 없다'라고 생각하면서 자신감을 잃기도 한다. 미술 활동에 부담을 갖는 아이들에게 '좋은 그림은 너만의 느낌을 담으면 되는 거야'라고 이야기해 주는 이 그림책은 미술 교육을 시작하는 첫 시간에 읽어주면 좋다. 아이들은 미술 활동에 대한 부담감 대신 자신감을 가지고 자기만의 그림을 그려낸다.

생각을 나누는 질문
1. 형이 레이먼의 그림을 보고 웃었을 때 레이먼은 어떤 기분이 들었을까?
2. 똑같이 그리려고 노력할수록 레이먼에게 그림은 어떻게 느껴졌을까?
3. 느끼는 대로 즐겁게 그림을 그리게 된 레이먼은 형에게 어떤 말을 해 주면 좋을까?

배움이 깊어지는 활동

1. **좋은 그림이란 무엇일까?** ⇢ 좋은 그림이란 무엇인지 생각해 보고 나만의 정의를 해 본다. 예를 들어 '좋은 그림은 내 마음에 드는 그림이다. 그 이유는 내 마음이 표현되었기 때문이다'처럼 좋은 그림의 의미를 찾아본다.
2. **자유롭게 느끼는 대로 표현해 보기** ⇢ 가사 없는 음악을 틀어주고, 음악을 들으며 느끼는 대로 표현한다. 색연필, 사인펜 등 원하는 채색 도구로 점, 선, 면의 어떤 형태든 자유롭게 표현한다.
3. **작품에 제목 붙이고 소개하기** ⇢ 작품에 제목을 붙여본다. 예를 들어 '소스라치게 놀라는 마음', '하늘을 나는 행복한 느낌'처럼 제목을 정하고 간단하게 작품 설명을 함께 적어 친구들 앞에서 소개한다.

색깔을 훔치는 마녀

이문영 글, 이현정 그림 ‖ 비룡소

미술

알록달록 색의 아름다움

머리부터 발끝까지 온통 하얀 것으로만 둘러싸인 꼬마 마녀는 하얀 것에 질려 마술봉으로 숲속의 색을 모두 가져온다. 하지만 꼬마 마녀가 색을 가져오면 올수록 마녀는 검게 변한다. 이에 놀란 마녀는 코끼리 할아버지의 조언으로 가져온 색을 돌려주지만, 이번엔 해님의 빛을 모두 흡수해 하얗게 변한다. 다시 한번 코끼리 할아버지의 도움으로 물을 뿌려 아름다운 무지갯빛이 되고, 언제든 무지갯빛이 될 수 있는 하얀색으로 남기로 한다. 다양한 색상과 색의 혼합, 빛의 혼합까지 보여주는 그림책이다.

우리 주위를 둘러싸고 있는 다양한 색을 찾아보고 색의 느낌을 표현해 보며 색의 아름다움을 느끼고, 색채감을 키우는 활동은 미술교육에 있어 필수이다. 이 그림책을 통해 '우리 주변의 색이 모두 사라진다면 어떻게 될까?'를 상상해 보며 다양한 색의 아름다움과 소중함을 생각해 보고, 색의 혼합과 빛의 혼합에 관해서도 자연스럽게 알 수 있다. 색을 혼합해 보며 다양한 색을 탐색해 보고 색의 이름을 붙여보기도 하며 색의 아름다움을 느껴보자.

생각을 나누는 질문
1. 우리 주변에는 어떤 색들이 있을까?
2. 내가 코끼리 할아버지였다면 어떤 방법으로 꼬마 마녀에게 깨달음을 줄 수 있을까?
3. 꼬마 마녀는 원하면 무슨 색이든 가질 수 있는데, 왜 하얀색을 갖기로 했을까?

배움이 깊어지는 활동

1. **10색상환 만들기** ⇢ 먼셀의 10색상환을 보며 빨, 노, 초, 파, 보의 기본 색상에 이웃한 두 색을 혼합하면 두 색의 중간색이 되는 색의 혼합 원리를 알아보고 물감으로 10색상환을 칠해 완성한다.
2. **나만의 색 만들기** ⇢ 10색상환 색 중 두 가지 색을 선택하여 섞어보고 어떤 색이 되는지 확인한다. 내가 혼합하여 만든 색에 정해진 색이름이 아닌 '진한 귤색', '비 오기 전 하늘색'처럼 나만의 색이름을 정한다.
3. **꼬마 마녀의 치마 색칠하기** ⇢ 치마를 입은 꼬마 마녀를 그리고 치마를 나만의 색으로 디자인해 본다. 꾸미고 싶은 대로 무늬를 넣은 후 색연필이나 크레파스로 치마를 색칠하여 완성한다.

미술

쉿! 비구름

김나은 글, 장현정 그림 ‖ 봄개울

뿌리고, 흘리고, 번지고, 불어보는 수채화

　세상이 처음 생겨났을 때, 하늘에는 해와 분홍 구름, 파란 구름, 초록 구름, 노란 구름이 있었고, 이 구름들은 색깔 비를 뿌려 분홍 나라, 파란 나라, 초록 나라, 노란 나라를 만든다. 하지만 서로 더 큰 나라를 만들기 위해 점점 더 많은 비를 뿌리면서 세상은 까맣게 변한다. 이를 본 해는 환한 빛으로 색을 빼앗고 어둠을 쫓아냄으로써 맑은 비를 내리게 하여 세상은 다시 저마다의 색을 갖게 된다. 물감의 번짐, 뿌림 등을 통해 색깔 나라의 세계를 환상적으로 표현한 그림책으로 수채화의 다양한 기법을 느껴보기에 좋다.

　수채화는 물로 물감의 농도를 조절하여 그리는 기법으로 투명하고 맑은 느낌이 특징이다. 정물이나 인물, 풍경을 그리는 기법을 배우기 전에 번지고 뿌리고 흘려보는 등의 활동을 통해 물감이라는 재료의 특성을 경험해 보고 자유롭게 표현해 보는 경험은 아이들의 감각을 자극한다. 또한, 물감이라는 재료를 친숙하게 하는 데도 큰 도움이 되며, 이후 수채화의 기법이나 특성을 살려 그림을 그리는 데도 좋다.

생각을 나누는 질문
1. 우리 주변에서 해님처럼 온 세상을 투명하게 만들어 주는 사람은 누구일까?
2. 나는 어떤 색으로 빛나고 있을까?
3. 제목이 왜 '쉿! 비구름'일까?

배움이 깊어지는 활동

1. **물의 양을 조절하여 색상의 명도 표현하기** ⇒ 투명 수채화는 물의 양으로 색의 밝고, 어둡고, 투명하고, 진하고, 흐리고 등을 조절한다. 한 가지 색의 물감을 선택하고 물감의 양과 물의 양을 조절하여 명도의 변화를 표현한다.
2. **물감을 흘려보고, 뿌려보고, 불어서 비 표현하기** ⇒ 물감을 떨어뜨린 후 종이를 기울여 물감을 흘려보기도 하고, 붓을 살짝 튕겨 물감을 뿌려보거나, 빨대를 이용하여 불어보는 등 다양한 방법으로 놀이하듯 물감으로 비를 표현한다.
3. **나만의 색깔 구름 그리기** ⇒ 도화지에 붓으로 물을 펴 발라 물이 적당히 스며들게 한 후, 물감을 칠하면 물감이 자연스레 번진다. 나만의 색으로 번지는 느낌이 드는 색깔 구름을 표현한다.

눈물문어

한연진 글 · 그림 ‖ 위즈덤하우스

미술

나만의 눈물문어 찍기 판화 수업

내 마음대로 일이 되지 않거나 누구도 내 마음을 몰라주어 속상하여 눈물이 쏟아질 거 같은 날, 내가 흘린 눈물방울이 눈물 문어가 되어 나타난다. 눈물문어는 울어도 괜찮다고, 실컷 울라고 말해주어 속상한 마음을 달래주고 나를 다독여준다. 나에게 찾아온 속상한 감정을 숨기기보다 표현하도록 도와 감정의 건강한 해소를 돕는 그림책이다.

이 책의 그림은 지우개 판을 조각하고 수채화 물감을 찍어서 표현하는 볼록 판화 기법으로 그려졌다. 판화는 판에 그림을 새기고 색을 칠하여 종이나 천에 찍어 내는 그림으로 미술과 교육과정에서는 종이 판화, 고무 판화, 지우개 판화, 공판화를 다루고 있다. 판화로 표현된 그림책의 그림을 통해 판화 기법의 효과나 느낌을 살펴보면 판화의 특징을 이해하는 데 도움이 된다. 한 개의 판으로 여러 번 찍어 낼 수 있다는 판화의 특징을 이해하고 내가 조각한 판과 친구가 조각한 판을 활용하여 나만의 눈물문어를 찍어 보며 판화 기법을 경험해 보기 좋다.

생각을 나누는 질문
1. 나는 주로 언제 눈물이 날까?
2. 눈물을 참았을 때, 내 마음은 어땠나?
3. 울고 싶은 만큼 펑펑 울고 난 후의 내 기분은 어떻게 달라졌나?

배움이 깊어지는 활동

1. **나의 눈물 장소, 눈물 친구 찾아보기** ⋯› 눈물이 날 때 나의 감정 해소를 돕기 위해 찾는 장소인 눈물 장소, 나의 감정을 위로해 주거나 다독여주는 대상인 눈물 친구를 떠올려 본다.
2. **판화로 나만의 눈물문어를 만들기** ⋯› 판화용 지우개를 이용하여 눈물문어의 머리 부분과 다리 부분의 판을 동그라미 모양으로 조각한다. 파낸 지우개 조각에 물감을 묻혀 도화지에 찍어 눈물문어를 표현한다.
3. **나의 눈물문어에게 해주고 싶은 말** ⋯› 눈물이 날 만큼 속상한 날 눈물문어가 찾아왔다고 가정하여 스스로를 다독여주는 말을 찾아 적어 본다. 예를 들어 '그럴 수도 있지', '펑펑 울어도 돼' 등의 나를 위로하는 말을 적는다.

미술

봄 여름 가을 겨울

꽃은영 글·그림 ‖ 한림출판사

나만의 풍경 소리 타이포그래피

봄, 여름, 가을, 겨울 사계절 풍경 속에 숨어있는 소리를 글자로 디자인하여 표현한 그림책이다. 설렘이 가득한 봄의 소리, 비가 그친 뒤 찾아오는 싱그러운 여름의 소리, 가을 열매를 빛나게 하는 가을의 소리, 점점 다가오는 계절의 끝자락 겨울 소리까지 사계절의 풍경을 고스란히 말소리로 녹여내고, 이를 다양한 글자의 모습으로 표현해 계절의 정취와 타이포그래피의 아름다움을 동시에 느낄 수 있는 책이다.

미술교육에서는 시각에 의존하여 인간 생활에 필요한 정보와 지식을 전달하는 시각 디자인을 기본으로 광고, 포스터 등을 다루고 있다. 디자인 영역에서 활자의 서체나 글자 배치 따위를 구성하고 표현하는 일을 타이포그래피라고 하며 일상에서 광범위하게 활용되고 있다. 글자의 크기나 모양, 배치 등을 다양하게 표현하는 타이포그래피의 경험은 창의성을 길러주며 미적 감각을 자극한다. 사계절의 소리를 타이포그래피로 표현해 보며 글자의 아름다움을 느껴보고 동시에 디자인을 경험하게 해 보자.

생각을 나누는 질문
1. 봄, 여름, 가을, 겨울 각 계절에 떠오르는 노래가 있다면?
2. 사계절이 달라진다는 것을 어떻게 알 수 있을까?
3. 계절마다 애쓰고 있는 자연에게 해 주고 싶은 말이 있다면?

배움이 깊어지는 활동

1. **봄, 여름, 가을, 겨울의 풍경 소리 찾아보기** ⇢ 내가 경험한 사계절을 떠올리며 그 계절 하면 떠오르는 소리를 말로 표현해 본다. 이때 각 계절 하면 떠오르는 소리를 직접 들려주고 말로 표현해 보게 해도 좋다.
2. **풍경 소리를 타이포그래피로 표현하기** ⇢ 내가 표현하고 싶은 풍경 소리를 한 가지 정하고 그 단어와 어울리는 이미지를 떠올려 타이포그래피로 표현한다. 글자의 자음과 모음을 분리하여 이미지를 떠올리게 하면 더 효과적이다.
3. **내가 디자인한 타이포그래피를 넣어 글쓰기** ⇢ 내가 디자인한 글자를 활용하여 그림책의 작가가 되어 그림책의 한 페이지를 써 본다. 아이들 작품을 스캔하여 전자책으로 만들거나, 제본하여 묶어서 학급 그림책을 만들어도 좋다.

미술

눈사람 아저씨

레이먼드 브릭스 글·그림 ‖ 마루벌

내가 만드는 4컷 만화

눈이 펑펑 내린 날, 아이는 아침에 일어나자마자 마당으로 나가 커다란 눈사람을 만든다. 모두 잠든 밤, 아이는 눈사람이 궁금해 마당에 나갔다가 인사하는 눈사람 아저씨와 만난다. 아이와 눈사람 아저씨는 가족 몰래 집안에서 즐거운 시간을 보내고, 눈사람 아저씨의 손에 이끌려 하늘을 날며 즐거운 겨울 나라의 환상적인 모험도 함께 한다. 아침을 알리는 태양이 떠오르자 아이는 눈사람 아저씨와 아쉬운 작별 인사를 나눈다. 장면 장면이 시간의 흐름에 따라 만화 형식으로 나누어져 있고 글이 없는 그림책이라 상상하며 읽기에 좋다.

미술교육에서는 자신의 생각을 만화 형식으로 표현해 보기, 더 나아가 움직임이 있는 애니메이션으로 표현해 보기까지 다루고 있다. 만화 형식의 표현 방식에 관해 알아보고, 그림책의 각 장면에 말 주머니를 달아 만화를 완성해 보기에 좋다. 그림에 움직임과 음악의 효과를 더한 애니메이션으로도 제작되어 있어 그림책을 본 후, 애니메이션을 감상하면 애니메이션의 원리와 효과에 대한 이해도 돕는다.

> 생각을 나누는 질문
> 1. 나라면 어떤 모습의 눈사람을 만들까?
> 2. 나에게 눈사람 아저씨가 찾아온다면 같이 해보고 싶은 것은?
> 3. 다음 날 아침 눈사람 아저씨가 사라진 것을 알게 되었을 때 나라면 어떻게 했을까?

> **배움이 깊어지는 활동**
> 1. **각 장면에 말 주머니 달아보기** ···▶ 그림책의 장면을 모둠별로 말 주머니를 달아 이야기를 만들어 본다. 말 주머니 모양의 붙임 종이를 활용하여 그림책에 직접 붙인다.
> 2. **'눈사람 아저씨' 애니메이션 감상 후 만화와 애니메이션 특징 비교해 보기** ···▶ 유튜브에 30분 분량으로 제작된 '눈사람 아저씨' 애니메이션이 있다. 애니메이션을 보고 그림책(만화)과 애니메이션의 공통점과 차이점을 찾아본다.
> 3. **나만의 눈사람 만화 그리기** ···▶ 눈이 펑펑 오는 날, 만들고 싶은 눈사람의 모습을 상상하여 그려 보고 내가 그린 눈사람이 주인공인 4컷 만화를 그리고 말 주머니도 달아 만화를 완성한다.

나는 개다

백희나 글·그림 ‖ 스토리보울

조물조물 점토로 만드는 반려동물

『알사탕』의 주인공인 동동이의 반려견 '구슬이'의 눈으로 보는 세상을 그린 그림책이다. 슈퍼집 방울이네 넷째로 태어난 구슬이는 엄마 젖을 떼자마자 동동이네로 보내져 동동이와 가족이 된다. 서로 아끼고 사랑하며 진정한 가족이 되어가는 동동이와 구슬이를 통해 인간과 반려동물의 관계에 대해 생각해 보게 한다. 이 그림책은 주인공을 점토로 만든 후 사진을 찍어 인쇄하는 방식으로 그림이 입체적이고 생동감을 주는 것이 특징이다. 주인공의 움직임뿐만 아니라, 표정의 섬세함까지 표현된 작품이라 점토 작품의 특징을 느끼기에 좋다.

아이들은 손을 사용하는 조작 활동을 즐거워하며, 점토를 이용한 만들기를 매우 좋아한다. 점토는 촉감이 부드럽고 표현을 자유롭게 할 수 있어 아이의 긴장감을 완화 시키고 내면을 표현하는 데 좋으며, 점토를 만져보고 주물러보는 것은 소근육 발달을 돕는다. 아이들이 좋아하는 재료인 점토로 나만의 반려동물을 만들어보면서 조물조물 점토 만들기의 매력에 빠져 보자.

생각을 나누는 질문
1. 동동이는 왜 베란다에서 구슬이와 잠자기로 마음먹었을까?
2. 책의 앞 면지와 뒤 면지에 그려진 그림이 의미하는 것은 무엇일까?
3. 반려동물을 키우면 어떤 어려움이 있을까?

배움이 깊어지는 활동

1. **반려동물과 가족이 되는 데 필요한 가치** ➡ 반려동물은 사람의 소유물이 아닌 하나의 생명으로 존중해야 하며 진정한 가족이 되기 위해서는 배려, 존중, 사랑, 책임 등의 가치가 필요함을 알고, 그 이유를 적어 본다.
2. **점토로 만들어 보는 반려동물** ➡ 찰흙, 지점토, 천사 점토, 클레이 등의 점토를 이용하여 가족이 되고 싶은 반려동물을 만들어 본다. 점토를 필요한 양만큼 잘라 만들고 싶은 모양을 만든다.
3. **내 반려동물을 소개합니다** ➡ 내가 만든 반려동물과 진정한 가족이 된다는 의미로 애정을 담아 이름을 지어주되 그 이름에 담은 의미도 생각해 본다.

미술

프레드릭

레오 리오니 글·그림 ∥ 최순희 옮김 ∥ 시공주니어

오리고 찢고 붙이는 콜라주

들쥐 가족은 겨울을 대비하여 옥수수, 나무 열매, 밀, 짚을 모으며 밤낮없이 열심히 일하지만, 프레드릭은 노는 것처럼 보인다. 뭐 하고 있는지 묻는 다른 들쥐들에게 프레드릭은 햇살, 색깔, 이야기를 모으고 있다고 한다. 진짜 겨울이 찾아오고 처음에는 넉넉했던 식량도 다 떨어질 때쯤 프레드릭은 그동안 모은 햇살, 색깔, 이야기를 나눠준다. 프레드릭이 나눠준 이야기 덕분에 다른 들쥐들은 따뜻한 느낌을 받는다. 인생이란 하나만의 길이 아닌 여러 갈래의 길이 있음을 보여주는 예술가 프레드릭의 모습에서 나다움에 관해서도 생각해 볼 수 있다.

작가는 여러 재료를 찢어서 붙이는 콜라주와 수채화를 조합하여 그림을 완성했다. 콜라주는 별개의 조각들을 붙여 새로운 이미지를 만드는 기법으로 조각은 종이, 타일, 헝겊, 사진 등 무엇이든 되며, 다양한 재료를 통해 재질감을 회화적으로 보여주는 것이 특징이다. 단순한 선의 절제미와 따뜻한 색감으로 부드러운 느낌을 주는 프레드릭의 모습을 통해 콜라주를 경험해 보자.

생각을 나누는 질문
1. 다른 들쥐들은 왜 일하지 않는 프레드릭을 나무라지 않았을까?
2. 프레드릭은 어떻게 햇살을 모았을까?
3. 내가 프레드릭이라면 어떤 것을 모을까?

배움이 깊어지는 활동

1. **내가 프레드릭이라면 무엇을 모으고 싶은지 상상하기** ⋯ 꼬마 시인 '프레드릭'이 되어 내가 좋아하는 것이나 가치롭게 여기는 것 중 내가 모으고 싶은 것을 생각해 보고 그 이유를 적어 본다.
2. **콜라주로 개성 있는 프레드릭 만들기** ⋯ 색종이, 잡지, 신문지, 박스 등의 종이, 나뭇잎, 꽃잎 등의 자연물, 단추, 털실 등 다양한 재료로 나만의 프레드릭을 콜라주 기법으로 만든다.
3. **꼬마 시인이 되어 나를 소개하기** ⋯ 내가 만든 작품을 친구들에게 보여주고, 친구들이 "무엇을 모으고 있니?"라고 물으면 내가 무엇을 모으고 있는지 발표한다. 친구들은 "(   )야, 넌 시인이야"라고 답한다.

미술

조선시대 냥

냥송이 글·그림 ‖ 발견(키즈엠)

조선 시대로 떠나는 풍속화 여행

 조선 시대 명화 속으로 들어간 고양이들의 이야기로 우리나라의 풍속화를 패러디한 그림책이다. 조선 시대를 대표하는 김홍도, 신윤복, 김득신 등의 풍속화 12편을 싣고 있는데, 풍속화 속 인물들을 아이들이 좋아하고 친숙한 동물인 고양이로 표현했다. 대표적으로 김홍도의 '씨름도'는 조선 시대 서민의 삶을 잘 보여주는 그림으로 미술 교과서를 비롯하여 통합, 국어, 사회 교과서에도 수록되어 있다. 풍속화를 자세히 감상하는 것만으로도 그 시대의 생활상을 이해하는 데 큰 도움이 되기 때문이다.

 이 그림책은 자칫 낯설 수 있는 옛사람들의 옷차림이나 생활 모습을 친숙하게 감상하도록 도우며, 지금의 생활 모습과 비교하여 이야기해 보기에도 좋다. 그림책의 마지막에는 실제 원화와 작품 설명도 있어 실제 작품과 비교하여 살펴보고 작품에 관한 정보도 알 수 있다. 풍속화를 패러디한 그림을 따라 그려보는 활동은 아이들에게 우리 문화에 관심을 갖도록 도우며 우리 문화를 친숙하게 느끼는 데도 도움이 될 것이다.

생각을 나누는 질문
1. '씨름도'에서 엿 파는 소년은 왜 씨름에는 관심이 없을까?
2. 신윤복의 '단오풍정'과 비교하여 그림책 속 작품의 달라진 점은 무엇일까?
3. 김홍도의 '서당'에서 아이는 왜 혼이 날까?

배움이 깊어지는 활동

1. **모르는 낱말과 뜻 찾아보기** ⇢ 그림책에 등장하는 단어 중 싸리비, 곰방대, 툇마루 등은 그 시대상을 잘 보여주는 낱말이다. 이 낱말이 무엇인지 그림을 보고 추측해 보고, 사전에서 그 뜻을 찾아 내가 추측한 뜻과 맞는지 살핀다.
2. **마음에 드는 작품을 골라 붓펜으로 따라 그리기** ⇢ 12편의 작품 중 한 작품을 고르면 교사가 인쇄해 주고, 그 위에 화선지를 대고 붓펜으로 따라 그린다. 색연필이나 물감으로 색칠하고 싶은 부분만 색칠하여 완성한다.
3. **내가 따라 그린 풍속화 소개서 작성하기** ⇢ 내가 그린 풍속화에 관해 책이나 인터넷을 통해 더 알아보고 작가 정보, 그림 정보, 감상평 등을 담은 소개서를 작성한 후 소개서와 함께 작품을 전시한다.

미술관에 간 윌리

앤서니 브라운 글·그림, 장미란 옮김 ‖ 웅진주니어

미술

감상이 즐거워지는 명화 감상

세계의 명화들을 패러디해 감상하게 도와주는 유쾌한 그림책으로 그림을 좋아하는 주인공이 세계의 유명한 화가들의 작품을 자기 방식으로 재해석해 표현했다. 많은 사람에게 잘 알려진 세계의 명화를 작품 속 인물이나 사물을 바꾸어 그린 장면들을 따라가다 보면 저절로 웃음이 나고 거부감없이 작품을 즐기며 감상하게 된다. 그림책이 하나의 작은 미술관이 되어 아이들에게 감상의 기회를 제공한다. 패러디로 재탄생된 그림들은 미술 감상을 딱딱하고 재미없는 것이 아닌 즐겁고 유쾌하게 여기도록 돕는다.

미술교육에서 감상은 예술작품을 깊이 음미하고 그 미적 내용을 이해하며 즐기는 일로 표현을 위한 기초가 된다. 감상을 통해 디자인의 색, 형, 질에 대한 감각을 예민하게 하고, 자연미와 미술품의 아름다움을 느낄 줄 아는 태도를 기른다. 동서양, 옛날과 현대의 미술가에 관하여 알게 하며, 작품이 그려진 시대상을 파악하며, 나만의 의미로 재해석해 봄으로써 미적 감수성과 안목, 미적 창조성을 길러준다.

생각을 나누는 질문
1. 주인공은 왜 명화 속 인물을 바꾸어 표현했을까?
2. 그림책에 등장하는 그림 중 가장 마음에 드는 그림과 그 이유는 무엇인가?
3. 그림책에 등장하는 명화 말고 아는 명화가 있다면 무엇인가?

배움이 깊어지는 활동

1. **가장 마음에 드는 작품 뽑아보기** ⋯› 그림책에 나오는 명화 패러디 작품을 보면서 모둠별로 가장 마음에 드는 작품과 그 이유를 돌아가며 말한다. 우리 반이 가장 좋아하는 작품을 선정해 봐도 좋다.
2. **원작과 비교하여 감상하기** ⋯› 그림책 마지막에 제시된 원화에 관한 정보를 토대로 실제 원작을 찾아보고 다르게 표현한 부분이 무엇인지 비교하여 살펴본다. 왜 바꾸어 표현했는지와 바꾸어 표현했을 때 달라진 느낌도 나눈다.
3. **패러디 작품 만들기** ⋯› 패러디하고 싶은 명화를 하나씩 선택하면, 교사가 인쇄해서 준다. 명화 사진의 일부분을 오려 붙이고 나머지 부분은 그리는 방법으로 나만의 패러디 작품을 만든다.

도서목록

가나다는 맛있다 300
가만히 들어주었어 041
가을 아침에 244
간디의 소금 행진 073
갈색 아침 064
감기 걸린 물고기 190
감기책 111
거짓말 같은 이야기 125
걱정 상자 027
겨울잠 자니? 258
경주를 그리는 마음 274
고구마구마 292
고마워, 고마워요, 고맙습니다 061
곰씨의 의자 034
곱슬도치 아저씨의 달콤한 친절 164
공원을 헤엄치는 붉은 물고기 307
괴롭힘은 나빠 132
국기는 재미있다 236
그 소문 들었어? 192
그들은 결국 브레멘에 가지 못했다 066
그래, 책이야! 221
그래? 좋아! 198
그랬구나! 058
그림자는 내 친구 324
근데 그 얘기 들었어? 191
근사한 우리 가족 048
기차 187
김치, 치즈, 카프카 152
까망이와 하양이 197
꼬마 두더지 칭찬이 필요해 139
꼬마 악어의 지갑 205
꽃이 필 거야 327
꽃할머니 287
꾸고 168
꿀떡을 꿀떡 293
꿈꾸지 않으면 335

꿈꾼다는 건 뭘까? 166
끼리끼리 코끼리 136

나 진짜 궁금해! 328
나, 꽃으로 태어났어 012
나는 강물처럼 말해요 141
나는 개다 348
나는 기다립니다 092
나는 나의 주인 014
나는 너는 170
나는 도서관입니다 227
나는 돌로 만든 달력 첨성대입니다 282
나는 반대합니다 071
나는 지하철입니다 271
나는 하고 싶지 않아 134
나는 화성 탐사 로봇 오퍼튜니티입니다 326
나라꽃 무궁화 이야기 268
나에겐 비밀이 있어 015
나의 할망 279
낙엽 다이빙 245
난 토마토 절대 안 먹어 109
날아라! 똥제기 266
남의 말을 듣는 건 어려워 310
낱말 공장 나라 218
내 마음 ㅅㅅㅎ 295
내 입장에서 생각해 봐! 056
내 탓이 아니야 133
내가 라면을 먹을 때 124
내가 잘하는 건 뭘까 167
너 스키 탈 수 있니? 138
너는 어떤 씨앗이니? 157
너무 울지 말아라 095
노란 우산 341
노스애르사애 017
누군가 뱉은 130
누렁이의 정월 대보름 251
눈 아래 비밀 나라 246
눈물문어 345
눈물바다 028
눈보라 078
눈사람 아저씨 347

눈을 감아 보렴 137
눈이 들려주는 10가지 소리 247
눈이 바쁜 아이 195
느끼는 대로 342
늑대가 들려주는 아기돼지 삼형제 이야기 193

다 같은 나무인 줄 알았어 075
다니엘이 시를 만난 날 302
다다다 다른 별 학교 148
다른 나라 아이들은 무슨 놀이를 할까? 237
다섯 손가락 150
단군신화 281
달래네 꽃놀이 253
담배 괴물 112
답답이와 도깨비 311
당신의 빛 173
도전 1분! 316
돈은 나무에서 열리지 않아 200
동백꽃이 툭 288
동의 160
돼지책 049
디지톨 194
떨어질까 봐 무서워 029
또 마트에 간 게 실수야! 202
똑, 딱 162

로보베이비 322
리디아의 정원 303

마음껏 꿈꿔 봐 175
마음먹기 031
마음을 담은 병 022
막두 275
말이 씨가 되는 덩더꿍 마을 308
말해도 괜찮아 163
맴 255
모든 것을 끌어당기는 힘 323
모모모모모 296
모모와 토토 057

모자가 날아가면 185
몰리 선생님의 친절한 예절 학교 052
몽돌 미역국 060
무궁화꽃이 피었습니다 264
무릎 딱지 098
문제가 생겼어요! 216
뭐든 될 수 있어 217
미미의 스웨터 204
미술관에 간 윌리 351
미안해 093
미움 024
미장이 069
민들레는 민들레 018
밀어내라 123

바다 반대말 297
바로 너야 085
백년아이 286
벌집이 너무 좁아! 153
봄 선물이 와요 241
봄 여름 가을 겨울 346
봄꿈 289
봄의 방정식 240
봄이다 252
붙여 볼까? 214
브로콜리지만 사랑받고 싶어 019
브루노를 위한 책 220
비무장지대에 봄이 오면 186
빈 화분 054
빨간 나라 파란 나라 181
빨간 코 빨간 귀 151
빨강은 아름다워 165
뾰족반듯단단 두형 나라의 비밀 317
뿔쇠똥구리와 마주친 날 088

사계절 248
사과나무 위의 죽음 100
사라, 버스를 타다 119
사물놀이 이야기 333
사실과 의견 그리고 로봇 189

353

사자마트 120
산딸기 크림봉봉 223
산의 노래 337
산책 Promenade 222
산타에게 편지가 왔어요 233
살랑살랑 봄바람이 인사해요 249
살아 있다는 건 084
상상 여행 208
상자 세상 076
색깔을 훔치는 마녀 343
샌드위치 바꿔 먹기 154
생각 210
생쥐 나라 고양이 국회 065
성실한 택배 기사 딩동 씨 055
세계를 한눈에 아롱다롱 민족의상 231
세계와 만나는 그림책 235
세계의 친구들은 어떻게 살아갈까요? 229
세금 내는 탐지견 장군이 207
세모의 완벽한 자리 318
세상에서 가장 따뜻한 극장 277
세상에서 가장 힘이 센 말 306
세상의 모든 감사 234
소원 077
손을 내밀었다 122
솔이의 추석 이야기 257
수리네 ÷ 자동차 320
수박 수영장 215
수원화성 272
수학에 빠진 아이 312
순천만 278
숨바쏙실 182
숨바꼭질 ㄱㄴㄷ 294
숲속 사진관 050
쉿! 비구름 344
슈퍼 거북 020
스마트폰 이제 그만! 196
스트레스 티라노 104

아 진짜 026
아나톨의 작은 냄비 140
아름다운 우리 옷 261
아름다운 우리 한옥 262
아름다운 책 224
아무도 모를거야 내가 누군지 265
아직 봄이 오지 않았을 거야 081
안녕 리틀 뮤지션 336
안녕, 나는 인천이야 273
안녕, 물! 325
안녕, 코끼리 099
양들은 지금 파업 중 072
어디서나 필요한 수학의 원리 321
어떤 느낌일까? 144
어떤 약속 305
어리석은 판사 067
어린 음악가 폭스트롯 339
어린이의 권리를 선언합니다! 116
얼쑤 좋다, 단오 가세! 254
엄마가 알을 낳았대 158
엄마에게 183
엄마의 선물 043
여름, 242
여름맛 243
여름이 온다 338
여우 036
여우 나무 097
여행 가는 날 101
연이네 설맞이 250
영양이 듬뿍듬뿍 107
옛날에는 돼지들이 아주 똑똑했어요 330
오, 미자! 121
오늘도 화났어! 025
오늘의 식탁에 초대합니다 230
완두 172
완벽한 바나바 087
왜 띄어 써야 돼? 298
왜 자야 하나요? 108
왜 저축해야 돼? 206
왜, 먼저 물어보지 않니? 161
용맹호 285
우다다다, 달려 마을! 211
우리 곧 사라져요 074
우리 독도에서 온 편지 270
우리 동백꽃 276

우리 엄마 ㄱㄴㄷ 299
우리 집에 놀러 와 145
우리 책 직지의 소원 283
우리 학교에 여우가 있어 135
우리 한과 먹을래요 263
우리 할아버지 046
우리는 먹어요 086
우리는 언제나 다시 만나 042
우산을 쓰지 않는 시란 씨 068
우주로 간 최초의 고양이 펠리세트 331
운동이 최고야 106
위대한 완두콩 174
위를 봐! 142
으쌰으쌰 안마 시간 053
이 색 다 바나나 117
이 선을 넘지 말아줄래? 035
이 선이 필요할까? 184
이 작은 책을 펼쳐봐 219
이게 정말 나일까? 013
이게 정말 마음일까? 023
이게 정말 천국일까? 102
이모의 결혼식 155
이빨 사냥꾼 090
이상한 곳에 털이 났어요! 159
이상한 화요일 212
일과 도구 171
입이 똥꼬에게 105

자유의 길 070
적 180
전쟁을 평화로 바꾸는 방법 179
절대로 씻지 않는 리나 113
정말 그럴까? 188
정약용을 찾아라 284
조금 다른 아이, 문 143
조선시대 냥 350
종이 봉지 공주 304
줄타기 한판 334
즐거운 이사 놀이 314
지구가 100명의 마을이라면 232
지구를 위한 한 시간 083

질문의 그림책 213
짝꿍 040
쨍아 094

차갑고 뜨거운 이야기 118
찬다 삼촌 149
책 속에 사는 개미 225
책 청소부 소소 301
책가방 131
천 개의 바람 천 개의 첼로 340
철사 코끼리 096
청소기에 갇힌 파리 한 마리 030
초코곰과 젤리곰 146
최고의 차 203
치카치카 군단과 충치 왕국 110
치킨 마스크 016
친구를 모두 잃어버리는 방법 039
친구의 전설 032
친절한 행동 128
칠월 칠석 견우 직녀 이야기 256

커다란 포옹 051
코끼리 아저씨와 100개의 물방울 044
콩 심기 329
콰앙! 091
큰 늑대 작은 늑대 037

탁한 공기, 이제 그만 080
태극기 다는 날 260
터널 045
특별하고 흥미로운 세계의 명절과 축제 228

파란 의자 209
파랑이와 노랑이 147
팥죽 할멈과 호랑이 259
팬티 속엔 뭐가 있을까? 156
평화란 어떤 걸까? 178
폭력은 손에서 시작된단다 129

폭풍우 치는 밤에 038
프랭클린의 날아다니는 책방 226
프레드릭 349
피아노 소리가 보여요 332
핑 033

한국을 빛낸 100명의 위인들 280
한들한들 바람 친구 부채 269
한지돌이 267
할 수 있어, 클로버! 021
할까 말까? 315
할머니가 네모 빵을 구웠대! 319
할머니의 뜰에서 047
행복한 청소부 169
헤엄이 059
형제의 숲 082
훨훨 올라간다 309

09:47 079
100만 번 산 고양이 103
100원이 작다고? 201
100원짜리만 받는 과자 가게 199
100층짜리 집 313
63일 089

B가 나를 부를 때 126
One 일 127